초

전과목
단원평가

국어·수학·사회·과학

5·2

초등 교과 학습의 달성도를 측정하는
단원평가

어떤 학교, 어떤 교과서라도
초코 전과목 단원평가 한 권이면 충분합니다!

WRITERS

미래엔콘텐츠연구회
No.1 Content를 개발하는 교육 콘텐츠 연구회

COPYRIGHT

인쇄일 2024년 6월 17일(1판1쇄)
발행일 2024년 6월 17일

펴낸이 신광수
펴낸곳 (주)미래엔
등록번호 제16–67호

융합콘텐츠개발실장 황은주
개발책임 정은주 **개발** 김지민, 송승아, 마성희, 윤민영, 한솔, 이신성,
백경민, 김현경, 김라영, 박새연, 김수진, 양은선

디자인실장 손현지
디자인책임 김기욱 **디자인** 윤지혜

CS본부장 강윤구
제작책임 강승훈

ISBN 979-11-6841-830-1

이 책의 머리말

해야 할 일도 많고 공부할 것도 많은 우리 친구들!
모든 교과목을 따로 따로 공부하기에는 시간이 부족하지 않나요?

초코 전과목 단원평가는 바쁜 우리 친구들을 위해
단 한 권으로 교과 평가를 대비할 수 있게 하였습니다.

개념을 스스로 채워가며 빠르게 정리하고,
실전 문제를 풀면서 학교 시험에 완벽하게 대비할 수 있어요.

초코 전과목 단원평가가 우리 친구들의 학습 부담을
조금이라도 덜어줄 수 있는 소중한 친구가 되었으면 합니다.

그럼, 지금부터 초코 전과목 단원평가를 학습해 볼까요?

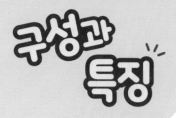
구성과 특징

"**빠르고 정확한** 전과목 초등 코어 학습으로

단원평가 100점!"

핵심 개념

- 과목별 핵심 개념을 스스로 채워가며 기본 실력을 다져요.
- 핵심 개념을 대표 지문과 자료에 적용하며 응용 실력을 키워요.

> QR코드를 스캔하면 핵심 개념을 한눈에 모아 보면서 정리할 수 있어요.

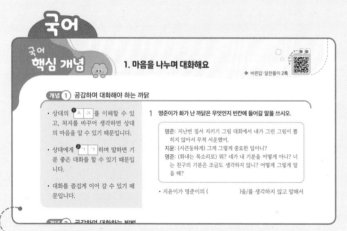

핵심 개념을 익히고, 시험에 자주 나오는 대표 지문과 문제를 한 번에 학습합니다.

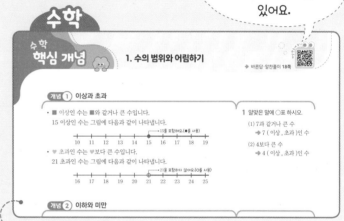

핵심 개념을 익히고, 확인 문제를 통해 익힌 개념을 다시 한 번 학습합니다.

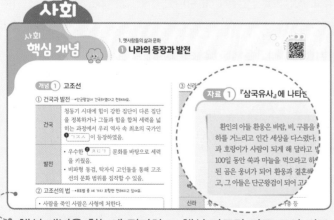

핵심 개념을 한눈에 정리하고, 핵심 자료만 따로 모아 자료 해석 능력을 키웁니다.

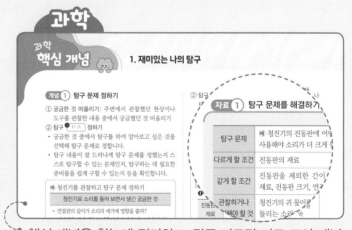

핵심 개념을 한눈에 정리하고, 탐구 자료만 따로 모아 개념과 탐구를 한 번에 학습합니다.

○ 기본/실전 단원평가로 구분한 단계별 학습으로 실전을 대비해요.

○ 교과서 통합 문제를 제공하여 모든 교과서의 단원평가를 대비해요.

기본

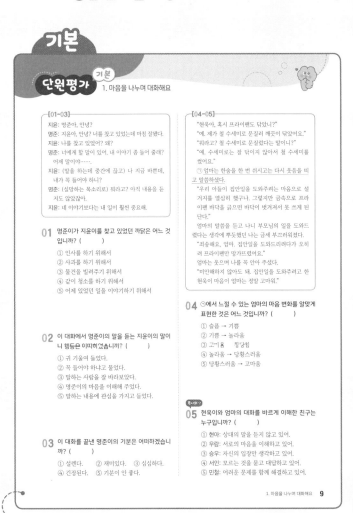

개념 확인 문제부터 단계별 서술형 문제, 출제율 높은 대표 유형 문제를 모두 모아 풀면서 차근차근 학교 시험에 대비합니다.

실전

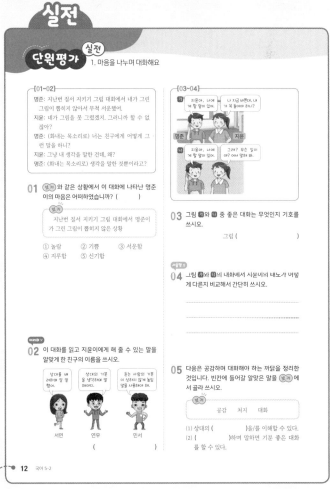

한 단계 높아진 난이도의 문제와 실전 서술형 문제, 최신 경향 문제까지 다양한 문제를 풀면서 학교 시험에 완벽하게 대비합니다.

이 책의 차례

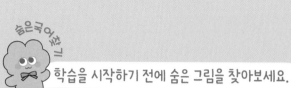

학습을 시작하기 전에 숨은 그림을 찾아보세요.

정답바로보기

국어

개념 ① 공감하며 대화해야 하는 까닭

- 상대의 ① ㅊ ㅈ 를 이해할 수 있고, 처지를 바꾸어 생각하면 상대의 마음을 알 수 있기 때문입니다.

- 상대에게 ② ㄱ ㄱ 하며 말하면 기분 좋은 대화를 할 수 있기 때문입니다.

- 대화를 즐겁게 이어 갈 수 있기 때문입니다.

1 명준이가 화가 난 까닭은 무엇인지 빈칸에 들어갈 말을 쓰시오.

> 명준: 지난번 질서 지키기 그림 대회에서 내가 그린 그림이 뽑히지 않아서 무척 서운했어.
> 지윤: (시큰둥하게) 그게 그렇게 중요한 일이니?
> 명준: (화내는 목소리로) 뭐? 네가 내 기분을 어떻게 아니? 너는 친구의 기분은 조금도 생각하지 않니? 어떻게 그렇게 말을 해?

- 지윤이가 명준이의 (   )을/를 생각하지 않고 말해서

개념 ② 공감하며 대화하는 방법

- 말하는 사람에게 ③ ㅈ ㅇ 를 기울여 집중해서 듣습니다.

- 말하는 사람의 처지가 되어 생각해 봅니다.

- 상대의 ④ ㄱ ㅂ 을 고려하면서 말합니다.

2 다음 대화에서 여자아이가 대화하는 방법은 무엇인지 ○표 하시오.

> 남자아이: 넓은 구역을 청소하는 학생은 힘든 일을 오랫동안 하게 돼.
> 여자아이: 그렇구나. 내가 너처럼 넓은 청소 구역을 맡았다면 너와 같은 마음이 들 것 같아.
> 남자아이: 내 마음을 알아줘서 고마워.

(1) 경청하기   (   )
(2) 처지를 바꾸어 생각하기   (   )

개념 ③ 예절을 지키며 누리 소통망에서 대화하는 방법

- 말하고 싶은 내용을 정확히 전달합니다.

- 이상한 말이나 ⑤ ㅈ ㅇ ㅁ 을 쓰지 않습니다.

- 상대가 ⑥ ㄷ ㅎ 하고 싶은지 확인하고 말을 겁니다.

- 혼자서 너무 많이 말하지 않도록 합니다.

3 다음 대화를 읽고 준수가 말할 수 있는, 예절을 지키며 누리 소통망 대화를 하는 방법을 한 가지 쓰시오.

> 하율: 예절을 지키며 누리 소통망 대화를 하려면 어떻게 해야 할까? 그리고 어떻게 해야 말하고 싶은 내용을 정확하게 전달할 수 있을까?
> 이안: 이상한 말이나 줄임말을 쓰지 말자.
> 준수: (   )

(   )

[01~03]

지윤: 명준아, 안녕?

명준: 지윤아, 안녕? 너를 찾고 있었는데 마침 잘됐다.

지윤: 나를 찾고 있었어? 왜?

명준: 너에게 할 말이 있어. 내 이야기 좀 들어 줄래? 어제 말이야…….

지윤: (말을 하는데 중간에 끊고) 나 지금 바쁜데, 내가 꼭 들어야 하니?

명준: (실망하는 목소리로) 뭐라고? 아직 내용을 듣지도 않았잖아.

지윤: 네 이야기보다는 내 일이 훨씬 중요해.

01 명준이가 지윤이를 찾고 있었던 까닭은 어느 것입니까? (   )

① 인사를 하기 위해서

② 사과를 하기 위해서

③ 물건을 빌려주기 위해서

④ 같이 청소를 하기 위해서

⑤ 어제 있었던 일을 이야기하기 위해서

02 이 대화에서 명준이의 말을 듣는 지윤이의 말이나 행동은 어떠하였습니까? (   )

① 귀 기울여 들었다.

② 꼭 들어야 하냐고 물었다.

③ 말하는 사람을 잘 바라보았다.

④ 명준이의 마음을 이해해 주었다.

⑤ 말하는 내용에 관심을 가지고 들었다.

03 이 대화를 끝낸 명준이의 기분은 어떠하겠습니까? (   )

① 설렌다.   ② 재미있다.   ③ 심심하다.

④ 긴장된다.   ⑤ 기분이 안 좋다.

[04~05]

"현욱아, 혹시 프라이팬도 닦았니?"

"예. 제가 철 수세미로 문질러 깨끗이 닦았어요."

"뭐라고? 철 수세미로 문질렀다는 말이니?"

"예. 수세미로는 잘 닦이지 않아서 철 수세미를 썼어요."

㉠엄마는 한숨을 한 번 쉬시고는 다시 웃음을 띠고 말씀하셨다.

"우리 아들이 집안일을 도와주려는 마음으로 설거지를 열심히 했구나. 그렇지만 금속으로 프라이팬 바닥을 긁으면 바닥이 벗겨져서 못 쓰게 된단다."

엄마의 말씀을 듣고 나니 부모님의 일을 도와드렸다는 생각에 뿌듯했던 나는 금세 부끄러워졌다.

"죄송해요, 엄마. 집안일을 도와드리려다가 오히려 프라이팬만 망가뜨렸어요."

엄마는 웃으며 나를 꼭 안아 주셨다.

"미안해하지 않아도 돼. 집안일을 도와주려고 한 현욱이 마음이 엄마는 정말 고마워."

04 ㉠에서 느낄 수 있는 엄마의 마음 변화를 알맞게 표현한 것은 어느 것입니까? (   )

① 슬픔 → 기쁨

② 기쁨 → 놀라움

③ 고마움 → 황당함

④ 놀라움 → 당황스러움

⑤ 당황스러움 → 고마움

꼭나와 ☺

05 현욱이와 엄마의 대화를 바르게 이해한 친구는 누구입니까? (   )

① 현아: 상대의 말을 듣지 않고 있어.

② 우람: 서로의 마음을 이해하고 있어.

③ 승우: 자신의 입장만 생각하고 있어.

④ 서인: 모르는 것을 묻고 대답하고 있어.

⑤ 민철: 어려운 문제를 함께 해결하고 있어.

[06~07]

가
청소 구역을 번갈아 가며 바꾸는 것이 어떨까? 다른 일도 경험하면 좋을 것 같아.

그래. 네 말은 청소 구역을 바꾸자는 의견이구나.

맞아. 내 말을 잘 들어 줘서 고마워.

나
넓은 구역을 청소하는 학생은 힘든 일을 오랫동안 하게 돼.

그렇구나. 내가 너처럼 넓은 청소 구역을 맡았다면 너와 같은 마음이 들 것 같아.

내 마음을 알아줘서 고마워.

꼭나와 ☺

06 그림 가에 해당하는 대화 방법으로 알맞은 것을 보기에서 찾아 기호를 쓰시오.

보기

㉮ 경청하기
㉯ 공감하며 말하기
㉰ 상대의 반응 살펴보기
㉱ 처지를 바꾸어 생각하기

(   )

서술형 ☺

07 그림 가와 나에서 남자아이는 여자아이에게 어떤 마음이 들었을지 쓰고, 그렇게 생각한 까닭을 한 문장으로 쓰시오.

(1) 남자아이의 마음: (   )

(2) 그렇게 생각한 까닭: _____

_____

[08~10]

1

주아

어떻게 사과하지?

2

3

4

말할 기회가 없어서 말을 못 했는데 정말 미안해.

08 그림 1에 나타난 주아와 친구의 상황은 어느 것입니까? (   )

① 서로 다투었다.
② 서로 사과했다.
③ 같이 공부를 했다.
④ 함께 운동을 했다.
⑤ 전화로 대화를 했다.

09 주아가 친구에게 전하고 싶은 마음은 무엇인지 빈칸에 들어갈 알맞은 말을 쓰시오.

주아는 친구에게 직접 말할 기회가 없어서 전하지 못한 (   )을/를 문자 메시지로 전했다.

10 이 그림과 같이 누리 소통망에서 대화하면 좋은 점은 어느 것입니까? (   )

① 언어로 표현해야만 한다.
② 생각을 나누지 않아도 된다.
③ 직접 만나야만 대화할 수 있다.
④ 직접 말하는 것보다 더 용기가 필요하다.
⑤ 직접 말하기 부끄러울 때 하고 싶은 말을 할 수 있다.

→ 바른답·알찬풀이 2쪽

[11~12]

꼭나와 ♥

11 가와 나의 상황에 필요한 누리 소통망 대화 예절로 알맞은 것은 무엇인지 보기 에서 각각 찾아 기호를 쓰시오.

> **보기**
> ㉮ 다른 사람의 험담을 하지 않는다.
> ㉯ 상대가 대화하고 싶은지 확인한다.
> ㉰ 그림말을 너무 많이 사용하지 않는다.

(1) 가: (   )
(2) 나: (   )

12 이와 같은 대화의 특성에 대해 **잘못** 말한 친구의 이름을 쓰시오.

> • 지우: 가까운 거리에서만 대화할 수 있어.
> • 민준: 여러 사람과 동시에 대화할 수 있어.

(   )

[13~15]

처음으로 비행기를 타는 날. 비행기에 올라타서 배운 대로 움직였지. 훌쩍! 날아올라, 깜짝! 너무 놀라 비행기가 부릉부릉, 눈앞이 기우뚱기우뚱. 잘 날다가 뚝 떨어지기도 해. 펑 터지기도 해. 조종간을 꽉, 이를 악물었지.

'진짜로 날고 있나?'

얼른 아래를 내려다봤더니……. / 아름다워!

끝없는 산과 들과 강물이, 두 발목을 딱 붙들던 온 세상이 눈앞에서 너울너울 춤을 추네.

"이 세상아! 내 날개를 봐. 정말 자유로워. 구름을 뚫고 온몸이 날아올라."

내 이름은 권기옥. 사람들이 그러지, 처음으로 하늘을 난 우리나라 여자라고.

나는 하늘을 훨훨 날고 싶었어야. 온 세상이 너더러 날 수 없다고 말해도 날고 싶다면 이 세상 끝까지 달려가 보라. 어느 날 니 몸이 훨훨 날아오를 거야. 니 꿈을 좇으며 자유롭게 살게 될 거야.

13 '내'가 되고 싶어 했던 것을 찾아 ○표 하시오.

(의사 , 비행사 , 축구 선수)

14 '내'가 친구들에게 하고 싶은 말이 있다면 가장 알맞은 것은 어느 것입니까? (   )

① 책을 많이 읽어라.
② 거짓말을 하지 말아라.
③ 부모님 말씀을 잘 들어라.
④ 친구들과 사이좋게 지내라.
⑤ 꿈을 이루기 위해 열심히 노력해라.

서술형 ♥

15 자신이 이루고 싶은 꿈은 무엇인지 간단히 쓰고, 그 꿈을 이루기 위해 어떤 노력을 하고 있는지 생각하여 쓰시오.

(1) 이루고 싶은 꿈: (   )

(2) 하고 있는 노력: _____

_____

[01~02]

명준: 지난번 질서 지키기 그림 대회에서 내가 그린 그림이 뽑히지 않아서 무척 서운했어.

지윤: 네가 그림을 못 그렸겠지. 그러니까 할 수 없잖아?

명준: (화내는 목소리로) 너는 친구에게 어떻게 그런 말을 하니?

지윤: 그냥 내 생각을 말한 건데, 왜?

명준: (화내는 목소리로) 생각을 말한 것뿐이라고?

01 와 같은 상황에서 이 대화에 나타난 명준이의 마음은 어떠하였습니까? (　　　　)

> 보기
> 지난번 질서 지키기 그림 대회에서 명준이가 그린 그림이 뽑히지 않은 상황

① 놀람　　　② 기쁨　　　③ 서운함
④ 지루함　　⑤ 신기함

어려워 ☆

02 이 대화를 읽고 지윤이에게 해 줄 수 있는 말을 알맞게 한 친구의 이름을 쓰시오.

상대를 배려하며 잘 말했어.

상대의 기분을 생각하며 말해야지.

듣는 사람의 기분이 상하지 않게 높임말을 사용해야 해.

 서연
 연우
민서

(　　　　　　　　)

[03~04]

가
지윤아, 너에게 할 말이 있어.
나 지금 바쁜데, 내가 꼭 들어야 하니?
명준　　　　　　지윤

나
지윤아, 너에게 할 말이 있어.
그래? 무슨 일이야? 어서 말해 봐.

03 그림 **가**와 **나** 중 좋은 대화는 무엇인지 기호를 쓰시오.

그림 (　　　　　　　　)

서술형 ☆

04 그림 **가**와 **나**의 대화에서 지윤이의 태도가 어떻게 다른지 비교해서 간단히 쓰시오.

_____

_____

_____

05 다음은 공감하며 대화해야 하는 까닭을 정리한 것입니다. 빈칸에 들어갈 알맞은 말을 보기 에서 골라 쓰시오.

> 보기
> 공감　　　처지　　　대화

(1) 상대의 (　　　　　　)을/를 이해할 수 있다.
(2) (　　　　　　)하며 말하면 기분 좋은 대화를 할 수 있다.

【06~07】

가
저희가 저녁도 차려 먹고 설거지도 했어요.

설거지까지? 우리 현욱이 다 컸네.

나
우리 아들이 집안일을 도와주려는 마음으로 설거지를 열심히 했구나.

죄송해요, 엄마. 집안일을 도와드리려다가 오히려 프라이팬만 망가뜨렸어요.

다
미안해하지 않아도 돼. 집안일을 도와주려고 한 현욱이 마음이 엄마는 정말 고마워.

06 현욱이가 잘못한 일은 어느 것입니까?

( )

① 설거지를 깨끗하게 해 놓지 못했다.
② 어머니께서 시킨 집안일을 하지 않았다.
③ 집안일을 하려다가 프라이팬을 망가뜨렸다.
④ 게임을 하느라 어머니가 오시는 줄도 몰랐다.
⑤ 어머니가 오시기 전에 해야 할 숙제를 하지 않았다.

서술형

07 그림 **다**의 말을 듣고 현욱이는 엄마께 어떤 마음이 들었을지 짐작하여 까닭과 함께 쓰시오.

현욱이의 마음	(1)
까닭	(2)

【08~09】

1
그러니까 청소 구역을 자주 바꾸면 좋겠어.

너는 맡은 청소 구역이 넓어서 그동안 무척 힘들었겠다. 네 말대로 좋은 방법을 생각해 보자.

2
내 말에 공감하며 말해 줘서 정말 고마워.

아니야. 네가 힘들었던 것을 미리 알아주지 못해서 미안해.

08 이 그림에서 남자아이의 의견은 어느 것입니까?

( )

① 청소 구역을 자주 바꾸면 좋겠다.
② 청소를 좀 더 깨끗이 했으면 좋겠다.
③ 청소 반장을 정해서 뽑았으면 좋겠다.
④ 청소 당번을 돌아가면서 했으면 좋겠다.
⑤ 청소를 여러 사람들과 함께 했으면 좋겠다.

09 이 대화에서 여자아이가 대화한 방법은 무엇인지 빈칸에 들어갈 알맞은 낱말을 쓰시오.

• ( )하며 말하기

어려워

10 대화할 때 공감하며 말하는 방법으로 알맞지 <u>않</u>은 것은 어느 것입니까? ( )

① 상대의 처지를 생각하면서 말한다.
② 자신의 의견은 무엇인지 곱씹어 본다.
③ 말하는 사람의 처지가 되어 생각해 본다.
④ 말하는 사람에게 주의를 기울여 집중해 듣는다.
⑤ 자신의 말에 상대가 어떻게 반응하는지 살펴본다.

【11~12】

가

개, 정말 싫지 않니?

그래. 자기가 공주인 줄 알아!

아무도 안 볼 테니까 험담 좀 할까?

나

너 지금도 졸았지? 정말 게을러. 😑😑

뭐? 어떻게 그런 말을 할 수가 있어? 😞

얼굴 보고 말하는 것이 아니니까 괜찮거든.

11 와 에서 각각 잘못한 것은 무엇인지 선으로 알맞게 이으시오.

(1) 가 ·

(2) 나 ·

· ㉮ 대화방에 없는 친구를 험담하였다.

· ㉯ 대화방에서 친구가 싫어하는 말을 함부로 하였다.

어려워 🔅

12 이와 같은 대화를 할 때 지켜야 할 예절로 알맞지 않은 것은 어느 것입니까? ( )

① 바르고 고운 말을 쓴다.
② 할 말이 없으면 조용히 나간다.
③ 전달하려는 정확한 내용을 쓴다.
④ 자신의 의견만 강요하지 않는다.
⑤ 이상한 말이나 줄임말을 쓰지 않는다.

【13~15】

1 빨리 학교에 가고 싶다. 다들 어떻게 지낼까?

2 그래, 누리 소통망으로 연락해 볼까?

빨리 나아서 학교에 가고 싶어. 모두 보고 싶어요. (ㅠ.ㅠ)

3 얼른 나아서 건강하게 돌아오렴.

보고 싶어. 사랑해, 친구야~♥

4 ㉠

13 이 그림에 나타난 남자아이의 마음으로 알맞지 않은 것을 두 가지 고르시오. (,)

① 빨리 학교에 가고 싶은 마음
② 혼자 있는 시간이 즐거운 마음
③ 공부를 쉴 수 있어서 편한 마음
④ 선생님과 친구들에게 고마운 마음
⑤ 선생님과 친구들이 보고 싶은 마음

14 이 그림 속 누리 소통망에서 대화한 사람들의 반응은 어떠하였는지 알맞은 것의 기호를 쓰시오.

㉮ 비난하는 말을 하였다.
㉯ 공감하는 말을 하였다.
㉰ 재촉하는 말을 하였다.

( )

15 ㉠에 들어갈 말로 알맞은 것을 찾아 ○표 하시오.

(1) 병문안은 언제 올 거니? 심심해. ( )
(2) 선생님, 고맙습니다. 빨리 나을게요. 모두 정말 고마워. ( )

→ 바른답·알찬풀이 3쪽

[16~17]

가 조그만 내 손으로 조물조물 집안일하고, 공장에서 일해서 쌀을 사 왔네. 동생들 밥을 먹이니 나는 좋은데 어머니는 마음이 많이 아프다고 하셨어.

나 홀로 한글을 깨쳤어. 어느 날 목사님이 그러셨어. 너는 똑똑하니 학교를 공짜로 보내 주겠다고.

나 가난한 조선 사람들은 자동차도 잘 몰랐어. 그런데

"사람이 괴물 타고 하늘을 난대!"

스미스란 미국 사람이 비행기를 타고 온다네? 온 마을이 들썩들썩. 내 마음도 들썩들썩.

구름처럼 몰려온 저 사람들 좀 봐. 구름을 뚫고 쇳덩이 괴물이 혼자만 날아올라. 이 산 위로 쑥, 저 하늘로 쌩 솟구치고 돌아 나와 못 가는 곳이 없네.

"사람들아, 이 날개를 봐. 정말 자유로워."

저 비행기란 놈이 그러네. 나는 땅에 딱 붙어 서서 두 발만 동동 굴렀어.

바로 그날 밤, 잠을 못 잤지. 바로 그날 밤, 꿈이 생겼지.

㉠'여자라고 못 하겠어? 조선 사람이라고 왜 못 하겠어? 얼른얼른 커서 꼭 비행사가 될 거야.'

16 '내'가 비행기를 처음 보았을 때 느꼈을 마음으로 알맞은 것은 어느 것입니까? (   )

① 신기함   ② 두려움   ③ 지루한
④ 무서움   ⑤ 어려움

17 ㉠을 바르게 이해한 것의 기호를 쓰시오.

> ㉮ '나'는 비행기 조종사가 되고 싶다는 꿈이 생겼다.
> ㉯ 조선 사람들은 누구나 비행기 조종사가 될 수 있었다.
> ㉰ 여자들이 비행기 조종사가 되는 것이 당연한 시대였음을 알 수 있다.

(   )

[18~20]

가 중국의 비행 학교를 찾아갔어.

㉠"여자는 들어올 수 없소!"

여자는 날 수 없다네? 중국에서도.

나는 윈난성의 장군 당계요를 찾아갔어.

나 "여자가 어떻게 여기 왔나?"

"세상을 돌고 돌아 왔어요."

"여자가 왜 여기 왔나?"

"하늘을 날고 싶어서요."

"여자가 왜 비행사가 되려 하나?"

"내 나라를 빼앗아 간 일본과 싸우려고요!"

"……좋다!"

당 장군은 비행 학교에다 편지를 썼어. 여자가 자기 나라를 되찾으려고 왔으니 꼭 들여보내라고 썼어.

18 '내'가 ㉠과 같은 말을 들었을 때 어떤 마음이 들었을지 두 가지 고르시오. (,   )

① 억울한 마음
② 공정하지 못하다는 마음
③ 짐작한 것을 맞추어 기쁜 마음
④ 생각지도 못한 일이라 설레는 마음
⑤ 대가 없이 여러 번 도움을 받아 감사한 마음

19 '내'가 비행사가 되려는 까닭은 무엇인지 빈칸에 들어갈 말을 찾아 쓰시오.

• 나라를 빼앗아 간 (   ) 과 싸우려고

서술형

20 당계요 장군이 한 말을 공감하는 대화로 바꾸어 말해 보려고 합니다. 빈칸에 들어갈 알맞은 말을 한 문장으로 쓰시오.

경청하는 말하기	왜 비행사가 되려 하나?
공감하며 말하기	

개념 1 지식이나 경험을 활용해 글을 읽으면 좋은 점

- 글 내용을 더 **①** ㅅ ㄱ 깊이 있게 이해할 수 있고, 글 내용에 흥미를 느끼고 더 집중해서 읽을 수 있습니다.

- 이미 아는 내용과 비교하며 글을 읽을 수 있고, 이미 아는 내용에 새롭게 안 내용을 더해 글 내용을 더 오래 **②** ㄱ ㅇ 할 수 있습니다.

1 다음 글을 읽고 윤서의 말을 통해 지식이나 경험을 활용해 글을 읽으면 좋은 점은 무엇인지 빈칸에 들어갈 말을 쓰시오.

> 우리 조상들은 용이 물을 다스리는 신이라고 생각했답니다. 그래서 용을 닮은 줄을 만들고 흥겹게 줄다리기를 해서 용을 기쁘게 하려고 했어요. 물의 신인 용을 즐겁고 기쁘게 해야 풍년이 들 테니까요.

> 윤서: 내가 알고 있던 민속놀이인 줄다리기가 풍년을 기원하며 하는 놀이였다는 것을 알게 되어 신기하였습니다.

- 글 내용에 ( )을/를 느끼고 더 집중해서 읽게 된다.

개념 2 지식이나 경험을 활용해 글을 읽는 방법

- 책을 읽을 때 궁금한 점은 다른 책이나 자료를 찾아 가며 읽습니다.

- 자신이 **③** ㅇ ㄴ 내용과 책 내용을 비교하며 읽습니다.

- 글을 읽기 전에 여러 가지 질문을 떠올려 본 뒤 떠올렸던 **④** ㅈ ㅁ 을 생각하며 글을 읽습니다.

2 다음 글을 읽고 짐작한 것을 말한 것을 찾아 ○표 하시오.

> 현대인의 생활필수품인 냉장고는 냉기나 얼음을 인공적으로 만드는 기계 장치이지만, 빙고는 겨울에 보관해 두었던 얼음을 봄·여름·가을까지 녹지 않게 효과적으로 보관하는 냉동 창고이다.

(1) 빙고는 얼음을 보관하는 창고라는 뜻인 것 같아. ( )

(2) 조선 시대에는 음식이 상하지 않도록 어떻게 보관했을까?

( )

개념 3 체험이나 감상이 드러나게 글을 쓰는 방법

- 인상 깊은 **⑤** ㅊ ㅎ 을 중심으로 쓰되, 내용이 잘 드러나게 자세히 풀어 씁니다.

- 체험한 일에 대한 생각이나 느낌이 생생하게 전달되도록 씁니다.

- 체험할 때 느낀 감동을 과장하지 말고 **⑥** ㅅ ㅈ 하게 씁니다.

3 영수가 여러 체험 가운데 국립생태원에 간 경험을 글로 쓰고 싶은 까닭은 무엇인지 빈칸에 들어갈 말을 쓰시오.

> 영수: 나는 국립생태원에 견학 갔던 일을 글로 쓰려고 해. 특별 전시관에서 본 진짜 개미집이 인상 깊었거든.

- ( ) 체험이었기 때문이다.

[01~02]

가 줄다리기는 줄을 당길 때보다 줄다리기를 준비하는 과정에 더 많은 뜻이 있습니다. 영산 줄다리기는 어른들보다 아이들이 먼저 겨룹니다. 작은 줄을 만들어 어른들이 하는 것처럼 아이들이 경기를 벌이지요. 아이들 줄다리기가 끝나고 어느 편이 이겼다는 소리가 돌면 그제야 장정들이 나섭니다. 장정들은 집집을 돌면서 짚을 모아 마을 사람들과 함께 줄을 만들지요. 음력 정월은 농한기라서 마을 사람이 모두 모여 줄을 만드는 일에만 매달릴 수 있어요.

나 줄을 다 만들면 여러 마을에서 모인 농악대가 앞장을 서고, 그 뒤로 수백 명의 장정이 줄을 어깨에 메고서 줄다리기할 곳으로 줄을 옮깁니다. 그리고 노인들과 아이들, 여자들이 행렬 끝에 서서 쫓아갑니다. 이렇게 줄을 메고 가는 모습을 멀리서 보면, 마치 용이 꿈틀거리는 것 같답니다.

01 이 글에서 설명하고 있는 것이 무엇인지 알맞게 말한 친구의 이름을 쓰시오.

> • 지민: 이 글은 농사지을 때 하는 일을 설명하고 있어.
> • 주원: 이 글은 여러 가지 민속놀이에 대해서 설명하고 있어.
> • 서윤: 이 글은 영산 줄다리기를 준비하는 과정을 설명하고 있어.

( )

02 음력 정월에 마을 사람들이 모두 모여 줄을 만들 수 있었던 까닭은 어느 것입니까? ( )

① 농사일이 바빠서
② 줄이 크고 길어서
③ 짚을 구하기 어려워서
④ 아이들이 경기를 하지 않아서
⑤ 농사일이 바쁘지 않은 때라서

[03~05]

> ㉠

우리 조상들은 왜 줄을 만들어 서로 당기는 놀이를 했을까요? 그것은 농사와 관련이 깊어요. 오랜 세월 동안 농사를 지어 온 우리 조상들의 가장 큰 소망은 풍년이었어요. 농사가 잘되려면 물이 가장 중요하고요. 그런데 우리 조상들은 용이 물을 다스리는 신이라고 생각했답니다. 그래서 용을 닮은 줄을 만들고 흥겹게 줄다리기를 해서 용을 기쁘게 하려고 했어요. 물의 신인 용을 즐겁고 기쁘게 해야 풍년이 들 테니까요.

03 우리 조상의 가장 큰 소망은 무엇이었는지 찾아 두 글자로 쓰시오.

( )

04 ㉠에 들어갈 이 글의 소제목으로 알맞은 것을 찾아 기호를 쓰시오.

> ㉮ 마음을 한데 모으는 놀이
> ㉯ 풍년을 기원하는 줄다리기
> ㉰ 준비하는 과정이 더 즐거운 영산 줄다리기

( )

꼭나와 ㉲

05 다음 친구가 이 글을 읽고 떠올린 것은 어느 것입니까? ( )

> • 세호: 우리나라의 민속놀이 가운데 풍물놀이도 풍년을 기원하며 많이 해 왔다고 배웠어.

① 친구의 경험
② 이미 아는 지식
③ 더 알고 싶은 것
④ 친구들과 이야기를 나눈 내용
⑤ 친구들에게 알려 주고 싶은 내용

【06~07】

　　우리 조상들이 살던 시대에도 냉장고가 있었을까? 결론적으로 말하자면 냉장고는 아니지만 냉장고 역할을 하는 석빙고가 있었다.

　　현대인의 생활필수품인 냉장고는 냉기나 얼음을 인공적으로 만드는 기계 장치이지만, 빙고는 겨울에 보관해 두었던 얼음을 봄·여름·가을까지 녹지 않게 효과적으로 보관하는 냉동 창고이다. 우리나라에서 얼음을 보관하기 시작했다는 기록은 『삼국사기』에 나타난다. 또한 신라 시대 때에는 얼음 창고에 관한 일을 맡아보던 '빙고전'이라는 기관이 있었다고 한다. 고려 시대에 얼음을 보관하여 사용한 기록은 『고려사』에 나타나는데, 음력 4월에 임금에게 얼음을 진상한 기록이 있고 또 법으로 해마다 6월부터 입추까지 신하들에게 얼음을 나누어 준 기록이 있다.

06 이 글의 내용으로 알맞지 <u>않은</u> 것은 어느 것입니까? (　　　)

① 고조선 시대에는 '빙고전'이라는 기관이 있었다.
② 고려 시대에 신하들에게 얼음을 나누어 준 기록이 있다.
③ 옛 서적에 음력 4월에 임금에게 얼음을 진상한 기록이 있다.
④ 우리 조상들이 살던 시대에도 냉장고의 역할을 하는 것이 있었다.
⑤ 우리나라에서 얼음을 보관하기 시작했다는 기록이 『삼국사기』에 나타난다.

07 냉장고와 빙고의 차이점을 찾아 빈칸에 들어갈 알맞은 말을 각각 쓰시오.

　　냉장고는 얼음을 (1) (　　　　　　　)
기계 장치이고, 빙고는 얼음을 녹지 않게
(2) (　　　　　　　) 냉동 창고이다.

【08~10】

　　조선 시대에는 서울 한강가에 얼음 창고를 만들었는데, 동빙고와 서빙고를 두었다. 동빙고는 왕실의 제사에 쓰일 얼음을 보관했고, 서빙고는 음식 저장용, 식용, 또는 의료용으로 쓸 얼음을 왕실과 고급 관리들에게 공급했다. 조선 시대의 빙고는 정식 관청이었으며, 얼음의 공급 규정을 법으로 엄격히 규정할 만큼 얼음의 공급을 중요하게 여겼다.

　　한겨울의 얼음을 보관했다가 쓰는 기술을 장빙이라고 했다. 우리나라는 여름과 겨울의 기온 차가 커서 옛날부터 장빙 기술이 크게 발달했다.

08 조선 시대에 서울 한강가에 둔 얼음 창고 두 가지의 이름을 찾아 쓰시오.

(　　　　　　　　　　　)

09 보기 에 해당하는 말을 찾아 (1)에 쓰고, 이것이 우리나라에서 발달한 까닭을 (2)에 쓰시오.

　　보기
　　한겨울의 얼음을 보관했다가 쓰는 기술

(1) (　　　　　　　　　　)

(2) 이 기술이 우리나라에서 발달한 까닭:

_____

_____

10 이 글을 읽으며 새롭게 안 것을 떠올린 친구는 누구입니까? (　　　)

① 현지: 얼음을 나누어 주는 법이 있었구나!
② 서아: 옛날에는 음식을 어떻게 보관했을까?
③ 아람: 석빙고가 어떻게 냉장고 역할을 할까?
④ 윤재: 빙고는 얼음을 보관하는 창고라는 뜻인 것 같아.
⑤ 도우: 얼음을 장기간 보관할 수 있는 다른 방법으로는 무엇이 있을까?

[11~12]

가 '특별 전시실'에서는 국립한글박물관 개관 기념 특별전을 진행했는데, '세종 대왕, 한글문화 시대를 열다'라는 기획 아래 세종 대왕의 업적과 일대기, 세종 시대의 한글문화, 세종 정신 따위를 주제로 한 전통적인 유물과 이를 현대적으로 해석한 현대 작가의 작품을 만날 수 있었다.

나 박물관을 관람하면서 책과 화면으로만 봤던 한글 유물을 직접 볼 수 있어서 신기하고 즐거웠다. 그뿐만 아니라 날마다 세 번씩 운영하는 해설이 있는 관람 프로그램을 활용하면 더 많은 지식을 쌓으며 관람할 수 있겠다는 생각이 들었다. 이번 관람으로 국어 시간에 배웠던 한글을 더 생생하고 자세하게 배우는 소중한 기회를 얻어서 무척 뿌듯했다.

11 글 **가**와 **나**에 해당하는 것을 찾아 선으로 이으시오.

(1) **가** ·

(2) **나** ·

· ㉮ 글쓴이가 체험한 일

· ㉯ 체험한 일에 대한 감상

12 이와 같이 체험한 일에 대한 감상이 드러나는 글을 쓰는 방법으로 알맞지 <u>않은</u> 것을 두 가지 고르시오. (,   )

① 체험한 일을 자세히 풀어 쓰는 것이 좋다.
③ 체험한 일에 대한 감상을 생생하게 진달되도록 써야 한다.
② 체험한 뒤 감상을 쓰려면 그때의 생각이나 느낌을 떠올려 봐야 한다.
④ 인상 깊은 체험을 중심으로 쓰되, 실제로는 없었던 일도 같이 꾸며 쓰도록 한다.
⑤ 체험할 때 느낀 감동을 과장하여 써서 읽는 사람이 흥미를 느낄 수 있도록 해야 한다.

[13~14]

국립한글박물관을 찾았다. 국립한글박물관은 '한글'로만 기록한 한글 자료와 한글을 활용한 작품들을 전시해 놓은 곳이다. 국립한글박물관은 용산 국립중앙박물관 옆에 있다. 우리 가족은 집 근처에서 지하철을 타고 가서 '박물관 나들길'을 이용해 박물관까지 걸어갔다. 이정표를 따라 걷다 보니 큰 박물관 건물이 눈에 들어왔다.

13 국립한글박물관에서 볼 수 있는 것을 두 가지 고르시오. (,   )

① 한글을 활용한 작품
② 세계의 여러 가지 글자
③ 한글로만 기록한 한글 자료
④ 한자로 기록한 우리나라 역사책
⑤ 예부터 우리나라에서 사용한 모든 글자

서술형 🌼

14 이 글은 잘 쓴 글인지 아닌지 (1)에 쓰고, (2)에 그렇게 생각한 까닭을 간단히 쓰시오.

(1) (   )

(2) 그렇게 생각한 까닭: _____

_____

_____

꼭나와 😊

15 친구의 글에 대한 의견을 말할 때 주의할 점으로 알맞지 <u>않은</u> 것은 어느 것입니까? (   )

① 친구가 기분 나쁘지 않게 말한다.
② 미리 정한 평가 기준에 맞추어 말한다.
③ 글의 좋은 점에 대한 의견도 제시한다.
④ 어디를 어떻게 고치면 좋을지를 말한다.
⑤ 글의 의도와 달라지더라도 마음에 안 드는 부분을 고친다.

[01~02]

가 줄다리기하는 모습을 실제로 본 적 있나요? 줄다리기에 쓰이는 줄은 엄청나게 굵답니다. 옛날에는 어른이 줄 위에 걸터앉으면 발이 땅에 닿지 않을 정도였다고 해요. 요즈음 영산 줄다리기에 쓰는 줄은 예전에 비하여 훨씬 가늘고 짧아졌는데도 굵기가 1.5미터, 길이가 40미터가 넘습니다. 또 암줄, 수줄로 나누어져 있지요.

나 드디어 줄을 당길 장소에 다다르면 양편에서는 상대의 기를 누르려고 있는 힘을 다하여 함성을 질러요. 이 소리에 영산 지방 전체가 쩌렁쩌렁 울릴 정도이지요.

그렇지만 장소에 도착하자마자 줄을 당기는 것은 아닙니다. 한동안 암줄과 수줄을 합하지 않고 어르기만 하다가 어느 정도 시간이 지난 뒤에야 암줄에 수줄을 끼우고 비녀목을 지릅니다. 그러고 나서 양편에서 서로 힘차게 줄을 당겨서 승부를 가리지요.

01 글 **가**를 읽으며 떠올린 생각을 알맞게 말한 친구의 이름을 쓰시오.

- 서준: 내년에는 운동도 열심히 하고 밥도 많이 먹어서 키가 1.6미터보다 컸으면 좋겠어.
- 윤아: 줄다리기하는 줄의 굵기가 15센티미터 정도일 것이라고 생각했는데 그것보다 열 배나 더 굵다니 놀라워.

(   )

어려워 😥

02 글 **나**는 무엇에 대해 설명하고 있습니까?

(   )

① 줄다리기의 유래
② 줄다리기를 하는 까닭
③ 줄다리기에 쓰이는 줄
④ 줄다리기를 준비하는 과정
⑤ 줄다리기를 하면 건강에 좋은 점

[03~05]

마음을 한데 모으는 놀이

조상들은 대보름이면 모든 일을 제쳐 두고 줄다리기 준비에 정성을 쏟았어요. 그리고 마을 사람이 모두 함께 줄다리기를 했지요. 온 마을이 참여해서 집집마다 짚을 거두고 놀이에 필요한 돈과 일손을 내어 줄을 만들어 놀이를 한다는 게 생각처럼 쉬운 일은 아니랍니다. 그런데도 해마다 줄다리기를 거르는 법이 없었어요. 여기에는 봄기운이 시작되는 정월에 풍년을 기원하고, 줄다리기라는 큰 행사를 치르면서 마을 사람들이 마음을 한데 모아 무사히 한 해 농사를 지으려는 지혜가 담겨 있어요. 영산 줄다리기는 1969년에 국가 무형 문화재(무형유산)로 지정되었답니다.

03 줄다리기에 담긴 조상들의 지혜로 알맞은 것을 두 가지 고르시오. (,   )

① 풍년을 바라는 마음
② 더 큰 부자가 되고 싶은 마음
③ 온 가족의 건강을 바라는 마음
④ 무사히 한 해 농사를 지으려는 마음
⑤ 열심히 운동을 해서 건강을 지키려는 마음

04 1969년에 국가 무형 문화재(무형유산)로 지정된 것은 무엇인지 찾아 쓰시오.

(   )

05 이 글의 내용을 바르게 이해한 친구의 이름을 쓰시오.

- 승수: 줄다리기는 조상들이 즐길 수 있는 유일한 놀이였어.
- 민지: 줄다리기에는 풍년을 기원하는 조상들의 마음이 담겨 있어.

(   )

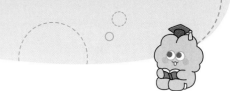

[06~07]

보물인 경주 석빙고는 1738년에 만들었으며, 입구에서부터 점점 깊어져 창고 안은 길이 14미터, 너비 6미터, 높이 5.4미터이다. 석빙고는 온도 변화가 적은 반지하 구조로 한쪽이 긴 흙무덤 모양이며, 바깥 공기가 들어오지 않도록 출입구의 동쪽은 담으로 막고 지붕에는 구멍을 뚫었다.

지붕은 이중 구조인데 바깥쪽은 열을 효과적으로 막아 주는 진흙으로, 안쪽은 열전달이 잘되는 화강암으로 만들었다. 천장은 반원형으로 기둥 다섯 개에 장대석이 걸쳐 있고, 장대석을 걸친 곳에는 밖으로 통하는 공기구멍이 세 개가 나 있다. 이 구멍은 아래쪽이 넓고 위쪽은 좁은 직사각형 기둥 모양인데, 이렇게 함으로써 바깥에서 바람이 불 때 빙실 안의 공기가 잘 빠져나온다. 즉, 열로 데워진 공기와 출입구에서 들어오는 바깥의 더운 공기가 지붕의 구멍으로 빠져나가기 때문에 빙실 아래의 찬 공기가 오랫동안 머물 수 있어 얼음이 적게 녹는 것이다.

06 석빙고의 지붕을 이중 구조로 만든 까닭은 어느 것입니까? (   )

① 얼음을 빨리 녹이려고
② 햇빛을 많이 흡수하려고
③ 얼음을 조금만 얼리려고
④ 찬 공기를 오래 머물게 하려고
⑤ 석빙고의 겉모습을 화려하게 꾸미려고

07 과학 시간에 배운 내용 중 이 글을 읽는 데 활용할 수 있는 것은 어느 것입니까? (   )

① 열의 이동
② 지구의 역사
③ 생물의 한살이
④ 용액의 진하기
⑤ 곰팡이와 버섯의 특징

[08~10]

지붕에는 잔디를 심어 태양열을 차단했고, 내부 바닥 한가운데에 배수로를 5도 경사지게 파서 얼음에서 녹은 물이 밖으로 흘러 나갈 수 있는 구조를 갖추어 과학적이다. / 여기에다가 석빙고의 얼음을 왕겨나 짚으로 싸 보관했다. 왕겨나 짚은 단열 효과를 높이기도 하지만, 얼음이 약간 녹을 때 주변 열도 흡수하므로 왕겨나 짚의 안쪽 온도가 낮아져 얼음을 오랫동안 보관할 수 있다.

석빙고는 자연 그대로의 순환 원리에 맞춰 계절의 변화와 돌, 흙, 바람, 지형 등을 활용해 자연 상태에서 가장 효과적으로 얼음을 오랫동안 저장할 수 있는 구조로 되어 있다.

08 이 글에 나타난 석빙고가 과학적인 까닭이 <u>아닌</u> 것은 어느 것입니까? (   )

① 지붕에 잔디를 심어 태양열을 차단했다.
② 석빙고의 얼음을 왕겨나 짚으로 싸 보관했다.
③ 석빙고는 자연 그대로의 순환 원리에 맞춰 계절의 변화를 활용했다.
④ 석빙고를 여러 지역에 두어 일반 백성들도 음식을 보관할 수 있게 했다.
⑤ 내부 바닥 한가운데에 배수로를 5도 경사지게 파서 얼음에서 녹은 물이 밖으로 흘러 나가게 했다.

09 다음 중 이 글을 읽고 더 알고 싶은 내용을 떠올린 것을 찾아 ○표 하시오.

(1) 석빙고의 과학적 구조   (   )
(2) 얼음을 장기간 보관할 수 있는 다른 방법
                                    (   )

서술형 낭

10 과학 시간에 배운 내용을 떠올리며 이 글을 읽으면 좋은 점을 쓰시오.

_____

_____

[11~14]

상설 전시실 바로 위에는 '한글 놀이터'와 '한글 배움터' 그리고 '특별 전시실'이 있었다. 아이들이 놀면서 한글을 배울 수 있는 '한글 놀이터', 한글에 익숙하지 않은 사람들을 위해 마련한 '한글 배움터'는 모두 체험과 놀이를 하면서 한글을 이해하도록 만들어졌다는 점이 흥미로웠다. '특별 전시실'에서는 국립한글박물관 개관 기념 특별전을 진행했는데, '세종 대왕, 한글문화 시대를 열다'라는 기획 아래 세종 대왕의 업적과 일대기, 세종 시대의 한글문화, 세종 정신 따위를 주제로 한 전통적인 유물과 이를 현대적으로 해석한 현대 작가의 작품을 만날 수 있었다.

박물관을 관람하면서 책과 화면으로만 봤던 한글 유물을 직접 볼 수 있어서 신기하고 즐거웠다. 그뿐만 아니라 날마다 세 번씩 운영하는 해설이 있는 관람 프로그램을 활용하면 더 많은 지식을 쌓으며 관람할 수 있겠다는 생각이 들었다. 이번 관람으로 국어 시간에 배웠던 한글을 더 생생하고 자세하게 배우는 소중한 기회를 얻어서 무척 뿌듯했다.

11 글쓴이가 체험한 일은 무엇인지 빈칸에 들어갈 알맞은 말을 쓰시오.

> 국립한글박물관의 '(   )',
> '한글 배움터', '특별 전시실'을 관람했다.

12 글쓴이가 체험한 일에 대한 감상에 해당하지 <u>않</u><u>는</u> 것을 두 가지 고르시오. (,   )

① 박물관 관람이 즐거웠다.
② 한글을 세상에 널리 알리고 싶어졌다.
③ 한글 유물을 직접 볼 수 있어서 신기했다.
④ 해설이 있는 관람 프로그램을 활용하지 못해 아쉬웠다.
⑤ 한글을 더 생생하고 자세하게 배우는 기회를 얻어 뿌듯했다.

13 이 글의 내용으로 알맞지 <u>않은</u> 것은 어느 것입니까? (   )

① 박물관에서 한글 유물은 직접 볼 수 없었다.
② '특별 전시실'에서는 국립한글박물관 개관 기념 특별전을 진행했다.
③ 상설 전시실 바로 위에는 '한글 놀이터'와 '한글 배움터' 그리고 '특별 전시실'이 있었다.
④ 글쓴이는 이번 관람으로 국어 시간에 배웠던 한글을 더 생생하고 자세하게 배우는 소중한 기회를 얻었다.
⑤ 아이들이 놀면서 한글을 배울 수 있는 '한글 놀이터', 한글에 익숙하지 않은 사람들을 위해 마련한 '한글 배움터'는 모두 체험과 놀이를 하면서 한글을 이해하도록 만들어졌다.

어려워 🌶

14 이와 같은 글을 쓰는 방법에 대해 <u>잘못</u> 말한 친구의 이름을 쓰시오.

> • 시우: 체험한 일을 최대한 간단히 쓰는 것이 좋아.
> • 도윤: 체험한 일에 대한 감상을 생생하게 전하도록 써야 해.
> • 지원: 체험한 뒤 감상을 쓰려면 그때의 생각이나 느낌을 떠올려 봐야 해.

(   )

서술형 🌶

15 5학년 때 체험한 일 중 한 가지를 떠올려 감상과 함께 쓰시오.

_____

_____

_____

[16~18]

가 국립한글박물관을 찾았다. 국립한글박물관은 '한글'로만 기록한 한글 자료와 한글을 활용한 작품들을 전시해 놓은 곳이다. 국립한글박물관은 용산 국립중앙박물관 옆에 있다. 우리 가족은 집 근처에서 지하철을 타고 가서 '박물관 나들길'을 이용해 박물관까지 걸어갔다. 이정표를 따라 걷다 보니 큰 박물관 건물이 눈에 들어왔다.

나 처음 발끝이 닿은 장소는 2층 '한글이 걸어온 길' 상설 전시실이었다. 전시실 이름처럼 '한글이 걸어온 길'을 주제로 마련한 상설 전시실은 총 3부로 구성되었다. 1부 주제는 '새로 스물여덟 자를 만드니'로, 세종 25년 한글이 그 모습을 드러내던 때를 살펴볼 수 있었고, 2부 주제는 '쉽게 익혀서 편히 쓰니'이며, 마지막으로 3부 주제는 '세상에 널리 퍼져 나아가니'이다. 상설 전시실의 이름이 한글의 역사를 잘 말해 주는 것 같았다.

16 이 글에 나타난 내용으로 알맞지 <u>않은</u> 것은 어느 것입니까? (　　　)

① 상설 전시실의 이름
② 국립한글박물관의 위치
③ 상설 전시실의 전시 시간
④ 국립한글박물관의 전시물
⑤ 글쓴이가 국립한글박물관에 간 방법

17 상설 전시실의 1~3부 주제는 각각 무엇인지 찾아 쓰시오.

(1) 1부: (　　　　　　　　　)
(2) 2부: (　　　　　　　　　)
(3) 3부: (　　　　　　　　　)

어려워 🔥
18 다음은 하윤이가 이 글을 읽고 고칠 점을 말한 것입니다. 하윤이의 의견은 어느 것입니까?
(　　　)

글 **나**에서 한글을 설명할 때 4학년 1학기 때 배운 『훈민정음해례본』 내용도 함께 설명하면 읽는 사람이 이해하기 쉬울 거야.

하윤

① 알고 있는 지식을 활용해서 쓰자.
② 알기 쉬운 표현을 사용해서 쓰자.
③ 겪은 일에 대한 감상을 많이 쓰자.
④ 처음, 가운데, 끝으로 나누어 쓰자.
⑤ 한글과 관련 있는 인물에 대한 내용을 활용해서 자세히 쓰자.

19 현장 체험 학습 장소를 정하기 위한 계획을 세우려고 할 때, 빈칸에 들어갈 알맞은 말을 쓰시오.

장소	국립민속박물관
(　　　　　)	지하철 다섯 정거장, 10분
배움 점	우리나라 전통 문화유산과 조상의 생활 모습을 알 수 있다.

서술형 🔥
20 현장 체험 학습으로 가고 싶은 곳을 하나 정한 다음 그곳에 가고 싶은 까닭을 쓰시오.

_____
_____
_____

개념 ① 토의 과정에서 의견을 조정하는 방법

• 해결할 ①ㅁ ㅈ 를 파악합니다.

• 의견 ②ㅅ ㅊ 에 필요한 조건을 따지면서 결과를 예측합니다.

• 마지막으로 전체의 반응을 살펴봅니다.

1 다음은 의견을 조정하는 방법 중 무엇인지 알맞은 것에 ○표 하시오.

> • 어떤 의견을 더 따르고 싶어 하는지 살펴본다.
> • 의견에 대한 토의 참여자의 생각을 듣는다.

(1) 문제 파악하기 ( )
(2) 의견 실천에 필요한 조건 따지기 ( )
(3) 결과 예측하기 ( )
(4) 반응 살펴보기 ( )

개념 ② 토의에서 자신의 의견을 뒷받침할 자료를 찾아 활용하는 방법

• 의견을 뒷받침하는 ③ㄱ ㄱ 자료를 제시하며 자신의 의견을 말합니다.

• 자료에 따른 ④ㅇ ㄱ 방법을 활용하여 의견을 뒷받침하는 내용을 찾습니다.

2 다음 특징을 가진 자료에는 무엇이 있는지 한 가지 쓰시오.

> • 눈으로 확인하기 쉽다.
> • 정보를 눈으로 직접 확인할 수 있어 의견과 근거를 한눈에 이해하기 쉽다.

( )

개념 ③ 찾은 자료를 알기 쉽게 표현하는 방법

• 가장 중요한 정보를 간단하게 요약합니다.

• 사진이나 ⑤ㄱ ㄹ 으로 직접 볼 수 있도록 나타냅니다.

• 차례나 단계, ⑥ㄷ ㅍ 로 나타내어 간단하게 볼 수 있게 합니다.

• 공간에 자료를 적절하게 배치하고 글씨, 그림, 사진, 도표 따위의 크기를 결정합니다.

3 다음 글의 내용을 와 같이 정리하였을 때, 자료를 표현한 방법은 무엇인지 쓰시오.

> 세계보건기구[WHO]는 아동 비만을 21세기 최대 건강 문제 가운데 하나로 꼽고 있다. 한국도 예외는 아니다. 교육부에 따르면 2017년을 기준으로 우리나라 초중고 비만 학생은 100명당 약 17.3명인데 해마다 꾸준히 증가하고 있다.

보기

[아동 건강 문제]
• 세계보건기구: 아동 비만은 21세기 최대 건강 문제 가운데 하나
• 교육부: 우리나라 초중고 비만 학생은 100명당 약 17명(2017년 기준)

( )

[01~03]

1 마스크를 쓰고 생활합니다. 마스크가 몸에 해로운 미세 먼지를 막아 주기 때문입니다.

2 학교 곳곳에 공기 청정기를 설치합니다. 공기 청정기가 공기를 깨끗하게 해 줄 것입니다.

3 공기 청정기가 없는 곳은 어떻게 하나요? 그럼 공기 청정기가 설치된 곳에서만 지내야 하나요?

4 마스크를 쓰는 것은 안 불편한 줄 아십니까? 마스크를 쓰면 답답하고 숨을 쉬기 어렵습니다.

5 하루 종일 공기 청정기를 켜 놓으면 전기 소모가 많을 수 있습니다.

6 미세 먼지를 걸러야 하는데 그깟 전기가 중요합니까? 정말 뭘 모르시는군요.

01 이 토의의 주제는 무엇이겠습니까? (   )

① 공기를 정화시킬 수 있는 방법
② 미세 먼지 문제에 대처하는 방안
③ 마스크를 올바르게 이용하는 방법
④ 학교에 설치해야 할 여러 가지 시설
⑤ 미세 먼지를 줄이기 위해 우리가 할 일

02 이 토의에 대한 설명으로 알맞은 것은 어느 것입니까? (   )

① 한 친구만 의견을 말했다.
② 친구들이 의견을 내세우지 않았다.
③ 친구들의 의견이 잘 모이지 않았다.
④ 친구들이 지혜롭게 서로의 의견을 잘 조정했다.
⑤ 친구들이 높임말을 사용하면서 토의하지 않았다.

꼭나와 ☺

03 그림 3~6에 나타나 있는 문제점으로 알맞은 낱말을 보기에서 찾아 빈칸에 쓰시오.

보기

예의   비판   주제

(1) 그림 3~4: 상대의 의견을 (   ) 하기만 했다.
(2) 그림 5~6: (   )을/를 지키지 않고 말했다.

04 다음과 같이 의견을 조정하지 않으면 일어나는 일을 두 가지 고르시오. (,   )

저 아이는 왜 기분 나쁘게 말하지?

왜 우리는 의견을 조정해야 하지?

더 토의하고 싶지 않군요.

이러다가는 어떤 문제도 해결할 수 없겠어.

① 토의가 빨리 끝나게 된다.
② 토의를 원활하게 진행할 수 없다.
③ 말하는 사람들끼리 갈등이 생긴다.
④ 토의에 여러 가지 의견이 나오게 된다.
⑤ 말하는 사람들의 기분이 좋아지게 된다.

05 의견을 조정해야 하는 까닭으로 알맞은 것은 어느 것입니까? (   )

① 새로운 친구를 사귈 수 있다.
② 내 의견을 강하게 주장할 수 있다.
③ 문제를 합리적으로 해결할 수 있다.
④ 무엇에 대한 문제 상황인지 알 수 있다.
⑤ 항상 내 의견을 따르도록 모든 사람을 설득할 수 있다.

[06~07]

06 이 그림에 나타난 토의할 때 일어날 수 있는 문제는 무엇인지 선으로 알맞게 이으시오.

(1) 가 · · ㉮ 토의 태도와 관련한 문제

(2) 나 · · ㉯ 토의 진행과 관련한 문제

(3) 다 · · ㉰ 의견 및 근거와 관련한 문제

07 그림 가 ~ 다 중에 하나를 골라서 ⑴에 기호를 쓰고, ⑵에 그 문제를 해결할 수 있는 방법을 생각하여 쓰시오.

(1) 그림: (   )

(2) 그림 속 문제 상황을 해결할 수 있는 방법:

_____

_____

[08~09]

사회자: 처음에 우리가 토의로 해결하려고 했던 문제는 무엇이었죠?

친구 1, 4: 미세 먼지에 대처하는 방안을 마련하는 것입니다.

친구 2: 그렇군요. 토의로 해결하려는 문제를 정확히 파악해야 했습니다.

친구 4: 맞아요. 그리고 의견을 실천하려면 무엇이 필요한지 따질 필요가 있겠군요. 자세한 자료를 찾아 각자 의견을 뒷받침해 봅시다.

잠시 뒤

친구 5: 만약 의견을 실천한다면 어떤 결과가 따를까요? 의견대로 실천했을 때 일어날 문제점을 예측해 봅시다.

친구 4: 공기 청정기를 설치하는 데 비용이 많이 들수 있습니다.

친구 1: 미세 먼지 마스크는 일회용이라 쓰레기 문제가 일어날 수 있습니다.

08 사회자가 토의로 해결할 문제를 다시 물어본 까닭은 무엇이겠습니까? (   )

① 토의를 끝내기 위해서

② 토의의 시작을 알리기 위해서

③ 토의의 주제를 이미 알고 있어서

④ 토의로 해결할 수 있는 문제인지 궁금해서

⑤ 토의로 해결할 문제를 정확하게 파악하기 위해서

09 이 토의에 나온 의견대로 실천했을 때 일어날 문제점은 무엇인지 빈칸에 알맞은 말을 쓰시오.

• 공기 청정기를 설치하는 데 (   ) 이/가 많이 들고, 미세 먼지 마스크는 일회용이라 (   ) 문제가 일어날 수 있다.

→ 바른답·알찬풀이 6쪽

10 (1)~(4)에 해당하는 의견을 조정하는 방법의 내용으로 알맞은 것을 에서 찾아 기호를 쓰시오.

보기
⑦ 자료를 찾아 의견을 뒷받침한다.
⑭ 여러 사람의 다양한 의견을 들어 본다.
⑮ 어떤 의견을 더 따르고 싶어 하는지 살펴 본다.
⑯ 의견을 실천했을 때 일어날 수 있는 문제점을 예측한다.

(1) 문제 파악하기: (   )
(2) 의견 실천에 필요한 조건 따지기: (   )
(3) 결과 예측하기: (   )
(4) 반응 살펴보기: (   )

11 의견을 조정하는 태도로 알맞지 <u>않은</u> 것은 어느 것입니까? (   )

① 결정한 의견에 따른다.
② 의견과 발언에 집중한다.
③ 해결 방안을 끝까지 알아본다.
④ 자신의 의견만 끝까지 주장한다.
⑤ 자신의 생각을 적극적으로 표현한다.

12 눈으로 확인하기 쉬운 자료로 알맞은 것을 두 가지 고르시오. (,   )

① 글   ② 그림   ③ 도표
④ 음악   ⑤ 동영상

13 글을 읽어야 상세한 정보를 얻을 수 있는 자료로 알맞지 <u>않은</u> 것을 찾아 ×표 하시오.

(1) 책 (   )   (2) 사진 (   )
(3) 신문 (   )   (4) 보고서 (   )

【14~15】

세계보건기구[WHO]는 아동 비만을 21세기 최대 건강 문제 가운데 하나로 꼽고 있다. 한국도 예외는 아니다. 교육부에 따르면 2017년을 기준으로 우리나라 초중고 비만 학생은 100명당 약 17.3명인데 해마다 꾸준히 증가하고 있다.

영국의 한 초등학교에서 실시한 건강 달리기 프로그램이 성공을 거두어 큰 관심을 끌고 있다. 이 학교는 날마다 적절한 시간을 정해 1.6킬로미터를 달리게 하고 있다. 학생들을 관찰한 □□대학의 ○○ 박사는 "이 학교의 학생들에게는 비만 문제가 보이지 않는다."라고 했다.

미국 일리노이주의 한 학교 역시 건강 달리기로 하루를 시작한다. 이 학교의 학생들은 건강은 물론 집중력도 향상되었고, 우울증과 불안감은 줄어들었다고 한다.

『○○신문』

14 이 자료로 뒷받침할 수 있는 의견은 어느 것입니까? (   )

① 우울증을 해결하자. ② 건강 달리기를 하자.
③ 학습 습관을 기르자. ④ 음식을 골고루 먹자.
⑤ 집중력을 향상시키자.

서술형

15 이 글의 내용 중 아동 건강 문제를 다음과 같이 표현했습니다. 보기 의 내용 중 어떤 방법인지 찾아 (1)에 쓰고, 이와 같이 표현하면 어떤 효과가 있는지 (2)에 쓰시오.

100명당 비만 학생 수
17명
83명

보기
표
도표
사진

(1) 표현 방법: (   )

(2) 표현 방법의 효과: _____

_____

[01~04]

가 학교 방송: 오늘은 미세 먼지가 심하니 외부 활동을 자제해 주시길 바랍니다. 체육 수업은 교실에서 하겠습니다.

사회자: 날이 갈수록 심해지는 미세 먼지에 어떻게 대처해야 할까요?

나

1 마스크를 쓰고 생활합니다. 마스크가 몸에 해로운 미세 먼지를 막아 주기 때문입니다.

2 학교 곳곳에 공기 청정기를 설치합니다. 공기 청정기가 공기를 깨끗하게 해 줄 것입니다.

3 공기 청정기가 없는 곳은 어떻게 하나요? 그럼 공기 청정기가 설치된 곳에서만 지내야 하나요?

4 마스크를 쓰는 것은 안 불편한 줄 아십니까? 마스크를 쓰면 답답하고 숨을 쉬기 어렵습니다.

다

1 좀처럼 의견이 좁혀지지 않는군요. 박이슬 님의 의견은 어떻습니까?

2 예? 아, 뭐 저는 뭘 해도 상관없습니다.

3

01 이 토의의 주제는 무엇인지 빈칸에 들어갈 알맞은 말을 쓰시오.

• ( ) 문제에 대처하는 방안

02 이 토의에 나타난 의견을 두 가지 고르시오.

(,)

① 환기를 자주 시키자.
② 교실 청소를 자주 하자.
③ 마스크를 쓰고 생활하자.
④ 교실 문을 잘 닫고 다니자.
⑤ 학교 곳곳에 공기 청정기를 설치하자.

03 그림 **나**의 **3** ~ **4**에 나타난 문제점은 어느 것입니까? ( )

① 서로 높임말을 사용하지 않았다.
② 상대의 의견을 비판하기만 했다.
③ 상대가 말하는 도중에 끼어들어 말했다.
④ 토의 주제와 관련이 없는 내용을 말했다.
⑤ 토의 과정에 적극적으로 참여하지 않았다.

서술형 ✎

04 그림 **다**의 **2**에 나타난 친구에게 조언해 줄 수 있는 말을 한 문장으로 쓰시오.

_____

_____

[05~06]

환경을 보호할 수 있습니다.

겨울에도 따뜻하게 지낼 수 있습니다.

가

에이, 그게 말이나 됩니까?

정말 아무것도 모르시는군요.

시간이 부족해. 의견을 조정하지 못한 채 끝날 것 같아.

나

다

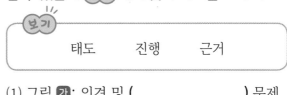

예? 아, 저는 뭘하든 상관 없습니다.

05 그림 **가** ~ **다**와 같은 상황에서 어떤 문제가 일어날 수 있는지 **보기**에서 찾아 기호를 쓰시오.

보기

태도   진행   근거

(1) 그림 **가**: 의견 및 ( ) 문제
(2) 그림 **나**: 토의 ( ) 문제
(3) 그림 **다**: 토의 ( ) 문제

서술형

06 이 그림 내용처럼 토의하면서 어려웠던 일을 한 가지 떠올려 쓰시오.

_____

_____

07 사회자가 토의로 해결할 문제를 다시 물어본 까닭에 대해서 바르게 말한 친구의 이름을 쓰시오.

> • 예준: 새로운 문제를 찾아보려고야.
> • 준서: 해결할 문제를 정확히 파악하기 위해서야.
> • 지후: 자기 의견을 적극적으로 표현하고 싶어서야.

(   )

[07~10]

친구 1: 의견을 모으지 않으면 갈등이 더 심해질 것 같습니다.

친구 4: 의견을 조정할 필요가 있습니다.

사회자: 동의합니다. 처음에 우리가 토의로 해결하려고 했던 문제는 무엇이었죠?

친구 1, 4: 미세 먼지에 대처하는 방안을 마련하는 것입니다.

친구 2: ㉠그렇군요. 토의로 해결하려는 문제를 정확히 파악해야 했습니다.

친구 4: 맞아요. 그리고 의견을 실천하려면 무엇이 필요한지 따질 필요가 있겠군요. 자세한 자료를 찾아 각자 의견을 뒷받침해 봅시다.

잠시 뒤

친구 5: 만약 의견을 실천한다면 어떤 결과가 따를까요? 의견대로 실천했을 때 일어날 문제점을 예측해 봅시다.

친구 4: 공기 청정기를 설치하는 데 비용이 많이 들 수 있습니다.

친구 1: 미세 먼지 마스크는 일회용이라 쓰레기 문제가 일어날 수 있습니다.

사회자: 다른 분들의 생각은 어떠한가요? 어떤 의견이 더 좋나요? 결정한 의견에서 자신이 해야 하는 역할은 무엇일까요?

어려워

08 ㉠에서 알 수 있는 의견을 조정할 때의 바른 태도는 어느 것입니까? (   )

① 결정한 의견에 따른다.
② 의견과 발언에 집중한다.
③ 상대를 배려하며 말한다.
④ 해결 방안을 끝까지 알아본다.
⑤ 자신의 생각을 적극적으로 표현한다.

09 그림 **1**과 **2** 중에서 책을 근거 자료로 사용한 것은 무엇인지 기호를 쓰시오.

그림 (   )

10 제시된 의견대로 실천한다면 일어날 문제점은 무엇이라 하였는지 두 가지 고르시오.

(,   )

① 마스크 구입 비용이 늘어난다.
② 친구들끼리 의견이 맞지 않아 다툴 수 있다.
③ 공기 청정기 관리를 해야 할 사람을 뽑아야 한다.
④ 공기 청정기를 설치하는 데 비용이 많이 들 수 있다.
⑤ 미세 먼지 마스크는 일회용이라 쓰레기 문제가 일어날 수 있다.

[11~12]

11 그림 **가**에 나타난 문제점을 바르게 말한 친구의 이름을 쓰시오.

아무런 자료 없이 의견을 말하고 있어.
은서

친구들을 똑바로 바라보고 말하고 있어.
수현

( )

12 그림 **나**와 같이 자료를 제시하면 좋은 점은 어느 것입니까? ( )

① 자료를 예쁘게 꾸밀 수 있다.
② 다양한 읽을거리를 제공한다.
③ 다양한 의견을 주장할 수 있다.
④ 길고 자세한 정보를 많이 담을 수 있다.
⑤ 정보를 눈으로 확인하여 이해하기 쉽다.

[13~15]

13 그림 **가**와 같이 의견을 말하면 좋지 않은 점에 대해 빈칸에 들어갈 알맞은 말을 쓰시오.

• ( ) 없이 의견을 말하면 의견을 뒷받침할 객관적 근거가 부족하기 때문에 자신이 없어 보인다.

14 그림 **나**에서 책을 자료로 제시하며 의견을 말한 까닭은 어느 것입니까? ( )

① 듣는 사람에게 즐거움을 주려고
② 듣는 사람에게 새로운 소식을 전하려고
③ 발표 내용이 창의적이라는 것을 보려 주려고
④ 발표 내용 외에도 더 풍부한 정보를 제공하려고
⑤ 구체적인 숫자를 간단히 확인할 수 있게 하려고

15 그림 **나**에서 제시한 자료를 통해 알 수 있는 것을 두 가지 고르시오. (,)

① 마스크의 형태가 얼마나 다양한가
② 미세 먼지가 얼마나 몸에 해로운가
③ 마스크로 인해 쓰레기가 얼마나 증가하는가
④ 마스크를 쓰고 생활하는 것이 얼마나 힘든가
⑤ 마스크가 얼마나 효과적으로 미세 먼지를 막아 주는가

➡ 바른답·알찬풀이 7쪽

[16~17]

가

찾고 싶은 자료와 관련한 낱말을 컴퓨터로 검색한다.

↓

㉠신문 기사나 뉴스의 제목을 중심으로 훑어 읽는다.

↓

의견을 뒷받침하는 기사문이나 보도문을 찾아 자세히 읽는다.

↓

필요한 내용을 정리하고 날짜, 신문 또는 방송 이름을 쓴다.

나

찾고 싶은 자료와 관련한 책을 찾는다.

↓

찾은 책의 차례를 살펴본다.

↓

내용을 건너뛰며 읽으면서 의견을 뒷받침하는 내용을 찾는다.

↓

의견을 뒷받침하는 내용을 좀 더 자세히 읽는다.

↓

㉡필요한 내용을 정리하고 책 제목, 글쓴이, 출판사를 쓴다.

16 자료를 찾을 때 ㉠과 같이 훑어 읽는 까닭으로 알맞은 것을 찾아 ○표 하시오.

(1) 다 읽으면 너무 지루해서 ( )
(2) 꼼꼼하게 내용을 보기 위해서 ( )
(3) 시간과 노력을 절약하기 위해서 ( )

17 자료를 찾을 때 ㉡과 같이 출처를 적는 까닭으로 알맞지 <u>않은</u> 것을 두 가지 고르시오.

(,)

① 저작권을 침해하지 않기 위해서
② 정확한 자료임을 나타내기 위해서
③ 글의 내용을 좀 더 길게 만들기 위해서
④ 믿을 수 있는 자료임을 나타내기 위해서
⑤ 자신이 찾은 글이라는 것을 밝히기 위해서

[18~20]

「○○방송 뉴스」

18 이 내용은 어디에서 찾은 자료인지 쓰시오.

( )

19 이 자료를 다음과 같이 나타냈을 때의 표현 방법은 무엇인지 쓰시오.

[건강 달리기를 실천한 예]
• 삼 년 동안 건강 달리기를 실시한 초등학교
• 비만 학생이 해마다 열네 명, 아홉 명, 네 명으로 줄어들었다.

_____

_____

20 이 자료를 표나 도표로 표현하면 효과적인 까닭은 무엇인지 빈칸에 들어갈 알맞은 말을 쓰시오.

• 표나 도표로 표현하면 글을 읽는 것보다 더 쉽고 빠르게 ( )할 수 있다.

개념 1 문장 성분의 호응 관계에 대해 알아보기

- 주어, ❶ㅅㄱ, 높임의 대상을 나타내는 말과 서술어의 호응 관계가 바른지 살펴봅니다.

- '결코, 전혀, ❷ㅂㄹ'와 같이 호응하는 서술어가 따로 있는 낱말을 주의해서 씁니다.

1 다음 문장에서 밑줄 친 부분을 문장 성분의 호응에 맞게 바르게 고쳐 쓰시오.

> 그림책은 어린아이들이나 읽는 것이라고 생각해서 평소에 <u>별로 읽는 편이다</u>. 하지만 부모님께서 권해 주신 그 책은 내 생각과 달랐다.

(   )

개념 2 겪은 일이 드러나는 글을 쓰는 방법

- 글을 쓰는 목적, 글의 종류, 읽는 사람, ❸ㅈㅈ를 고려해서 계획합니다.

- 자신이 겪은 일 또는 생각 가운데에서 ❹ㄱㄱ을 정합니다.

- 처음-가운데-끝의 세 부분으로 나누어 글 내용을 조직하고, 글머리를 어떻게 시작하면 좋을지 생각하여 글을 씁니다.

2 다음 문장으로 글머리를 시작하였을 때 어떤 방법으로 시작한 것인지 알맞은 것에 ○표 하시오.

> "가는 날이 장날"이라더니 해변은 축제 때문에 사람들로 가득했다.

(1) 대화 글로 시작하기 (   )
(2) 날씨 표현으로 시작하기 (   )
(3) 속담이나 격언으로 시작하기 (   )
(4) 의성어나 의태어로 시작하기 (   )

개념 3 매체를 활용해 겪은 일이 드러나는 글을 쓰는 방법

- 글쓰기에 활용할 ❺ㅁㅊ를 정합니다.

- 매체를 활용해 글을 쓰거나 의견을 나눌 때 주의할 점을 알아봅니다.

- 매체를 활용해 쓴 글에 대해 의견을 주고받습니다.

- 친구들과 나눈 ❻ㅇㄱ을 바탕으로 하여 자신의 글을 고쳐 씁니다.

3 매체를 활용해 글을 쓰고 의견을 나누었을 때 좋은 점에 대해 **잘못** 말한 친구의 이름을 쓰시오.

> • 수빈: 매체를 활용하면 의견을 쉽게 주고받을 수 있어.
> • 승형: 한 사람이 쓴 글을 여러 사람이 동시에 읽고 의견을 쓸 수 있어.
> • 예린: 칭찬하는 말이나 고칠 부분을 전달하는 것이 어렵기 때문에 좀 더 신중하게 의견을 전달할 수 있어.

(   )

정답 ❶ 시간 ❷ 별로 ❸ 주제 ❹ 주제 ❺ 매체 ❻ 의견

01 다음 문장에서 잘못된 점은 어느 것입니까?
( )

> 주찬이는 어제 책을 세 시간 동안 읽는다.

① 문장에 주어가 없다.
② 문장에 서술어가 없다.
③ 높임 표현이 잘못되었다.
④ 문장에 불필요한 목적어가 들어가 있다.
⑤ 시간을 나타내는 말과 서술어가 호응하지 않는다.

02 다음 문장의 잘못된 점을 바르게 고친 것은 어느 것입니까? ( )

> 키와 몸무게가 늘었다.

① 키가 늘었다.
② 몸무게와 키가 늘었다.
③ 키도 몸무게도 늘었다.
④ 키가 늘고 몸무게가 늘었다.
⑤ 키가 자라고 몸무게가 늘었다.

[03~05]

가 ㉠어제저녁에 방에서 컴퓨터를 하는데 졸음이 밀려온다. 안방으로 가서 가만히 누워 있는데 내 동생 용준이가 나를 툭툭 치며 장난을 걸어왔다. 나는 용준이가 또 덤빌까 봐 용준이 손을 잡고 안 놓아 주었다. 그러다가 그만 내 눈에 쇳덩어리(용준이 머리)가 '쿵' 하고 부딪쳤다.
"아야!"
나는 너무 아파서 눈물을 글썽였다. 그랬더니 용준이가 혼날까 봐 따라 울려고 그랬다. 나는 결코 용준이를 아프게 한 적이 없는데도 말이다.
나 "진윤서, 너 왜 동생 울려?"
하고 큰소리를 내셨다. 나한테만 뭐라고 하시는 아버지를 이해할 수 없었다. 나는 화가 나서 울며 내 방으로 들어가 침대에 누웠다.

꼭나와 ㅂ

03 ㉠이 바른 문장이 아닌 까닭은 어느 것입니까?
( )

① 언제 있었던 일인지 알 수 없다.
② 사실이 아닌 일을 사실처럼 썼다.
③ 알맞은 높임말을 사용하지 않았다.
④ 장소를 나타내는 말을 쓰지 않았다.
⑤ 과거의 일인데 현재를 나타내는 서술어가 쓰였다.

04 '내'가 화가 난 까닭은 어느 것입니까? ( )

① 우는 '나'를 용준이가 놀려서
② 용준이가 '내' 손을 아프게 때려서
③ 용준이가 컴퓨터를 혼자 하려고 해서
④ 졸음이 오는데 용준이가 자꾸 장난을 쳐서
⑤ '나'한테만 뭐라고 하시는 아버지께 서운해서

05 다음 중 글의 내용과 비슷한 경험을 떠올려 말한 친구는 누구인지 이름을 쓰시오.

> 아빠와 주말에 단 둘이서 낚시를 하러 갔던 경험이 있어.

지윤

> 할머니께서 차려 주신 반찬이 맛이 없다고 투정을 부린 적이 있었어.

하리

> 동생과 싸웠는데 어머니께서 동생 편만 드셔서 서운했던 적이 있어.

서진

( )

[06~07]

글쓰기의 과정

㉠ 계획하기	글 쓸 준비를 하는 단계
㉡ 내용 생성하기	쓸 내용을 떠올리는 단계
㉢ 내용 조직하기	쓸 내용을 나누는 단계
㉣ 표현하기	직접 글을 쓰는 단계
㉤ 고쳐쓰기	글을 고치는 단계

06 다음은 글쓰기의 과정 중 무엇이겠습니까?

( )

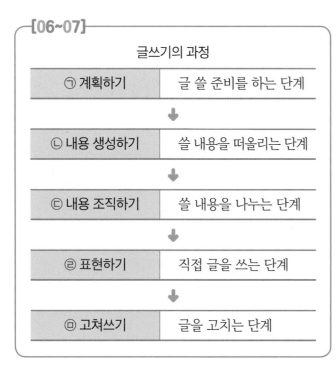

쉽고 재미있게 읽을 수 있는 글을 쓰고 싶어.

내 글을 읽을 사람은 선생님, 부모님, 친구들…….

시나 동화보다는 내 경험이 잘 드러난 글을 쓰는 것이 좋겠어.

① 계획하기   ② 표현하기
③ 고쳐쓰기   ④ 내용 생성하기
⑤ 내용 조직하기

꼭나와 ☺

07 다음 내용은 ㉠~㉤ 중 어느 단계에서 생각해야 할 내용일지 기호를 쓰시오.

> 문장 성분의 호응이 바르지 않은 부분은 없는지 살펴본다.

( )

서술형 상

08 다음 문장에서 잘못된 점은 무엇인지 보기 에서 골라 (1)에 기호를 쓰고, (2)에 제시된 문장을 바르게 고쳐 써 보시오.

> 할아버지는 얼른 밥을 다 먹고 또 일하러 나가셨다.

보기

> ㉮ 주어와 서술어의 호응 관계
> ㉯ 시간을 나타내는 말과 서술어의 호응 관계
> ㉰ 높임의 대상을 나타내는 말과 서술어의 호응 관계

(1) 문장에서 잘못된 점: ( )

(2) 문장 바르게 고쳐 써 보기:

_____

_____

[09~10]

> ㉠ 나는 친구가 거짓말을 한 것이 결코 바른 행동이라고 생각한다.
>
> ㉡ 선생님 말씀은 전혀 들어 본 내용이었다.
>
> ㉢ 나는 책 읽기를 별로 좋아하는 편이다.

09 다음 중 ㉠~㉢의 문장에서 문장 성분의 호응 관계에 주의해야 할 낱말로 알맞지 <u>않은</u> 것을 두 가지 고르시오. (,)

① 책   ② 결코
③ 전혀   ④ 별로
⑤ 거짓말

10 에서 ㉠~㉢의 문장을 바르게 고친 것의 기호를 찾아 쓰시오.

> **보기**
> ㉠ 나는 친구가 거짓말을 하신 것이 결코 바른 행동이라고 생각한다.
> ㉡ 선생님께서의 말씀은 전혀 들어 본 내용이었다.
> ㉢ 나는 책 읽기를 별로 좋아하지 않는 편이다.

(   )

서술형 낭
11 다음 문장에서 잘못된 부분을 찾아 (1)에 쓰고, 잘못되었다고 생각한 까닭을 (2)에 쓰시오.

> 내가 이번 대회에 참가하면서 느낀 점은 어떤 일에 도전하고 그 목표를 성취하고자 노력하는 순간들도 소중하다는 것을 느꼈다.

(1) 잘못된 부분: (   )

(2) 잘못되었다고 생각한 까닭:

_____

_____

_____

꼭나와 ᵕ
12 다음 문장의 밑줄 친 부분을 바르게 고친 것은 어느 것입니까? (   )

> 선생님께서는 이번 시험 문제가 쉽다고 말씀하셨는데 <u>전혀 쉬워서</u> 친구들이 모두 놀랐다.

① 쉬운데   ② 쉬워서
③ 전혀 어렵지만   ④ 전혀 어려워서
⑤ 전혀 쉽지 않아서

13 다음 문장의 빈칸에 들어갈 말로 알맞은 것은 어느 것입니까? (   )

> 나는 게임하는 것을 별로 _____

① 좋아한다.
② 싫어한다.
③ 재미없다.
④ 흥미진진하다.
⑤ 좋아하지 않는다.

14 다음은 겪은 일이 드러나게 글을 쓰려고 글쓰기 계획을 한 것입니다. 빈칸에 들어갈 알맞은 말을 쓰시오.

목적	글 모음집에 실으려고
글의 종류	겪은 일을 표현하는 글
( )	친구, 가족
주제	가족의 사랑, 명절 문화 바꾸기

15 다음은 글머리를 시작하는 방법 중 어느 것입니까? (   )

> "괜찮아."
> 드디어 유나가 입을 열었다.

① 대화 글로 시작하기
② 상황 설명으로 시작하기
③ 날씨 표현으로 시작하기
④ 속담이나 격언으로 시작하기
⑤ 의성어나 의태어로 시작하기

01 보기에 나타나 있는 문장의 문장 성분은 각각 무엇인지 선으로 알맞게 이으시오.

> 보기
>
> 윤서가 책을 읽는다.

(1) 윤서가 •   • ㉮ 주어

(2) 책을 •   • ㉯ 서술어

(3) 읽는다 •   • ㉰ 목적어

어려워

02 다음 문장에서 잘못된 점을 바르게 설명한 것은 어느 것입니까? (   )

> 할머니가 잠을 잔다.

① 주어가 생략되었다.
② 어색한 목적어를 사용했다.
③ 서술어의 길이가 너무 짧다.
④ 높임의 대상을 나타내는 말과 서술어의 호응이 어색하다.
⑤ 시간을 나타내는 말과 어울리지 않는 서술어를 사용했다.

[03~04]

㉮ 나는 앞으로 용준이와 놀아 주지 않겠다고 다짐했다. 한참 있다가 어머니께서 오셨다. ㉠문을 열어 보라고 하시는데 어머니의 목소리가 별로 좋아 보였다. 나는 혼이 날까 봐 살짝 문을 열었다.
㉯ "누나……, 미안."
　용준이가 씩 웃으며 나를 쳐다보았다. 웃음이 나오려는 것을 참고 아버지 쪽으로 얼굴을 돌렸는데 아버지께서 손으로 하트 모양을 만들고 계셨다. ㉡그만 웃음이 피식 웃어 버렸다.

03 ㉠의 문장이 어색한 까닭은 무엇인지 찾아 기호를 쓰시오.

> ㉮ '별로'라는 말과 서술어의 호응이 어색하다.
> ㉯ 시간을 나타내는 말과 서술어의 호응이 어색하다.
> ㉰ 높임을 나타내는 말과 서술어의 호응이 어색하다.

(   )

04 ㉡의 문장을 바르게 고친 것을 두 가지 고르시오.
(,   )

① 그만 나는 피식 웃어 버렸다.
② 그만 피식 웃음이 웃어 버렸다.
③ 그만 웃음이 피식 웃어 버린다.
④ 그만 웃음이 피식 웃어 버리셨다.
⑤ 그만 웃음이 나서 피식 웃어 버렸다.

05 경험이 드러나는 글을 쓰는 과정이 차례대로 나열된 것은 어느 것입니까? (   )

① 계획하기 → 표현하기 → 고쳐쓰기 → 내용 조직하기 → 내용 생성하기
② 계획하기 → 내용 생성하기 → 내용 조직하기 → 표현하기 → 고쳐쓰기
③ 내용 생성하기 → 계획하기 → 표현하기 → 고쳐쓰기 → 내용 조직하기
④ 내용 조직하기 → 내용 생성하기 → 계획하기 → 표현하기 → 고쳐쓰기
⑤ 내용 조직하기 → 계획하기 → 표현하기 → 고쳐쓰기 → 내용 생성하기

서술형

06 글쓰기의 단계 중 '내용 생성하기' 단계에서는 무엇을 하는지 쓰시오.

_____

_____

07 다음에 해당하는 글쓰기 단계는 어느 것입니까?
( )

> 읽는 사람이 관심을 보일 만한 제목으로 무엇이 좋을까?

> 용준이 모습을 좀 더 재미있게 표현해 보자.

> 대화 내용을 실감 나게 쓰면 읽는 사람이 더 흥미롭게 읽을 수 있을 거야.

① 계획하기   ② 고쳐쓰기
③ 표현하기   ④ 내용 생성하기
⑤ 내용 조직하기

어려워

08 다음 문장이 잘못된 까닭으로 알맞은 것을 찾아 ○표 하시오.

> 우리가 환경을 보호해야 하는 까닭은 환경 파괴의 피해가 결국 우리에게 돌아오는 것이라고 생각한다.

(1) 주어와 서술어의 호응 관계가 바르지 않아서
( )
(2) 시간을 나타내는 말과 서술어의 호응 관계가 바르지 않아서
( )
(3) 높임의 대상을 나타내는 말과 서술어의 호응 관계가 바르지 않아서
( )

09 다음 중 문장 성분의 호응이 바른 문장은 어느 것입니까? ( )

① 내일 우리 가족은 함께 동네 공원으로 산책을 나갔다.
② 어제저녁 우리 가족은 함께 동네 공원으로 산책을 나갔다.
③ 지난주에 우리 가족은 함께 동네 공원으로 산책을 나간다.
④ 어제 우리 가족은 함께 동네 공원으로 산책을 나갈 것이다.
⑤ 어제저녁 우리 가족은 함께 동네 공원으로 산책을 나간다.

10 다음 세 문장이 잘못된 까닭을 바르게 말한 친구의 이름을 쓰시오.

> • 나는 친구가 거짓말을 한 것이 결코 바른 행동이라고 생각한다.
> • 선생님 말씀은 전혀 들어 본 내용이었다.
> • 나는 책 읽기를 별로 좋아하는 편이다.

> 세 문장 다 시간을 나타내는 말과 서술어가 잘못되었어.

현우

> 문장에 나타나 있는 '결코, 전혀, 별로'와 같은 낱말과 서술어가 어울리지 않아서 잘못되었어.

지훈

> 주어에 어울리지 않는 서술어가 사용되어서 문장이 잘못되었어.

예은

( )

11 다음 문장의 밑줄 친 말을 알맞게 고친 것은 어느 것입니까? (   )

> 나는 친구가 거짓말을 한 것이 결코 바른 행동이라고 생각한다.

① 바른 행동이다.
② 잘못된 행동이다.
③ 바른 행동이라고 생각하는가.
④ 잘못된 행동이라고 생각한다.
⑤ 바른 행동이 아니라고 생각한다.

12 다음 문장의 빈칸에 들어갈 말로 알맞은 것은 어느 것입니까? (   )

> 선생님의 말씀은 전혀 _____ 내용이었다.

① 들어 본   ② 듣다 만
③ 들어 볼   ④ 들어 보았던
⑤ 들어 보지 못한

13 보기 는 '결코, 전혀, 별로'와 같이 호응하는 서술어가 따로 있는 낱말입니다. 보기 의 낱말 중 하나를 이용해 짧은 글을 쓰시오.

> 보기
> 여간   도저히   그다지

_____

_____

14 겪은 일이 드러나게 글을 쓸 때에 글감으로 쓰기에 알맞지 <u>않은</u> 것은 어느 것입니까? (   )

① 주제가 잘 드러나는 것
② 누구나 경험할 만한 것
③ 내용을 자세히 풀어 쓸 수 있는 것
④ 글을 읽는 사람이 흥미를 느낄 수 있는 것
⑤ 장소나 등장인물의 변화가 너무 많지 않은 것

15 글머리를 시작하는 방법 중 다음과 같은 내용은 어떤 방법에 해당합니까? (   )

> 키가 작고 눈이 동그란 그 친구는 항상 웃는 아이였다.

① 날씨 표현으로 시작하기
② 인물 설명으로 시작하기
③ 상황 설명으로 시작하기
④ 속담이나 격언으로 시작하기
⑤ 의성어나 의태어로 시작하기

16 글을 읽고 고쳐 쓸 부분을 평가할 때, 다음은 '내용, 조직, 표현' 면에서 어떤 부분을 평가한 것입니까?

> 글의 구조가 분명하게 드러났는가?

(   )

→ 바른답·알찬풀이 **9쪽**

17 다음은 매체를 활용해 겪은 일이 드러나는 글을 쓰는 과정 중 고쳐쓰기 단계입니다. 이 단계의 ㉠ 부분에 들어갈 내용으로 알맞은 것을 찾아 ○표 하시오.

글 고쳐 쓰는 방법	□ 처음 썼던 글을 복사해서 붙이기 □ 고쳐 쓸 부분을 찾아 고치고 저장하기 □ 새롭게 고쳐 쓴 글임을 밝히기
처음 썼던 글과 비교하기	□ 처음 썼던 글과 달라진 점 생각하기 □ (㉠) □ 글을 평가하는 기준 다시 살펴보기

(1) 잘한 점 칭찬하기   (   )

(2) 친구의 의견에 대한 생각 쓰기   (   )

(3) 처음 썼던 글보다 좋아진 점 생각하기

                                   (   )

어려워 ♡

18 매체를 활용해 글을 쓰고 의견을 나누었을 때 좋은 점이 아닌 것은 어느 것입니까? (   )

① 글을 고치기에 편리하다.

② 의견을 쉽게 수고받을 수 있다.

③ 누가 쓴 글인지 이름을 밝힐 필요가 없어서 편하다.

④ 칭찬하는 말이나 고칠 부분을 편하게 전할 수 있다.

⑤ 한 사람이 쓴 글을 여러 사람이 동시에 읽고 의견을 쓸 수 있다.

[19~20]

19 다음 중 글 모음집 **가** ~ **라**의 특징을 **잘못** 말한 친구의 이름을 쓰시오.

> • 지유: 글 모음집 **가**는 손으로 직접 그림을 그리고 글을 쓴 표지야.
> • 시현: 글 모음집 **나**는 컴퓨터로 편집한 표지야.
> • 다은: 글 모음집 **다**는 학생들이 손 글씨로 내용을 썼어.
> • 현준: 글 모음집 **라**는 판화를 이용해 만든 표지야.

                           (   )

서술형 ♡

20 이와 같이 여러 가지 글 모음집의 특징과 읽을 사람을 고려해 우리 반 글 모음집을 어떻게 만들지 생각하여 간단히 쓰시오.

_____

_____

5. 여러 가지 매체 자료

→ 바른답·알찬풀이 10쪽

개념 1 여러 가지 매체 자료에 대해 알아보기

• 매체 자료에는 ❶ⓞⓢ 매체, 영상 매체, 인터넷 매체 등이 있습니다.

인쇄 매체	신문, 잡지, 책 등
❷ⓞⓢ 매체	연속극과 같은 텔레비전 영상물, 영화 등
인터넷 매체	휴대 전화 문자 메시지, 누리 소통망[SNS]

1 다음 중 매체 자료를 읽는 방법에 대해 <u>잘못</u> 말한 친구는 누구인지 이름을 쓰시오.

> • 소율: 영상 매체 자료는 글의 내용을 잘 살펴보는 것이 좋아.
> • 다은: 인쇄 매체 자료는 글, 그림, 사진으로 나타낸 시각 정보를 살펴보는 것이 좋겠어.
> • 우진: 인터넷 매체 자료를 읽을 때에는 인쇄 매체 자료와 영상 매체 자료를 읽는 방식을 모두 사용하면 좋을 것 같아.

(   )

개념 2 매체 자료에 따른 알맞은 읽기 방법

• 인쇄 매체 자료는 ❸ⓖ과 그림, 사진으로 나타낸 시각 정보를 살펴봅니다.

• 영상 매체 자료는 화면 구성과 소리에 대한 정보도 탐색합니다.

• 인터넷 매체 자료는 글과 그림이 주는 시각 정보를 잘 살펴볼 뿐만 아니라 ❹ⓗⓜ 구성과 소리에 담긴 정보도 탐색합니다.

2 다음은 연속극의 한 장면에서 인물이 처한 상황을 표현한 방법입니다. 다음과 같은 영상 매체를 읽는 방법으로 알맞은 것에 ○표 하시오.

> 주인공이 밤새도록 환자를 치료하는 장면을 연달아 보여 주고, 비장한 느낌의 음악을 사용한다.

(1) 글을 살펴본다.   (   )
(2) 그림이나 사진을 살펴본다.   (   )
(3) 화면 구성과 소리에 대한 정보를 탐색한다.   (   )

개념 3 이야기를 읽고 현실 세계와 비교하는 방법

• 이야기가 실린 ❺ⓜⓒ의 특성을 생각하며 이야기 속 사건과 갈등을 파악합니다.

• 이야기에 등장하는 인물들의 말과 행동을 살펴보고, ❻ⓗⓢ 세계 속 우리 모습과 비교해 봅니다.

• 대화 예절을 지키며 이야기의 주제에 대해 친구들과 이야기합니다.

3 다음은 이야기 「마녀사냥」의 내용입니다. 이 이야기와 현실 세계의 비슷한 점으로 알맞은 것에 ○표 하시오.

> 흑설 공주가 핑공 카페에 민서영과 관련한 거짓 글을 올림. → 민서영이 흑설 공주의 글에 대한 반박 글을 올림. → 카페 가입자들이 흑설 공주를 비난함. → 흑설 공주가 다시 반박 글을 올려 흑설 공주과 민서영의 진실 싸움으로 바뀜.

(1) 마음 맞는 친구들끼리 어울리는 경우가 많다.   (   )
(2) 인터넷에서 부정확한 근거로 누군가를 공격하는 현상이 종종 있다.   (   )

[01~02]

01 그림 **가**의 매체 자료를 읽는 방법으로 알맞은 것은 어느 것입니까? ( )

① 글만 자세히 읽어야 한다.
② 사진만 보고 넘어가야 한다.
③ 이어질 내용을 상상해야 한다.
④ 제목을 반복해서 읽어야 한다.
⑤ 사진과 글을 모두 살펴보아야 한다.

서술형 성

02 그림 **나**의 매체 자료의 종류를 쓰고, 이 매체 자료를 잘 이해하려면 어떤 부분을 집중해 읽어야 하는지 쓰시오.

(1) 매체 자료의 종류: ( )

(2) 집중할 점: _____

_____

[03~04]

03 다음 중 이 그림에 나타나 있는 매체 자료와 성격이 비슷한 것은 어느 것입니까? ( )

① 잡지 ② 서적 ③ 영화
④ 연속극 ⑤ 누리 소통망

04 민준이가 문자 메시지의 내용을 잘 이해하는 방법으로 알맞은 것을 찾아 ○표 하시오.

(1) 글 내용을 집중적으로 읽는다. ( )
(2) 사진과 동영상을 함께 보며 읽는다.
( )
(3) 음악이나 연출 기법을 생각하며 읽는다.
( )

꼭나와 ㅂ

05 여러 가지 매체 자료를 읽는 방법으로 알맞은 것은 어느 것입니까? ( )

① 인쇄 매체 자료는 청각 정보를 잘 살펴야 한다.
② 매체 자료는 모두 정보를 전달하므로 읽는 방법이 모두 같다.
③ 인터넷 매체 자료는 인쇄 매체 자료를 읽는 방법과 똑같이 읽어야 한다.
④ 영상 매체 자료는 글과 사진으로 나타낸 시각 정보를 주로 살펴봐야 한다.
⑤ 영상 매체 자료는 화면 구성을 잘 살피고 소리에 담긴 정보도 파악해야 한다.

[06~07]

다음은 조선 시대의 유명한 의원인 허준의 이야기를 담은 연속극의 장면 내용입니다. 허준은 치러야 하는 과거 시험일이 촉박한데 병을 치료해 주기를 바라는 사람들이 많아 한양으로 가지 못하고 있습니다.

❶ 주인공이 밤새도록 환자를 치료함.

❷ 허준은 여기서 무너지면 안 된다고 다짐함.

❸ ㉠허준은 무엇인가 이상한 낌새를 느낌.

06 이와 같은 매체 자료를 볼 때 주의할 점은 어느 것입니까? (   )

① 화면의 자막 내용에만 집중하여 본다.
② 장면마다 화면을 멈춘 상태에서 본다.
③ 인물이 몇 명 나오는지 세어 보며 본다.
④ 화면 연출, 음향 효과 등을 주의해서 본다.
⑤ 소리만 들어도 내용을 알 수 있으므로 화면은 보지 않아도 된다.

꼭나와 ♥

07 ㉠의 상황을 표현하기 위해 어떤 표현 방법을 사용하는 것이 어울리겠습니까? (   )

① 화면 전체를 까맣게 표현한다.
② 밝고 즐거운 음악을 들려준다.
③ 아무 소리도 들리지 않게 한다.
④ 인물의 모습을 보여 주지 않는다.
⑤ 인물이 주위를 두리번거리는 모습을 가까이 보여 준다.

[08~09]

김득신은 열 살에 처음 글을 배우기 시작했다. 김득신은 정삼품 부제학을 지낸 김치의 아들로 태어났다. 주변에서는 우둔한 김득신을 포기하라고 했다. 하지만 김득신의 아버지는 공부를 포기하지 않는 김득신을 대견스럽게 여겼다. 김득신은 스무 살에 처음으로 작문을 했다. 김득신의 아버지는 공부란 꼭 과거를 보기 위한 것만이 아니니 더욱 노력하라고 김득신을 격려했다. 김득신은 같은 책을 반복해서 여러 번 읽으며 공부했으나 하인도 외우는 내용을 기억하지 못하는 한계를 드러냈다. 김득신은 자신의 한계를 극복하기 위해 만 번 이상 읽은 책에 대한 기록을 남겼다. 김득신은 59세에 문과에 급제해 성균관에 입학했다. 김득신은 많은 책과 시를 읽었지만 자신만의 시어로 시를 썼다. 많은 사람이 김득신의 시를 높이 평가했다.

08 김득신에 대한 설명으로 알맞지 <u>않은</u> 것은 어느 것입니까? (   )

① 59세에 무과에 급제했다.
② 같은 책을 반복해서 읽었다.
③ 자신만의 시어로 시를 썼다.
④ 만 번 이상 읽은 책에 대해 기록했다.
⑤ 많은 사람이 김득신의 시를 높이 평가했다.

09 김득신에 관한 자료를 읽고 대답할 수 있는 질문으로 알맞지 <u>않은</u> 것은 어느 것입니까? (   )

① 김득신의 아버지는 누구인가요?
② 김득신의 시는 어떤 평가를 받았나요?
③ 김득신은 공부를 포기한 후 무엇을 했나요?
④ 김득신의 한계가 드러난 일화는 무엇인가요?
⑤ 김득신을 두고 주변 사람들은 어떻게 이야기했나요?

국어

[10~14]

가 [앞부분 이야기]

　전학 온 서영이는 성격이 좋아 금세 친구들과 잘 어울렸다. 그런 서영이가 부러운 미라는 핑공 카페에 '흑설 공주'라는 계정으로 서영이와 관련한 거짓 글을 올린다. 아이들은 서영이가 거짓으로 부모님 이야기를 한다는 '흑설 공주'의 글을 읽고 수군대기 시작한다.

　한편, 미라와 친해지고 싶었던 민주는 '흑설 공주'인 미라가 거짓말을 하고 있다는 것을 알았지만 서영이에게 그 사실을 알리지 못하고 망설인다.

나 핑공 카페에 들어와 서영이가 올린 글을 읽은 아이들은 저마다 자기 의견을 달아 놓았다. 그중에는 서영이를 두둔하는 선플도 있었지만, 흑설 공주를 비방하는 악플과 함께 여전히 흑설 공주 편을 드는 아이들도 있었다.

다 하이디: 흑설 공주의 글을 보면 민서영에 대해서 잘 알고 있는 듯하다. 그러니 어쩌면 흑설 공주의 글이 사실이 아닐까?

기쁜 나무: 아무리 흑설 공주의 글이 사실이라고 해도 인터넷에 남의 사생활을 퍼뜨리는 건 나쁜 짓이다.

삐삐: 그럼 흑설 공주와 민서영, 둘 중 한 사람은 우릴 속이고 있는 거네?

허수아비: 맞다. 흑설 공주가 근거도 없이 얼토당토않은 글을 올리지는 않았을 것이다. 내가 보기에 민서영이 거짓말을 하고 있는 것 같다.

10 이 글에서 주요 갈등을 겪는 인물은 누구누구인지 찾아 쓰시오.

(　　　　　　)

11 '흑설 공주'가 인터넷에 올린 글은 어떤 내용인지 빈칸에 들어갈 알맞은 말을 쓰시오.

・ 서영이가 거짓으로 (　　　　　)
　의 이야기를 한다는 것

12 글 **다**에서 인물들이 이야기를 나누는 공간은 어디인지 쓰시오.

(　　　　　　)

13 글 **다**에서 여전히 흑설 공주의 편을 드는 아이들의 이름을 두 가지 고르시오. (　　 , 　　)

① 삐삐　　② 민서영　　③ 하이디
④ 허수아비　　⑤ 기쁜 나무

14 이 이야기 속 내용과 현실 세계 속 우리 모습을 알맞게 비교한 친구의 이름을 쓰시오.

・ 아인: 사회 시간에 학급 회의를 하면서 의견을 서로 조율해 문제를 해결한 적이 있어.
・ 유진: 이 이야기처럼 인터넷 대화방에서 확실하지 않은 정보로 연예인을 비난하는 사람들이 있어.

(　　　　　　)

서술형 낭

15 여러 사람에게 알리고 싶은 인물을 한 명 쓰고, 알리고 싶은 까닭을 간단히 쓰시오.

(1) 알리고 싶은 인물: (　　　　　)

(2) 그 까닭: ＿＿＿＿＿＿＿＿＿＿

＿＿＿＿＿＿＿＿＿＿＿＿

[01~02]

가

○○어린이신문　20○○년 ○○월 ○○일

**걸어서 만나는 세계적인
생태 천국, 창녕 우포늪**

여름철 우포늪은 온
갖 생명의 움직임으로
분주하다. 개구리밥, 마
름, 생이가래 같은 수생 식물이 세력
을 넓히고, 새하얀 백로가 얕은 물가
를 느긋하게 거닐며 먹이 활동을 한
다. 가시연꽃이 보랏빛 꽃을 피워 여
름의 절정을 알릴 날도 머지않았다.

민준

나

아름다운 몸짓으로 피겨 스케이팅의 새 역사를 열어

다

오늘 미세 먼지가 많다고 하
는데 공원에 놀러 갈 거야?

얼마나 심한데?

오늘 미세 먼지 소식이야. 위
에 있는 것은 수치이고, 아래
있는 것은 오늘 일기 예보야.

01 그림 **가**~**다**에서 민준이가 읽거나 본 매체 자료
를 선으로 알맞게 이으시오.

(1) 그림 **가** ·　　　· ㉮ 휴대 전화
문자 메시지

(2) 그림 **나** ·　　　· ㉯ 텔레비전
영상물

(3) 그림 **다** ·　　　· ㉰ 신문

어려워

02 그림 **나**에 대한 설명으로 알맞지 <u>않은</u> 것을 두 가
지 고르시오. (　　, 　　)

① 인쇄 매체 자료이다.
② 정보를 주로 글로 전달한다.
③ 시각과 청각을 모두 이용한다.
④ 자막, 영상, 소리의 관계를 파악해야 한다.
⑤ 장면과 어우러지는 음악이나 연출 기법의 의
미를 생각해야 한다.

03 **보기** 의 매체 자료를 모두 분류하여 빈칸에 쓰
시오.

보기

신문, 영화, 잡지, 연속극
누리 소통망[SNS], 휴대 전화 문자 메시지

인쇄 매체	(1)
영상 매체	(2)
인터넷 매체	(3)

04 여러 가지 매체 자료를 읽는 방법을 알맞게 말한
친구의 이름을 쓰시오.

- 준혁: 영상 매체 자료는 소리에 담긴 정보만
탐색하면 돼.
- 선우: 인터넷 매체 자료는 인쇄 매체 자료와
영상 매체 자료를 읽는 방식을 모두 사용하
면 좋아.

(　　　　　　　　)

[05~07]

　연속극 「허준」에서 유의태의 아들인 유도지는 자신의 아버지와 사이가 나쁜 벼슬아치들에게 뇌물을 바칩니다. 유도지는 벼슬아치들에게 아버지와의 관계 때문에 과거 시험에서 자신을 떨어뜨리지 말고 실력만 봐 달라고 부탁하고 있습니다.

장면	표현 방법
유도지가 벼슬아치들에게 뇌물을 바치는 장면	㉠사건을 일으키는 인물을 카메라가 가까이 다가가 보여 준다.
유도지에게 뇌물을 받은 인물이 놀라는 장면	㉡

05 유도지가 벼슬아치들에게 부탁한 내용은 어느 것입니까? (　　　)

① 아버지와 화해해 달라는 것
② 과거 시험 문제를 알려 달라는 것
③ 아버지와의 관계 회복을 도와 달라는 것
④ 과거 시험에서 자신의 실력만 봐 달라는 것
⑤ 아버지가 치르게 될 시험을 잘 봐 달라는 것

06 ㉠과 같은 표현 방법의 효과는 무엇이겠습니까?
(　　　)

① 착한 사람과 나쁜 사람이 누구인지 비교해서 보여 준다.
② 드라마의 진행 속도를 줄이고 시청자의 긴장을 풀어 준다.
③ 드라마 속 주인공이 누구인지 알려 주고 줄거리를 간략히 설명한다.
④ 사건을 일으키는 인물이 누구인지 알 수 없게 하여 시청자의 흥미를 더욱 이끌어 낸다.
⑤ 뇌물을 주는 유도지 쪽으로 카메라가 가까이 다가가서 유도지가 사건을 일으키는 인물이라는 것을 나타낸다.

07 보기의 장면 설명을 볼 때, ㉡에서 인물이 놀라는 모습에 맞추어 어떤 음악을 사용하면 좋을지 쓰시오.

> **보기**
> 유도지에게 뇌물을 받은 인물이 놀라는 장면

• (　　　　　　　　　　) 음악

[08~09]

　김득신은 정삼품 부제학을 지낸 김치의 아들로 태어났다. 주변에서는 우둔한 김득신을 포기하라고 했다. 하지만 김득신의 아버지는 공부를 포기하지 않는 김득신을 대견스럽게 여겼다. 김득신은 스무 살에 처음으로 작문을 했다. 김득신의 아버지는 공부란 꼭 과거를 보기 위한 것만이 아니니 더욱 노력하라고 김득신을 격려했다. 김득신은 같은 책을 반복해서 여러 번 읽으며 공부했으나 하인도 외우는 내용을 기억하지 못하는 한계를 드러냈다. 김득신은 자신의 한계를 극복하기 위해 만 번 이상 읽은 책에 대한 기록을 남겼다. 김득신은 59세에 문과에 급제해 성균관에 입학했다. 김득신은 많은 책과 시를 읽었지만 자신만의 시어로 시를 썼다.

08 김득신의 아버지는 김득신을 어떻게 대했는지 두 가지 고르시오. (　　　,　　　)

① 대견하게 여겼다.
② 우둔하게 생각했다.
③ 공부를 포기하라고 했다.
④ 그의 시를 낮게 평가했다.
⑤ 더욱 노력하라고 격려했다.

서술형 상

09 김득신에 관한 자료를 더 찾는다면 어떤 매체를 이용해 조사하고 싶은지 쓰시오.

_____

_____

[10~12]

[영상 줄거리]

❶ '노자(老子)'의 정령을 태몽으로 받고 태어난 김득신은 열 살에 처음 글을 배우기 시작함.

❷ 김득신이 하도 읽어서 옆에 있던 하인도 외운 글귀를 듣고도 기억을 못하는 김득신의 모습을 보고 하인이 깜짝 놀람.

❸ 김득신은 수만 번 외워도 잊어버리고 착각까지 하는 자신의 한계를 극복하기 위해 만 번 이상 읽은 책에 대한 기록을 남김.

어려워 ⟩

10 장면 ❷에서 경쾌한 음악이 사용되었을 때 그 효과는 무엇이겠습니까? (   )

① 답답한 느낌이 들게 한다.

② 이야기를 빠르게 전개시킨다.

③ 무서운 분위기를 고조시킨다.

④ 인물의 기쁜 마음을 나타낸다.

⑤ 우스꽝스러우면서도 안타까움을 자아낸다.

11 다음 중 장면 ❸에 어울리는 음악으로 알맞지 않은 것을 두 가지 고르시오. (,   )

① 아련한 음악

② 차분한 음악

③ 잔잔한 음악

④ 긴장되는 음악

⑤ 깜짝 놀라게 하는 음악

서술형 ⟩

12 이 영상 속 인물에게 본받을 점을 생각하여 간단히 쓰시오.

_____

_____

[13~15]

가 아이들의 댓글은 꼬리에 꼬리를 물고 이어졌다. 민주는 ⊙숨을 죽인 채 카페에 올라온 글들을 읽고 또 읽었다. 그리고 다음 날 민주는 또다시 자기 눈을 의심하였다. 흑설 공주가 서영이를 공격하는 또 하나의 글이 올라와 있었기 때문이었다. 민주는 덜덜 떨리는 마음으로 흑설 공주가 올린 글을 읽기 시작하였다.

민서영, 내가 쓴 글이 사실이 아니라면 그걸 반박할 증거를 내놓아라. 그럴 용기가 없다면 내가 쓴 모든 글이 사실임을 인정해야 할 것이다.

민주는 어이가 없어서 저절로 욕이 튀어나올 지경이었다. 이걸 보고 놀랄 서영이를 생각하니 딱하기만 했다. 아무것도 아닌 일에 휘말려 마치 그물 속의 물고기처럼 허우적거리고 있는 서영이가 생각할수록 가여웠다.

나 서영이가 핑공 카페에 아빠가 은좀베 마을에서 의료 봉사를 하는 모습과 엄마가 디자인한 옷을 입고 모델들이 패션쇼를 하는 사진을 올리자, 이번에는 서영이를 응원하는 댓글과 흑설 공주를 비난하는 댓글이 수없이 올라와 있었다.

13 ⊙'숨을 죽인 채'에서 '숨을 죽이다'의 뜻은 어느 것입니까? (   )

① 긴장하여 집중하다.

② 다른 생각에 빠지다.

③ 흥분하여 마구 떠들다.

④ 당황하여 머릿속이 텅 비다.

⑤ 몹시 기뻐서 어쩔 줄 모르다.

어려워 ⟩

14 아무것도 아닌 일에 휘말려서 고통을 받고 있는 서영이의 모습을 빗댄 표현을 찾아 쓰시오.

• 그물 속의 (   )

15 서영이가 핑공 카페에 올린 사진을 두 가지 고르시오. (　　,　　)

① 서영이가 엄마 아빠와 함께 찍은 사진
② 엄마가 아빠와 의료 봉사를 하고 있는 사진
③ 서영이가 은좀베 마을에서 찍은 자신의 사진
④ 아빠가 은좀베 마을에서 의료 봉사를 하는 사진
⑤ 엄마가 디자인한 옷을 입고 모델들이 패션쇼를 하는 사진

[16~19]

여러분, 민서영은 또 한 번 여러분을 우롱하고 있습니다. 민서영이 내놓은 사진들을 살펴보면 단박에 그걸 알 수 있습니다.

민서영 아빠가 의료 봉사를 하고 있는 사진은 인터넷 여기저기에서 얼마든지 퍼 올 수 있는 사진들입니다. 사진 속 의사가 민서영 아빠라는 걸 누가 증명해 줄까요?

또 패션쇼 사진도 마찬가지입니다. 민서영이 마음만 먹으면 다른 디자이너의 패션쇼 사진을 얼마든지 퍼 올 수 있는 게 아닙니까?

민서영은 교묘한 잔꾀로 우리 모두를 속여 넘기려는 것입니다.

흑설 공주는 마치 먹이를 문 사자처럼 좀처럼 서영이를 잡고 놓아주지 않았다. 그러자 핑공 카페는 점점 더 흑설 공주와 민서영의 싸움을 구경하려는 구경꾼들로 가득 찼다. 흑설 공주와 민서영이 올린 글의 조회 수는 점점 더 올라가고, 모두들 민서영이 어떤 반격을 해 올지 기다리는 눈치였다.

16 흑설 공주가 올린 글의 내용은 어느 것입니까?
(　　　)

① 서영이에게 사과하는 내용
② 자신이 누구인지 밝히는 내용
③ 핑공 카페의 아이들에게 사과하는 글
④ 서영이가 인터넷에서 사진을 퍼 왔다고 주장하는 글
⑤ 서영이의 엄마, 아빠를 직접 만나고 왔다는 내용의 글

17 흑설 공주의 글에 대해 아이들의 반응으로 알맞은 것은 어느 것입니까? (　　　)

① 서영이를 찾아가 위로하였다.
② 흑설 공주에게 이제 그만두라고 하였다.
③ 서영이가 거짓말한 증거를 함께 올렸다.
④ 더 이상 흑설 공주의 말에 관심을 갖지 않았다.
⑤ 흑설 공주와 민서영의 싸움 구경에 열을 올렸다.

18 인터넷 매체를 이용하는 태도와 관련지어 생각할 때, 흑설 공주가 가져야 할 태도를 찾아 기호를 쓰시오.

㉠ 글의 내용은 최대한 길게 쓴다.
㉡ 친구들에게 하는 말은 친근한 반말로 쓴다.
㉢ 다른 사람에게 예의를 갖추는 것이 반드시 필요하다.

(　　　　　　　　)

서술형

19 이 글에 나오는 인물의 모습을 현실 세계 속 우리 모습과 비교하여 쓰시오.

_____

_____

20 대화할 때 지켜야 할 예절로 알맞지 않은 것에 ×표를 하세요.

(1) 이야깃거리와 관련 있는 내용을 말해야 한다.
(　　　)

(2) 하고 싶은 말이 많을 때에는 혼자 길게 말한다.
(　　　)

(3) 다른 사람의 말이 끝나기 전에 끼어들면 안 된다.
(　　　)

개념 ① 토론이 필요한 경우 알기

• 주변에서 일어나는 일을 보고 '왜 이런 ❶ ○ 이 생겼을까?', '이것을 바꿀 수는 없을까?'라는 생각이 들 때 토론이 필요합니다.

• 우리 주변에서 문제 상황이 발생했을 때 상대방을 ❷ ㅅ ㄷ 하여 문제 해결을 하기 위해 필요합니다.

1 다음 중 토론이 필요한 경우로 알맞지 <u>않은</u> 것을 찾아 기호를 쓰시오.

> ㉮ 학교 인사말에 대한 서로의 의견이 다를 때
> ㉯ 우리 반 친구들이 희망하는 직업을 조사할 때
> ㉰ 학교 앞에 불법 주차를 한 차들이 많고 차가 빨리 달릴 때
> ㉱ 학교 운동장을 외부인에게 개방해서 쓰레기가 많아졌을 때

(   )

개념 ② 근거 자료의 타당성을 평가하는 방법

• 면담 자료는 주장을 뒷받침하는 자료인지, 믿을 만한 ❸ ㅈ ㅁ ㄱ 의 의견인지 살펴보아야 합니다.

• 설문 조사 자료는 주장을 뒷받침하는 자료인지, 자료의 ❹ ㅊ ㅊ 가 정확한지, 자료가 믿을 만한지 확인하고, 조사 대상과 범위가 적절한지도 살펴보아야 합니다.

2 다음 중 근거 자료를 평가하는 기준에 대하여 알맞게 말한 친구의 이름을 쓰시오.

> • 승주: 근거로 사용된 면담 자료가 어른과 면담한 내용이면 대체로 믿을 만해.
> • 나리: 누가 언제 조사했는지 그 출처를 알 수 없는 설문 조사 자료는 좋은 근거 자료가 되지 못해.

(   )

개념 ③ 토론의 절차와 방법

• 토론은 '주장 펼치기 - 반론하기 - 주장 ❺ ㄷ ㅈ ㄱ '의 절차로 이루어집니다.

• 토론할 때에는 상대의 주장과 근거가 ❻ ㅌ ㄷ 한지 판단하면서, 주장과 근거를 기록하며 들으면 좋습니다.

3 다음과 같은 방법은 토론의 절차 중 무엇에 해당하는지 알맞은 것에 ○표 하시오.

> • 상대편의 주장을 요약한다.
> • 상대편의 주장이 타당하지 않다는 것을 밝히기 위한 질문을 한다.
> • 주장에 대한 근거나 그에 대한 자료가 타당하지 않다는 것을 밝힌다.

(1) 주장 펼치기   (   )
(2) 반론하기   (   )
(3) 주장 다지기   (   )

정답 ❶ 문제 ❷ 설득 ❸ 전문가 ❹ 출처 ❺ 다지기 ❻ 타당

국어

[01~05]

학교 앞에 불법 주차를 한 차가 많아. 또 차가 너무 빨리 달려서 위험해.

그래. 불법 주차를 하지 못하도록 단속 카메라를 달면 좋겠어.

단속 카메라를 단다고 해서 이 문제가 완전히 해결되지는 않을 것 같아.

가

난 우리 학교에서만 하는 저 인사말이 참 좋아.

난 저 말이 내가 지금은 착한 사람이 아닌 듯해서 기분이 좋지 않아.

착한 사람이 되겠습니다.

수진

현준

나

운동장에 왜 이렇게 쓰레기가 많은 거야?

학교 운동장을 외부인에게 개방해서 쓰레기가 더 많아졌어요.

하지만 우리 학교 운동장은 이 지역 사람들이 이용할 수 있는 유일한 운동장이에요.

다

01 그림 **가**의 문제 상황은 무엇인지 빈칸에 들어갈 알맞은 말을 쓰시오.

• 학교 앞에 ( )을/를 한 차가 많고 차가 빨리 달린다.

02 다음 중 그림 **가**에서 나온 의견을 두 가지 고르시오. (,)

① 불법 주차를 한 차를 신고하자.

② 평소에 차가 오는지 잘 보면서 다니자.

③ 불법 주차를 하지 말자는 캠페인을 하자.

④ 불법 주차를 하지 못하도록 단속 카메라를 달자.

⑤ 단속 카메라를 단다고 해서 문제가 완전히 해결될 것 같지 않다.

03 그림 **나**에서 학교 인사말에 대한 다음 두 친구의 의견은 어떠한지 빈칸에 들어갈 말을 **보기**에서 찾아 쓰시오.

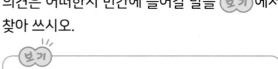

보기

긍정적   부정적   중립적

• 인사말에 대해 수진이는 ( )이고, 현준이는 ( )이다.

04 그림 **다**에서는 어떤 문제로 찬성과 반대의 의견이 갈릴 수 있겠습니까? ( )

① 분리배출을 하는 문제

② 점심시간을 어떻게 보낼지에 대한 문제

③ 학교에 지각하지 않는 방법에 대한 문제

④ 학교 운동장을 외부인에게 개방하는 문제

⑤ 체육 시간에 운동장에서 운동을 하는 문제

05 그림 **가~다**에 나타나 있는 문제를 해결하기 위해 필요한 것은 어느 것입니까? ( )

① 연설   ② 토론   ③ 독서

④ 운동   ⑤ 갈등

06 일상에서 토론이 필요한 주제로 알맞지 <u>않은</u> 것의 기호를 쓰시오.

⑦ 쓰레기통 주변이 오히려 더 지저분해져 쓰레기통을 없애자는 주제

⑭ 수업 시간에 역할놀이를 할 때 각자 역할을 정하는 방법에 대한 주제

⑮ 두 시간을 연달아 수업을 할 때 쉬는 시간이 없어서 힘들기 때문에 한 시간을 마치면 반드시 쉬는 시간이 필요하다는 주제

( )

[07~09]

직업은 생활 수단이자 자신의 능력을 발휘하고 꿈을 실현할 수 있는 기회이기도 하다. 그런데 자신이 희망하는 직업을 유행에 따라 결정하는 일이 과연 옳은 것일까?

㉠실제로 자신의 꿈이 '연예인'으로 바뀌었다고 하는 한 학생을 면담한 결과, "요즘에는 연예인이 대세이다."라면서도 "사실은 한 해에도 여러 번 바뀌는 희망 직업 때문에 고민이 많다. 무엇을 준비해야 할지 모르겠다."라고 털어놓았다. 직업의 선택은 유행이 아니라 자신의 적성이나 흥미, 특기를 고려해 이루어져야 한다. 정작 자신이 무엇을 원하는지보다 다른 많은 사람이 원하는 것에 이끌려 인생의 중요한 결정을 내린다면 결국 후회만 남을 것이다. 또 이것저것 유행에 휘둘리다 보면 자신의 능력을 집중적으로 개발하는 시간도 빼앗길 것이다.

㉡이와 같은 현실과 관련해 직업 평론가 ○○○ 씨와 면담한 결과, 그는 "자신이 원하는 일이 무엇인지 모르며 사회에 어떤 다양한 직업이 있는지 알아보려고 하지 않는 사실이 문제"라며 우려를 나타냈다. 직업은 미래에 자기 삶을 유지해 줄 수 있는 수단 가운데 하나이다. 직업으로 사람들은 소득을 얻기도 하고, 행복과 보람을 느끼기도 한다. 그러므로 유행보다는 자신의 흥미와 적성, 특기를 알고, 이것을 바탕으로 하여 직업을 고르려고 노력해야 한다.

07 이 글에서 면담한 사람을 두 명 고르시오.

(,)

① 학생 ② 의사 ③ 선생님
④ 마을 어른 ⑤ 직업 평론가

08 글쓴이의 주장은 무엇인지 빈칸에 들어갈 알맞은 낱말을 쓰시오.

• ( )은/는 유행보다는 자신의 흥미와 적성, 특기를 고려해서 선택해야 한다.

서술형 낭

09 ㉠과 ㉡ 중 더 믿을 만한 근거 자료는 무엇인지 기호를 쓰고, 그렇게 생각하는 까닭을 쓰시오.

(1) 더 믿을 만한 근거 자료:

( )

(2) 그렇게 생각하는 까닭: _____

_____

10 근거 자료를 평가하는 기준으로 알맞지 않은 것은 어느 것입니까? ( )

① 자료의 출처가 분명해야 한다.
② 글의 주제에 맞는 자료여야 한다.
③ 조사 대상과 범위를 정확히 알 수 있어야 한다.
④ 조사한 사람과 친한 사람이 답한 자료여야 한다.
⑤ 조사 시기가 언제인지 정확히 알 수 있어야 한다.

꼭나와 ♡

11 다음은 토론의 절차에 따라 토론을 하는 방법을 이야기한 것입니다. 잘못 말한 친구는 누구인지 이름을 쓰시오.

'주장 펼치기'에서는 근거를 들어 주장을 펼치고, 근거와 관련해 구체적인 자료를 제시해.

지우

'반론하기'에서는 상대편의 주장을 요약하고, 상대편 주장의 타당성을 정리해서 말해.

민준

'주장 다지기'에서는 자기편의 주장을 요약하고, 상대편에서 제기한 반론이 타당하지 않음을 지적해.

서현

( )

[12~13]

찬성편: 저희 찬성편은 두 가지 까닭에서 "학급 임원은 반드시 필요하다."라는 주제에 찬성합니다.

첫째, 실제로 학생 대표가 학교생활에 많은 역할을 합니다. 많은 학생들이 함께 생활하다 보니 학교에는 여러 가지 문제나 불편한 점이 생길 수 있습니다. 이러한 것에 대한 해결은 전교 학생회 회의에서 이루어지는데 학급 임원은 여기에 참여해 우리 반 학생들의 의견을 전달하는 역할을 합니다. 저희가 설문 조사를 한 결과에 따르면 우리 지역의 초등학교 가운데에서 95퍼센트가 넘는 학교가 학급 임원을 뽑고 있다고 합니다. 이렇게 많은 학교가 학급 임원을 뽑는다는 것은 실제로 학급 임원이 필요하기 때문이 아니겠습니까?

12 이 글에 나타난 토론 주제는 어느 것입니까?
( )

① 학급 임원은 반드시 필요하다.
② 학급 임원은 투표로 뽑아야 한다.
③ 학생들은 항상 선생님을 도와야 한다.
④ 학교생활을 하면서 어려운 점이 많다.
⑤ 전교 학생회 회의에 모든 학생이 참여해야 한다.

🙂 꼭나와
13 이 글에서 찬성편이 제시한 근거는 어느 것입니까? ( )

① 학교 안에서 선거를 경험할 수 있다.
② 공부 외의 취미 활동을 즐길 수 있다.
③ 실제로 학생 대표가 학교생활에 많은 역할을 한다.
④ 학교 안에서 문제나 불편한 점이 전혀 생기지 않는다.
⑤ 학생들의 요구 사항을 학교에서 전부 받아들일 수 있다.

[14~15]

반대편: 찬성편에서는 학급을 위해 봉사하고, 학생 대표가 되어 우리의 뜻을 학교에 전하는 역할을 할 학급 임원이 필요하다고 했습니다. 하지만 학급을 위해 봉사하는 것은 몇 명의 학생이 아니라 전체 학생이 다 할 수 있는 일입니다. 또 요즘은 기술이 발달해서 여러 사람이 동시에 회의에 참여할 수 있습니다. 굳이 학생 대표 한두 명만 회의에 참여하도록 할 필요가 없습니다. 따라서 찬성편의 근거는 학급 임원이 반드시 필요하다는 주장을 뒷받침하는 근거라고 보기 어렵습니다. ㉠오히려 모든 학생이 학급 임원을 경험할 수 있도록 돌아가며 하는 게 좋지 않을까요?

14 이 글에서 반대편이 찬성편에게 한 반론은 무엇인지 두 가지 고르시오. (,)

① 누구나 학급을 위해 봉사할 수 있다.
② 학급 임원을 뽑는 데에 반대하는 학생이 많다.
③ 선생님들이 학급 임원에 대해 부정적으로 생각한다.
④ 학급 임원은 학생들 간 동등한 관계에 부정적인 영향을 끼친다.
⑤ 요즘은 기술이 발달해서 여러 사람이 동시에 회의에 참여할 수 있다.

서술형 🙂
15 이 글의 ㉠과 같은 질문에 동의하는지, 동의하지 않는지를 (1)에 적고, (2)에 그렇게 생각하는 까닭을 간단히 쓰시오.

(1) ( )

(2) 그렇게 생각하는 까닭: _____

_____

_____

_____

[01~03]

어려워 ☆

01 두 친구가 나누는 대화의 주제는 어느 것입니까?
( )

① 초등학생들의 언어 예절과 관련된 문제
② 요즘 친구들이 인사를 잘 하지 않는 문제
③ 학교에서 선생님께 대드는 학생이 많은 문제
④ 학교 인사말을 정하는 회의 시간에 친구들이 떠드는 문제
⑤ 학교에서 인사말을 "착한 사람이 되겠습니다."로 하는 문제

02 여자아이가 ㉠을 어색해하는 까닭을 두 가지 고르시오. (,)

① 지킬 수 없는 약속 같아서
② 인사말이 너무 길어 말하기 귀찮아서
③ 착한 사람만 써야 하는 인사말 같아서
④ 지금은 착한 사람이 아닌 것 같이 느껴져서
⑤ "안녕하세요?"와 같은 전통적인 인사말을 우리가 지켜야 한다고 생각해서

03 그림 **가**와 **나**에서 문제를 해결하는 데 도움이 되는 것은 무엇인지에 대해 알맞게 말하지 <u>못한</u> 친구는 누구인지 이름을 쓰시오.

( )

서술형 ☆

04 자신이 반 친구들과 토론하고 싶은 주제를 생각하여 한 가지 쓰시오.

_____

_____

[05~07]

이와 같은 현실과 관련해 직업 평론가 ○○○ 씨와 면담한 결과, 그는 "자신이 원하는 일이 무엇인지 모르며 사회에 어떤 다양한 직업이 있는지 알아보려고 하지 않는 사실이 문제"라며 우려를 나타냈다. 직업은 미래에 자기 삶을 유지해 줄 수 있는 수단 가운데 하나이다. 직업으로 사람들은 소득을 얻기도 하고, 행복과 보람을 느끼기도 한다. 그러므로 유행보다는 자신의 흥미와 적성, 특기를 알고, 이것을 바탕으로 하여 직업을 고르려고 노력해야 한다.

05 직업 평론가 ○○○ 씨가 우려한 것은 어느 것입니까? (　　　)

① 희망 직업이 여러 가지인 학생들이 많다.

② 요즈음 어린이들은 직업을 고를 때 소득만을 고려한다.

③ 초등학생들이 자신의 흥미 위주로만 희망 직업을 선택하는 것이 문제이다.

④ 요즘은 직업이 미래에 자신의 삶을 유지해 줄 수 있는 수단이 되지 못한다.

⑤ 자신이 원하는 일이 무엇인지 모르며 사회에 어떤 다양한 직업이 있는지 알아보려고 하지 않는다.

06 글쓴이의 생각으로 알맞은 것은 어느 것입니까? (　　　)

① 현재 가장 유망한 직업을 희망 직업으로 생각해야 한다.

② 주변 어른들의 모습을 참고하여서 희망 직업을 골라야 한다.

③ 사회적으로 긍정적인 모습이 많은 직업을 희망 직업으로 골라야 한다.

④ 희망 직업을 한 번 정하고 난 뒤 웬만하면 희망 직업을 바꾸지 않아야 한다.

⑤ 유행보다는 자신의 흥미, 적성, 특기를 알고, 이것을 바탕으로 하여 직업을 고르려고 노력해야 한다.

서술형

07 이 글에서 활용한 근거 자료의 타당성을 판단하여 쓰시오.

_____

_____

[08~10]

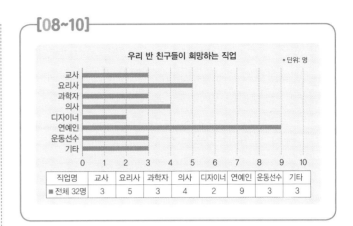

우리 반 친구들이 희망하는 직업　＊단위: 명

직업명	교사	요리사	과학자	의사	디자이너	연예인	운동선수	기타
■ 전체 32명	3	5	3	4	2	9	3	3

08 이 자료에서 알 수 있는 점이 <u>아닌</u> 것은 어느 것입니까? (　　　)

① 조사 범위는 32명이다.

② 조사 대상은 우리 반 친구들이다.

③ 응답이 가장 많은 항목은 요리사이다.

④ 응답이 가장 적은 항목은 디자이너이다.

⑤ 우리 반 친구들이 희망하는 직업을 조사한 결과이다.

어려워

09 이 설문 조사 자료를 평가하는 기준으로 알맞은 것은 어느 것입니까? (　　　)

① 재미있는 자료인가?

② 자료가 믿을 만한가?

③ 친한 친구가 조사하였는가?

④ 자료의 출처를 충분히 숨겼는가?

⑤ 자료의 내용은 누구나 알고 있는 것인가?

10 이 자료를 '전체 초등학생들의 장래 희망'에 대한 글의 근거 자료로 활용할 수 없는 까닭은 어느 것입니까? (　　　)

① 조사 대상이 너무 어려서

② 너무 많은 항목을 조사한 자료라서

③ 응답자의 수가 같은 항목이 있어서

④ 지금은 사라진 직업이 포함되어 있어서

⑤ 설문 조사의 대상과 범위가 글의 내용에 맞지 않아서

[11~15]

사회자: 이번에는 찬성편이 반론을 펴고, 반대편에서 찬성편의 반론을 반박해 주시기 바랍니다.

찬성편: 반대편은 학급 임원을 뽑는 기준이 올바르지 않은 까닭을 근거로 들었습니다. 하지만 반대편에서 첫 번째 자료로 제시한 설문 조사 결과는 다른 학교를 조사한 것입니다. 따라서 우리 학교의 상황과 설문 조사 결과가 반드시 같다고는 볼 수 없습니다. 우리 학교 사정을 고려해서 근거를 말씀해 주셔야 하지 않을까요?

반대편: 네, 저희가 다른 학교에서 조사한 결과를 활용한 것은 맞습니다. 그러나 그 자료는 학급 임원을 뽑는 기준에 문제가 있다고 생각하는 학생이 많다는 점을 보여 드리려는 자료입니다. 여기 우리 학교 선생님을 면담한 결과를 보여 드리겠습니다. 그 선생님께서는 "봉사 정신이 뛰어나거나 모범적인 행동을 보이는 학생보다는 인기가 많은 학생이 학급 임원이 되는 경우가 종종 있다."라고 말씀하셨습니다. 이러한 점을 모두 고려해 학생 대표로서의 학급 임원이 필요한지 의문입니다.

11 이 토론의 단계는 다음 절차 가운데 무엇에 해당하는지 찾아 기호를 쓰시오.

㉮ 주장 펼치기
㉯ 반론하기
㉰ 주장 다지기

(   )

12 반대편이 근거로 든 것은 무엇인지 빈칸에 들어갈 낱말을 찾아 쓰시오.

• 학급 임원을 뽑는 (   )이 올바르지 않은 까닭

13 찬성편이 반대편의 주장에 대해 펼친 반론의 내용은 어느 것입니까? (   )

① 학생들을 대상으로 근거 자료로 제시한 설문 조사를 하지 않았다.
② 근거 자료로 제시한 설문 조사 결과에 사실과 다른 내용이 들어 있다.
③ 근거 자료로 제시한 설문 조사의 조사 대상 수가 너무 적어서 결과가 정확하지 않다.
④ 근거 자료로 제시한 설문 조사가 너무 오래전의 일을 조사한 것이어서 현재 상황에 맞지 않는다.
⑤ 근거 자료로 제시한 설문 조사 결과가 다른 학교를 조사한 것이므로 우리 학교의 상황과 반드시 같다고는 볼 수 없다.

어려워 **14** 찬성편이 반론을 펼치기 전에 상대편의 주장을 다시 한번 말하는 까닭은 어느 것입니까?

(   )

① 발언하는 시간을 좀 더 끌기 위해서
② 상대편 주장이 타당하다는 것을 강조하기 위해서
③ 상대편의 주장을 잘 듣고 있다는 것을 알려 주기 위해서
④ 상대편의 주장을 요약해 반론을 효과적으로 펼치기 위해서
⑤ 상대편 주장과 자기편 주장의 비슷한 점이 있는지 확인하기 위해서

서술형 **15** 이 토론 단계에서 찬성편과 반대편이 서로에게 질문하는 까닭은 무엇인지 쓰시오.

_____

➡ 바른답·알찬풀이 13쪽

[16~17]

사회자: 이제 토론의 마지막 단계인 주장 다지기입니다. 먼저 찬성편이 발언해 주시기 바랍니다.

찬성편: 학급 임원은 반드시 필요합니다. 공정한 선거로 학생 대표를 뽑고, 그 대표를 도와 학교생활이 잘 이루어지도록 하는 경험을 해 보는 것은 큰 의미가 있습니다. 학급 임원을 뽑는 기준에 문제가 있다면 그 문제를 해결하면 됩니다. 반대편의 대안처럼 할 경우 원하지 않는 학생이 학생 대표를 맡게 되는 또 다른 문제가 발생할 수 있습니다. 공정한 경쟁과 올바른 선택을 거쳐 학급 임원을 뽑는다면 문제를 원만히 해결할 수 있을 것이라고 생각합니다.

반대편: 찬성편은 학급에 대표가 필요하고, 학급 임원을 뽑는 과정에서 선거를 경험할 수 있기 때문에 학급 임원이 필요하다고 주장했습니다. 그러나 저희 반대편은 학급 임원이 반드시 필요하지는 않다고 생각합니다.

16 이 토론의 단계는 무엇인지 찾아 쓰시오.

(   )

17 이 토론에서 찬성편의 발언을 정리한 내용으로 알맞지 <u>않은</u> 것은 어느 것입니까? (   )

① 학급 임원은 반드시 필요하다.

② 공정한 선거로 학생 대표를 뽑는 경험은 큰 의미가 있다.

③ 학급 임원을 뽑는 기준에 문제가 있다면 그 문제를 해결하면 된다.

④ 여러 사람이 돌아가면서 학급을 대표하는 경험을 쌓는 것이 중요하다.

⑤ 반대편의 대안처럼 할 경우 원하지 않는 학생이 학생 대표를 맡게 되는 또 다른 문제가 발생할 수 있다.

어려워 ⓗ

18 토론에서 주장을 다지는 방법으로 알맞지 <u>않은</u> 것의 기호를 쓰시오.

⑦ 자기편의 주장을 요약한다.

⑭ 자기편의 주장과 근거를 강조한다.

⑮ 자기편에서 제기한 반론이 타당하지 않음을 지적한다.

⑯ 듣는 사람이 자기편의 주장을 확실히 이해할 수 있도록 주장의 장점을 한 번 더 말한다.

(   )

[19~20]

기계를 더 믿어요

시장에 간 우리 고모
물건 사고 아주머니가 돌려주는
거스름돈, / 꼭 세어 보아요

은행에 간 고모
현금 지급기가 / '달깍' 내미는 돈
세어 보지도 않고 / 지갑에 얼른 넣는 거 있죠?

㉠<u>고모도 참</u>

19 ㉠ 뒤에 생략된 내용으로 알맞은 것에 ◯표 하시오.

(1) 현금은 잘 세어서 보관하셔야 해요.(   )

(2) 사람보다 기계를 믿으시면 어떡해요.

(   )

20 다음 중 이 시를 읽고 토론할 수 있는 주제로 알맞은 것은 어느 것입니까? (   )

① 시장에서 현금을 써야 하는가?

② 현금 지급기를 왜 사용하는가?

③ 시장에서 무엇을 살 수 있는가?

④ 사람들은 왜 기계를 믿지 않는가?

⑤ 인공 지능 시대에 사람의 가치는 낮아질 것인가?

핵심 개념 국어

개념 1 낱말의 뜻을 짐작하며 읽어야 하는 까닭

- 낱말의 **①** ㄸ 을 제대로 이해하지 못하면 글을 제대로 이해할 수 없기 때문입니다.

- 글을 읽으면서 모르는 **②** ㄴ ㅁ 이 나올 때마다 사전을 찾아볼 수 없기 때문입니다.

1 다음 그림의 밑줄 친 '손'의 뜻을 선으로 알맞게 이으시오.

(1) •

(2) •

• ㉮ 어떤 사람의 영향력이나 권한이 미치는 범위

• ㉯ 어떤 일을 하는 데 드는 사람의 힘이나 노력, 기술

개념 2 글을 요약하는 방법

- 글에서 여러 번 반복해서 나타나는 **③** ㅈ ㅅ 낱말을 찾아봅니다.

- 나열한 낱말들을 찾아 **④** ㄷ ㅍ 하는 낱말로 바꾸어 봅니다.

- 중심 낱말을 활용해 글을 요약할 때 이용할 수 있는 글의 구조 틀을 떠올리고 내용을 정리합니다.

2 다음 글의 중심 낱말은 무엇인지 찾아 쓰시오.

> 줄기 마디마다 잎을 한 장씩 피우되 서로 어긋나게 피우는 방법이 있습니다.
> 이것을 '어긋나기'라 합니다. 국수나무처럼 평행하게 어긋나기만 하는 식물이 있는가 하면, 해바라기처럼 소용돌이 모양으로 돌려나면서 어긋나는 식물도 있습니다.

( )

개념 3 글의 구조에 따라 요약하는 방법

- 글의 구조를 파악하며 읽습니다.

- 문단의 **⑤** ㅈ ㅅ 내용을 간추립니다.

- 글의 구조에 알맞은 **⑥** ㅌ 을 그려 내용을 정리합니다.

- 정리한 내용은 중요한 내용이 잘 드러나도록 간결한 문장으로 씁니다.

3 보기 와 같은 틀을 그려 요약해야 할 글의 내용은 무엇인지 알맞은 것에 ○표 하시오.

> 보기
>
> □ → □ → □
> → □ → □ → □

(1) 고려의 건국 과정 ( )
(2) 한지의 여러 가지 쓰임새 ( )
(3) 볼주머니를 이용해 먹이를 나르는 동물의 예 ( )

[01~03]

귀가 ㉠어두워 무슨 말을 해도 제대로 알아듣지 못하는 만화 주인공 '사오정'을 아시나요? 만화 주인공 사오정과 비슷한 사람이 우리 주변에 많이 생겨나고 있습니다. 사오정이 ㉡뜬금없는 말로 우리에게 재미와 웃음을 주지만 요즘에 사오정들은 귀 건강을 위협받는 아주 위험한 상황에 놓여 있습니다.

귀가 건강하지 못하다는 사실은 소리 듣기로 가장 쉽게 알 수 있습니다. 소리가 잘 들리지 않는다면 그만큼 귀가 건강하지 못하다는 의미입니다. 소리가 잘 들리지 않으면 '최소 난청'이지만 귀 건강이 더 나빠지면 '전음성 난청'이 됩니다. 이 단계에서는 속삭이는 소리 외에도 일반적인 소리까지 선명하게 듣지 못하고 비행기를 타거나 높은 곳에 올라갔을 때처럼 귀가 먹먹한 느낌이 듭니다. 귀를 후비거나 하품하거나 귀에 바람을 넣어 봐도 순간적으로 증상이 호전될 뿐 금세 귀가 먹먹해집니다. 그 밖에도 염증으로 인한 통증과 가려움증 같은 증상이 일어납니다.

꼭나와 ㉡

01 ㉠'어두워'의 뜻을 알맞게 짐작한 것은 어느 것입니까? (   )

① 귀가 작아
② 귀에 그늘이 져서
③ 귀가 검은색이라서
④ 귀 주변이 간지러워
⑤ 귀가 잘 들리지 않아

02 ㉡'뜬금없는'과 바꾸어 쓸 수 있는 말을 보기에서 골라 쓰시오.

보기

| 어려운 | 알맞은 | 엉뚱한 | 대단한 |

(   )

03 이 글에서 알 수 있는 전음성 난청의 증상이 아닌 것을 두 가지 고르시오. (,   )

① 일반적인 소리도 선명하게 듣지 못한다.
② 잠에 쉽게 들지 못하게 되고 늦잠을 잔다.
③ 귀에서 견딜 수 없는 시끄러운 소리가 난다.
④ 염증으로 인한 통증과 가려움증 같은 증상이 일어난다.
⑤ 비행기를 타거나 높은 곳에 올라갔을 때처럼 귀가 먹먹한 느낌이 든다.

04 낱말의 뜻을 짐작하며 읽어야 하는 까닭으로 알맞지 않은 것을 찾아 기호를 쓰시오.

㉮ 낱말의 뜻을 짐작하며 읽으면 글을 좀 더 빨리 읽을 수 있기 때문이다.
㉯ 낱말의 뜻을 제대로 이해하지 못하면 글을 제대로 이해할 수 없기 때문이다.

(   )

서술형 ㉡

05 다음 그림의 밑줄 친 낱말의 뜻은 무엇인지 보기에서 찾아 기호를 쓰고, 그 뜻을 가진 밑줄 친 낱말로 짧은 글을 지어 쓰시오.

고려청자는 대한민국의 얼굴이라고 할 만한 대표 국가유산입니다.

보기

㉮ 어떤 것을 대표하는 상징
㉯ 어떤 분야에서 활동하는 사람
㉰ 눈, 코, 입이 있는 머리의 앞면

(1) 밑줄 친 낱말의 뜻: (   )

(2) (1)의 뜻을 가진 밑줄 친 낱말로 짧은 글 짓기:

_____

_____

[06~07]

가 글쓰기반 수업 첫날, 켈러 선생님은 아무 기척도 없이 교실로 들어와 책상 사이를 왔다 갔다 하며 ㉠엄포부터 놓았다.

"오늘부터, 나는 너희 한 사람 한 사람을 완전히 훈련시켜서 진짜 멋진 작가로 만들어 줄 생각이다. 정말 기적 같겠지? 하지만!"

켈러 선생님은 특유의 진한 미국 남부 지방 억양으로 말을 이어 나갔다.

"이 수업을 만만하게 생각했다면 지금 당장 저 문으로 나가도록. 보잘것없이 짧은 너희의 인생 경험으로는 상상도 못 할 정도로 힘들 테니까. 아마 이 수업을 끝까지 따라오지 못하는 학생들도 나오겠지."

나 "주제는? 가족이나, 집에서 일어나는 일상생활에 대한 이야기라면 뭐든지 괜찮아."

우리는 허둥지둥 종이를 꺼내 끼적이기 시작했다.

"아니, 아니! 여기서 말고!"

켈러 선생님의 호통에 우리는 바로 연필을 놓았다.

꼭나와 ☺

06 ㉠'엄포'의 뜻을 알맞게 짐작한 친구의 이름을 쓰시오.

> • 서우: '놓았다'는 말이 뒤에 나오는 것으로 보아 회초리 같은 물건을 뜻하는 것 같아.
> • 나라: 수업을 만만하게 보지 말라고 학생들을 다그치는 상황이니까 무섭게 으르는 것을 말하는 것 같아.

(   )

07 켈러 선생님이 내어 주신 글쓰기 반의 숙제 주제는 어느 것입니까? (   )

① 자신의 장래 희망
② 자신의 가족 소개
③ 멋진 작가가 되는 방법
④ 일상생활에 대한 이야기
⑤ 글쓰기 수업에 대한 자신의 생각

[08~10]

켈러 선생님 책상 위에 내 기말 과제 종이가 반으로 접혀 있는 것이 눈에 들어왔다.

"점수는 다 매겼단다. 꼭 집에 가서 펼쳐 보도록 해. 알겠지?"

나는 가만히 고개를 끄덕였다.

그 순간, 나는 깜짝 놀랐다. 켈러 선생님이 나를 꽉 끌어안은 것이다.

'마녀 켈러'가 나를 안아 주다니! 그러면서 켈러 선생님은 나직이 속삭였다.

"퍼트리샤, 슐로스 할아버지에게 바치는 글은 정말 놀라웠다. 자신이 겪은 일 쓰기의 모범으로 ㉠삼아도 좋을 만큼 말이다."

08 켈러 선생님께서 '나'를 끌어안으시면서 하신 말씀을 두 가지 고르시오. (,   )

① 점수를 매기느라 힘이 들었다.
② 기말 과제를 열심히 쓰느라 수고가 많았다.
③ 가족 이야기를 주제로 삼은 것은 정말 잘했다.
④ 슐로스 할아버지에게 바치는 글은 정말 놀라웠다.
⑤ 슐로스 할아버지에게 바치는 글은 자신이 겪은 일 쓰기의 모범으로 삼아도 좋겠다.

09 ㉠'삼아도'의 뜻을 국어사전에서 찾을 때 알맞은 형태는 어느 것입니까? (   )

① 삼   ② 삼아   ③ 삼다
④ 삼아도   ⑤ 삼아다

10 ㉠'삼아도'의 뜻을 바르게 말한 친구의 이름을 쓰시오.

> • 지안: '새로운 것을 만들어도.'라는 뜻이야.
> • 하린: '어떤 대상을 다른 대상이 되게 해도.'라는 뜻이야.

(   )

→ 바른답·알찬풀이 14쪽

[11~12]

가 줄기에 차례대로 잎을 붙여 나가는 모양을 '잎차례'라고 합니다.

먼저, 줄기 마디마다 잎을 한 장씩 피우되 서로 어긋나게 피우는 방법이 있습니다. 이것을 '어긋나기'라 합니다. 국수나무처럼 평행하게 어긋나기만 하는 식물이 있는가 하면, 해바라기처럼 소용돌이 모양으로 돌려나면서 어긋나는 식물도 있습니다.

나 줄기 한 마디에 잎 두 장이 마주 보는 '마주나기'도 있습니다. 단풍나무나 화살나무는 잎 두 장이 사이좋게 마주 보고 있습니다. 그리고 마주난 잎들이 마디마다 서로 어긋나지 않고 평행합니다.

그런가 하면 한 마디에 잎이 석 장 이상 돌려나는 잎차례가 있습니다. 이런 잎차례를 '돌려나기'라고 합니다. 갈퀴꼭두서니는 마디마다 잎이 여섯 장에서 여덟 장씩 돌려나기로 핍니다.

끝으로, 소나무처럼 잎이 한곳에서 모여나는 '모여나기'가 있습니다.

꼭나와 ♥

11 다음은 잎차례의 종류 중 무엇에 대한 설명인지 찾아 쓰시오.

> 줄기 마디마다 잎을 한 장씩 피우되 서로 어긋나게 피우는 것

( )

서술형 ♥

12 다음 식물의 잎차례 종류는 무엇인지 (1)에 쓰고, 어떤 방법으로 잎이 난다고 했는지 (2)에 간단히 요약해 쓰시오.

> 갈퀴꼭두서니

(1) 잎차례 종류: ( )

(2) 잎이 나는 방법: _____

_____

[13~15]

가 나는 숨을 쉬니까 집 단장에도 좋아. 더운 날에는 찬 공기 들여 시원하게 하고, 추운 날에는 더운 공기 잡아 따뜻하게 하지. 또 습한 날은 젖은 공기 머금어 방 안을 보송보송하게 하고, 건조한 날은 젖은 공기 내놓아 방 안을 상쾌하게 하지. 따가운 햇볕을 은은하게 걸러 주는 건 기본이고말고.

나 여기 보이는 게 전부 나로 만든 물건이야. 나를 새끼줄처럼 배배 꼬아 종이 노끈으로 만들어 엮으면 신발부터 붓통, 베개, 방석, 망태기가 되지. 옻칠하고 기름 먹이면 물 안 새는 표주박, 항아리, 요강도 되고말고.

13 한지의 특성이 <u>아닌</u> 것은 어느 것입니까?

( )

① 숨을 쉬어 집 단장에 좋다.
② 따가운 햇볕을 은은하게 걸러 준다.
③ 더운 날에는 찬 공기를 들여 시원하게 한다.
④ 추운 날에는 더운 공기를 잡아 따뜻하게 한다.
⑤ 습한 날은 젖은 공기를 뱉어 방 안의 습도를 유지한다.

14 다음 중 한지로 만들 수 <u>없는</u> 물건은 어느 것입니까? ( )

① 신발   ② 붓통   ③ 닥솥
④ 표주박   ⑤ 항아리

15 이 글을 요약하는 틀로 알맞은 것을 찾아 ○표 하시오.

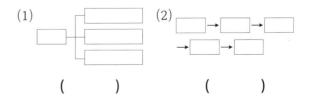

(1) ( )   (2) ( )

[01~03]

우리 귀 건강에 가장 큰 ㉠걸림돌은 '이어폰'입니다. 사람들 대부분이 이어폰으로 음악을 들으면 집중을 잘하기 때문에 학습하는 데 큰 ㉡힘이 될 것이라고 생각합니다. 하지만 이는 사실과 다릅니다. 양쪽 귀 바로 위쪽 부위에는 언어 중추가 있는 뇌 측두엽이 존재하는데 측두엽과 가까운 귀에 이어폰을 꽂으면 언어 중추가 음악 소리에 자극을 받기 때문에 학습 내용이 기억에 잘 남지 않습니다. 왜냐하면 측두엽은 기억력과 청각을 담당하기 때문입니다. 다시 말해 노래를 들으며 공부를 하면 뇌는 이 두 가지를 한꺼번에 처리해야 하기 때문에 어려움을 겪습니다. 그래서 일반적으로 뇌 과학자들은 음악 듣기는 고난도 학습이나 업무를 하는 데 도움을 주지 않는다고 설명합니다.

귀를 건강하게 하려면 이어폰 같은 음향 기기를 하루 2시간 이내로 사용해야 하고, 사용할 때에는 소리 크기를 60퍼센트로 유지해야 합니다. 또 귀를 건조하게 유지하고 깨끗한 이어폰을 사용하는 방법도 좋습니다.

01 ㉠'걸림돌'의 뜻을 짐작하는 방법으로 알맞은 것을 두 가지 골라 기호를 쓰시오.

> ㉮ '걸림돌'의 앞뒤 내용을 자세히 살펴본다.
> ㉯ 같은 글자로 시작하는 낱말을 모두 떠올린다.
> ㉰ '걸림돌'을 이미 아는 낱말로 바꾸었을 때 뜻이 자연스러운지 살펴본다.

(   )

어려워 ½

02 다음 중 ㉡'힘'과 바꾸어 쓸 수 있는 낱말은 어느 것입니까? (   )

① 말   ② 도움   ③ 바탕
④ 사람   ⑤ 친구

03 이 글에 나타난 귀를 건강하게 하는 방법으로 알맞지 않은 것은 어느 것입니까? (   )

① 귀를 건조하게 유지해야 한다.
② 깨끗한 이어폰을 사용해야 한다.
③ 귀를 자주 파서 청결을 유지해야 한다.
④ 음향 기기를 하루 2시간 이내로 사용해야 한다.
⑤ 음향 기기를 사용할 때 소리 크기를 60퍼센트로 유지해야 한다.

서술형 ½

04 낱말의 뜻을 짐작하며 글을 읽은 경험을 떠올려 쓰시오.

_____

_____

[05~06]

가 켈러 선생님은 허리를 꼿꼿이 펴고 똑바로 서 있어서 실제 키보다 더 커 보였다. 특히 교탁에 기대 설 때면, 마치 죽은 나뭇가지에 앉아 금방이라도 사냥감을 홱 낚아챌 듯 노려보는 매처럼 ㉠매서워 보였다.

"첫 번째 과제는 수필이다. 내가 놀라 까무러칠 정도로 재미있는 글을 써 오도록. 내가 너희의 반짝이는 생각에 홀딱 빠질 만큼 대단한 작품을 써 보란 말이다. 너희가 이 수업을 들을 만한 자격이 있는지를 알아보려는 거니까!"

나 나는 책상에 앉아 글을 쓰기 시작했다. 나는 내 방이 정말 좋았다. 하루의 대부분을 내 방에서 보내는 만큼, 방을 쭉 둘러보면서 하나하나 묘사하면 어떨까. 아주 세세히! 그리고 내가 우리 집 고양이와 엄마를 얼마나 사랑하는지, 새로 산 치마가 얼마나 마음에 드는지, 집에서 먹는 아침밥이 얼마나 맛있는지를 보태면……. 와! 내가 쓴 글이지만, 잘 써도 너무 잘 쓴 것 같았다. 지금까지 쓴 글 중에서 최고라는 생각이 들었다.

나는 얼른 교실에서 큰 소리로 발표하고 싶어 몸이 ㉡근질근질했다.

05 다음 중 ㉠'매서워'의 뜻으로 알맞은 것은 어느 것입니까? (   )

① 날씨가 몹시 추워.
② 정도가 매우 심해.
③ 고추나 겨자와 같이 맛이 알알해.
④ 연기 따위가 눈이나 코를 아리게 해.
⑤ 남이 겁을 낼 만큼 성질이나 기세 따위가 매몰차고 날카로워.

서술형 ✍

06 ㉡'근질근질했다'는 어떤 상황에 쓰는 말인지 짐작하여 쓰시오.

_____

_____

[07~10]

가 켈러 선생님은 교실을 휙 둘러보더니, 포기한 듯 교탁 앞에 섰다.
"'유의어'의 뜻을 아는 사람? 고대 물고기 이름 따위가 아니라는 것쯤은 알겠지."
켈러 선생님의 질문에 아무도 대답하지 못했다.
"그럼 이것이 바로 오늘 숙제. '유의어'의 뜻을 알아보고, 다음 시간에 '유의어 사전'을 가져와서 '사랑'이라는 낱말을 찾아보도록."

나 다음 날, 켈러 선생님은 칠판에 '만족스러운', '시원한', '충성스러운' 같은 여러 낱말을 쭉 썼다. 그러고는 우리에게 유의어 사전을 뒤져 각 낱말을 대신할 수 있는 낱말을 최대한 많이 찾아보라고 했다. 낱말을 가장 많이 찾은 사람은 금요일 쪽지 시험이 면제였다.
과연 그 결과는? 내가 낱말을 가장 많이 찾아냈다! 마침내 내가 해낸 것이다. 쪽지 시험 면제라니! 하지만 쉬는 시간에 남자아이 두 명이 심술궂게 ㉠빈정댔다.
"이제 퍼트리샤가 마녀의 새 인형이래!"

07 '유의어'의 뜻은 무엇이겠습니까? (   )

① 글자 수가 같은 말.
② 뜻이 서로 비슷한 말.
③ 뜻이 서로 반대인 말.
④ 어떤 뜻을 더하는 말.
⑤ 발음 소리가 같은 말.

08 켈러 선생님께서 말씀하신 낱말과 대신할 수 있는 낱말을 알맞게 짝 지은 것의 기호를 쓰시오.

㉮ 시원한 – 어두운
㉯ 충성스러운 – 충직한
㉰ 만족스러운 – 당황스러운

(   )

09 ㉠'빈정댔다'와 바꾸어 쓸 수 있는 말을 생각하여 쓰시오.

(   )

10 글의 마지막 부분에서 남자아이들이 '나'를 마녀의 새 인형이라고 놀린 까닭은 어느 것입니까?

(   )

① '내'가 학급 반장으로 뽑히게 되어서
② 켈러 선생님이 '나'만 유독 발표를 시켜서
③ 켈러 선생님이 '나'에게만 심부름을 시켜서
④ '내'가 유의어를 가장 많이 찾아내어 쪽지 시험이 면제되어서
⑤ '내'가 쪽지 시험에서 1등을 하게 되어 글쓰기 숙제를 덜하게 되어서

[11~12]

사람들의 집 짓기와 식물의 집 짓기는 서로 같은 점도 있고 다른 점도 있습니다.

집을 지을 때 건축가들은 설계도를 그린 뒤 그것을 바탕으로 집을 짓습니다. 이때 건축가는 집을 똑바로 세우려고 애씁니다. 사람들이 집을 지을 때 이토록 많은 정성을 기울이고 온갖 기술을 쓰는 일과 마찬가지로 식물도 질서 있게, 그리고 특별한 기술을 바탕으로 잎을 피웁니다.

식물이 특별한 기술을 바탕으로 잎을 피우는 이유는 햇빛과 그림자 문제 때문입니다. 위의 잎이 바로 아래 잎과 겹치면 위에 있는 잎의 그림자 때문에 아래 잎은 햇빛을 받지 못합니다. 식물은 햇빛을 보지 못하면 살 수가 없지요. 그래서 어떻게 잎을 펼쳐야 햇빛을 잘 끌어모을까 고민합니다.

11 다음은 이 글을 요약한 것입니다. 빈칸에 들어갈 말을 순서대로 나열한 것은 어느 것입니까?

( )

> 식물은 특별한 기술을 바탕으로 [ ] 을/를 피우는데, 그 까닭은 [ ]을/를 잘 끌어모으기 위해서이다.

① 잎, 물
② 잎, 햇빛
③ 꽃, 햇빛
④ 꽃, 그림자
⑤ 잎, 영양소

어려워 👆

12 문제 11번과 같이 요약한 글을 평가할 때, 활용할 수 있는 평가 기준으로 알맞지 않은 것을 찾아 기호를 쓰시오.

> ㉠ 글을 짧게 간추렸는가?
> ㉡ 사소한 내용을 강조하고 중요한 내용을 간추렸는가?
> ㉢ 글에서 중요한 내용을 이해할 수 있게 간추렸는가?

( )

[13~15]

사람들은 많은 물건을 한꺼번에 나르려고 바구니를 이용한다. 그렇다면 동물들은 한꺼번에 먹이를 나르려고 무엇을 이용할까?

다람쥐는 볼주머니를 이용한다. 볼주머니는 입안 좌우에 있는 큰 주머니를 말한다. 다람쥐는 먹이를 입에 넣은 다음 볼에 차곡차곡 담는데 ㉠밤처럼 너무 큰 먹이는 이빨로 잘라서 넣기도 한다. 다람쥐의 경우 ㉡도토리 같은 열매 열 개 이상을 볼주머니에 잠시 저장할 수 있다.

원숭이도 볼주머니가 있다. 원숭이의 볼주머니에는 사과 한 개 정도가 들어갈 수 있는 공간이 있다. 원숭이는 먹이를 발견하면 대충 씹어 그곳에 잠시 저장한다. 그런 다음 다른 원숭이에게 먹이를 빼앗기지 않으려고 안전한 장소로 이동한 뒤 먹이를 조금씩 꺼내어 먹는다.

13 이 글에서 반복해서 나타나는 중심 낱말을 네 글자로 찾아 쓰시오.

( )

14 ㉠'밤'과 ㉡'도토리'를 대표하는 낱말은 무엇이겠습니까? ( )

① 땅콩
② 견과
③ 동물
④ 주머니
⑤ 다람쥐

15 다음은 이 글을 요약한 내용입니다. 빈칸에 들어갈 알맞은 말을 각각 찾아 쓰시오.

볼주머니를 이용해 먹이를 나르는 동물	
(1) ( )	(2) ( )
도토리 같은 열매 열 개 이상을 볼주머니에 잠시 저장해 먹이를 나른다.	먹이를 볼주머니에 잠시 저장해 안전한 장소로 이동해서 먹는다.

국어

[16~18]

나는 종이 가운데 으뜸인 한국 종이, 한지야! 옛날 중국에서 최고로 친 고려지도, 일본에서 최고로 친 조선종이도 모두 나야. 그런데 내가 어떻게 만들어지는지 아니?

제일 먼저 닥나무를 베어다 푹푹 찐 뒤, 나무껍질을 훌러덩훌러덩 벗겨서 물에 불려. 그러고는 다시 거칠거칠한 겉껍질을 닥칼로 긁어내고 보들보들 하얀 속껍질만 모아.

이렇게 모은 속껍질은 삶아서 더 보드랍게, 더 하얗게 만들어야 해. 먼저 닥솥에 물을 붓고 속껍질을 담가. 그리고 콩대를 태워 만든 잿물을 붓고 보글보글 부글부글 삶아. 푹 삶은 다음에는 건져 내서 찰찰찰 흐르는 맑은 물에 깨끗이 씻어.

이제 보드랍고 하얗게 바랜 속껍질을 나무판 위에 올려놓고 닥 방망이로 찧어 가닥가닥 곱게 풀어야 해. 쿵쿵 쾅쾅! 솜처럼 풀어진 속껍질은 다시 물에 넣고 잘 풀어지라고 휘휘 저어. 그런 다음 닥풀을 넣고 다시 잘 엉겨 붙으라고 휘휘 저어 주지.

16 이 글에서 설명하는 내용은 어느 것입니까?

( )

① 한지의 유래
② 한지의 쓰임새
③ 한지 이름의 종류
④ 한지가 만들어지는 과정
⑤ 한지가 외국에서 유명한 까닭

17 이 글에 나타난 한지에 대한 설명으로 알맞지 <u>않</u>은 것을 두 가지 고르시오. (,)

① 종이 가운데 으뜸이다.
② 닥나무의 겉껍질로 만든다.
③ 만들 때 닥칼과 솜이 필요하다.
④ 고려지와 조선종이는 모두 한지이다.
⑤ 속껍질을 삶을 때 콩대를 태워 만든 잿물을 붓고 삶는다.

18 빈칸에 알맞은 내용을 써서 이 글의 내용을 요약하시오.

> 닥나무의 겉껍질을 긁어내고 속껍질만 모은다. → _____
>
> _____
> → 속껍질을 나무판 위에 올려놓고 찧는다.

19 다음은 사회 시간에 배운 조선의 건국 과정을 요약한 표입니다. 다음 틀로 알 수 있는 글의 구조는 무엇인지 쓰시오.

> 고려 말 신진 사대부가 개혁으로 경제적 기반을 마련하고 농민 생활을 안정시킴.
>
> ↓
>
> 이성계를 비롯한 신흥 무인 세력과 신진 사대부들이 위화도 회군으로 권력을 잡음.
>
> ↓
>
> 정몽주처럼 새 왕조 수립을 반대한 세력을 제거하고, 토지 제도 개혁을 마무리함.
>
> ↓
>
> 이성계가 왕위에 올라 조선을 세움.

( )

20 글의 구조에 따라 요약하는 방법으로 알맞지 <u>않</u>은 것은 어느 것입니까? ( )

① 글의 구조를 파악하며 읽는다.
② 문단의 중심 내용을 간추린다.
③ 글에서 재미있는 표현을 찾아 정리한다.
④ 글의 구조에 알맞은 틀을 그려 내용을 정리한다.
⑤ 중요한 내용이 잘 드러나도록 간결한 문장으로 쓴다.

8. 우리말 지킴이

➡ 바른답·알찬풀이 16쪽

개념 ① 우리말을 바르게 사용해야 하는 까닭

- 대화를 할 때 서로 뜻이 통하지 않을 수 있기 때문입니다.

- 아름다운 ❶ [ㅇ | ㄹ | ㅁ]이 사라질 수 있기 때문입니다.

- 말에 담긴 우리의 ❷ [ㅈ | ㅅ]이 훼손될 수 있기 때문입니다.

1 간판을 자연스러운 우리말로 바꾼 것을 찾아 선으로 이으시오.

(1)

(2)

- ㉮ 반려동물 용품 판매점

- ㉯ 북적북적 서점

개념 ② 발표 주제를 생각하며 자료를 조사하고 구성하는 방법

- 조사 주제, 조사 ❸ [ㄷ | ㅅ], 조사 방법을 정하고 조사 계획을 세웁니다.

- 조사한 결과와 조사한 뒤에 드는 생각이나 ❹ [ㄴ | ㄲ]을 정리하고 발표할 원고를 구성합니다.

- 구성한 발표 내용을 살펴보고 자료나 발표 내용을 보충합니다.

2 발표 원고에서 ⟨보기⟩와 같은 내용이 들어가는 부분은 어디인지 알맞은 것에 ○표 하시오.

⟨보기⟩

| 모둠 이름 | 조사 주제 | 발표 제목 |

(1) 시작하는 말 ( )
(2) 전달하려는 내용 ( )
(3) 끝맺는 말 ( )

개념 ③ 조사한 내용을 발표할 때와 들을 때 주의할 점

- 발표 내용만 보면서 읽지 말고, 듣는 사람과 눈을 맞추며 발표합니다.

- 너무 빠른 ❺ [ㅅ | ㄷ]나 작은 목소리로 발표하지 않습니다.

- ❻ [ㅈ | ㄹ]는 모두가 볼 수 있도록 크게 마련하여 제시합니다.

- 바른 자세로 서서 진지하게 발표합니다.

3 그림 속 여진이가 잘못한 점은 무엇인지 ⟨보기⟩에서 찾아 기호를 쓰시오.

아름다운 우리말이 자리를 잃지 않도록……

여진

목소리가 잘 안 들려.

⟨보기⟩

㉮ 너무 빠른 속도로 발표했다.
㉯ 발표 내용만 보면서 읽듯이 발표했다.
㉰ 한 화면에 너무 많은 내용을 제시했다.
㉱ 듣는 사람이 알아듣지 못하는 작은 목소리로 발표했다.

( )

[01~02]

[03~05]

서술형 낭

01 이 그림에서 할아버지가 ㉠과 같이 생각한 까닭은 어느 것입니까? (   )

① 아이들이 영어를 사용했기 때문이다.
② 아이들이 줄임말을 사용했기 때문이다.
③ 아이들이 너무 빠르게 대화를 했기 때문이다.
④ 아이들이 자주 쓰이지 않는 토박이말을 사용했기 때문이다.
⑤ 아이들이 자기들만 알아듣는 작은 목소리로 말을 했기 때문이다.

03 ㉠과 ㉡ 중 다음과 같은 문제가 있는 간판 이름은 무엇인지 (1)에 기호를 쓰고, 간판 이름을 무엇으로 바꾸면 좋을지 (2)에 쓰시오.

> 소리 나는 대로 써서 표기법에 맞지 않다.

(1) (   )

(2) _____

_____

04 ㉢의 이름은 무엇으로 바꾸면 좋을지 쓰시오.

(   )

05 이 그림의 대화에 나타난 문제점을 두 가지 고르시오. (,   )

① 사물을 높여서 표현했다.
② 한자어를 바르지 않게 사용했다.
③ 우리말이 있는데도 일본어를 사용했다.
④ 듣는 사람이 알지 못하는 말을 사용했다.
⑤ 영어와 우리말의 줄임말을 섞어 만든 국적 불문의 신조어를 사용했다.

02 ㉡과 ㉢의 밑줄 친 부분을 자연스러운 표현으로 고쳐 쓰시오.

(1) ㉡'열공했더니': (   )
(2) ㉢'삼김': (   )

[06~07]

06 이 그림의 모둠에서 조사 대상으로 고른 것은 어느 것입니까? (   )

① 옷에 새겨진 영어
② 방송에서 사용하는 영어
③ 초등학생들이 즐겨 쓰는 말
④ 우리나라 영어 교육의 실태
⑤ 학교 근처 가게 간판의 영어 사용 실태

꼭나와 ㅂ

07 여진이네 모둠이 조사 대상을 정할 때 고려한 점을 두 가지 고르시오. (,   )

① 주제와 관련 있는지 판단했다.
② 조사 과정이 간단한지 확인했다.
③ 아이들에게 영향을 많이 주는지 고려했다.
④ 아이들이 관심을 가지는 대상인지 고려했다.
⑤ 방송사에서 도움을 받을 수 있는지 생각했다.

08 다음은 어떤 조사 방법의 특징입니까?

(   )

- 시간이 많이 걸린다.
- 현장에서 조사 대상을 직접 파악할 수 있다.

① 면담
② 관찰
③ 설문지
④ 책이나 글
⑤ 인터넷 검색

[09~10]

시작하는 말

우리 샛별 모둠에서는 영어를 지나치게 많이 사용하는 실태를 조사했습니다. 발표 제목은 「영어가 아름다운 우리말을 사라지게 해요」입니다.

전달하려는 내용

샛별방송사에서 방송한 「다 같이 요리」 프로그램을 짧게 보여 드리겠습니다. 이 동영상에서 "김○○ 셰프 출연"이라는 자막이 보입니다. '셰프'는 요리사를 뜻하는 영어입니다. 또 프로그램에 나오는 출연자가 '메인 디시'라는 영어를 지나치게 많이 사용하는데 그것을 편집하지 않고 그대로 방송했습니다.

끝맺는 말

지금까지 영어를 지나치게 많이 사용하는 실태를 발표했습니다. 아름다운 우리말을 보존할 수 있도록 우리말을 바르게 사용하는 습관을 기릅시다.

09 샛별 모둠에서 조사한 내용은 무엇인지 빈칸에 들어갈 말을 쓰시오.

- (   )을/를 지나치게 많이 사용하는 실태

꼭나와 ♥

10 샛별 모둠에서 활용한 자료는 어느 것입니까?

( )

① 영어를 쓰지 않는 요리사와의 면담 자료
② 요리 프로그램의 제작 과정을 조사한 자료
③ 영어가 우리말을 대신하는 사례가 나온 뉴스
④ 방송에서 영어를 사용하는 횟수를 정리한 도표 자료
⑤ 영어를 지나치게 많이 사용하는 프로그램 동영상 자료

11 발표 원고를 보고 점검할 사항으로 알맞지 <u>않은</u> 것은 어느 것입니까? ( )

① 발표 내용에 알맞은 자료를 골랐는지 살펴본다.
② 발표 내용을 보충해야 하는 곳은 없는지 살펴본다.
③ 친구들에게 웃음을 줄 만한 내용이 들어 있는지 점검한다.
④ 사실이 아닌 내용이나 과장된 내용을 쓰지 않았는지 살펴본다.
⑤ 인터넷에서 찾은 글이나 사진 자료를 사용할 때 출처를 표시했는지 점검한다.

[12~13]

12 이 그림에서 여진이가 발표할 때 주의할 점을 찾아 ○표 하시오.

(1) 한 화면에 너무 많은 내용을 제시하지 않는다.
( )
(2) 자료를 보여 줄 때 손으로 화면을 가리키지 않는다. ( )
(3) 듣는 사람이 흥미를 느낄 수 있도록 동영상 자료만 준비한다. ( )

13 발표를 들으며 생각할 점은 무엇인지 ㉠에 들어갈 알맞은 말을 쓰시오.

( )

서술형 ♥

14 다음과 같은 단점을 가진 조사 방법은 무엇인지 (1)에 쓰고, 이 조사 방법의 장점은 무엇인지 (2)에 간단히 쓰시오.

> 시간이 오래 걸리고 원하는 인물을 만나지 못할 수도 있다.

(1) ( )

(2) _____

_____

15 다음 중 우리말을 바르게 사용한 문장은 어느 것입니까? ( )

① 이거 레알?
② 영수증 받으실게요.
③ 휴대 전화가 다 팔렸습니다.
④ 수업 시간에 열공했더니 배고프다.
⑤ 요즘 젊은 분들은 올드하면서도 엘레강스하게 스타일하세요.

[01~02]

01 이 간판들에 나타나 있는 문제점은 어느 것입니까? (　　　)

① 무분별하게 줄임말을 썼다.
② 사물을 높이는 표현을 썼다.
③ 간판의 이름이 지나치게 길다.
④ 영어를 모르는 사람은 가게를 잘 찾지 못할 수 있다.
⑤ 너무 어려운 한자어를 사용해 사람들이 이해하기 힘들다.

어려워 😈
02 이 그림을 참고하여 잘못된 우리말 실태와 관련해 조사 주제를 정할 때, 다음 친구가 말한 조사 주제의 문제점은 어느 것입니까? (　　　)

> • 윤아: 우리 지역의 모든 간판을 조사해 잘못 사용하고 있는 우리말 표현을 찾아보는 것은 어때?

① 조사 과정이 간단하다.
② 조사 지역이 유명하지 않아 적절하지 않다.
④ 조사 방법은 참신하지만 조사 기간이 짧다.
③ 사람들이 많이 알고 있는 주제로 볼 수 없다.
⑤ 실제로 우리 지역의 모든 간판을 조사할 수 없다.

03 다음 간판을 자연스러운 우리말 간판으로 고쳐 쓰시오.

(　　　　　　　　　　　　)

[04~05]

04 그림 **1**과 같은 대화를 많이 하면 생길 수 있는 문제점은 무엇인지 빈칸에 들어갈 알맞은 말을 쓰시오.

• (　　　　　　　　　)은/는 원래의 뜻을 알지 못하는 사람에게 뜻이 통하지 않을 수 있다.

서술형 😊
05 ㉠과 ㉡을 자연스러운 표현으로 고쳐 쓰시오.

㉠	(1)
㉡	(2)

[06~07]

여진: 우리 모둠은 '우리말이 있는데도 영어를 사용하는 예'를 조사하기로 했어. 영어를 무분별하게 사용하는 예로 무엇이 있을까?

지수: 영어를 새긴 옷이 너무 많아.

효찬: 방송에서 영어를 가장 많이 사용하는 것 같아.

지수: 이 가운데에서 어떤 것을 조사해 볼까?

선빈: 옷에 새긴 영어는 조사 대상으로 알맞지 않은 것 같아. 만약 옷이 수입된 것이라면 옷에 영어가 있는 것은 당연할지도 몰라.

지수: 그럼 방송을 조사해 보면 어떨까? 방송은 아이들에게 영향을 많이 주잖아.

효찬: 조사한 결과를 방송사에 알려 주고 영어 사용을 자제해 달라고 요청할 수도 있어.

여진: 그럼 방송에서 영어를 얼마나 사용하는지 조사해 보자.

지수, 효찬, 선빈: 그래.

06 여진이네 모둠이 조사하기로 한 주제는 무엇인지 빈칸에 들어갈 알맞은 말을 쓰시오.

> 우리말이 있는데도 (   )
> 을/를 사용하는 예

07 선빈이가 '옷에 새긴 영어'가 조사 대상으로 알맞지 않다고 생각한 까닭은 어느 것입니까?

( )

① 조사 대상이 불분명해서
② 조사할 대상이 너무 많아서
③ 실제 옷에는 영어가 많이 새겨져 있지 않아서
④ 친구들이 영어가 새겨진 옷을 잘 입지 않아서
⑤ 수입된 옷에 영어가 있는 것은 당연할지도 몰라서

08 우리말 사용 실태와 관련하여 조사 주제를 정할 때 고려할 내용으로 알맞지 <u>않은</u> 것은 어느 것입니까? (   )

① 조사 방법이 적절한가?
② 조사 기간이 적절한가?
③ 실제로 조사할 수 있는가?
④ 친구들이 좋아하는 주제인가?
⑤ 조사 대상의 범위가 적절한가?

09 조사 방법 중 책이나 글을 조사하는 방법의 특징을 두 가지 고르시오. (,   )

① 시간과 비용이 많이 든다.
② 여러 사람을 한꺼번에 조사할 수 있다.
③ 정확하고 다양한 정보를 얻을 수 있다.
④ 현장에서 조사 대상을 직접 파악할 수 있다.
⑤ 찾고 싶은 정보를 쉽게 찾지 못할 수도 있다.

서술형

10 조사 방법 중 '설문지'를 이용하여 조사하는 것의 장점과 단점을 각각 쓰시오.

장점	(1)
단점	(2)

[11~14]

시작하는 말

우리 샛별 모둠에서는 영어를 지나치게 많이 사용하는 실태를 조사했습니다. 발표 제목은 「영어가 아름다운 우리말을 사라지게 해요」입니다.

전달하려는 내용

샛별방송사에서 방송한 「다 같이 요리」 프로그램을 짧게 보여 드리겠습니다. 이 동영상에서 "김○○ 셰프 출연"이라는 자막이 보입니다. '셰프'는 요리사를 뜻하는 영어입니다. 또 프로그램에 나오는 출연자가 '메인 디시'라는 영어를 지나치게 많이 사용하는데 그것을 편집하지 않고 그대로 방송했습니다.

끝맺는 말

지금까지 영어를 지나치게 많이 사용하는 실태를 발표했습니다. 아름다운 우리말을 보존할 수 있도록 우리말을 바르게 사용하는 습관을 기릅시다.

11 이와 같은 발표를 들을 때 주의할 점이 <u>아닌</u> 것은 어느 것입니까? (   )

① 자료가 정확한 것인지 생각한다.
② 발표 주제가 무엇인지 알아야 한다.
③ 자료에 대한 설명이 바른지 판단한다.
④ 내가 좋아하는 발표 주제인지 생각한다.
⑤ 발표 내용이 주제와 관련 있는지 판단한다.

12 샛별 모둠이 조사한 것을 찾아 ○표 하시오.

(1) 영어를 지나치게 많이 사용하는 실태
(   )
(2) 줄임말과 비속어를 너무 많이 사용하는 실태
(   )

13 샛별 모둠의 발표 원고에 들어간 내용을 에서 모두 찾아 기호를 쓰시오.

보기

㉮ 자료   ㉯ 모둠 이름
㉰ 조사 주제   ㉱ 발표 제목
㉲ 설명하는 말   ㉳ 모둠의 의견
㉴ 발표한 내용

시작하는 말	㉯, ㉰, ㉱
전달하려는 내용	(1)
끝맺는 말	(2)

어려워 🌀

14 이 발표에서 활용한 자료에 대한 설명으로 알맞은 것은 어느 것입니까? (   )

① 자료의 출처를 알 수 없다.
② 발표 내용에 알맞지 않은 자료이다.
③ 자료의 내용에 사실이 아닌 내용이 많다.
④ 방송 프로그램 가운데에서 영어를 지나치게 많이 사용하는 동영상 자료이다.
⑤ 평소에 초등학생들이 많이 사용하는 비속어나 줄임말을 설문 조사한 자료이다.

15 자료를 사용하여 발표할 때 주의할 점은 무엇인지 빈칸에 들어갈 알맞은 말을 쓰시오.

다른 사람의 저작물을 함부로 사용하면 안 되고, 자료의 (   )을/를 말이나 글로 밝혀야 한다.

→ 바른답·알찬풀이 17쪽

[16~17]

16 그림 **가**에서 여진이가 발표하면서 잘못한 점은 무엇인지 알맞은 것의 기호를 쓰시오.

> ㉮ 발표 내용만 보면서 읽듯이 발표했다.
> ㉯ 친구들을 쳐다보지 않고 선생님만 바라보면서 발표했다.

( )

어려워

17 그림 **나**에서 여진이가 고쳐야 할 점은 무엇인지 빈칸에 들어갈 말을 쓰시오.

• 발표할 때에는 말을 ( )
해야 한다.

서술형

18 다음 그림에서 여진이가 발표하는 모습을 보고, 여진이에게 해 줄 말을 한 가지 쓰시오.

[19~20]

19 장면 **4**에서 아저씨의 당황스러운 마음을 어떻게 표현했는지 알맞게 말한 친구의 이름을 쓰시오.

( )

20 만화의 흐름상 ㉠에 들어갈 말로 알맞은 것은 어느 것입니까? ( )

① 김밥
② 아무거나
③ 삼각김밥
④ 맛있는 거
⑤ 삼김 두 개

숨은수학찾기

학습을 시작하기 전에 숨은 그림을 찾아보세요.

숨은그림

자물쇠	과자 상자	지우개	사탕	안경	칫솔	바람개비	주사위

수학

개념 1 이상과 초과

• ■ 이상인 수는 ■와 같거나 큰 수입니다.
  15 이상인 수는 그림에 다음과 같이 나타냅니다.

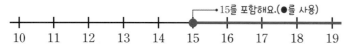
15를 포함해요.(●를 사용)
10 11 12 13 14 15 16 17 18 19

• ♥ 초과인 수는 ♥보다 큰 수입니다.
  21 초과인 수는 그림에 다음과 같이 나타냅니다.

21을 포함하지 않아요.(○를 사용)
16 17 18 19 20 21 22 23 24 25

1 알맞은 말에 ◯표 하시오.

(1) 7과 같거나 큰 수
  ➔ 7 (이상 , 초과)인 수

(2) 4보다 큰 수
  ➔ 4 (이상 , 초과)인 수

개념 2 이하와 미만

• ■ 이하인 수는 ■와 같거나 작은 수입니다.
  38 이하인 수는 그림에 다음과 같이 나타냅니다.

38을 포함해요.(●를 사용)
33 34 35 36 37 38 39 40 41 42

• ♥ 미만인 수는 ♥보다 작은 수입니다.
  23 미만인 수는 그림에 다음과 같이 나타냅니다.

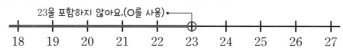
23을 포함하지 않아요.(○를 사용)
18 19 20 21 22 23 24 25 26 27

2 10 이하인 수를 찾아 ◯표 하시오.

| 11 | 9 | 20 |

3 8 미만인 수를 찾아 ◯표 하시오.

| 8 | 13 | 6 |

개념 3 올림 / 버림 / 반올림

• 올림: 구하려는 자리의 아래 수를 올려서 나타내는 방법

	십의 자리까지	백의 자리까지
올림	1623 → 1630	1623 → 1700
	└ 10으로 보고 올려요.	└ 100으로 보고 올려요.

• 버림: 구하려는 자리의 아래 수를 버려서 나타내는 방법

	십의 자리까지	백의 자리까지
버림	4639 → 4630	4639 → 4600
	└ 0으로 보고 버려요.	└ 0으로 보고 버려요.

• 반올림: 구하려는 자리 바로 아래 자리의 숫자가 0, 1, 2, 3, 4이면 버리고,
  5, 6, 7, 8, 9이면 올려서 나타내는 방법

	십의 자리까지	백의 자리까지
반올림	3582 → 3580	3582 → 3600
	└ 2이므로 버려요.	└ 8이므로 올려요.

4 버림하여 십의 자리까지 나타내시오.

382 → 3☐☐

5 반올림하여 백의 자리까지 나타내시오.

1475 → 1☐☐☐

[01~02] 수를 보고 물음에 답하시오.

21	9	36	14	43
17	29	13	49	32

01 36 이상인 수를 모두 찾아 쓰시오.

( )

02 17 미만인 수를 모두 찾아 쓰시오.

( )

03 34 초과인 수를 그림에 바르게 나타낸 것을 찾아 기호를 쓰시오.

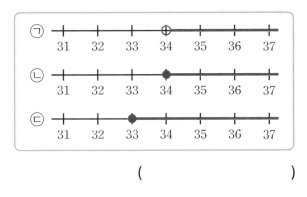

( )

04 그림에 수의 범위를 나타낸 것입니다. ◻ 안에 이상과 초과 중에서 알맞은 말을 써넣으시오.

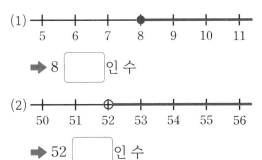

(1) ➡ 8 ◻ 인 수

(2) ➡ 52 ◻ 인 수

05 그림에 나타낸 수의 범위를 쓰시오.

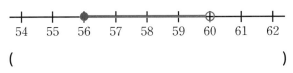

( )

꼭나와 ♥

06 주어진 수의 범위를 그림에 나타내시오.

> 19 초과 22 이하인 수

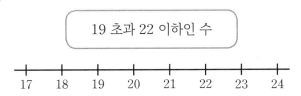

서술형 ♥

07 31 이상 34 미만인 자연수는 모두 몇 개인지 구하려고 합니다. 풀이 과정을 쓰고, 답을 구하시오.

풀이

❶ 31 이상 34 미만인 자연수를 모두 구하기

_____

_____

❷ 31 이상 34 미만인 자연수는 모두 몇 개인지 구하기

_____

_____

답 _____

08 48을 포함하지 <u>않는</u> 수의 범위를 찾아 기호를 쓰시오.

> ㉠ 48 이상인 수
> ㉡ 49 미만인 수
> ㉢ 48 초과인 수

(   )

09 어느 미술관에 입장할 때 경아만 입장료가 무료입니다. 이 미술관에 무료로 입장하려면 나이가 몇 살 미만이어야 하는지 구하시오.

이름	나이(살)	이름	나이(살)
수현	14	민수	13
경아	12	정은	15

(   )

꼭나와 ♡

10 수를 반올림하여 주어진 자리까지 나타내시오.

수	십의 자리	백의 자리
3564		

11 알맞은 말을 찾아 ○표 하시오.

(1) 2509를 버림하여 (십 , 백 , 천)의 자리까지 나타내면 2000입니다.

(2) 7.358을 버림하여 소수 (첫째 , 둘째) 자리까지 나타내면 7.3입니다.

12 5.263을 올림하여 주어진 자리까지 나타내시오.

소수 첫째 자리: (   )

소수 둘째 자리: (   )

13 어림을 바르게 한 것의 기호를 쓰시오.

> ㉠ 4.61을 올림하여 소수 첫째 자리까지 나타내면 4.6입니다.
> ㉡ 9.584를 버림하여 소수 첫째 자리까지 나타내면 9.5입니다.

(   )

서술형 ♡

14 반올림하여 백의 자리까지 나타낸 수가 더 큰 것의 기호를 쓰려고 합니다. 풀이 과정을 쓰고, 답을 구하시오.

> ㉠ 6251   ㉡ 6239

풀이

❶ 반올림하여 백의 자리까지 나타낸 수를 각각 구하기

_____

_____

❷ 반올림하여 백의 자리까지 나타낸 수가 더 큰 것의 기호를 쓰기

_____

_____

답 _____

➡ 바른답·알찬풀이 18쪽

15 어느 축구 경기장에 하루 동안 입장한 관람객 수는 26279명입니다. 관람객 수를 올림, 버림, 반올림하여 천의 자리까지 나타내면 각각 몇 명인지 구하시오.

올림: (   )
버림: (   )
반올림: (   )

16 올림, 버림, 반올림 중에서 어떤 방법으로 어림했는지 쓰시오.

> 3400원짜리 필통을 사기 위해 1000원짜리 지폐를 4장 냈습니다.

(   )

17 27.394를 반올림하여 주어진 자리까지 각각 나타냈을 때 수가 가장 작은 것을 찾아 기호를 쓰시오.

> ㉠ 소수 첫째 자리
> ㉡ 소수 둘째 자리
> ㉢ 일의 자리

(   )

18 우체국에서 병원을 지나 공원까지의 거리를 반올림하여 일의 자리까지 나타내면 몇 km인지 구하시오.

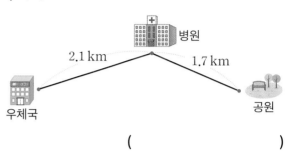

(   )

19 연지가 저금통에 모은 동전을 세어 보니 9630원이었습니다. 모은 동전을 1000원짜리 지폐로 바꾼다면 최대 얼마까지 바꿀 수 있는지 구하시오.

(   )

서술형

20 5078을 올림하여 백의 자리까지 나타낸 수와 반올림하여 십의 자리까지 나타낸 수의 차를 구하려고 합니다. 풀이 과정을 쓰고, 답을 구하시오.

풀이

❶ 5078을 어림하여 나타낸 두 수를 각각 구하기

_____

_____

❷ 5078을 어림하여 나타낸 두 수의 차를 구하기

_____

_____

답 _____

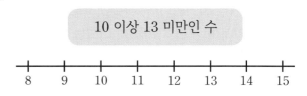
꼭나와 ㅂ

01 21 이하인 수를 모두 찾아 ○표 하시오.

24	21	23.5	$18\frac{1}{2}$	30

02 16 미만인 수가 <u>아닌</u> 것은 어느 것입니까?

( )

① 11 　　② 6.9 　　③ 15

④ $16\frac{2}{3}$ 　　⑤ 14.1

03 그림에 나타낸 수의 범위를 쓰시오.

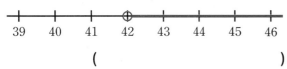

( )

04 37 이상인 수에 대해 바르게 설명한 친구의 이름을 쓰시오.

37보다 작은 수야.

37, 37.6, 38과 같이 37과 같거나 큰 수야.

미나　　　　선호

( )

05 주어진 수의 범위를 그림에 나타내시오.

10 이상 13 미만인 수

```
┼──┼──┼──┼──┼──┼──┼──┼
8  9  10  11  12  13  14  15
```

06 자동차의 통과 제한 높이가 3.8 m 이하인 터널이 있습니다. 이 터널을 통과할 수 있는 자동차를 모두 찾아 기호를 쓰시오.

자동차	가	나	다	라	마
높이(m)	3.6	4.3	4.1	3.8	3.9

( )

서술형 ㅇ

07 주어진 수 중에서 25 초과인 수의 합을 구하려고 합니다. 풀이 과정을 쓰고, 답을 구하시오.

16	26	21	25	33

풀이

❶ 주어진 수 중에서 25 초과인 수를 모두 찾기

_____

_____

❷ 25 초과인 수의 합을 구하기

_____

_____

답 _____

08 ■와 ♥에 알맞은 수를 각각 구하시오.

> • 43 이하인 자연수 중에서 가장 큰 수는 ■입니다.
> • 30 이상인 자연수 중에서 가장 작은 수는 ♥입니다.

■: (   )

♥: (   )

09 ㉠과 ㉡에 공통으로 포함되는 수의 범위를 그림에 나타내시오.

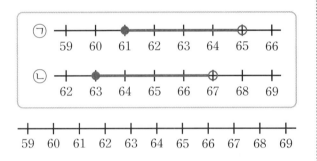

10 ◻ 안에 알맞은 수를 써넣으시오.

(1) 3182를 올림하여 십의 자리까지 나타내면 ◻ 입니다.

(2) 15736을 올림하여 천의 자리까지 나타내면 ◻ 입니다.

11 5693을 버림하여 주어진 자리까지 나타내시오.

십의 자리	백의 자리	천의 자리

꼭나와 ♥

12 반올림하여 백의 자리까지 나타내면 4700이 되는 수의 기호를 쓰시오.

> ㉠ 4649   ㉡ 4728

(   )

13 올림하여 십의 자리까지 나타낸 수가 나머지와 다른 하나는 어느 것입니까? (   )

① 2456   ② 2451   ③ 2450

④ 2458   ⑤ 2454

서술형 상

14 크레파스의 길이를 반올림하여 일의 자리까지 나타내면 몇 cm인지 구하려고 합니다. 풀이 과정을 쓰고, 답을 구하시오.

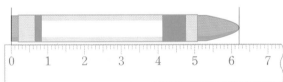

> **풀이**
>
> ❶ 크레파스의 길이는 몇 cm인지 구하기
>
> _____
>
> _____
>
> ❷ 크레파스의 길이를 반올림하여 일의 자리까지 나타내면 몇 cm인지 구하기
>
> _____
>
> _____
>
> **답** _____

15 올림, 버림, 반올림하여 십의 자리까지 나타낸 수가 모두 5360이 되는 수의 기호를 쓰시오.

㉠ 5358   ㉡ 5360

(   )

16 케이크를 만드는 데 밀가루가 1240 g 필요합니다. 가게에서 밀가루를 100 g 단위로만 팔 때 최소 몇 g을 사야 하는지 구하려고 합니다. 알맞은 어림 방법을 찾아 ○표 하고, 답을 구하시오.

올림   버림   반올림

(   )

17 우형이네 과수원에서 딴 사과의 수를 반올림하여 백의 자리까지 나타내면 400개입니다. 과수원에서 딴 사과는 몇 개 이상 몇 개 미만인지 쓰시오.

(   )

꼭나와 ♥

18 새연이네 학교 5학년 학생 184명이 케이블카를 타려고 합니다. 케이블카는 한 번에 10명씩 탈 수 있습니다. 새연이네 학교 5학년 학생이 모두 케이블카를 타려면 케이블카는 최소 몇 번 운행해야 하는지 구하시오.

(   )

19 다음 세 자리 수를 반올림하여 십의 자리까지 나타내면 870이 됩니다. 0부터 9까지의 수 중에서 ☐ 안에 들어갈 수 있는 수는 모두 몇 개인지 구하시오.

86☐

(   )

서술형 ♥

20 수 카드 5 , 8 , 3 , 6 을 한 번씩만 사용하여 가장 큰 네 자리 수를 만들고, 만든 네 자리 수를 버림하여 백의 자리까지 나타내려고 합니다. 풀이 과정을 쓰고, 답을 구하시오.

풀이

❶ 가장 큰 네 자리 수를 만들기

_____

_____

❷ 가장 큰 네 자리 수를 버림하여 백의 자리까지 나타내기

_____

_____

답 _____

01 48 초과인 수를 두 가지 고르시오.

(,   )

① 53   ② 48   ③ 39

④ 50   ⑤ 45

02 그림에 나타낸 수의 범위를 쓰시오.

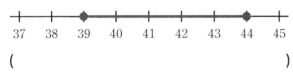

(   )

서술형

03 75 미만인 자연수 중에서 가장 큰 수를 구하려고 합니다. 풀이 과정을 쓰고, 답을 구하시오.

풀이 _____

_____

_____

_____

답 _____

04 27 초과 31 미만인 수의 범위를 그림에 나타내고, 수의 범위에 포함되는 자연수는 모두 몇 개인지 구하시오.

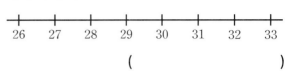

(   )

05 14 이상 21 미만인 자연수 중에서 가장 큰 수와 가장 작은 수의 차를 구하시오.

(   )

06 7 초과 11 이하인 자연수를 모두 더하면 얼마인지 구하시오.

(   )

어려워

07 ☐ 이상인 수를 쓴 것입니다. ☐ 안에 들어갈 수 있는 자연수 중에서 가장 큰 수를 구하시오.

| 30 | 23 | 27.5 | 45 | 36.1 |

(   )

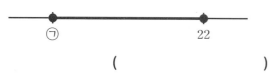

08 그림에 나타낸 수의 범위에 속하는 자연수는 6개입니다. ㉠에 알맞은 자연수를 구하시오.

```
●━━━━━━━━━━━●
㉠            22
```

(   )

어려워 ㅎ

09 자연수 부분은 2 초과 4 이하이고 소수 첫째 자리 수가 6 이상 9 미만인 소수 한 자리 수를 만들려고 합니다. 만들 수 있는 소수 한 자리 수는 모두 몇 개인지 구하시오.

(   )

10 26593을 올림하여 주어진 자리까지 나타내시오.

백의 자리	천의 자리	만의 자리

11 41.053을 올림, 버림, 반올림하여 소수 둘째 자리까지 각각 나타내시오.

올림: (   )

버림: (   )

반올림: (   )

12 더 큰 수의 기호를 쓰시오.

> ㉠ 745를 반올림하여 십의 자리까지 나타낸 수
> ㉡ 792를 버림하여 백의 자리까지 나타낸 수

(   )

13 어림 방법이 다른 하나를 찾아 기호를 쓰시오.

> ㉠ 74명이 10명씩 탈 수 있는 버스에 모두 탈 때 최소로 필요한 버스의 수
> ㉡ 배 362개를 10개씩 상자에 담아 팔 때 팔 수 있는 배의 수
> ㉢ 1 kg씩 파는 땅콩이 3.5 kg 필요할 때 사야 하는 땅콩의 양

(   )

서술형 ㅎ

14 2023년 가 도시의 인구는 남자가 28542명, 여자가 27895명입니다. 가 도시의 인구를 반올림하여 백의 자리까지 나타내면 몇 명인지 풀이 과정을 쓰고, 답을 구하시오.

풀이

_____

_____

_____

답 _____

→ 바른답·알찬풀이 20쪽

15 어떤 자연수를 반올림하여 백의 자리까지 나타내면 700입니다. 어떤 자연수가 될 수 있는 수 중에서 가장 큰 수와 가장 작은 수를 각각 구하시오.

가장 큰 수: (   )
가장 작은 수: (   )

16 1532를 올림하여 백의 자리까지 나타낸 수와 버림하여 십의 자리까지 나타낸 수의 차를 구하시오.

(   )

서술형

17 효민이는 500원짜리 동전 37개를 모았습니다. 효민이가 모은 동전을 1000원짜리 지폐로 바꾼다면 얼마까지 바꿀 수 있는지 풀이 과정을 쓰고, 답을 구하시오.

풀이

_____

_____

_____

답 _____

18 다음 네 자리 수를 올림하여 백의 자리까지 나타낸 수와 반올림하여 백의 자리까지 나타낸 수가 같습니다. 0부터 9까지의 수 중에서 ☐ 안에 들어갈 수 있는 수를 모두 구하시오.

63☐2

(   )

19 수빈이네 가족의 나이와 관람하려고 하는 미술관의 입장료를 나타낸 표입니다. 수빈이네 가족의 입장료를 10000원짜리 지폐로 내려면 최소 몇 장을 내야 하는지 구하시오.

가족	어머니	아버지	누나	할머니	수빈
나이(살)	44	46	13	65	12

나이(살)	입장료(원)
7 미만 / 64 이상	무료
7 이상 12 미만	3000
12 이상 19 미만	4500
19 이상 64 미만	6000

(   )

어려워

20 현수네 학교 학생 수를 반올림하여 백의 자리까지 나타내면 1200명입니다. 이 학생들에게 귤을 3개씩 나누어 주려고 합니다. 귤이 모자라지 않으려면 최소 몇 개를 준비해야 하는지 구하시오.

(   )

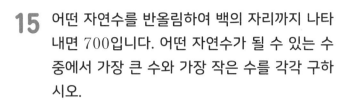

2. 분수의 곱셈

➔ 바른답·알찬풀이 21쪽

개념 ① **(진분수)×(자연수) / (자연수)×(진분수)**

분수의 분모는 그대로 두고, 분수의 분자와 자연수를 곱합니다.
(진분수)×(자연수)와 (자연수)×(진분수)의 계산 결과는 같습니다.

- (진분수)×(자연수)

$$\frac{5}{\overset{9}{\cancel{9}}_{3}} \times \overset{1}{\cancel{3}} = \frac{5 \times 1}{3} = \frac{5}{3} = 1\frac{2}{3}$$

- (자연수)×(진분수)

$$\overset{1}{\cancel{3}} \times \frac{5}{\underset{3}{\cancel{9}}} = \frac{1 \times 5}{3} = \frac{5}{3} = 1\frac{2}{3}$$

1 ☐ 안에 알맞은 수를 써넣으시오.

$$\frac{1}{7} \times 5$$

$$= \frac{1 \times \boxed{}}{7} = \frac{\boxed{}}{7}$$

개념 ② **(대분수)×(자연수) / (자연수)×(대분수)**

- (대분수)×(자연수)

방법 1 $2\frac{1}{5} \times 3 = 2 \times 3 + \frac{1}{5} \times 3 = 6 + \frac{3}{5} = 6\frac{3}{5}$

방법 2 $2\frac{1}{5} \times 3 = \frac{11}{5} \times 3 = \frac{11 \times 3}{5} = \frac{33}{5} = 6\frac{3}{5}$

- (자연수)×(대분수)

방법 1 $3 \times 2\frac{1}{5} = 3 \times 2 + 3 \times \frac{1}{5} = 6 + \frac{3}{5} = 6\frac{3}{5}$

방법 2 $3 \times 2\frac{1}{5} = 3 \times \frac{11}{5} = \frac{3 \times 11}{5} = \frac{33}{5} = 6\frac{3}{5}$

2 ☐ 안에 알맞은 수를 써넣으시오.

$$1\frac{1}{2} \times 3$$

$$= \frac{\boxed{}}{2} \times 3$$

$$= \frac{\boxed{}}{2} = \boxed{}\frac{\boxed{}}{2}$$

개념 ③ **진분수의 곱셈**

- (단위분수)×(단위분수)는 분자는 그대로 두고 분모끼리 곱합니다.

$$\frac{1}{3} \times \frac{1}{5} = \frac{1}{3 \times 5} = \frac{1}{15}$$

- (진분수)×(진분수)는 분모는 분모끼리 곱하고, 분자는 분자끼리 곱합니다.

$$\frac{4}{7} \times \frac{2}{3} = \frac{4 \times 2}{7 \times 3} = \frac{8}{21}$$

3 ☐ 안에 알맞은 수를 써넣으시오.

$$\frac{1}{6} \times \frac{1}{2}$$

$$= \frac{1}{\boxed{} \times \boxed{}} = \frac{1}{\boxed{}}$$

개념 ④ **여러 가지 분수의 곱셈**

- (대분수)×(대분수)는 대분수를 모두 가분수로 바꾼 다음 분모는 분모끼리 곱하고, 분자는 분자끼리 곱합니다.

$$1\frac{1}{4} \times 2\frac{2}{3} = \frac{5}{\underset{1}{\cancel{4}}} \times \frac{\overset{2}{\cancel{8}}}{3} = \frac{10}{3} = 3\frac{1}{3}$$

- 세 분수의 곱셈은 앞에서부터 두 분수씩 차례대로 계산하거나 세 분수를 한 꺼번에 계산합니다.

$$\frac{1}{2} \times \frac{3}{5} \times \frac{3}{7} = \frac{1 \times 3 \times 3}{2 \times 5 \times 7} = \frac{9}{70}$$

4 ☐ 안에 알맞은 수를 써넣으시오.

$$2\frac{1}{3} \times 1\frac{3}{4}$$

$$= \frac{\boxed{}}{3} \times \frac{\boxed{}}{4}$$

$$= \frac{\boxed{}}{\boxed{}} = \boxed{}\frac{\boxed{}}{\boxed{}}$$

01 바르게 약분한 것에 ○표 하시오.

$$\frac{1}{\cancel{5}_{\cancel{7}}} \times \cancel{35}^{7}$$

$$\frac{5}{\cancel{7}_{1}} \times \cancel{35}^{5}$$

(   )   (   )

02 계산해 보시오.

(1) $\frac{4}{5} \times 3$

(2) $7 \times \frac{1}{2}$

꼭나와 ♥

03 빈칸에 알맞은 수를 써넣으시오.

×	
5	$\frac{5}{6}$	
12	$\frac{2}{3}$	

04 주스가 $\frac{3}{16}$ L씩 들어 있는 컵이 12개 있습니다. 주스는 모두 몇 L인지 구하시오.

(   )

서술형 ♥

05 계산 결과가 더 큰 것의 기호를 쓰려고 합니다. 풀이 과정을 쓰고, 답을 구하시오.

$$㉠\ 9 \times \frac{4}{7} \qquad ㉡\ 7 \times \frac{5}{8}$$

풀이

❶ 계산 결과를 각각 구하기

_____

_____

❷ 계산 결과가 더 큰 것의 기호를 쓰기

_____

_____

답 _____

06 ☐ 안에 알맞은 수를 써넣으시오.

$$2\frac{2}{9} \times 4 = 2 \times \boxed{} + \frac{2}{9} \times \boxed{}$$

$$= \boxed{} + \frac{\boxed{}}{9} = \boxed{}\frac{\boxed{}}{9}$$

07 두 수의 곱을 구하시오.

6	$1\frac{3}{4}$

(   )

08 계산 결과가 7보다 큰 식을 모두 찾아 ◯표 하시오.

$$7 \times 1\frac{1}{2} \qquad 7 \times 1 \qquad 7 \times 3\frac{2}{3} \qquad 7 \times \frac{8}{9}$$

09 계산 결과를 비교하여 ◯ 안에 >, =, <를 알맞게 써넣으시오.

$$1\frac{1}{4} \times 10 \bigcirc 3\frac{1}{2} \times 4$$

서술형 ⓝ

10 직사각형의 넓이는 몇 cm²인지 풀이 과정을 쓰고, 답을 구하시오.

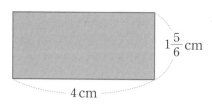

$$1\frac{5}{6} \text{ cm}$$

4 cm

풀이

❶ 직사각형의 넓이는 몇 cm²인지 구하는 식 쓰기

_____

_____

❷ 직사각형의 넓이는 몇 cm²인지 구하기

_____

_____

답 _____

꼭나와 ⓝ

11 계산 결과가 큰 것부터 차례대로 ◯ 안에 1, 2, 3을 써넣으시오.

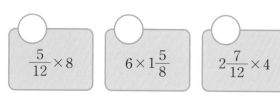

◯ $\frac{5}{12} \times 8$ ◯ $6 \times 1\frac{5}{8}$ ◯ $2\frac{7}{12} \times 4$

12 ☐안에 들어갈 수 있는 가장 작은 자연수를 구하시오.

$$1\frac{1}{5} \times 15 < \boxed{}$$

(   )

13 빈칸에 알맞은 수를 써넣으시오.

×	$\frac{2}{3}$	$\frac{3}{11}$
$\frac{4}{7}$		

14 계산 결과가 다른 것을 찾아 ◯표 하시오.

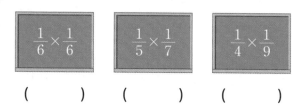

$\frac{1}{6} \times \frac{1}{6}$ $\frac{1}{5} \times \frac{1}{7}$ $\frac{1}{4} \times \frac{1}{9}$

(   ) (   ) (   )

→ 바른답·알찬풀이 21쪽

15 리본 $\dfrac{7}{10}$ m의 $\dfrac{9}{14}$ 를 사용하여 선물 상자를 포장했습니다. 선물 상자를 포장하는 데 사용한 리본의 길이는 몇 m인지 구하시오.

( )

16 계산해 보시오.

(1) $1\dfrac{2}{5} \times 1\dfrac{1}{4}$

(2) $1\dfrac{2}{3} \times 2\dfrac{4}{7}$

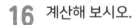

17 계산 결과를 찾아 선으로 알맞게 이으시오.

$3\dfrac{1}{8} \times 3\dfrac{3}{5}$ ·

· $11\dfrac{3}{7}$

· $10\dfrac{3}{7}$

$2\dfrac{2}{9} \times 5\dfrac{1}{7}$ ·

· $11\dfrac{1}{4}$

18 계산 결과를 단위분수로 나타낼 수 있는 것의 기호를 쓰시오.

㉠ $\dfrac{6}{7} \times \dfrac{8}{9} \times \dfrac{9}{40}$ ㉡ $\dfrac{4}{15} \times \dfrac{5}{8} \times \dfrac{2}{9}$

( )

19 두께가 일정하고 1 m에 $1\dfrac{1}{4}$ kg인 쇠막대가 있습니다. 이 쇠막대 $2\dfrac{2}{9}$ m의 무게는 몇 kg인지 구하시오.

( )

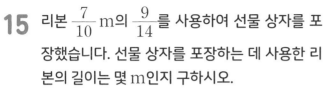

20 ☐ 안에 들어갈 수 있는 자연수는 모두 몇 개인지 구하려고 합니다. 풀이 과정을 쓰고, 답을 구하시오.

$$2\dfrac{4}{9} \times 1\dfrac{7}{8} > \square\dfrac{1}{12}$$

풀이

❶ $2\dfrac{4}{9} \times 1\dfrac{7}{8}$ 을 계산한 값을 구하기

_____

_____

❷ ☐ 안에 들어갈 수 있는 자연수는 모두 몇 개인지 구하기

_____

_____

답 _____

01 계산 결과가 같은 것을 찾아 색칠하시오.

$3 \times \dfrac{2}{5}$	$4 \times \dfrac{3}{5}$
$\dfrac{3}{5} \times 3$	$\dfrac{2}{5} \times 3$

02 설명하는 수를 구하시오.

$\dfrac{5}{8}$의 2배인 수

(   )

꼭나와 ☺

03 바르게 계산한 친구의 이름을 쓰시오.

• 현아: $14 \times \dfrac{2}{7} = 6$

• 규진: $10 \times \dfrac{3}{4} = 7\dfrac{1}{2}$

(   )

04 한 변이 $\dfrac{3}{8}$ m인 정삼각형의 둘레는 몇 m인지 구하시오.

(   )

서술형 상

05 가장 큰 수와 가장 작은 수의 곱을 구하려고 합니다. 풀이 과정을 쓰고, 답을 구하시오.

10	$\dfrac{2}{9}$	18	$\dfrac{5}{9}$

풀이

❶ 가장 큰 수와 가장 작은 수를 각각 구하기

_____

_____

❷ 가장 큰 수와 가장 작은 수의 곱을 구하기

_____

_____

답 _____

06 계산해 보시오.

(1) $1\dfrac{3}{4} \times 3$

(2) $7 \times 1\dfrac{2}{3}$

07 빈칸에 알맞은 수를 써넣으시오.

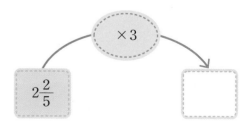

08 계산 결과가 더 작은 것에 ○표 하시오.

$$4\frac{5}{6} \times 3 \qquad 6 \times 2\frac{2}{3}$$

(   )   (   )

꼭나와 ♡

09 $8 \times 2\frac{3}{10}$ 의 계산에서 <u>잘못된</u> 곳을 찾아 바르게 계산해 보시오.

$$\overset{4}{8} \times 2\frac{3}{\underset{5}{10}} = 4 \times 2\frac{3}{5} = 4 \times \frac{13}{5}$$

$$= \frac{52}{5} = 10\frac{2}{5}$$

⬇

바르게 계산하기

서술형 ♡

10 어느 동물원에 있는 토끼의 무게는 $1\frac{2}{7}$ kg이고, 사슴의 무게는 토끼의 무게의 40배입니다. 사슴의 무게는 몇 kg인지 풀이 과정을 쓰고, 답을 구하시오.

풀이

❶ 사슴의 무게는 몇 kg인지 구하는 식 쓰기

_____

_____

❷ 사슴의 무게는 몇 kg인지 구하기

_____

_____

답 _____

11 어떤 수를 $1\frac{1}{5}$ 로 나누었더니 16이 되었습니다. 어떤 수를 구하시오.

(   )

12 3장의 수 카드를 한 번씩만 사용하여 대분수를 만들려고 합니다. 만들 수 있는 가장 작은 대분수와 5의 곱을 구하시오.

7   3   4

(   )

13 계산해 보시오.

(1) $\frac{5}{9} \times \frac{2}{5}$

(2) $\frac{6}{7} \times \frac{7}{12}$

14 계산 결과를 찾아 선으로 알맞게 이으시오.

$\frac{4}{5} \times \frac{3}{10}$ •

$\frac{2}{9} \times \frac{5}{8}$ •

• $\frac{8}{25}$

• $\frac{5}{36}$

• $\frac{6}{25}$

→ 바른답·알찬풀이 22쪽

15 ㉠과 ㉡에 알맞은 수를 각각 구하시오.

$$\cdot \frac{1}{㉠} \times \frac{1}{8} = \frac{1}{32} \qquad \cdot \frac{1}{9} \times \frac{1}{㉡} = \frac{1}{54}$$

㉠: (   )

㉡: (   )

16 세 수의 곱을 구하시오.

$$\frac{4}{5} \qquad \frac{5}{8} \qquad \frac{3}{7}$$

(   )

17 계산 결과가 자연수인 것에 색칠하시오.

$$2\frac{3}{4} \times 3\frac{1}{3} \qquad 1\frac{1}{2} \times 2\frac{2}{3}$$

18 한 변이 $3\frac{1}{3}$ cm인 정사각형의 넓이는 몇 cm^{2}인지 구하시오.

(   )

19 혜림이는 하루 24시간 중에서 $\frac{1}{3}$은 학교에서 생활하고 그중에서 $\frac{3}{4}$은 공부를 합니다. 혜림이가 하루에 학교에서 공부하는 시간은 몇 시간인지 구하시오.

(   )

서술형 ㉡

20 다음 도형에서 색칠한 부분의 넓이는 몇 m^{2}인지 풀이 과정을 쓰고, 답을 구하시오.

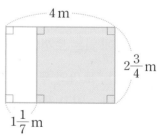

풀이

❶ 색칠한 부분의 가로는 몇 m인지 구하기

_____

_____

❷ 색칠한 부분의 넓이는 몇 m^{2}인지 구하기

_____

_____

답 _____

01 빈칸에 알맞은 수를 써넣으시오.

$$\frac{5}{12} \quad \times 24$$

02 계산 결과를 비교하여 ○ 안에 >, =, <를 알맞게 써넣으시오.

$$\frac{1}{2} \times 10 \bigcirc 10 \times \frac{2}{5}$$

서술형

03 길이가 48 m인 색 테이프를 10등분했습니다. ㉠의 길이는 몇 m인지 풀이 과정을 쓰고, 답을 구하시오.

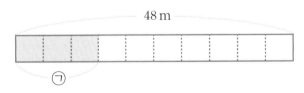

48 m

㉠

풀이

답

04 ☐ 안에 들어갈 수 있는 가장 작은 자연수를 구하시오.

$$\frac{5}{8} \times 7 < \boxed{}$$

(   )

어려워

05 지효는 8 km 떨어진 할머니 댁에 갔습니다. 전체 거리의 $\frac{3}{5}$은 버스를 타고 가고, 나머지 거리는 지하철을 타고 갔습니다. 지하철을 타고 간 거리는 몇 km인지 구하시오.

(   )

06 다음 중 알맞은 수가 잘못 짝 지어진 것은 어느 것입니까? (   )

$$5 \times 1\frac{1}{9} = 5 \times \frac{㉠}{9} = \frac{㉡}{9} = ㉢\frac{㉣}{㉤}$$

① ㉠: 10   ② ㉡: 50
③ ㉢: 5   ④ ㉣: 4
⑤ ㉤: 9

07 바르게 계산한 친구의 이름을 쓰시오.

• 기현: $2\frac{1}{2} \times 4 = 9$

• 수미: $1\frac{1}{4} \times 6 = 7\frac{1}{2}$

(   )

08 빈칸에 알맞은 수를 써넣으시오.

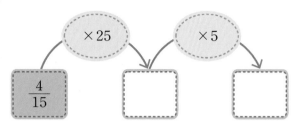

09 경호의 몸무게는 $36\,kg$이고, 아버지의 몸무게는 경호 몸무게의 $2\frac{1}{8}$배입니다. 아버지의 몸무게는 몇 kg인지 구하시오.

(   )

10 어떤 수는 72의 $\frac{5}{6}$입니다. 어떤 수를 $1\frac{1}{9}$배 한 수를 구하시오.

(   )

11 진영이는 하루에 물을 $1\frac{5}{12}$ L씩 마십니다. 진영이가 6월 한 달 동안 마신 물의 양은 모두 몇 L인지 구하시오.

(   )

어려워

12 은아는 자전거를 타고 일정한 빠르기로 한 시간에 $15\,km$를 달립니다. 자전거를 타고 같은 빠르기로 2시간 20분 동안 달린다면 은아가 달리는 거리는 몇 km인지 구하시오.

(   )

13 계산 결과가 다른 것을 찾아 ○표 하시오.

$\frac{1}{5} \times \frac{5}{6}$	$\frac{1}{15} \times \frac{5}{8}$	$\frac{1}{2} \times \frac{1}{12}$
( )	( )	( )

서술형

14 가장 작은 수와 가장 큰 수의 곱은 얼마인지 풀이 과정을 쓰고, 답을 구하시오.

$\frac{1}{13}$	$\frac{1}{6}$	$\frac{1}{8}$

풀이 _____

_____

_____

_____

답 _____

→ 바른답·알찬풀이 23쪽

15 다음 수 카드 중에서 2장을 사용하여 분수의 곱셈을 만들려고 합니다. 계산 결과가 가장 작은 곱셈을 만들고, 계산해 보시오.

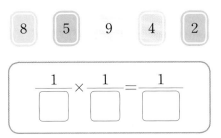

$$\frac{1}{\boxed{}} \times \frac{1}{\boxed{}} = \frac{1}{\boxed{}}$$

16 $2\frac{2}{9} \times 3\frac{3}{4}$ 을 두 가지 방법으로 계산해 보시오.

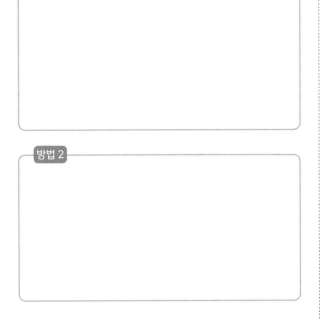

방법 1

방법 2

17 우유 $1\frac{2}{3}$ L의 $\frac{6}{7}$으로 빵을 만들었습니다. 빵을 만드는 데 사용한 우유의 $\frac{4}{15}$로 식빵을 만들었다면 식빵을 만드는 데 사용한 우유의 양은 몇 L인지 구하시오.

(   )

서술형
18 수 카드 3 , 5 , 4 를 한 번씩만 사용하여 대분수를 만들려고 합니다. 만들 수 있는 가장 큰 대분수와 가장 작은 대분수의 곱은 얼마인지 풀이 과정을 쓰고, 답을 구하시오.

풀이

답

19 직사각형 가와 정사각형 나가 있습니다. 가와 나 중에서 어느 것이 더 넓은지 쓰시오.

$1\frac{7}{9}$ cm

$\frac{7}{9}$ cm 가

$1\frac{2}{9}$ cm

$1\frac{2}{9}$ cm 나

(   )

어려워
20 준하네 마을의 학생 수는 전체 마을 사람 수의 $\frac{7}{20}$이고 그중 $\frac{9}{14}$가 여학생입니다. 남학생의 $\frac{5}{8}$가 안경을 썼다면 준하네 마을에서 안경을 쓴 남학생은 전체 마을 사람 수의 몇 분의 몇인지 구하시오.

(   )

➡ 바른답·알찬풀이 24쪽

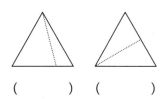

개념 ① 도형의 합동

• 도형의 합동
포개었을 때 완전히 겹치는 두 도형을 서로 합동이라고 합니다. 합동인 두 도형은 모양과 크기가 같습니다.

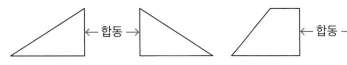

• 합동인 도형의 성질
합동인 두 도형을 포개었을 때 겹치는 꼭짓점을 대응점, 겹치는 변을 대응변, 겹치는 각을 대응각이라고 합니다.

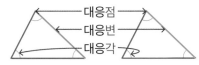

[합동인 도형의 성질]
① 각각의 대응변의 길이가 서로 같습니다.
② 각각의 대응각의 크기가 서로 같습니다.

1 도형을 점선을 따라 잘랐을 때 만들어지는 두 도형이 서로 합동인 것에 ○표 하시오.

(   ) (   )

개념 ② 선대칭도형

한 직선을 따라 접었을 때 완전히 겹치는 도형을 선대칭도형이라고 합니다. 이때 그 직선을 대칭축이라고 합니다.

[선대칭도형의 성질]
① 각각의 대응변의 길이가 서로 같습니다.
② 각각의 대응각의 크기가 서로 같습니다.
③ 선대칭도형의 대응점끼리 이은 선분이 대칭축과 수직으로 만납니다.
④ 선대칭도형의 각각의 대응점에서 대칭축까지의 거리가 서로 같습니다.

2 선대칭도형에 ○표 하시오.

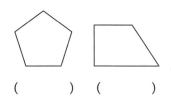

(   ) (   )

개념 ③ 점대칭도형

한 점을 중심으로 180° 돌렸을 때 원래 도형의 모양과 완전히 겹치는 도형을 점대칭도형이라고 합니다. 이때 그 점을 대칭의 중심이라고 합니다.

[점대칭도형의 성질]
① 각각의 대응변의 길이가 서로 같습니다.
② 각각의 대응각의 크기가 서로 같습니다.
③ 점대칭도형의 각각의 대응점끼리 이은 선분이 만나는 점이 대칭의 중심입니다.
④ 점대칭도형의 각각의 대응점에서 대칭의 중심까지의 거리가 서로 같습니다.

3 점대칭도형에 ○표 하시오.

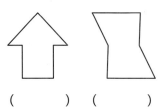

(   ) (   )

01 왼쪽 도형과 합동인 도형에 ◯표 하시오.

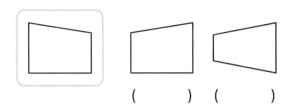

(   ) (   )

02 두 삼각형은 서로 합동입니다. 대응점, 대응변, 대응각은 각각 몇 쌍인지 쓰시오.

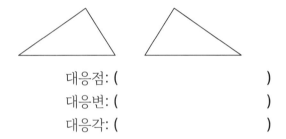

대응점: (   )
대응변: (   )
대응각: (   )

꼭나와 ☺

03 두 삼각형은 서로 합동입니다. ◻ 안에 알맞은 수를 써넣으시오.

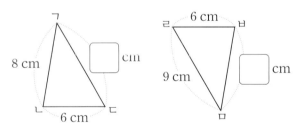

04 주어진 도형과 합동인 도형을 그려 보시오.

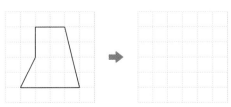

서술형 ☺

05 두 도형이 서로 합동이 <u>아닌</u> 이유를 설명하시오.

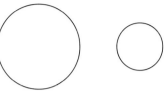

이유 _____

_____

_____

06 두 사각형은 서로 합동입니다. 사각형 ㄱㄴㄷㄹ 의 둘레는 몇 cm입니까?

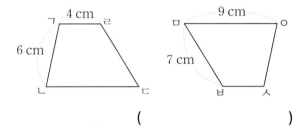

(   )

07 직선 ㄱㄴ을 따라 접으면 도형이 완전히 겹칩니다. 이 직선 ㄱㄴ을 무엇이라고 하는지 쓰시오.

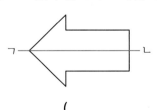

(   )

[08~09] 선대칭도형을 보고 물음에 답하시오.

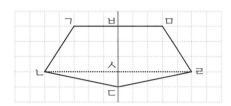

08 대응점끼리 이은 선분 ㄴㄹ이 대칭축과 만나서 이루는 각은 몇 도인지 구하시오.

( )

09 선분 ㄴㅅ, 선분 ㅁㅂ과 길이가 같은 선분을 각각 찾아 쓰시오.

선분 ㄴㅅ: ( )
선분 ㅁㅂ: ( )

서술형

10 직선 ㅂㅅ을 대칭축으로 하는 선대칭도형입니다. 선분 ㄴㄹ이 20 cm일 때 선분 ㄹㅁ의 길이는 몇 cm인지 풀이 과정을 쓰고, 답을 구하시오.

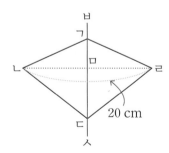

풀이

❶ 선대칭도형의 성질을 설명하기

_____

_____

❷ 선분 ㄹㅁ의 길이는 몇 cm인지 구하기

_____

답 _____

꼭나와 ㅂ

11 다음 알파벳 중에서 선대칭도형은 모두 몇 개인지 구하시오.

A E G M Z

( )

12 선분 ㄱㄹ을 대칭축으로 하는 선대칭도형입니다. 각 ㄹㄱㄷ은 몇 도입니까?

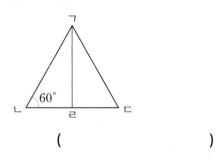

( )

13 직선 ㅅㅇ을 대칭축으로 하는 선대칭도형입니다. 이 선대칭도형의 둘레는 몇 cm입니까?

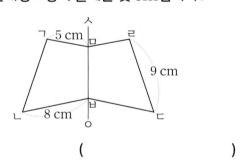

( )

14 점대칭도형에서 대칭의 중심을 찾아 쓰시오.

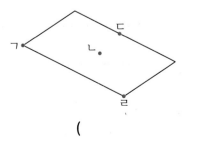

( )

→ 바른답·알찬풀이 24쪽

15 점 ㅇ을 대칭의 중심으로 하는 점대칭도형입니다. 선분 ㅂㅇ과 길이가 같은 선분을 찾아 쓰시오.

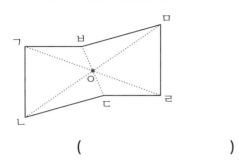

( )

16 점 ㅇ을 대칭의 중심으로 하는 점대칭도형입니다. ☐ 안에 알맞은 수를 써넣으시오.

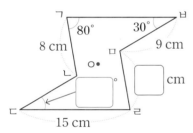

17 다음 도형이 점대칭도형이 아닌 이유를 설명하시오.

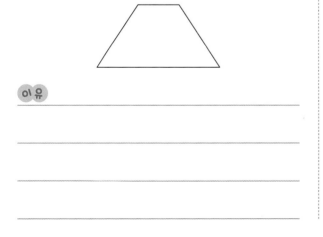

이유 _____
_____
_____
_____

18 다음 글자 중에서 점대칭도형은 모두 몇 개인지 구하시오.

( )

19 점 ㅇ을 대칭의 중심으로 하는 점대칭도형입니다. 변 ㄷㄹ과 변 ㅁㅂ의 길이의 차는 몇 cm입니까?

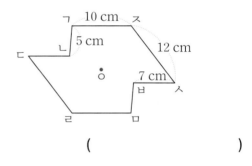

( )

20 점 ㅇ을 대칭의 중심으로 하는 점대칭도형입니다. 각 ㄹㅁㅂ은 몇 도인지 구하시오.

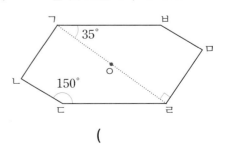

( )

01 도형을 점선을 따라 잘랐을 때 만들어지는 두 도형이 서로 합동이 <u>아닌</u> 것을 찾아 ×표 하시오.

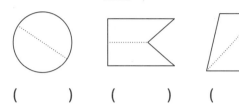

(   )   (   )   (   )

02 두 사각형은 서로 합동입니다. ☐ 안에 알맞게 써넣으시오.

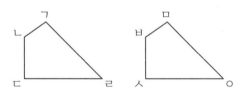

(1) 점 ㄴ의 대응점은 점 ☐ 입니다.

(2) 변 ㄹㄱ의 대응변은 변 ☐ 입니다.

(3) 각 ㄴㄷㄹ의 대응각은 각 ☐ 입니다.

03 주어진 도형과 합동인 도형을 그려 보시오.

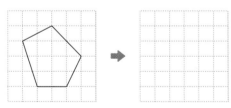

04 직사각형 모양의 색종이를 잘라 합동인 사각형 4개를 만들려고 합니다. 자르는 선을 알맞게 그어 보시오.

05 두 사각형은 서로 합동입니다. 각 ㅇㅁㅂ은 몇 도인지 풀이 과정을 쓰고, 답을 구하시오.

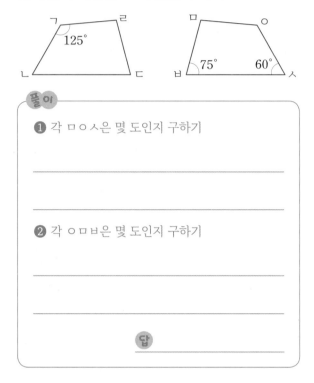

풀이

❶ 각 ㅁㅇㅅ은 몇 도인지 구하기

_____

_____

❷ 각 ㅇㅁㅂ은 몇 도인지 구하기

_____

_____

답

06 삼각형 ㄱㄴㅁ과 삼각형 ㅁㄷㄹ은 서로 합동입니다. 사각형 ㄱㄴㄷㄹ의 둘레는 몇 cm입니까?

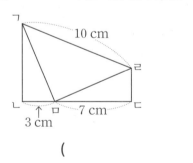

(   )

07 선대칭도형의 대칭축을 바르게 그린 것을 찾아 ◯표 하시오.

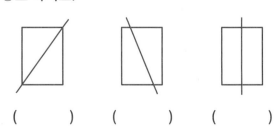

(   )   (   )   (   )

[08~09] 선대칭도형을 보고 물음에 답하시오.

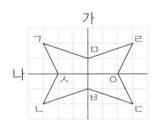

08 직선 가를 대칭축으로 할 때 변 ㄱㅁ의 대응변과 각 ㅅㄱㅁ의 대응각을 각각 쓰시오.

변 ㄱㅁ의 대응변: (   )

각 ㅅㄱㅁ의 대응각: (   )

09 직선 나를 대칭축으로 할 때 변 ㅂㄷ의 대응변과 각 ㅂㄷㅇ의 대응각을 각각 쓰시오.

변 ㅂㄷ의 대응변: (   )

각 ㅂㄷㅇ의 대응각: (   )

꼭나와 ♡

10 선대칭도형을 완성하시오.

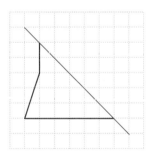

11 선대칭도형의 대칭축은 모두 몇 개입니까?

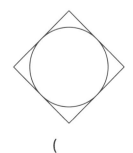

(   )

서술형 상

12 직선 ㅅㅇ을 대칭축으로 하는 선대칭도형입니다. 선분 ㄷㅂ과 선분 ㄱㅁ의 길이의 합은 몇 cm인지 풀이 과정을 쓰고, 답을 구하시오.

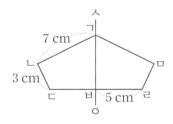

풀이

❶ 선분 ㄷㅂ과 선분 ㄱㅁ의 길이는 각각 몇 cm 인지 구하기

❷ 선분 ㄷㅂ과 선분 ㄱㅁ의 길이의 합은 몇 cm 인지 구하기

답

13 오른쪽은 직선 ㅁㅂ을 대칭축으로 하는 선대칭도형입니다. 각 ㄴㄱㄷ은 몇 도인지 구하시오.

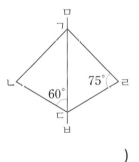

(   )

14 한 점을 중심으로 180° 돌렸을 때 원래 도형의 모양과 완전히 겹치는 도형을 찾아 ○표 하시오.

(   )   (   )   (   )

15 오른쪽 네잎클로버 모양의 점 대칭도형에서 대칭의 중심은 몇 개입니까?

(   )

꼭나와 ♡

16 점 ㅇ을 대칭의 중심으로 하는 점대칭도형을 완성하시오.

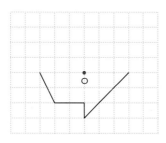

서술형 ♡

17 점 ㅇ을 대칭의 중심으로 하는 점대칭도형입니다. 선분 ㄱㅁ의 길이는 몇 cm인지 풀이 과정을 쓰고, 답을 구하시오.

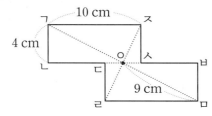

풀이

❶ 점대칭도형의 성질을 설명하기

_____

_____

❷ 선분 ㄱㅁ의 길이는 몇 cm인지 구하기

_____

_____

18 점 ㅇ을 대칭의 중심으로 하는 점대칭도형입니다. 이 점대칭도형의 둘레는 몇 cm입니까?

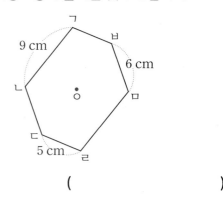

(   )

19 점 ㅇ을 대칭의 중심으로 하는 점대칭도형입니다. 변 ㄴㄷ의 길이는 몇 cm인지 구하시오.

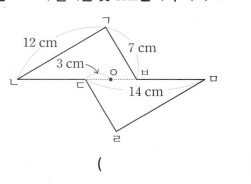

(   )

20 점 ㅇ을 대칭의 중심으로 하는 점대칭도형입니다. 각 ㄱㄴㄷ은 몇 도인지 구하시오.

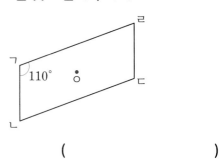

(   )

01 두 사각형은 서로 합동입니다. 각 ㄴㄷㄹ은 몇 도인지 구하시오.

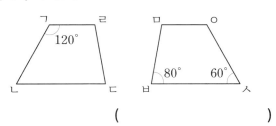

(   )

02 서로 합동인 두 도형을 찾아보시오.

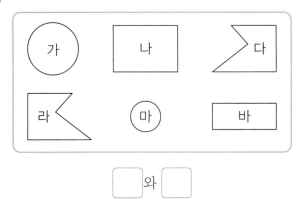

☐ 와 ☐

서술형
03 두 삼각형은 서로 합동입니다. 각 ㅁㄹㅂ은 몇 도인지 풀이 과정을 쓰고, 답을 구하시오.

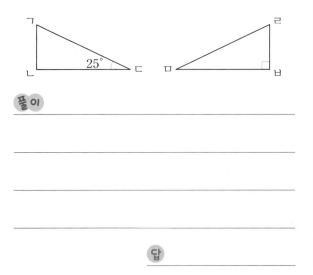

풀이

_____

_____

_____

답 _____

04 두 사각형은 서로 합동입니다. 사각형 ㄱㄴㄷㄹ의 둘레가 25 cm일 때 변 ㄴㄷ의 길이는 몇 cm입니까?

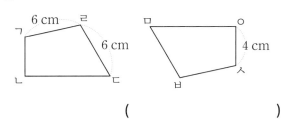

(   )

05 삼각형 ㄱㄴㄷ과 삼각형 ㅁㄹㄷ은 서로 합동입니다. 각 ㄱㄷㅁ은 몇 도인지 구하시오.

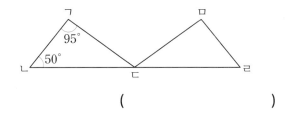

(   )

어려워
06 직사각형 모양의 종이를 삼각형 ㄱㄴㅂ과 삼각형 ㅁㄹㅂ이 서로 합동이 되도록 접었습니다. 직사각형 ㄱㄴㄷㄹ의 둘레는 몇 cm입니까?

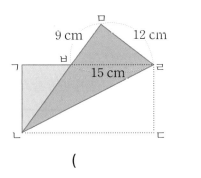

(   )

07 오른쪽 선대칭도형을 보고 ☐ 안에 알맞은 수를 써넣으시오.

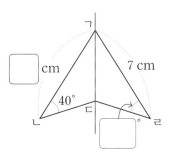

[08~09] 선대칭도형을 보고 물음에 답하시오.

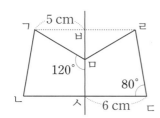

08 선분 ㄱㄹ의 길이는 몇 cm인지 구하시오.

( )

09 각 ㅁㄱㄴ은 몇 도인지 구하시오.

( )

10 선대칭도형에서 대칭축이 더 많은 것의 기호를 쓰려고 합니다. 풀이 과정을 쓰고, 답을 구하시오.

풀이

답

11 오른쪽은 선분 ㄱㄷ을 대칭 축으로 하는 선대칭도형입니다. 선분 ㄱㄷ이 24 cm이고, 선분 ㄴㄹ이 16 cm입니다. 사각형 ㄱㄴㄷㄹ의 넓이는 몇 cm²인지 구하시오.

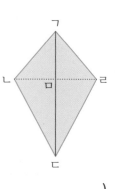

( )

12 삼각형 ㄱㄴㄹ은 선분 ㄱㄷ을 대칭축으로 하는 선대칭도형입니다. 각 ㄴㄱㄹ은 몇 도인지 구하시오.

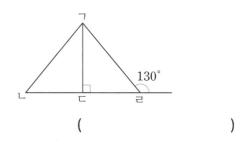

( )

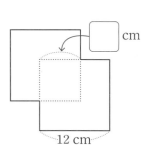
어려워 ㅎ
13 한 변이 12 cm인 정사각형 2개를 겹쳐서 오른쪽과 같은 선대칭도형을 만들었습니다. 이 선대칭도형의 넓이가 239 cm²일 때 ☐ 안에 알맞은 수를 써넣으시오.

14 점대칭도형이 <u>아닌</u> 것을 찾아 ×표 하시오.

( ) ( ) ( )

→ 바른답·알찬풀이 26쪽

15 점 ㅇ을 대칭의 중심으로 하는 점대칭도형입니다. ☐ 안에 알맞은 수를 써넣으시오.

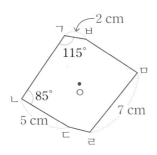

변 ㄹㄷ: ☐ cm, 각 ㄷㄹㅁ: ☐ °

16 선대칭도형이면서 점대칭도형인 것을 모두 찾아 기호를 쓰시오.

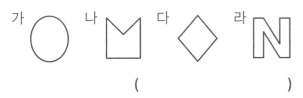

( )

서술형 상

17 점 ㅇ을 대칭의 중심으로 하는 점대칭도형입니다. 이 도형의 둘레가 40 cm일 때 변 ㄱㄴ의 길이는 몇 cm인지 풀이 과정을 쓰고, 답을 구하시오.

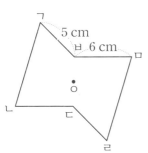

풀이

답

18 점 ㅇ을 대칭의 중심으로 하는 점대칭도형입니다. 각 ㄱㄴㄷ은 몇 도인지 구하시오.

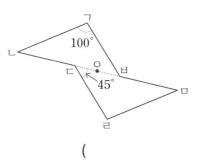

( )

19 점 ㅇ을 대칭의 중심으로 하는 점대칭도형입니다. 각 ㄱㅇㄴ은 몇 도인지 구하시오.

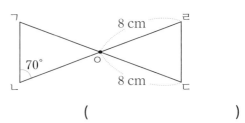

( )

어려워 하

20 다음 수 카드를 사용하여 |88|과 같이 점대칭이 되는 네 자리 수를 만들려고 합니다. 같은 수를 여러 번 사용할 수 있을 때 만들 수 있는 네 자리 수는 모두 몇 개인지 구하시오.

( )

개념 ① (소수) × (자연수)

방법 1 분수의 곱셈으로 계산하기

$1.25 \times 3 = \dfrac{125}{100} \times 3 = \dfrac{125 \times 3}{100} = \dfrac{375}{100} = 3.75$

방법 2 자연수의 곱셈을 이용하여 계산하기

$125 \times 3 = 375$

$\Big\downarrow \frac{1}{100}$배 $\Big\downarrow \frac{1}{100}$배

$1.25 \times 3 = 3.75$

$1\ 2\ 5 \xrightarrow{\frac{1}{100}\text{배}} 1.2\ 5$

$\underline{\times \quad\quad 3} \qquad \underline{\times \quad\quad 3}$

$3\ 7\ 5 \xrightarrow{\frac{1}{100}\text{배}} 3.7\ 5$

1 ☐ 안에 알맞은 수를 써넣으시오.

$0.2 \times 6 = \dfrac{\boxed{}}{10} \times 6$

$= \dfrac{\boxed{}}{10} = \boxed{}$

개념 ② (자연수) × (소수)

방법 1 분수의 곱셈으로 계산하기

$2 \times 2.48 = 2 \times \dfrac{248}{100} = \dfrac{2 \times 248}{100} = \dfrac{496}{100} = 4.96$

방법 2 자연수의 곱셈을 이용하여 계산하기

$2 \times 248 = 496$

$\Big\downarrow \frac{1}{100}$배 $\Big\downarrow \frac{1}{100}$배

$2 \times 2.48 = 4.96$

$\begin{array}{r} 2 \\ \times\ 2\ 4\ 8 \\ \hline 4\ 9\ 6 \end{array} \xrightarrow[\frac{1}{100}\text{배}]{\frac{1}{100}\text{배}} \begin{array}{r} 2 \\ \times\ 2.4\ 8 \\ \hline 4.9\ 6 \end{array}$

2 ☐ 안에 알맞은 수를 써넣으시오.

$7 \times 0.5 = 7 \times \dfrac{\boxed{}}{10}$

$= \dfrac{\boxed{}}{10} = \boxed{}$

개념 ③ (소수) × (소수)

방법 1 분수의 곱셈으로 계산하기

$0.36 \times 0.7 = \dfrac{36}{100} \times \dfrac{7}{10} = \dfrac{36 \times 7}{100 \times 10} = \dfrac{252}{1000} = 0.252$

방법 2 자연수의 곱셈을 이용하여 계산하기

$36 \times 7 = 252$

$\Big\downarrow \frac{1}{100}$배 $\Big\downarrow \frac{1}{10}$배 $\Big\downarrow \frac{1}{1000}$배

$0.36 \times 0.7 = 0.252$

$\begin{array}{r} 3\ 6 \\ \times \quad 7 \\ \hline 2\ 5\ 2 \end{array} \begin{array}{l} \xrightarrow{\frac{1}{100}\text{배}} \\ \xrightarrow{\frac{1}{10}\text{배}} \\ \xrightarrow{\frac{1}{1000}\text{배}} \end{array} \begin{array}{r} 0.3\ 6 \\ \times \quad 0.7 \\ \hline 0.2\ 5\ 2 \end{array}$

3 ☐ 안에 알맞은 수를 써넣으시오.

$\begin{array}{r} 8 \\ \times\ 4 \\ \hline 3\ 2 \end{array}$ ➡ $\begin{array}{r} 0.8 \\ \times\ 0.4 \\ \hline \boxed{} \end{array}$

개념 ④ 곱의 소수점 위치

곱하는 두 수의 소수점 아래 자리 수를 더한 것과 곱의 소수점 아래 자리 수가 같습니다.

$0.6 \times 0.7 = 0.42$ → (소수 한 자리 수)×(소수 한 자리 수)=(소수 두 자리 수)

$0.6 \times 0.07 = 0.042$ → (소수 한 자리 수)×(소수 두 자리 수)=(소수 세 자리 수)

$0.06 \times 0.07 = 0.0042$ → (소수 두 자리 수)×(소수 두 자리 수)=(소수 네 자리 수)

4 계산 결과에 맞게 소수점을 찍어 보시오.

$452 \times 0.01 = 4\square 5\square 2\square$

01 52×8을 이용하여 5.2×8을 계산해 보시오.

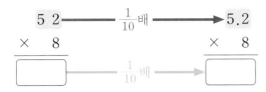

02 계산해 보시오.

(1) 0.59×6

(2) 6.5×7

03 계산 결과가 더 작은 것에 색칠하시오.

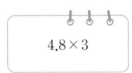

4.8×3

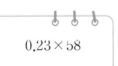

0.23×58

꼭나와ᵕ
04 정사각형의 둘레는 몇 cm인지 구하시오.

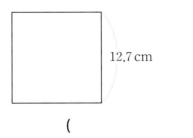

12.7 cm

( )

서술형ᵕ
05 ㉠과 ㉡이 나타내는 수의 곱을 구하려고 합니다. 풀이 과정을 쓰고, 답을 구하시오.

> ㉠ 0.1이 4개, 0.01이 6개인 수
> ㉡ 1이 9개인 수

풀이

❶ ㉠과 ㉡이 나타내는 수를 각각 구하기

_____

_____

❷ ㉠과 ㉡이 나타내는 수의 곱을 구하기

_____

_____

답

06 그림을 보고 ☐ 안에 알맞은 수를 써넣으시오.

$2 \times 0.8 =$ ☐

07 빈칸에 알맞은 수를 써넣으시오.

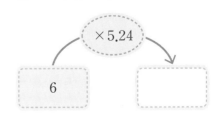

$\times 5.24$

6

수
학

08 계산 결과를 찾아 선으로 알맞게 이으시오.

17×3.05 •		• 53.77
19×2.83 •		• 51.85
21×1.77 •		• 37.17

09 도현이의 몸무게는 $43\,\text{kg}$이고, 도현이 아버지의 몸무게는 도현이 몸무게의 1.7배입니다. 도현이 아버지의 몸무게는 몇 kg입니까?

( )

서술형

10 가장 작은 수와 가장 큰 수의 곱을 구하려고 합니다. 풀이 과정을 쓰고, 답을 구하시오.

9.23	7	6.38	4

풀이
❶ 가장 작은 수와 가장 큰 수를 각각 구하기

_____

_____

❷ 가장 작은 수와 가장 큰 수의 곱을 구하기

_____

답 _____

11 전체 크기가 1인 모눈종이를 보고 ☐ 안에 알맞은 수를 써넣으시오.

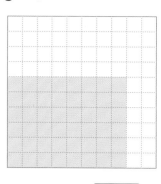

$0.8 \times 0.6 = $ ☐

12 두 수의 곱을 구하시오.

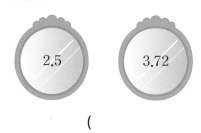

2.5   3.72

( )

13 빈칸에 알맞은 수를 써넣으시오.

0.4 → ×0.6 → ☐ → ×2.5 → ☐

꼭나와

14 계산 결과를 비교하여 ◯ 안에 >, =, <를 알맞게 써넣으시오.

4.5×5.3 ◯ 7.64×3.3

➡ 바른답·알찬풀이 28쪽

15 수현이네 가족은 다음과 같은 직사각형 모양의 텃밭에 옥수수를 심었습니다. 텃밭의 넓이는 몇 m²인지 구하시오.

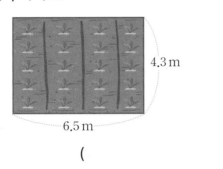

4.3 m

6.5 m

( )

16 곱이 큰 것부터 차례대로 ◯ 안에 1, 2, 3을 써 넣으시오.

5.7 × 1.2   2.3 × 3.4   1.5 × 4.7

◯   ◯   ◯

서술형 ℃

17 혜영이가 키우는 고양이의 몸무게를 4월에 재었더니 3.15 kg이었습니다. 8월에는 4월보다 몸무게가 0.2배만큼 늘어났습니다. 혜영이가 키우는 고양이의 8월 몸무게는 몇 kg인지 풀이 과정을 쓰고, 답을 구하시오.

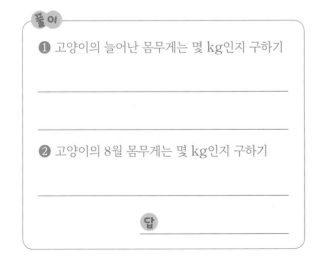

풀이

❶ 고양이의 늘어난 몸무게는 몇 kg인지 구하기

❷ 고양이의 8월 몸무게는 몇 kg인지 구하기

답

18 계산 결과에 맞게 소수점을 찍어야 할 곳을 찾아 기호를 쓰시오.

$$1294 \times 0.01 = \quad 1 \quad 2 \quad 9 \quad 4$$
↑ ↑ ↑ ↑ ↑
㉠ ㉡ ㉢ ㉣ ㉤

( )

19 빈칸에 알맞은 수를 써넣으시오.

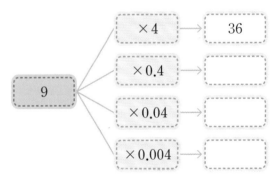

9

× 4 → 36
× 0.4 →
× 0.04 →
× 0.004 →

20 계산 결과가 큰 것부터 차례대로 기호를 쓰시오.

㉠ 0.2의 100배   ㉡ 200 × 0.01
㉢ 2의 0.01   ㉣ 0.02 × 10

( )

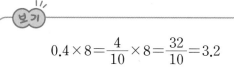
01 보기와 같이 계산해 보시오.

> 보기
> $$0.4 \times 8 = \frac{4}{10} \times 8 = \frac{32}{10} = 3.2$$

$1.6 \times 6 =$ _____

02 빈칸에 알맞은 수를 써넣으시오.

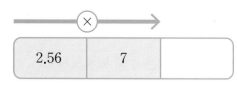

2.56	7	

03 계산 결과를 비교하여 ○ 안에 >, =, <를 알맞게 써넣으시오.

$$7.1 \times 5 \bigcirc 6.28 \times 6$$

04 한 장의 길이가 5.7 m인 색 테이프가 있습니다. 이 색 테이프 8장의 길이는 모두 몇 m인지 구하시오.

(   )

05 ☐ 안에 들어갈 수 있는 자연수를 모두 구하려고 합니다. 풀이 과정을 쓰고, 답을 구하시오.

> $$0.93 \times 4 > ☐$$

풀이

❶ 0.93×4를 계산하기

_____

_____

❷ ☐ 안에 들어갈 수 있는 자연수를 모두 구하기

_____

_____

답 _____

06 계산해 보시오.

(1)
$$\begin{array}{r} 2 \\ \times\ 3.6 \\ \hline \end{array}$$

(2)
$$\begin{array}{r} 7 \\ \times\ 2.48 \\ \hline \end{array}$$

꼭나와 ♡

07 계산을 잘못한 친구의 이름을 쓰시오.

$9 \times 0.12 = 1.08$ $12 \times 0.5 = 0.6$

동민   수아

(   )

08 계산 결과가 30보다 작은 것을 찾아 기호를 쓰시오.

> ㉠ 30×1.2 ㉡ 30×0.87 ㉢ 30×2.35

( )

11 ㉠과 ㉡에 알맞은 수를 각각 구하시오.

> $2.7 \times 1.8 = \dfrac{27}{10} \times \dfrac{18}{10} = \dfrac{486}{㉠} = ㉡$

㉠: ( )
㉡: ( )

09 평행사변형의 넓이는 몇 cm^2인지 구하시오.

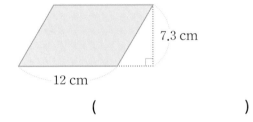

12 cm
7.3 cm

( )

12 계산해 보시오.

(1) 0.73×0.6

(2) 2.8×1.24

10 떨어진 높이의 0.6배만큼 튀어 오르는 공을 15 m 높이에서 떨어뜨렸습니다. 이 공이 두 번째로 튀어 오른 높이는 몇 m인지 풀이 과정을 쓰고, 답을 구하시오.

> **풀이**
>
> ❶ 공이 첫 번째로 튀어 오른 높이는 몇 m인지 구하기
>
> _____
>
> _____
>
> ❷ 공이 두 번째로 튀어 오른 높이는 몇 m인지 구하기
>
> _____
>
> _____
>
> **답** _____

13 $27 \times 45 = 1215$를 이용하여 ⬜ 안에 알맞은 수를 구하시오.

> $2.7 \times ⬜ = 1.215$

( )

14 어림하여 계산 결과가 7보다 작은 것을 찾아 기호를 쓰시오.

> ㉠ 9.3의 0.8
> ㉡ 3.2의 2.5배
> ㉢ 5.7×1.1

( )

15 곱이 가장 큰 것을 찾아 기호를 쓰시오.

> ㉠ 0.72×3.2   ㉡ 2.1×0.8   ㉢ 1.5×1.3

(   )

꼭나와 ㉨

16 어떤 수에 8.25를 곱해야 할 것을 잘못하여 더했더니 13.65가 되었습니다. 바르게 계산한 값을 구하시오.

(   )

17 가로가 8.5 m, 세로가 6.1 m인 직사각형 모양 배추밭의 가로와 세로를 각각 1.6배씩 늘려 새로운 밭을 만들려고 합니다. 새로운 밭의 넓이는 몇 m²입니까?

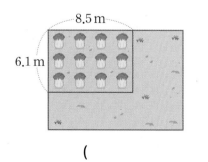

(   )

18 빈칸에 알맞은 수를 써넣으시오.

7.12 →(×10)→ [   ] →(×100)→ [   ]

19 계산 결과가 나머지와 다른 하나는 어느 것입니까? (   )

① 256×0.1   ② 2.56×10
③ 0.256×100   ④ 2560×0.001
⑤ 0.0256×1000

서술형 ㉨

20 ㉠에 알맞은 수는 ㉡에 알맞은 수의 몇 배인지 구하려고 합니다. 풀이 과정을 쓰고, 답을 구하시오.

> • 0.639×㉠=639
> • ㉡×23.9=239

풀이

❶ ㉠과 ㉡에 알맞은 수를 각각 구하기

_____

_____

❷ ㉠에 알맞은 수는 ㉡에 알맞은 수의 몇 배인지 구하기

_____

_____

답 _____

01 빈칸에 두 수의 곱을 써넣으시오.

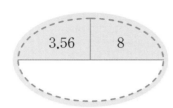

02 어림하여 계산 결과가 6보다 큰 것을 찾아 ○표 하시오.

$$1.9 \times 3 \qquad 1.2 \times 6 \qquad 2.4 \times 2$$

서술형

03 ㉠과 ㉡의 합을 구하려고 합니다. 풀이 과정을 쓰고, 답을 구하시오.

$$㉠ \ 0.8 \times 4 \qquad ㉡ \ 0.43 \times 7$$

풀이

_____

_____

_____

답 _____

04 1분에 0.52L씩 물이 나오는 수도꼭지가 있습니다. 이 수도꼭지로 한 시간 동안 쉬지 않고 물을 받는다면 받는 물의 양은 몇 L입니까?

( )

어려워

05 길이가 5.18cm인 색 테이프 12장을 그림과 같이 0.3cm씩 겹치게 한 줄로 이어 붙였습니다. 이어 붙인 색 테이프의 전체 길이는 몇 cm인지 구하시오.

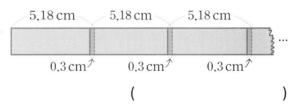

( )

06 두 수의 곱을 구하시오.

( )

07 계산 결과가 자연수인 것을 찾아 기호를 쓰시오.

$$㉠ \ 16 \times 0.15 \quad ㉡ \ 26 \times 0.3 \quad ㉢ \ 24 \times 0.25$$

( )

08 둘레가 500 m인 원 모양의 호수가 있습니다. 영선이가 이 호수의 둘레를 4바퀴 반 달렸습니다. 영선이가 달린 거리는 몇 m입니까?

(   )

09 ☐ 안에 들어갈 수 있는 자연수는 모두 몇 개인지 구하시오.

$$39 \times 0.04 < \boxed{} < 37 \times 0.2$$

(   )

어려워

10 직사각형 가의 넓이와 평행사변형 나의 넓이의 차는 몇 cm^2인지 구하시오.

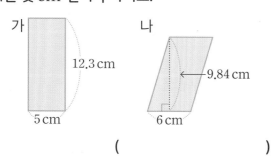

(   )

11 빈칸에 알맞은 수를 써넣으시오.

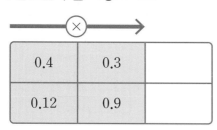

12 계산 결과가 3.27보다 작은 것을 모두 찾아 ○표 하시오.

3.27×0.9	3.27×1.3
3.27×2.1	3.27×0.5

13 두 수의 곱을 구하시오.

- 0.1이 7개인 수
- 0.1이 4개, 0.01이 2개인 수

(   )

서술형

14 색칠한 부분의 넓이는 몇 m^2인지 풀이 과정을 쓰고, 답을 구하시오.

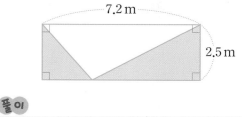

풀이 _____

_____

_____

_____

답 _____

→ 바른답·알찬풀이 30쪽

15 ⬜ 안에 들어갈 수 있는 자연수 중에서 가장 큰 수를 구하시오.

$$\square < 3.4 \times 1.65$$

( )

16 4장의 수 카드 7 , 1 , 4 , 3 을 ⬜ 안에 한 번씩만 써넣어 곱을 구하려고 합니다. 가장 큰 곱을 구하시오.

$$\square . \square \times \square . \square$$

( )

어려워

17 1 km를 가기 위해 0.12 L의 휘발유를 사용하는 자동차가 있습니다. 이 자동차가 한 시간에 70 km를 일정하게 가는 빠르기로 3시간 15분 동안 갔다면 사용한 휘발유는 몇 L입니까?

( )

18 $132 \times 58 = 7656$을 이용하여 계산 결과를 찾아 선으로 알맞게 이으시오.

132 × 5.8 •   • 76.56

132 × 0.058 •   • 765.6

132 × 0.58 •   • 7.656

서술형

19 동균이가 키우는 식물은 키가 35.2 cm까지 자랐고, 현진이가 키우는 식물은 키가 0.329 m까지 자랐습니다. 동균이와 현진이 중에서 키우는 식물의 키가 더 큰 친구의 이름을 쓰려고 합니다. 풀이 과정을 쓰고, 답을 구하시오.

풀이

답

20 은성이가 계산기로 0.74×0.2를 계산하려고 두 수를 눌렀는데 수 하나의 소수점 위치를 잘못 눌러서 1.48이라는 계산 결과가 나왔습니다. 은성이가 계산기에 누른 두 수가 될 수 있는 경우를 모두 구하시오.

⬜ × ⬜

⬜ × ⬜

개념 ① 직육면체 / 정육면체

- **직육면체**: 직사각형 6개로 둘러싸인 입체도형
- **정육면체**: 정사각형 6개로 둘러싸인 입체도형

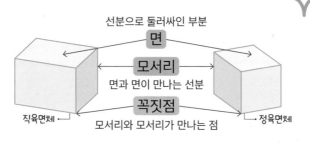

1 직육면체에 ○표 하시오.

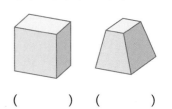

(   )   (   )

개념 ② 직육면체의 겨냥도

- **직육면체의 겨냥도**: 직육면체의 모양을 잘 알 수 있도록 나타낸 그림

보이는 모서리는 실선으로 그려요.

보이지 않는 모서리는 점선으로 그려요.

2 직육면체의 겨냥도를 잘못 그린 것에 ×표 하시오.

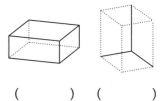

(   )   (   )

- **직육면체의 겨냥도에서 구성 요소의 수**

	면의 수(개)	모서리의 수(개)	꼭짓점의 수(개)
보이는 부분	3	9	7
보이지 않는 부분	3	3	1

개념 ③ 직육면체의 성질

- **직육면체의 밑면**: 직육면체에서 계속 늘여도 만나지 않는 두 면

➡ 직육면체에서 밑면이 될 수 있는 두 면은 모두 3쌍입니다.

- **직육면체의 옆면**: 직육면체에서 밑면과 수직으로 만나는 면

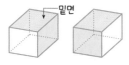

➡ 직육면체에서 옆면이 될 수 있는 면은 모두 4개입니다.

3 색칠한 면과 평행한 면을 찾아 색칠하시오.

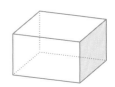

개념 ④ 직육면체의 전개도

- **직육면체의 전개도**: 직육면체의 모든 면이 이어지도록 모서리를 잘라서 평면 위에 펼친 그림

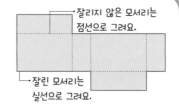

잘리지 않은 모서리는 점선으로 그려요.

잘린 모서리는 실선으로 그려요.

4 알맞은 말에 ○표 하시오.

직육면체의 전개도에서 잘린 모서리는 (실선 , 점선)으로 그립니다.

[01~02] 입체도형을 보고 물음에 답하시오.

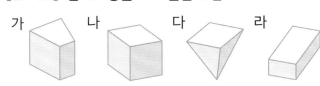

가   나   다   라

01 직육면체를 모두 찾아 기호를 쓰시오.

(   )

02 정육면체를 찾아 기호를 쓰시오.

(   )

꼭나와 ♡

03 직육면체를 보고 ☐ 안에 알맞은 수를 써넣으시오.

면의 수: ☐ 개

모서리의 수: ☐ 개

꼭짓점의 수: ☐ 개

04 다음 도형은 정육면체입니다. ☐ 안에 알맞은 수를 써넣으시오.

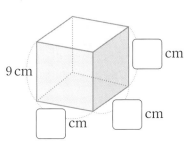

9 cm

☐ cm

☐ cm

☐ cm

05 직육면체에 대한 설명으로 <u>틀린</u> 것을 2가지 고르시오. (,   )

① 면은 모두 직사각형 모양입니다.

② 꼭짓점은 6개입니다.

③ 면과 면이 만나는 선분을 모서리라고 합니다.

④ 면의 모양은 모두 같습니다.

⑤ 모서리는 12개입니다.

06 직육면체의 겨냥도를 보고 바르게 설명한 것을 찾아 기호를 쓰시오.

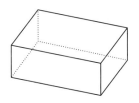

> ㉠ 보이는 모서리는 6개입니다.
> ㉡ 보이지 않는 꼭짓점은 7개입니다.
> ㉢ 보이지 않는 면은 3개입니다.

(   )

서술형 ♡

07 다음 도형이 직육면체가 <u>아닌</u> 이유를 쓰시오.

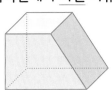

이유 _____

_____

_____

_____

08 직육면체에서 보이는 모서리의 수는 보이지 않는 모서리의 수의 몇 배입니까?

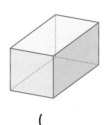

( )

09 오른쪽 정육면체에서 보이지 않는 한 모서리는 8 cm입니다. 보이는 모서리의 길이의 합은 몇 cm입니까?

( )

서술형

10 직육면체에서 보이지 않는 모서리의 길이의 합은 몇 cm인지 풀이 과정을 쓰고, 답을 구하시오.

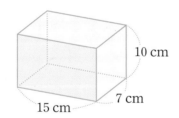

10 cm
15 cm
7 cm

풀이

❶ 보이지 않는 모서리의 길이를 모두 찾기

_____

_____

❷ 보이지 않는 모서리의 길이의 합은 몇 cm인지 구하기

_____

_____

답 _____

[11~12] 직육면체를 보고 물음에 답하시오.

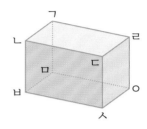

11 직육면체에서 주어진 면과 평행한 면을 각각 찾아 쓰시오.

면 ㄱㄴㄷㄹ: ( )
면 ㄴㅂㅁㄱ: ( )
면 ㄱㅁㅇㄹ: ( )

꼭나와 ♡

12 면 ㄷㅅㅇㄹ에 수직인 면은 모두 몇 개인지 구하시오.

( )

13 직육면체에서 색칠한 면과 평행한 면의 모양을 모눈종이에 그려 보시오.

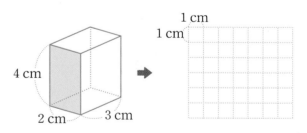

4 cm
2 cm
3 cm

1 cm
1 cm

14 주사위의 마주 보는 면의 눈의 수의 합은 7입니다. 눈의 수가 5인 면과 수직인 면의 눈의 수를 모두 구하시오.

( )

서술형 ☺

15 직육면체에서 색칠한 면이 밑면일 때 두 밑면의 넓이의 합은 몇 cm²인지 풀이 과정을 쓰고, 답을 구하시오.

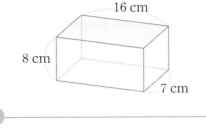

16 cm
8 cm
7 cm

풀이

❶ 한 밑면의 넓이는 몇 cm²인지 구하기

_____

_____

❷ 두 밑면의 넓이의 합은 몇 cm²인지 구하기

_____

_____

답 _____

[16~17] 전개도를 접어서 직육면체를 만들었습니다. 물음에 답하시오.

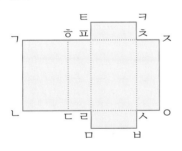

16 점 ㄴ과 만나는 점을 모두 찾아 쓰시오.

( )

17 선분 ㄱㄴ과 겹치는 선분을 찾아 쓰시오.

( )

18 직육면체의 전개도로 알맞지 <u>않은</u> 것을 모두 찾아 기호를 쓰시오.

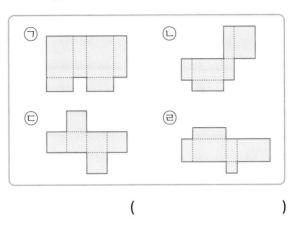

( )

19 직육면체의 전개도를 그린 것입니다. ⬜ 안에 알맞은 기호를 써넣으시오.

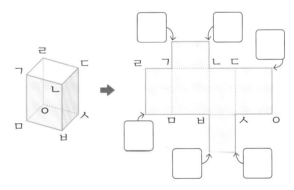

20 직육면체의 전개도에서 ㉠과 ㉡에 알맞은 수의 차를 구하시오.

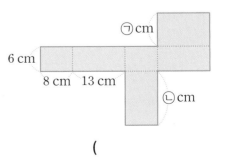

㉠ cm
6 cm
8 cm 13 cm
㉡ cm

( )

01 □ 안에 각 부분의 이름을 써넣으시오.

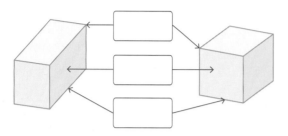

꼭나와 ☺

02 정육면체의 겨냥도를 그린 것입니다. 바르게 그린 것을 찾아 ○표 하시오.

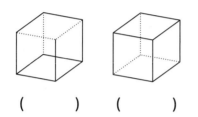

(   )   (   )   (   )

03 직육면체 모양을 모두 찾아 기호를 쓰시오.

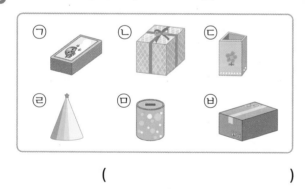

(   )

04 직육면체와 정육면체에 대한 설명입니다. 옳은 것에 ○표, 틀린 것에 ×표 하시오.

(1) 정사각형 6개로 둘러싸인 입체도형을 정육면체라고 합니다. (   )

(2) 직육면체에서 면의 모양은 모두 정사각형입니다. (   )

(3) 정육면체의 모서리의 길이는 다릅니다.

(   )

05 직육면체에서 길이가 9 cm인 모서리는 모두 몇 개인지 구하시오.

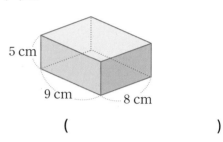

(   )

서술형 ☺

06 직육면체의 겨냥도를 잘못 그린 것입니다. 그 이유를 쓰시오.

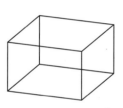

이유

_____

_____

_____

07 직육면체와 정육면체가 있습니다. 보이는 꼭짓점의 수의 합은 몇 개인지 구하시오.

(   )

08 한 모서리가 2 cm인 정육면체 모양의 주사위가 있습니다. 이 주사위의 모든 모서리의 길이의 합은 몇 cm입니까?

(   )

09 직육면체에서 보이는 모서리의 길이의 합은 몇 cm입니까?

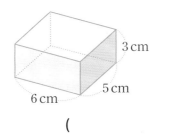

(   )

꼭나와 ㅂ

10 오른쪽 직육면체에서 색칠한 두 면이 만나서 이루는 각은 몇 도입니까? (   )

① 30°   ② 45°   ③ 70°
④ 90°   ⑤ 135°

11 직육면체에서 서로 평행한 면은 모두 몇 쌍인지 구하시오.

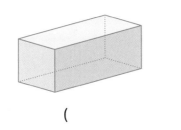

(   )

12 직육면체의 성질에 대한 설명으로 틀린 것을 찾아 기호를 쓰시오.

> ㉠ 한 면과 수직으로 만나는 면은 모두 4개입니다.
> ㉡ 한 꼭짓점에서 만나는 면은 모두 2개입니다.
> ㉢ 한 모서리에서 만나는 두 면은 서로 수직입니다.

(   )

13 오른쪽 직육면체에서 색칠한 면과 수직인 면의 모양을 모두 찾아 ○표 하시오.

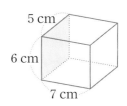

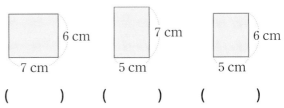

(   )   (   )   (   )

서술형 ㅂ

14 오른쪽 직육면체에서 면 ㄷㅅㅇㄹ과 평행한 면의 네 변의 길이의 합은 몇 cm인지 풀이 과정을 쓰고, 답을 구하시오.

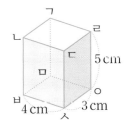

풀이

❶ 면 ㄷㅅㅇㄹ과 평행한 면을 찾기

―――――――――――――――――

❷ 면 ㄷㅅㅇㄹ과 평행한 면의 네 변의 길이의 합은 몇 cm인지 구하기

―――――――――――――――――

―――――――――――――――――

 답 ―――――――――――

15 직육면체에서 색칠한 면의 둘레는 30 cm입니다. ☐ 안에 알맞은 수를 써넣으시오.

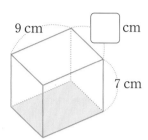

9 cm ☐ cm

7 cm

16 전개도를 접어서 직육면체를 만들었을 때 색칠한 면과 평행한 면에 색칠하시오.

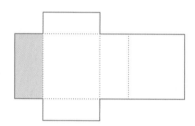

서술형

17 정육면체의 전개도가 아닌 이유를 쓰시오.

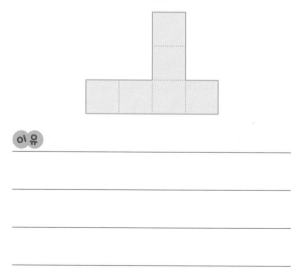

이유

_____

_____

_____

_____

18 전개도를 접었을 때 면 가와 면 바가 서로 수직인 전개도의 기호를 쓰시오.

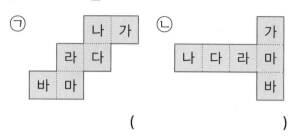

㉠ 나 가
    라 다
    바 마

㉡   가
    나 다 라 마
             바

(   )

꼭나와 ㅂ

19 직육면체의 전개도를 그려 보시오.

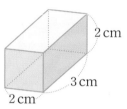

2 cm
3 cm
2 cm

1 cm
1 cm

20 전개도를 접어 주사위를 만들려고 합니다. 주사위의 마주 보는 면에 적힌 수의 합이 12일 때 전개도의 ㉠, ㉡, ㉢에 알맞은 수를 각각 구하시오.

㉠ ㉡
4 5 ㉢
6

㉠: ☐, ㉡: ☐, ㉢: ☐

01 직육면체에 대해 잘못 설명한 친구를 찾아 이름을 쓰시오.

- 수빈: 면과 면이 만나는 선분은 모서리야.
- 은우: 모서리와 모서리가 만나는 점은 꼭짓점이야.
- 소율: 직육면체를 둘러싼 도형은 삼각형이야.

( )

02 직육면체는 모두 몇 개인지 구하시오.

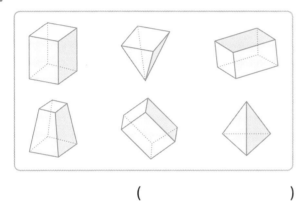

( )

03 직육면체의 겨냥도에서 잘못 그린 모서리는 모두 몇 개인지 풀이 과정을 쓰고, 답을 구하시오.

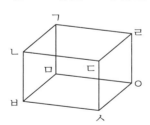

풀이

답

04 정육면체에서 보이는 꼭짓점의 수와 보이는 면의 수의 차는 몇 개인지 구하시오.

( )

05 직육면체의 모든 모서리의 길이의 합은 몇 cm인지 구하시오.

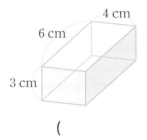

( )

06 보이지 않는 모서리의 길이의 합이 18 cm인 정육면체가 있습니다. 이 정육면체에서 보이는 모서리의 길이의 합은 몇 cm인지 구하시오.

( )

07 직육면체의 모든 모서리의 길이의 합과 정육면체의 모든 모서리의 길이의 합이 같을 때 정육면체의 한 모서리의 길이는 몇 cm인지 구하시오.

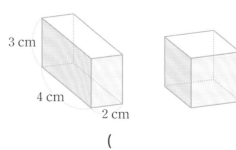

( )

08 오른쪽 직육면체에서 면 ㄴㅂㅅㄷ의 둘레가 32 cm일 때 모든 모서리의 길이의 합은 몇 cm인지 구하시오.

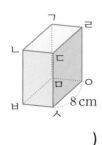

(   )

09 직육면체의 모든 모서리의 길이의 합은 60 cm입니다. ☐ 안에 알맞은 수를 구하시오.

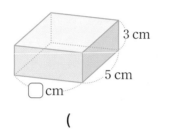

(   )

어려워요
10 오른쪽 직육면체 모양의 나무토막을 잘라 가장 큰 정육면체 모양을 만들려고 합니다. 정육면체를 만들고 남는 나무토막의 모든 모서리의 길이의 합은 몇 cm입니까?

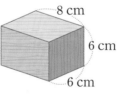

(   )

11 오른쪽 직육면체에서 면 ㄴㅂㅅㄷ과 수직인 면이 <u>아닌</u> 것을 찾아 ○표 하시오.

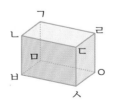

면 ㄱㄴㄷㄹ   면 ㄴㅂㅁㄱ

면 ㄱㅁㅇㄹ   면 ㄷㅅㅇㄹ

12 오른쪽 정육면체에서 면 ㄱㅁㅇㄹ과 면 ㄷㅅㅇㄹ에 동시에 수직인 면을 모두 찾아 쓰시오.

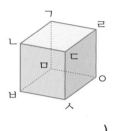

(   )

13 직육면체에 대한 설명입니다. ㉠과 ㉡에 알맞은 수의 합을 구하시오.

• 한 면과 평행한 면은 ㉠개입니다.
• 한 꼭짓점에서 만나는 면은 모두 ㉡개입니다.

(   )

서술형
14 주하는 직육면체 모양 상자의 윗부분에 보라색 색종이를 붙였습니다. 보라색 색종이를 붙인 면과 수직인 면에는 모두 초록색 색종이를 빈틈없이 겹치지 않게 붙이려고 합니다. 필요한 초록색 색종이의 넓이는 몇 cm²인지 풀이 과정을 쓰고, 답을 구하시오.

풀이

답

→ 바른답·알찬풀이 33쪽

15 직육면체 모양의 상자를 다음 그림과 같이 리본으로 묶으려고 합니다. 매듭으로 사용한 리본의 길이가 18 cm라면 필요한 리본의 길이는 모두 몇 cm입니까?

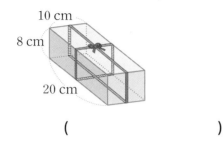

(   )

16 전개도를 접어서 직육면체를 만들었을 때 면 나와 수직인 면을 모두 찾아 쓰시오.

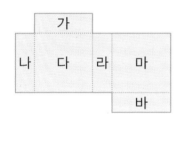

(   )

17 전개도를 접어서 직육면체를 만들었을 때 서로 겹치는 선분끼리 짝 지어진 것을 2가지 고르시오.
(,   )

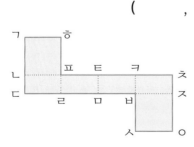

① 선분 ㄷㄹ과 선분 ㅂㅅ
② 선분 ㄱㅎ과 선분 ㅋㅌ
③ 선분 ㄹㅁ과 선분 ㅇㅈ
④ 선분 ㄴㄷ과 선분 ㅊㅈ
⑤ 선분 ㄱㄴ과 선분 ㄹㅁ

18 한 모서리가 2 cm인 정육면체의 전개도를 그려 보시오.

서술형

19 전개도를 접어서 직육면체를 만들었을 때 면 가와 수직인 면의 넓이의 합은 몇 cm²인지 풀이 과정을 쓰고, 답을 구하시오.

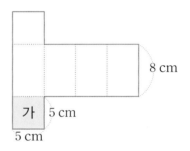

풀이 _____

_____

_____

_____

답 _____

어려워

20 직육면체의 전개도에 선을 그었습니다. 이 전개도를 접어서 직육면체를 만들었을 때 직육면체에 나타나는 선을 그려 보시오.

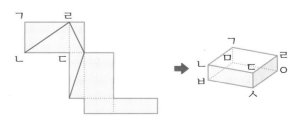

6. 평균과 가능성

➡ 바른답·알찬풀이 34쪽

개념 ① 평균

각 자룟값을 고르게 하여 그 자료를 대표하는 값으로 정할 수 있습니다. 이 값을 평균이라고 합니다. ➡ (평균)＝(자룟값의 합)÷(자료 수)

과목별 시험 점수

과목	국어	수학	영어
점수(점)	80	90	70

➡ (평균)＝(80＋90＋70)÷3
＝240÷3＝80(점)

1 자료의 평균을 구하시오.

5	4	9

(평균)＝(5＋4＋9)÷3
＝ ☐ ÷3＝ ☐

개념 ② 평균 활용하기

• 평균을 비교하기

모둠별 학생 수와 읽은 책 수

모둠	가	나
학생 수(명)	4	5
읽은 책 수(권)	36	50

(가 모둠이 읽은 책 수의 평균)
＝36÷4＝9(권)
(나 모둠이 읽은 책 수의 평균)
＝50÷5＝10(권)

➡ 9＜10이므로 한 학생당 읽은 책 수가 더 많은 모둠은 나 모둠입니다.

• 평균을 이용하여 자룟값 구하기
㉖ 반별 학생 수의 평균: 21명

반별 학생 수

반	1반	2반	3반
학생 수(명)	20		21

(학생 수의 합)＝21×3＝63(명)
➡ (2반의 학생 수)
＝63－(20＋21)＝22(명)

2 경민이네 반의 모둠별 턱걸이 기록의 평균을 나타낸 표입니다. 알맞은 수에 ○표 하시오.

모둠별 턱걸이 기록의 평균

모둠	1	2
학생 수(명)	7	6
기록(회)	63	42
평균(회)	9	7

턱걸이 기록이 더 좋은 모둠은 (1 , 2)모둠입니다.

개념 ③ 일이 일어날 가능성

• 가능성: 어떠한 상황에서 특정한 일이 일어나길 기대할 수 있는 정도
• 가능성의 정도는 불가능하다, ~아닐 것 같다, 반반이다, ~일 것 같다, 확실하다 등으로 표현할 수 있습니다.
• 일이 일어날 가능성을 0, $\frac{1}{2}$, 1과 같은 수로 표현할 수 있습니다.

㉖ 회전판의 화살을 돌렸을 때 화살이 노란색에 멈출 가능성

가
불가능하다
ㄴ→ 수로 표현하면 0이에요.

나
반반이다
ㄴ→ 수로 표현하면 $\frac{1}{2}$이에요.

다
확실하다
ㄴ→ 수로 표현하면 1이에요.

3 일이 일어날 가능성으로 알맞은 수를 찾아 ○표 하시오.

동전을 던지면 그림 면이 나올 것입니다.

$\left(0 , \frac{1}{2} , 1 \right)$

01 윤하네 모둠 친구들이 가지고 있는 구슬 수를 나타낸 그래프입니다. 구슬 수를 고르게 하면 한 사람이 가지고 있는 구슬은 몇 개입니까?

친구들이 가지고 있는 구슬 수

5		○		
4	○	○	○	
3	○	○	○	○
2	○	○	○	○
1	○	○	○	○
구슬 수(개) / 이름	윤하	선민	철호	규리

(   )

[02~03] 진수네 학교 5학년 반별 학생 수를 나타낸 표입니다. 물음에 답하시오.

반별 학생 수

반	1반	2반	3반	4반	5반
학생 수(명)	27	24	26	25	23

02 진수네 학교 5학년 학생은 모두 몇 명입니까?

(   )

03 진수네 학교 5학년 반별 학생 수의 평균은 몇 명인지 알아보시오.

□ ÷ □ = □ (명)

꼭나와 ↓

04 초아네 교실의 실내 온도를 매일 오전 10시에 조사하여 나타낸 표입니다. 5일 동안 초아네 교실의 실내 온도의 평균은 몇 °C인지 구하시오.

초아네 교실의 실내 온도

요일	월	화	수	목	금
실내 온도(°C)	21	22	20	19	18

(   )

[05~06] 소진이의 미술 수행 평가 점수입니다. 미술 수행 평가 점수의 평균이 83점일 때 물음에 답하시오.

미술 수행 평가 점수

회	1회	2회	3회	4회
점수(점)	85		78	82

05 1회부터 4회까지 미술 수행 평가 점수의 합은 몇 점입니까?

(   )

06 소진이가 2회에서 받은 미술 수행 평가 점수는 몇 점입니까?

(   )

서술형 ↓

07 경민이가 8월 한 달 동안 매일 모은 돈의 평균이 600원일 때 8월 한 달 동안 모은 돈은 모두 얼마인지 풀이 과정을 쓰고, 답을 구하시오.

풀이

❶ 8월의 날수를 구하기

_____

_____

❷ 8월 한 달 동안 모은 돈은 모두 얼마인지 구하기

_____

_____

답 _____

08 줄넘기 횟수의 평균이 더 작은 친구의 이름을 쓰시오.

5일 동안 한 줄넘기 횟수의 합이 1200번이야.
혜민

일주일 동안 한 줄넘기 횟수의 합이 1575번이야.
준호

(   )

[09~10] 수환이네 모둠 학생들의 키를 나타낸 표입니다. 물음에 답하시오.

수환이네 모둠 학생들의 키

이름	수환	진서	현영	동민	지은	우진
키(cm)	132	147	145	140	152	148

09 수환이네 모둠 학생들의 키의 평균은 몇 cm입니까?

(   )

서술형 ⅓

10 이 모둠에 새로 학생 1명이 더 들어와서 키의 평균이 1 cm 커졌습니다. 새로 들어온 학생의 키는 몇 cm인지 풀이 과정을 쓰고, 답을 구하시오.

풀이

❶ 새로 학생이 들어왔을 때 키의 평균은 몇 cm인지 구하기

_____

❷ 새로 들어온 학생의 키는 몇 cm인지 구하기

_____

_____

답 _____

11 지아의 매달리기 기록을 나타낸 표입니다. 1회부터 5회까지 기록의 평균이 1회부터 4회까지 기록의 평균보다 크려면 5회의 기록은 최소 몇 초보다 길어야 하는지 구하시오.

매달리기 기록

회	1회	2회	3회	4회	5회
기록(초)	13	10	11	14	

(   )

12 할머니, 아버지, 어머니, 새연이의 나이의 평균은 45살입니다. 새연이 동생의 나이는 10살일 때 다섯 사람의 나이의 평균은 몇 살인지 구하시오.

(   )

[13~14] 당첨 제비만 5개 들어 있는 제비뽑기 상자에서 제비 1개를 뽑았습니다. 물음에 답하시오.

13 뽑은 제비가 당첨 제비일 가능성을 알맞게 표현한 것을 찾아 ○표 하시오.

(확실하다 , 반반이다 , 불가능하다)

꼭나와 ⅓

14 뽑은 제비가 당첨 제비일 가능성을 그림에 ↓로 나타내시오.

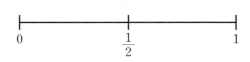

→ 바른답·알찬풀이 34쪽

15 일이 일어날 가능성을 알맞게 표현한 것을 찾아 ○표 하시오.

> 우리나라의 3월은 7월보다 더 추울 것입니다.

불가능 하다	~아닐 것 같다	반반 이다	~일 것 같다	확실 하다

16 회전판의 화살을 돌릴 때 화살이 '당첨'이 적힌 곳에 멈출 가능성이 더 큰 회전판의 기호를 쓰시오.

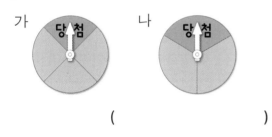

( )

17 상자에서 공 한 개를 꺼낼 때 꺼낸 공이 빨간색일 가능성을 그림에 ↓로 나타내시오.

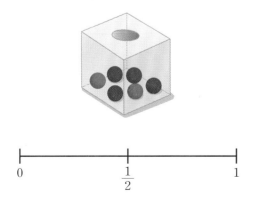

18 일이 일어날 가능성이 큰 것부터 차례대로 기호를 쓰시오.

> ㉠ 은행에서 뽑은 대기 번호표의 번호는 홀수일 것입니다.
> ㉡ 내년에는 3월이 4월보다 빨리 올 것입니다.
> ㉢ 우리 집 강아지는 알을 낳을 것입니다.

( )

19 단팥빵 2개와 크림빵 2개가 들어 있는 봉지에서 빵 1개를 꺼낼 때 크림빵이 나오지 <u>않을</u> 가능성을 수로 표현하시오.

( )

서술형 ঙ

20 1부터 6까지의 눈이 그려진 주사위를 한 번 굴릴 때 나온 눈의 수가 2 이상 4 이하일 가능성을 말로 표현하려고 합니다. 풀이 과정을 쓰고, 답을 구하시오.

풀이

❶ 주사위 눈의 수와 눈의 수 중 2 이상 4 이하인 수는 각각 몇 가지인지 구하기

_____

_____

❷ 나온 눈의 수가 2 이상 4 이하일 가능성을 말로 표현하기

_____

답 _____

[01~03] 현석이네 모둠과 민아네 모둠이 고리를 한 사람당 10개씩 던져서 기둥에 건 고리 수를 나타낸 표입니다. 물음에 답하시오.

현석이네 모둠이 건 고리 수

이름	현석	민정	영선	하림
고리 수(개)	8	4	5	7

민아네 모둠이 건 고리 수

이름	민아	철민	효연
고리 수(개)	7	6	8

01 현석이네 모둠이 기둥에 건 고리 수의 평균은 몇 개인지 알아보시오.

(☐ + ☐ + ☐ + ☐) ÷ ☐ = ☐ (개)

02 민아네 모둠이 기둥에 건 고리 수의 평균은 몇 개인지 알아보시오.

(☐ + ☐ + ☐) ÷ ☐ = ☐ (개)

03 기둥에 건 고리 수의 평균이 더 큰 모둠은 어느 모둠입니까?

(   )

04 진호네 반 학생들이 하루에 게임을 하는 시간의 평균은 40분입니다. 바르게 설명한 친구의 이름을 쓰시오.

- 진호: 우리 반 학생 중 하루에 게임을 40분 동안 하는 학생들이 가장 많다는 말이야.
- 혜지: 우리 반 학생들이 하루에 게임을 한 시간을 고르게 하면 40분이라는 거야.

(   )

[05~06] 연주네 모둠의 100 m 달리기 기록을 나타낸 표입니다. 물음에 답하시오.

연주네 모둠의 100 m 달리기 기록

이름	연주	성찬	승우	은미
기록(초)	19	21	17	23

05 연주네 모둠의 100 m 달리기 기록의 평균은 몇 초입니까?

(   )

06 100 m 달리기 기록이 평균보다 빠른 친구를 모두 찾아 이름을 쓰시오.

(   )

서술형

07 어떤 영화를 보고 네 명의 친구들이 준 점수입니다. 이 영화에 준 점수의 평균이 8.5점일 때 수호가 준 점수는 몇 점인지 풀이 과정을 쓰고, 답을 구하시오.

영화에 준 점수

이름	유빈	은규	예지	수호
점수(점)	8.5	9	7.5	

풀이

❶ 4명이 준 점수의 합은 몇 점인지 구하기

_____

_____

❷ 수호가 준 점수는 몇 점인지 구하기

_____

_____

답 _____

08 마늘을 하은이네 밭 $12\,km^2$에서는 $108\,kg$을 수확했고, 윤서네 밭 $15\,km^2$에서는 $120\,kg$을 수확했습니다. $1\,km^2$당 수확한 마늘이 더 많은 밭은 누구네 밭입니까?

(   )

09 현수는 월요일부터 목요일까지 4일 동안 위인전을 모두 160쪽 읽었고, 금요일은 30쪽 읽었습니다. 현수가 월요일부터 금요일까지 5일 동안 읽은 위인전은 하루 평균 몇 쪽인지 구하시오.

(   )

서술형

10 고은이가 기록한 회별 타자 수를 나타낸 표입니다. 고은이가 기록한 타자 수의 평균이 127타일 때 고은이의 타자 수가 가장 많은 때는 몇 회인지 풀이 과정을 쓰고, 답을 구하시오.

회별 타자 수

회	1회	2회	3회	4회	5회
타자 수(타)	130	124	122		127

풀이

❶ 4회의 타자 수는 몇 타인지 구하기

_____

_____

❷ 타자 수가 가장 많은 때는 몇 회인지 구하기

_____

_____

답 _____

11 누리의 1회부터 4회까지 수학 수행 평가 점수의 평균은 91점이고, 1회부터 5회까지 수학 수행 평가 점수의 평균은 92점입니다. 누리의 5회 수학 수행 평가 점수는 몇 점입니까?

(   )

12 기욱이네 모둠의 공 던지기 기록을 나타낸 표입니다. 기욱이네 모둠의 공 던지기 기록의 평균은 $285\,cm$이고, 찬규의 기록과 영운이의 기록은 같습니다. 영운이의 기록은 몇 cm인지 구하시오.

공 던지기 기록

이름	기욱	찬규	영운	민수
기록(cm)	280			292

(   )

13 일이 일어날 가능성을 수로 표현하려고 합니다. ☐ 안에 알맞은 수를 써넣으시오.

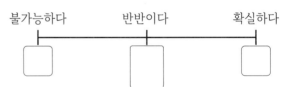

14 일이 일어날 가능성을 표현한 말을 찾아 선으로 알맞게 이으시오.

일요일 다음에 월요일이 올 가능성   9월 한 달이 31일일 가능성

•   •

•   •   •

불가능하다   반반이다   확실하다

꼭나와 ♡

15 회전판의 화살을 돌릴 때 화살이 노란색에 멈출 가능성을 표현한 말을 찾아 선으로 알맞게 이으시오.

· · ·

· · ·

확실하다   반반이다   불가능하다

16 다음 중 일이 일어날 가능성이 '확실하다'인 경우는 어느 것입니까? (   )

① 한 달의 날수는 40일이 될 것입니다.
② 올챙이가 자라서 뱀이 될 것입니다.
③ 월요일의 다음 날은 수요일이 될 것입니다.
④ 동전을 던지면 숫자 면이 나올 것입니다.
⑤ 노란색 공 2개가 들어 있는 주머니에서 공 1개를 꺼낼 때 꺼낸 공은 노란색일 것입니다.

17 가와 나에서 각각 카드 한 장을 뽑을 때, 뽑은 카드가 ★일 가능성이 더 작은 것의 기호를 쓰시오.

가
나

(   )

18 회전판을 100번 돌려 화살이 멈춘 횟수를 나타낸 표입니다. 일이 일어날 가능성이 가장 비슷한 것을 찾아 기호를 쓰시오.

색깔	파란색	빨간색	노란색
횟수(회)	12	75	13

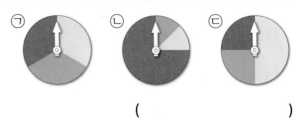

(   )

19 수 카드 5장 중에서 1장을 뽑을 때 뽑은 수 카드의 수가 홀수일 가능성을 수로 표현하면 1입니다. 남은 수 카드에 알맞은 수를 써넣으시오. (단, 수 카드의 수는 한 자리 수입니다.)

1   5   7

서술형 ♡

20 1부터 6까지의 수가 적힌 주사위를 한 번 굴릴 때 가능성이 큰 것부터 차례대로 기호를 쓰려고 합니다. 풀이 과정을 쓰고, 답을 구하시오.

> ㉠ 1보다 큰 수가 나올 가능성
> ㉡ 짝수가 나올 가능성
> ㉢ 7보다 작은 수가 나올 가능성
> ㉣ 2보다 작은 수가 나올 가능성

풀이

❶ 가능성을 각각 구하기

_____

❷ 가능성이 큰 것부터 차례대로 기호를 쓰기

_____

답 _____

수학

[01~02] 명희가 일주일 동안 한 윗몸 일으키기 기록을 나타낸 표입니다. 물음에 답하시오.

윗몸 일으키기 기록

요일	월	화	수	목	금	토	일
기록(번)	9	15	13	17	16	24	18

01 명희가 일주일 동안 한 윗몸 일으키기 기록의 평균은 몇 번인지 구하시오.

( )

02 월요일부터 금요일까지는 평일이고, 토요일과 일요일은 주말입니다. 명희가 평일 동안 한 윗몸 일으키기 기록의 평균과 주말 동안 한 윗몸 일으키기 기록의 평균은 각각 몇 번인지 구하시오.

평일: ( )
주말: ( )

서술형 ⅓

03 가구별로 오늘 버린 쓰레기 양을 조사하여 나타낸 막대그래프입니다. 버린 쓰레기 양의 평균은 몇 g인지 풀이 과정을 쓰고, 답을 구하시오.

가구별 버린 쓰레기 양

풀이

답

04 지민이네 모둠의 몸무게를 나타낸 표입니다. 몸무게의 평균이 39 kg일 때 장우의 몸무게는 몇 kg인지 구하시오.

지민이네 모둠의 몸무게

이름	지민	장우	민재
몸무게(kg)	36		39

( )

[05~06] 어느 체육관의 운동별 이용자 수를 나타낸 표입니다. 2022년 이용자 수의 평균과 2023년 이용자 수의 평균은 같습니다. 물음에 답하시오.

운동별 2022년 이용자 수

운동	요가	수영	헬스
이용자 수(명)	280	385	160

운동별 2023년 이용자 수

운동	요가	수영	헬스	탁구
이용자 수(명)	291	394	215	

05 2022년 이용자 수의 평균은 몇 명인지 구하시오.

( )

06 2023년 탁구 이용자 수는 몇 명인지 구하시오.

( )

어려워 ♨

07 해원이의 수학 단원 평가 점수입니다. 점수의 평균이 94점 이상이 되어야 수학 경시대회에 참가할 수 있을 때 해원이가 수학 경시대회에 참가하려면 마지막에 몇 점 이상 받아야 합니까?

| 100점 | 92점 | 88점 | 96점 | 95점 | ☐점 |

( )

서술형

08 소율이의 시험 점수를 나타낸 표입니다. 4과목 점수의 평균은 85점이고, 수학 점수가 과학 점수보다 5점 더 높다면 소율이의 수학 점수는 몇 점인지 풀이 과정을 쓰고, 답을 구하시오.

소율이의 시험 점수

과목	국어	수학	사회	과학
점수(점)	93		86	

풀이

답

09 찬수네 반 남학생과 여학생 키의 평균을 각각 나타낸 표입니다. 찬수네 반 전체 학생 키의 평균은 몇 cm인지 구하시오.

남녀 학생 수와 키의 평균

	남학생	여학생
학생 수(명)	12	8
키의 평균(cm)	144	146.5

( )

10 은정이네 모둠 학생 15명이 고리 던지기 놀이를 하였습니다. 그중에서 여학생 9명의 기록의 평균이 7개이고 모둠 전체의 기록의 평균이 9개일 때 남학생 6명의 기록의 평균은 몇 개입니까?

( )

11 어느 주차장에 층별로 주차된 자동차 수를 나타낸 표입니다. 다른 층의 자동차 수는 처음과 같고 3층의 자동차 수만 늘어서 주차된 자동차 수의 평균이 4대 늘었습니다. 3층에 주차된 자동차는 몇 대가 되었는지 구하시오.

주차된 자동차 수

층	1층	2층	3층	4층
자동차 수(대)	84	62	75	43

( )

어려워

12 어떤 시험에 100명이 응시하여 20명이 합격했습니다. 불합격한 사람의 점수의 평균이 69.4점이고 100명 전체의 점수의 평균이 70.52점일 때 합격한 사람의 점수의 평균은 몇 점입니까?

( )

13 동전 한 개를 던졌을 때 가능성을 알맞게 표현한 것을 찾아 ○표 하시오.

동전을 던졌을 때 그림 면이 나올 가능성은 '(확실하다 , 반반이다 , 불가능하다)'입니다.

14 일이 일어날 가능성이 1인 것의 기호를 쓰시오.

> ㉠ 하마는 날 수 있을 것입니다.
> ㉡ 물이 든 컵을 뚜껑 없이 거꾸로 들면 물이 쏟아질 것입니다.

( )

→ 바른답·알찬풀이 36쪽

[15~16] 상자에 2가 적힌 공 4개가 들어 있습니다. 상자에서 공을 1개 꺼낼 때 물음에 답하시오.

15 꺼낸 공에 2가 적혀 있지 <u>않을</u> 가능성을 수로 표현하시오.

(   )

16 꺼낸 공에 1이 적혀 있지 <u>않을</u> 가능성을 수로 표현하시오.

(   )

17 조건 에 알맞은 회전판이 되도록 색칠하시오.

> 조건
> • 화살이 빨간색에 멈출 가능성이 가장 큽니다.
> • 화살이 주황색에 멈출 가능성은 초록색에 멈출 가능성의 2배입니다.

서술형

18 일이 일어날 가능성이 가장 큰 것을 찾아 기호를 쓰려고 합니다. 풀이 과정을 쓰고, 답을 구하시오.

> ㉠ 동전을 3번 던지면 3번 모두 숫자 면이 나올 것입니다.
> ㉡ 2를 3번 더하면 7이 나올 것입니다.
> ㉢ 공깃돌 100개 중에서 5개만 초록색이면 공깃돌 1개를 꺼냈을 때 초록색이 아닐 것입니다.

풀이
_____

_____

_____

답 _____

19 3장의 수 카드 1 , 2 , 7 중 2장을 뽑아 한 번씩만 사용하여 두 자리 수를 만들 때 만든 수가 25보다 클 가능성을 수로 표현하시오.

(   )

어려워

20 1부터 6까지의 눈이 그려진 주사위를 한 번 굴릴 때 일이 일어날 가능성이 작은 것부터 차례대로 기호를 쓰시오.

> ㉠ 주사위의 눈의 수가 4의 약수로 나올 가능성
> ㉡ 주사위의 눈의 수가 7의 배수로 나올 가능성
> ㉢ 주사위의 눈의 수가 1 이상 6 이하로 나올 가능성

(   )

숨은사회찾기

학습을 시작하기 전에 숨은 그림을 찾아보세요.

정답바로보기

숨은그림

앙부일구	비파형 동검	금관	거북선	고려청자	연등	고인돌	화포

사회

개념 ① 고조선

① 건국과 발전 →단군왕검이 건국하였다고 전해져요.

건국	청동기 시대에 힘이 강한 집단이 다른 집단을 정복하거나 그들과 힘을 합쳐 세력을 넓히는 과정에서 우리 역사 속 최초의 국가인 ❶ ㄱㅈㅅ 이 등장하였음.
발전	• 우수한 ❷ ㅊㄷㄱ 문화를 바탕으로 세력을 키웠음. • 비파형 동검, 탁자식 고인돌을 통해 고조선의 문화 범위를 짐작할 수 있음.

② 고조선의 법 →8조법 중 세 가지 조항만 전해지고 있어요.

> • 사람을 죽인 사람은 사형에 처한다.
> • 남을 다치게 한 사람은 곡식으로 갚는다.
> • 도둑질을 한 사람은 노비로 삼는데, 용서를 받고자 하는 사람은 50만 전을 내야 한다.

➡ 8조법을 통해 고조선이 개인이나 집단 간의 갈등을 조정하고 죄를 엄격하게 다룬 사회였음을 알 수 있습니다.

개념 ② 삼국과 가야 →고조선이 한의 침략을 받아 멸망한 후 철기 문화를 바탕으로 성립되었어요.

① 백제의 건국과 발전

건국	고구려 주몽의 아들 온조가 한강 유역에서 건국하였음.
전성기 (4세기)	• 삼국 중 가장 먼저 전성기를 맞이하였음. • ❸ ㄱㅊㄱㅇ 때 남쪽 지역으로 영토를 넓히고 북쪽의 고구려를 공격하였음.

② 고구려의 건국과 발전

건국	주몽이 압록강 유역의 졸본에서 건국하였음.
전성기 (5세기)	• 광개토 대왕 때 요동 지역을 차지하고, 남쪽으로는 백제를 공격하여 한강 북쪽까지 영토를 넓혔음. • 광개토 대왕 때 신라를 도와 신라에 침입한 왜를 물리쳤음. • ❹ ㅈㅅㅇ 때 평양으로 수도를 옮기고, 한강 유역 전체를 차지하였음.

③ 신라의 건국과 발전

건국	박혁거세가 지금의 경주를 중심으로 건국하였음.
전성기 (6세기)	진흥왕 때 한강 유역을 차지하였으며, 대가야를 정복하여 가야 연맹을 멸망시켰음.

④ 가야 연맹: 풍부한 ❺ ㅊ 을 바탕으로 다른 나라와 활발히 교류하다가 신라에 흡수되었습니다.

⑤ 삼국과 가야의 문화유산

→산봉우리 사이사이에 신선과 동물이 새겨져 있어요.

고구려	금동 연가 7년명 여래 입상, 무용총 등
백제	❻ ㅁㄹㅇㄹ , 백제 금동 대향로, 미륵사, 서산 용현리 마애 여래 삼존상 등
신라	황룡사 9층 목탑, 경주 첨성대, 천마총 등
가야	철로 만든 갑옷, 창 등의 무기, 덩이쇠 등

개념 ③ 통일 신라와 발해

① 신라의 삼국 통일 과정

> 1️⃣ 신라의 ❼ ㄱㅊㅊ 가 당으로 건너가 신라와 당의 연합을 이끌어 냈음. →가야의 왕족 출신이에요.
> 2️⃣ 김유신이 이끄는 신라군이 당군과 함께 백제와 고구려를 차례로 멸망시켰음.
> 3️⃣ 당이 한반도 전체를 차지하려고 하자, 신라가 고구려 유민과 힘을 합쳐 당과의 전쟁에 나섰음.
> 4️⃣ 신라가 전쟁 끝에 당을 한반도에서 몰아내고, 삼국을 통일하였음. →문무왕 때 삼국 통일을 이루었어요.

② 발해의 건국과 발전 →고구려를 계승한 나라임을 내세웠어요.

건국	대조영이 고구려 유민과 일부 말갈족을 이끌고 동모산 근처에서 건국하였음.
발전	• 고구려의 옛 땅을 대부분 되찾고, 요동 지역을 차지하였음. • 당은 발해를 ❽ ㅎㄷㅅㄱ 이라고 불렀음.

③ 통일 신라와 발해의 문화유산

통일 신라	『무구정광대다라니경』, 경주 불국사 3층 석탑, 다보탑, 석굴암 등
발해	이불병좌상, 발해 석등 등

→고구려 문화의 영향을 받았어요.

정답 ❶ 고조선 ❷ 청동기 ❸ 근초고왕 ❹ 장수왕 ❺ 철 ❻ 무령왕릉 ❼ 김춘추 ❽ 해동성국

자료 1 『삼국유사』에 나타난 고조선의 건국 이야기

환인의 아들 환웅은 바람, 비, 구름을 다스리는 신하를 거느리고 인간 세상을 다스렸다. 어느 날, 곰과 호랑이가 사람이 되게 해 달라고 빌자, 환웅은 100일 동안 쑥과 마늘을 먹으라고 하였다. 사람이 된 곰은 웅녀가 되어 환웅과 결혼해 아들을 낳았고, 그 아들은 단군왕검이 되어 고조선을 세웠다.

POINT
고조선의 건국 이야기를 통해 고조선의 건국 과정과 당시 사회 모습을 알 수 있습니다.

1-1 ( )은/는 우리 역사 속 최초의 국가입니다.

1-2 환웅이 바람, 비, 구름을 다스리는 신하를 거느리고 내려왔다는 점을 통해 (농업 , 상업)을 중요하게 생각하였음을 알 수 있습니다.

자료 2 삼국의 전성기

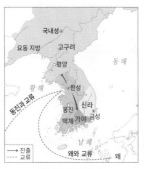
⬆ 백제(4세기)

POINT
삼국은 전성기에 영토를 크게 넓혀 한강 유역을 차지하였습니다.

2-1 ( )은/는 삼국 중 가장 먼저 전성기를 맞이하였습니다.

2-2 백제의 근초고왕은 신라를 도와 왜를 물리쳤습니다. (○ , ×)

2-3 고구려는 (장수왕 , 광개토 대왕) 때 평양으로 수도를 옮긴 후 한강 유역 전체를 차지하였습니다.

2-4 신라의 진흥왕은 정복한 지역을 직접 돌아보며 이를 기념하기 위해 ( )을/를 세웠습니다.

2-5 가야는 신라와 백제의 압박을 받다가 결국 신라에 멸망하였습니다. (○ , ×)

⬆ 고구려(5세기)

⬆ 신라(6세기)

자료 3 삼국의 문화유산

⬆ 고구려 - 금동 연가 7년명 여래 입상

⬆ 백제 - 금동 대향로

⬆ 신라 - 경주 첨성대

POINT
삼국은 절, 탑, 불상 등 다양한 문화유산을 만들었습니다.

3-1 금동 연가 7년명 여래 입상은 (가야 , 고구려)의 대표적인 불상입니다.

3-2 ( )은/는 하늘의 해와 달, 별의 모습을 관찰했던 신라의 문화유산입니다.

01 고조선에 대한 설명으로 알맞지 <u>않은</u> 것은 어느 것입니까? (   )

① 단군왕검이 건국하였다.
② 한의 침략을 받아 멸망하였다.
③ 우리 역사 속 최초의 국가이다.
④ 철기 문화를 바탕으로 성장하였다.
⑤『삼국유사』에 고조선의 건국 이야기가 전해 내려온다.

02 고조선의 문화 범위를 짐작하게 해 주는 문화유산으로 알맞은 것을 두 가지 고르시오.

(,   )

①
↑ 주먹도끼

②
↑ 비파형 동검

③
↑ 빗살무늬 토기

④
↑ 탁자식 고인돌

서술형 낭
03 다음 인물들의 공통점을 한 가지만 쓰시오.

> 주몽, 온조, 박혁거세

_____

_____

04 삼국의 왕과 그 업적을 선으로 알맞게 이으시오.

(1) 신라 진흥왕 •   • ㉠ 대가야를 정복하였음.

(2) 고구려 장수왕 •   • ㉡ 평양으로 수도를 옮겼음.

(3) 백제 근초고왕 •   • ㉢ 삼국 중 가장 먼저 전성기를 맞이하였음.

05 다음은 삼국의 전성기를 나타낸 지도입니다. 순서에 맞게 기호를 쓰시오.

㉠
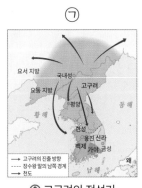
↑ 고구려의 전성기

㉡

↑ 백제의 전성기

㉢

↑ 신라의 전성기

(   ) → (   ) → (   )

→ 바른답·알찬풀이 38쪽

06 다음과 같은 문화유산을 남긴 나라는 어디입니까? (   )

ⓐ 경주 첨성대

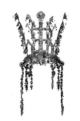
ⓐ 황남 대총 금관

① 가야
② 발해
③ 백제
④ 신라
⑤ 고구려

07 다음 (   ) 안에 들어갈 인물을 쓰시오.

> 가야의 왕족 출신인 (   )이/가 이끄는 신라군은 당군과 함께 백제를 공격하여 멸망시킨 후, 고구려를 공격하여 멸망시켰다.

(   )

08 신라의 삼국 통일 과정 중 가장 먼저 일어난 사건은 어느 것입니까? (   )

① 신라가 삼국을 통일하였다.
② 신라와 당의 연합군이 백제를 멸망시켰다.
③ 신라와 당의 연합군이 고구려를 멸망시켰다.
④ 신라가 고구려 유민과 함께 당과의 전쟁에 나섰다.
⑤ 김춘추가 당으로 건너가 신라와 당의 연합을 이끌어 냈다.

[09~10] 다음 지도를 보고, 물음에 답하시오.

09 위 지도의 ㉠에 들어갈 나라를 쓰시오.

(   )

10 위 ㉠ 나라에 대한 설명으로 알맞은 것은 어느 것입니까? (   )

① 한의 침입으로 멸망하였다.
② 5세기에 전성기를 맞이하였다.
③ 백제의 옛 땅에 세워진 나라이다.
④ 신라의 옛 땅을 대부분 차지하였다.
⑤ 당으로부터 해동성국이라고 불렸다.

서술형

11 다음 문화유산을 통해 알 수 있는 발해 문화의 특징을 쓰시오.

ⓐ 고구려 수막새

ⓐ 발해 수막새

_____

_____

❷ 독창적 문화를 발전시킨 고려

개념 ① 고려의 건국과 후삼국 통일

① 후삼국의 성립과 고려의 건국

신라 말의 상황	귀족들의 왕위 다툼으로 정치가 혼란해지자, 지방에서 ❶ ㅎㅈ 이 성장하였음.
후삼국의 성립	견훤이 후백제를, 궁예가 후고구려를 세웠음. → 후삼국 시대가 시작됨.
고려의 건국	• 후고구려의 궁예가 독단적으로 나라를 다스리자, 신하들이 궁예를 몰아내고 왕건을 왕으로 세웠음. • 왕건은 나라 이름을 고려라 정하고, 수도를 송악으로 옮겼음.

② 고려의 후삼국 통일 과정

1 후백제 견훤이 왕위 다툼을 피해 고려로 넘어왔음.
2 신라의 경순왕이 스스로 나라를 고려에 넘겨주었음.
3 고려가 후백제를 물리치고 후삼국을 통일하였음.

③ 태조 왕건의 정책 → 정치 이념을 「훈요 10조」로 정리하였어요.
• ❷ ㅂㅈ 정책을 추진하였습니다.
• 호족을 자기편으로 만드는 동시에 적절히 견제하였습니다.
• 옛 발해의 유민을 받아들였습니다.
• 불교를 장려하였습니다.
• 백성의 세금을 줄여 주었습니다.

개념 ② 거란의 침입과 고려의 대응

거란을 물리친 뒤 외적의 침략에 대비하기 위해 천리장성을 쌓았어요. ←

1차 침입	• 거란이 송을 공격하기 전에 고려를 자기편으로 만들기 위해 고려에 침입하였음. • ❸ ㅅㅎ 가 거란의 소손녕과 외교 담판을 벌여 송과 관계를 끊기로 약속하고 강동 6주를 얻었음.
2차 침입	고려가 송과 관계를 끊지 않자 거란이 다시 침입하였음. → 양규가 이끄는 고려군이 거란군에게 큰 피해를 주었어요.
3차 침입	• 고려가 강동 6주를 돌려 달라는 거란의 요구를 거절하자, 거란이 침입하였음. • 강감찬이 물러가던 거란군을 ❹ ㄱㅈ 에서 크게 물리쳤음(귀주 대첩).

개념 ③ 여진의 침입과 고려의 대응

여진의 침입	고려의 북쪽 지역에서 세력을 키운 여진이 고려에 자주 침입하였음.
고려의 대응	윤관이 특수 부대인 ❺ ㅂㅁㅂ 을 이끌고 여진을 정벌한 후 동북 9성을 쌓았음.

개념 ④ 몽골의 침입과 고려의 대응

① 몽골의 침입: 고려에 왔던 몽골의 사신이 돌아가는 길에 죽자, 몽골이 이를 구실로 고려에 침입하였습니다.

② 고려의 대응 → 처인성, 충주성 등에서 몽골군을 물리쳤어요.

강화 천도	수도를 개경에서 ❻ ㄱㅎㄷ 로 옮겼음.
개경 환도	몽골과의 계속된 전쟁으로 피해가 커지자, 몽골과 강화를 맺고 개경으로 돌아왔음.
삼별초의 저항	몽골과의 강화에 반대한 삼별초는 강화도, 진도, 제주도로 옮겨 가며 몽골군과 싸웠음. → 고려와 몽골의 연합군에 진압됨.

③ 결과 → 국토가 황폐해지고, 수많은 사람이 죽거나 몽골에 포로로 끌려갔어요.
• 황룡사 9층 목탑, ❼ ㅊㅈㄷㅈㄱ 등이 불타 없어졌습니다.
• 몽골이 세운 나라인 원의 간섭을 받게 되었습니다.

개념 ⑤ 고려의 문화유산

→ 주로 지배층이 사용하였어요.

고려청자	• 엷고 푸른 색을 띠는 청자 • 청자 표면에 흙, 금속 등을 채워 무늬를 새겨 넣는 ❽ ㅅㄱ 기법을 활용하였음.
팔만대장경	• 부처의 힘으로 몽골의 침입을 막아 내기 위해 팔만대장경을 만들었음. • 우리나라에 남아 있는 가장 오래된 대장경으로, 합천 해인사 장경판전에 보관되어 있음. → 유네스코 세계 기록 유산으로 지정되었어요.
금속 활자	• 세계 최초로 금속 활자를 발명하였음. • 『직지심체요절』: 현재 남아 있는 금속 활자로 인쇄된 책 중 가장 오래된 것임.

사
회

자료 ① 「훈요 10조」의 주요 내용

> 「훈요 10조」
>
> 제1조 불교의 힘으로 나라를 세웠으니 불교를 장려할 것
> 제5조 서경(평양)을 중시할 것
> 제10조 연등회와 팔관회를 성대하게 열 것

POINT
태조 왕건은 후대 왕들이 지켜야 할 열 가지의 가르침을 「훈요 10조」로 정리하였습니다.

1-1 (　　　　　　)은/는 자신의 정치 이념을 정리한 「훈요 10조」를 남겼습니다.

1-2 「훈요 10조」를 통해 고려가 (불교 , 유교)를 중시하였다는 것을 알 수 있습니다.

자료 ② 거란의 침입과 고려의 대응

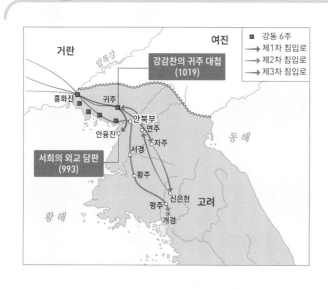

POINT
세력을 키운 거란이 고려에 침입하였으나, 고려의 서희, 강감찬 등이 거란을 물리쳤습니다.

2-1 서희의 담판 결과, 고려는 (　　　　　　)을/를 얻게 되었습니다.

2-2 거란이 고려에 침입하자 윤관은 별무반을 만들었습니다.　　　　　(○ , ×)

2-3 거란의 3차 침입 당시 (양규 , 강감찬)이/가 물러가던 거란군을 귀주에서 크게 물리쳤습니다.

2-4 거란을 물리친 뒤 고려는 (　　　　　　)을/를 쌓아 외적의 침략에 대비하였습니다.

자료 ③ 고려의 문화유산

⬆ 팔만대장경판

POINT
고려는 팔만대장경, 고려청자, 『직지심체요절』 등 독자적인 문화유산을 많이 남겼습니다.

3-1 고려는 부처의 힘으로 (거란 , 몽골)의 침입을 막아 내기 위해 팔만대장경을 만들었습니다.

3-2 표면에 무늬를 새겨 넣는 (　　　　　　) 기법을 활용한 고려청자는 고려의 대표적인 문화유산입니다.

3-3 『직지심체요절』은 합천 해인사 장경판전에 보관되어 있습니다.　　　　　(○ , ×)

⬆ 청자 상감 운학무늬 매병

⬆ 『직지심체요절』

01 다음 ㉠, ㉡에 들어갈 인물을 알맞게 짝 지은 것은 어느 것입니까? (   )

> 신라 말 귀족들의 왕위 다툼으로 정치가 혼란해지자, 지방에서 호족이 성장하였다. 그중에서 (㉠)이/가 후백제를 세우고, (㉡)이/가 후고구려를 세웠다.

	㉠	㉡		㉠	㉡
①	견훤	궁예	②	견훤	왕건
③	궁예	견훤	④	궁예	왕건
⑤	왕건	견훤			

02 다음은 고려의 후삼국 통일 과정입니다. 순서에 맞게 기호를 쓰시오.

> ㉠ 왕건이 고려를 건국하였다.
> ㉡ 고려가 후백제를 물리치고 후삼국을 통일하였다.
> ㉢ 신라의 경순왕이 스스로 나라를 고려에 넘겨주었다.
> ㉣ 후백제의 견훤이 왕위 다툼을 피해 고려로 넘어왔다.

(   ) → (   ) → (   ) → (   )

03 태조 왕건이 실시한 정책을 두 가지 쓰시오.

_____

_____

[04~05] 다음은 거란의 1차 침입 당시의 상황을 나타낸 그림입니다. 물음에 답하시오.

04 위 그림의 ㉠에 해당하는 인물을 쓰시오.

(   )

05 위 담판의 결과로 고려가 얻게 된 지역은 어디입니까? (   )

① 개경   ② 평양
③ 강화도   ④ 거제도
⑤ 강동 6주

06 거란의 3차 침입 당시 강감찬이 활약한 전투로 알맞은 것은 어느 것입니까? (   )

① 귀주 대첩   ② 노량 해전
③ 옥포 해전   ④ 행주 대첩
⑤ 한산도 대첩

07 별무반에 대해 알맞게 설명한 친구의 이름을 쓰시오.

거란의 침입에 대비하기 위해 만들어졌어.

윤관의 건의로 만들어진 특수 부대야.

혜영   도현

(   )

08 몽골의 침입에 대한 고려의 대응으로 알맞은 것을 두 가지 고르시오. (,   )

① 동북 9성을 쌓았다.
② 수도를 강화도로 옮겼다.
③ 왕이 남한산성으로 피란하였다.
④ 국경 지역에 천리장성을 쌓았다.
⑤ 처인성, 충주성 등에서 몽골군을 물리쳤다.

09 다음과 같이 근거지를 옮겨 가며 몽골에 끝까지 맞서 싸운 고려의 군대는 무엇인지 쓰시오.

강화도 ➡ 진도 ➡ 제주도

(   )

서술형 상
10 몽골의 침입으로 고려가 입은 피해를 한 가지만 쓰시오.

_____

_____

_____

11 팔만대장경에 대한 설명으로 알맞은 것은 어느 것입니까? (   )

① 거란의 침입 때 만들어졌다.
② 상감 기법을 활용하여 만들었다.
③ 프랑스 국립 도서관에 보관되어 있다.
④ 고려의 역사를 정리하기 위해 만들었다.
⑤ 유네스코 세계 기록 유산으로 지정되었다.

12 다음에서 설명하는 고려의 문화유산은 어느 것입니까? (   )

현재 남아 있는 금속 활자로 인쇄된 책 중에서 세계에서 가장 오래된 것으로, 유네스코 세계 기록 유산으로 지정되었다.

①『농사직설』
②『동의보감』
③『삼강행실도』
④『향약집성방』
⑤『직지심체요절』

개념 ① 조선의 건국 →유교 사상을 바탕으로 나라를 세웠어요.

① 고려 말의 상황 →홍건적과 왜구가 자주 침입하였어요.
• 외적이 자주 침입하였고, 권문세족의 횡포로 나라가 혼란스러웠습니다.
• 신진 사대부가 ❶ [ㅇㅅㄱ] 등의 신흥 무인 세력과 손잡고 고려 사회의 문제점을 해결하려고 하였습니다.

② 조선의 건국 과정

1 위화도 회군	고려 정부가 이성계에게 명을 공격하게 하였으나, 이성계가 ❷ [ㅇㅎㄷ]에서 군대를 돌려 개경으로 돌아왔음.
2 토지 제도 개혁	이성계와 신진 사대부가 권문세족이 차지한 토지를 관리들에게 돌려주었음.
3 신진 사대부의 대립	신진 사대부 내에서 고려 사회의 개혁 방법을 두고 대립하였음.
4 조선 건국	이성계를 중심으로 한 세력이 조선을 건국하고 ❸ [ㅎㅇ]에 도읍을 정하였음.

개념 ② 세종의 업적

집현전 운영	학자들이 학문·정책을 연구하도록 하였음.
훈민정음 창제	백성이 글자를 몰라 어려움을 겪는 것을 안타깝게 여겨 훈민정음을 창제하였음.
과학 기구 제작	❹ [ㅇㅂㅇㄱ](해시계), 자격루(물시계), 혼천의, 간의, 측우기 등을 만들었음.
서적 편찬	『농사직설』(농사법), 『향약집성방』(의학), 『칠정산』(역법) 등을 편찬하였음.
국방력 강화	• 여진을 몰아내고 4군 6진을 설치하였음. • 쓰시마섬(대마도)을 정벌하였음.

개념 ③ 조선 시대의 사회 모습

신분 제도	양인과 천인으로 나뉘었으나, 실제로는 ❺ [ㅇㅂ], 중인, 상민, 천민으로 구분되었음.
유교 사상	• 양반 중심의 문화가 발달하였음. • 『삼강행실도』: 일상생활에서 백성들이 유교 윤리를 실천할 수 있도록 하였음.

→모범이 될 만한 충신, 열녀 등의 이야기를 담았어요.

개념 ④ 임진왜란의 전개 과정과 극복

① 임진왜란의 발발

> 1 일본이 명으로 가는 길을 내어 달라는 구실로 조선을 침략하였음.
> 2 일본군이 부산진과 동래성을 무너뜨리고 한성(한양)으로 향했음.
> 3 선조는 의주로 피란하였고, 명에 도움을 요청하였음.

② 조선의 극복

이순신과 수군의 노력	❻ [ㄱㅂㅅ], 판옥선, 화포 등을 이용하였고, 옥포, 한산도 등에서 승리를 거두었음.
의병의 활약	곽재우 등의 의병이 전국에서 일어났음.
관군의 활약	권율이 이끄는 관군이 행주산성에서 승리를 거두었음(행주 대첩).

③ 일본군의 철수: 휴전 회담에 실패한 일본이 조선을 다시 침입하였으나(정유재란), 이순신이 명량과 노량에서 일본군을 상대로 큰 승리를 거두면서 전쟁이 끝났습니다.

개념 ⑤ 병자호란의 전개 과정과 결과

① 병자호란 이전의 상황: 광해군이 명과 후금 사이에서 ❼ [ㅈㄹ] 외교를 펼쳤습니다. →조선이 다시 전쟁에 휘말리는 것을 막기 위해서였어요.
② 정묘호란: 광해군을 몰아내고 왕이 된 인조가 명을 가까이하고 후금을 멀리하자, 후금이 침략하였습니다. → 조선과 형제의 관계를 맺고 돌아갔습니다.
③ 병자호란

배경	세력을 키운 후금이 나라 이름을 ❽ [ㅊ]으로 바꾸고 조선에 임금과 신하의 관계를 요구하자, 조선이 거절하였음.
전개	• 청이 조선을 침략하자 인조는 남한산성으로 피신하였음. • 신하들은 청과 끝까지 싸우자는 의견과 청과 화해하자는 의견으로 나뉘어 대립하였음. • 인조가 삼전도에서 청에 항복하였음.
결과	조선과 청이 신하와 임금의 관계를 맺었고, 조선의 왕자, 신하 등이 청에 인질로 끌려갔음.

조선이 항복한 이후 청 황제가 삼전도비를 세웠어요.←

정답 ❶ 이성계 ❷ 위화도 ❸ 한양 ❹ 앙부일구 ❺ 양반 ❻ 거북선 ❼ 중립 ❽ 청

사 회

자료 ① 유교 사상이 담긴 한양의 건물

↥ 경복궁

↥ 숭례문

↥ 종묘

↥ 사직단

POINT 정도전 등의 신하들은 유교 사상에 따라 **경복궁, 숭례문, 종묘** 등 한양의 주요 건물의 위치와 이름을 정했습니다.

1-1 (   )은/는 조선의 첫 번째 궁궐로, 큰 복을 누리라는 뜻을 가지고 있습니다.

1-2 (숭례문 , 흥인지문)은 한양 도성의 남쪽 문입니다.

1-3 경복궁을 중심으로 서쪽에는 종묘, 동쪽에는 사직단을 세웠습니다.   (○ , ×)

자료 ② 세종 대의 과학 기구

↥ 앙부일구

↥ 자격루

↥ 혼천의

↥ 측우기

POINT 세종은 장영실 등에게 다양한 과학 기구들을 만들게 하였습니다.

2-1 (장영실 , 정도전)은 노비 출신의 과학 기술자로, 세종 때 관리로 발탁되었습니다.

2-2 (   )은/는 해의 그림자를 관측하여 시간을 재는 기구입니다.

2-3 혼천의는 원통형의 그릇에 빗물을 받아 비가 내린 양을 측정하는 기구입니다.
                                           (○ , ×)

자료 ③ 신분에 따른 생활 모습

↥ 양반: 유학을 공부하여 관리가 되는 사람이 많았음.

↥ 중인: 병을 치료하거나 통역을 하는 등의 일을 하였음.

↥ 상민: 주로 농사를 짓고, 물건을 팔기도 하였음.

↥ 천민: 가장 낮은 신분으로, 대부분 노비였음.

POINT 조선 시대의 신분은 실질적으로 양반, 중인, 상민, 천민으로 구분되었습니다.

3-1 조선 시대의 사람들은 태어나면서부터 정해진 (   )에 따라 다르게 생활하였습니다.

3-2 조선 시대의 신분은 법적으로 양반, 중인, 상민, 천민으로 구분되었습니다.   (○ , ×)

3-3 (상민 , 양반)은 대부분 관리가 되어 나랏일에 참여하였습니다.

01 다음에서 설명하는 정치 세력을 쓰시오.

> 고려 말 성리학을 공부한 뒤 과거 시험을 통해 관리가 되었던 세력으로, 이성계를 비롯한 신흥 무인 세력과 손을 잡고 고려 사회의 문제점을 해결하려고 하였다.

( )

02 다음은 조선의 건국 과정입니다. 순서에 맞게 기호를 쓰시오.

> ㉠ 이성계가 위화도에서 군대를 돌렸다.
> ㉡ 개혁 세력이 토지 제도 개혁을 추진하였다.
> ㉢ 이성계를 중심으로 한 세력이 조선을 건국하였다.
> ㉣ 고려 말의 상황을 해결하고자 하는 방법을 두고 개혁 세력이 대립하였다.

( ) → ( ) → ( ) → ( )

03 다음 ( ) 안에 들어갈 알맞은 기관은 어느 것입니까? ( )

> 세종은 유능한 인재를 모아 체계적으로 학문과 정책을 연구하기 위해 ( )을/를 확대 운영하였다.

① 종묘　　　　② 향교
③ 규장각　　　④ 성균관
⑤ 집현전

04 세종 대에 제작된 과학 기구로 알맞지 <u>않은</u> 것은 어느 것입니까? ( )

①
↑ 자격루

②
↑ 혼천의

③
↑ 앙부일구

④
↑ 경주 첨성대

05 세종이 훈민정음을 창제한 까닭을 쓰시오.

_____

_____

06 다음 인물이 속한 조선 시대의 신분은 어느 것입니까? ( )

나는 환자들의 병을 고치는 일을 하고 있소.

① 양반　　　　② 중인
③ 상민　　　　④ 천민
⑤ 백정

07 다음에서 설명하는 전쟁은 무엇인지 쓰시오.

> 1592년 일본군이 명으로 가는 길을 내어 달라는 구실을 내세우며 조선을 침략하였다.

(   )

08 임진왜란 당시 다음과 같은 활약을 한 인물은 누구입니까? (   )

> • 학익진 전법을 활용하여 한산도에서 일본군을 크게 물리쳤다.
> • 거북선, 판옥선, 화포 등을 사용하여 일본군과의 해전에서 큰 승리를 거두었다.

① 권율   ② 서희
③ 강감찬   ④ 곽재우
⑤ 이순신

09 임진왜란 과정에서 있었던 전투에 대한 설명을 선으로 알맞게 이으시오.

(1) 노량 해전   •

  • ㉠ 권율이 이끄는 관군이 일본군에 승리하였음.

(2) 행주 대첩   •

  • ㉡ 이순신과 수군이 철수하는 일본군을 무찔렀음.

10 다음과 같은 정책을 펼친 조선의 왕은 누구입니까? (   )

> 임진왜란 이후 후금이 세력을 키워 명을 위협하자, 명은 후금을 몰아내기 위해 조선에 군대를 보내 줄 것을 요청하였다. 이때 명과 후금 사이에서 중립 외교를 펼쳐 전쟁에 휘말리지 않으려 하였다.

① 태종   ② 세종
③ 선조   ④ 인조
⑤ 광해군

11 다음 비석과 관련 있는 전쟁은 어느 것입니까? (   )

① 병자호란
② 임진왜란
③ 정묘호란
④ 정유재란
⑤ 한산도 대첩

⬆ 서울 삼전도비

12 병자호란의 결과를 두 가지 쓰시오.

_____

_____

01 다음에서 설명하는 나라는 어디입니까?
( )

> • 단군왕검이 세운 우리 역사 속 최초의 국가
> 이다.
> • 사회 질서를 유지하기 위한 여덟 개의 법
> 조항이 있었다.

① 가야　　　　　② 백제
③ 신라　　　　　④ 고구려
⑤ 고조선

02 다음 지도와 같이 6세기에 전성기를 이끌었던 신라의 왕은 누구입니까? ( )

① 문무왕
② 장수왕
③ 진흥왕
④ 근초고왕
⑤ 광개토 대왕

서술형

03 삼국의 전성기에 나타난 공통점을 한 가지만 쓰시오.

> 꼭 들어가야 할 말　　　영토, 한강 유역

_____

_____

04 다음 그림의 ㉠에 해당하는 인물은 누구입니까?
( )

백제의 공격으로 신라가 위태롭습니다. 신라와 당이 연합하여 고구려와 백제를 공격하는 것이 어떨까요?

좋소. 고구려와 백제를 멸망시키면 대동강 이남의 땅을 신라에 주겠소.

당 태종

① 온조　　　　　② 김유신
③ 김춘추　　　　④ 대조영
⑤ 박혁거세

꼭나와 ㉵

05 신라의 삼국 통일 과정을 순서에 맞게 나열한 것은 어느 것입니까? ( )

> ㉠ 신라와 당이 연합하였다.
> ㉡ 신라가 삼국을 통일하였다.
> ㉢ 신라와 당의 연합군이 백제와 고구려를 멸망시켰다.
> ㉣ 신라가 고구려 유민과 힘을 합쳐 당과의 전쟁에 나섰다.

① ㉠ → ㉡ → ㉢ → ㉣
② ㉠ → ㉢ → ㉣ → ㉡
③ ㉡ → ㉢ → ㉠ → ㉣
④ ㉡ → ㉢ → ㉣ → ㉠
⑤ ㉢ → ㉣ → ㉠ → ㉡

06 다음에서 설명하는 문화유산은 무엇인지 쓰시오.

하늘의 별, 해와 달의 모습과 움직임 등의 천문 현상을 관측하기 위해 세웠다고 알려진 신라의 문화유산이다.

( )

07 다음 ㉠, ㉡에 들어갈 말을 알맞게 짝 지은 것은 어느 것입니까? ( )

대조영은 (㉠) 유민과 일부 (㉡) 족을 이끌고 오늘날 만주 지역의 동모산 근처에 도읍을 정하고 발해를 건국하였다.

	㉠	㉡
①	가야	거란
②	백제	거란
③	백제	말갈
④	고구려	거란
⑤	고구려	말갈

08 다음에서 설명하는 정치 세력은 무엇입니까?

( )

신라 말에 지방에서 성장한 세력으로, 정치가 혼란해진 틈을 타 군사력과 경제력을 바탕으로 자신의 지역을 직접 다스리며 세력을 키웠다.

① 귀족   ② 호족
③ 양반   ④ 권문세족
⑤ 신진 사대부

꼭나와 ♥

09 태조 왕건이 실시한 정책을 <u>잘못</u> 설명한 친구의 이름을 쓰시오.

북진 정책을 실시했어.
민섭

유교를 장려했어.
서연

백성의 세금을 줄여 주었어.
도영

옛 발해의 유민을 받아들였어.
하린

( )

10 거란의 1차 침입 당시 거란이 고려에 침입한 까닭으로 가장 알맞은 것은 어느 것입니까?

( )

① 고려가 먼저 거란을 공격해서
② 고려를 정복하여 직접 다스리기 위해서
③ 고려가 차지한 강동 6주를 돌려받기 위해서
④ 고려의 도움을 받아 송과 친하게 지내기 위해서
⑤ 송을 공격하기 전에 고려를 자기편으로 만들기 위해서

꼭나와 ♥
11 다음은 거란의 침입과 고려의 극복 과정입니다. 순서에 맞게 기호를 쓰시오.

> ㉠ 고려가 천리장성을 쌓아 외적의 침략에 대비하였다.
> ㉡ 강감찬이 물러가던 거란군을 귀주에서 크게 물리쳤다.
> ㉢ 양규가 이끄는 고려군이 거란군에게 큰 피해를 주었다.
> ㉣ 고려와 거란의 외교 담판 결과 고려가 강동 6주를 얻었다.

(   ) → (   ) → (   ) → (   )

12 다음 (   ) 안에 공통으로 들어갈 섬은 어디인지 쓰시오.

> (   )은/는 육지와 가까우면서도 섬과 육지 사이의 물살이 빠르고 갯벌이 넓어 방어에 유리하였다. 고려는 몽골이 침입한 뒤 도읍을 (   )(으)로 옮겼다.

(   )

13 삼별초가 몽골에 저항하며 옮긴 근거지를 순서에 맞게 나열한 것은 어느 것입니까? (   )

> ㉠ 진도   ㉡ 강화도   ㉢ 제주도

① ㉠ → ㉡ → ㉢
② ㉠ → ㉢ → ㉡
③ ㉡ → ㉠ → ㉢
④ ㉡ → ㉢ → ㉠
⑤ ㉢ → ㉡ → ㉠

서술형 ♥
14 다음 문화유산이 보관되어 있는 장소를 쓰고, 고려 사람들이 이 문화유산을 만든 목적은 무엇인지 쓰시오.

⬆ 팔만대장경판

(1) 보관 장소: (   )

(2) 만든 목적: _____

_____

15 다음 (   ) 안에 들어갈 알맞은 지역은 어디입니까? (   )

> 명이 고려에 북쪽의 일부 영토를 요구하자, 고려 정부는 이성계에게 요동 지역을 공격하게 하였다. 그러나 요동 정벌을 반대하였던 이성계는 (   )에서 군대를 되돌려 개경으로 돌아왔다.

① 진도   ② 강화도
③ 위화도   ④ 제주도
⑤ 한산도

→ 바른답·알찬풀이 39쪽

16 조선의 도읍인 한양에 있는 건물 중 임금이 덕으로써 나라를 다스려 만 년 동안 큰 복을 누리라는 뜻을 담고 있는 것은 어느 것입니까?

( )

①
🔼 종묘

②
🔼 숭례문

③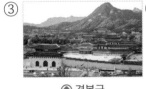
🔼 경복궁

④
🔼 사직단

꼭나와 ☺

17 다음 ㉠, ㉡에서 설명하는 세종 대의 과학 기구를 알맞게 짝 지은 것은 어느 것입니까? ( )

> ㉠ 해의 그림자를 관측하여 시간을 재는 기구이다.
> ㉡ 비가 내린 양을 측정하기 위한 과학 기구로, 궁궐과 각 지역에 설치하였다.

	㉠	㉡
①	자격루	측우기
②	자격루	앙부일구
③	측우기	앙부일구
④	앙부일구	자격루
⑤	앙부일구	측우기

18 임진왜란 때 활약하였던 의병에 대한 설명으로 알맞은 것은 어느 것입니까? ( )

① 학익진 전법을 활용하였다.
② 광해군의 중립 외교 정책을 반대하였다.
③ 판옥선, 거북선 등을 만들어 이용하였다.
④ 전국 각지에서 일어나 일본군에 맞서 싸웠다.
⑤ 명량 해전과 노량 해전에서 일본군에 큰 승리를 거두었다.

서술형 낭

19 광해군이 명과 후금 사이에서 중립 외교를 펼친 까닭을 쓰시오.

꼭 들어가야 할 말   조선, 전쟁

_____

_____

20 다음과 같은 결과를 가져온 전쟁과 관련 있는 일로 알맞은 어느 것입니까? ( )

> 조선과 청이 신하와 임금의 관계를 맺었다.

① 수도를 개경에서 강화도로 옮겼다.
② 임금과 신하들이 의주까지 피란하였다.
③ 조선의 두 왕자가 청에 인질로 끌려갔다.
④ 황룡사 9층 목탑, 초조대장경 등이 불타 없어졌다.
⑤ 명을 가까이하고 후금을 멀리한 것이 배경이 되었다.

01 다음 문화유산을 통해 짐작할 수 있는 것으로 알맞은 것은 어느 것입니까? (   )

① 고조선의 법
② 고조선의 문화 범위
③ 고조선의 건국 과정
④ 고조선의 신분 제도
⑤ 고조선이 멸망한 시기

서술형

02 다음 고조선의 건국 이야기 중 밑줄 친 내용을 통해 알 수 있는 점을 쓰시오.

> 옛날에 환인의 아들 환웅이 인간 세상에 관심을 두었다. 환웅은 <u>바람, 비, 구름을 다스리는 신하를 거느리고 내려와 인간 세상을 다스렸다.</u> 어느 날 곰과 호랑이가 환웅을 찾아와 사람이 되게 해 달라고 빌자, 환웅은 100일 동안 쑥과 마늘을 먹으면 된다고 하였다. 이를 지켜 사람이 된 곰은 웅녀가 되어 환웅과 결혼해 아들을 낳았고, 그 아들은 단군왕검이 되어 고조선을 세웠다.
>
> - 『삼국유사』

_____

_____

03 다음 ㉠, ㉡에 들어갈 알맞은 말을 각각 쓰시오.

> (㉠   )의 아들인 온조는 고구려에서 자신의 무리를 이끌고 남쪽으로 내려와 한강 유역에서 (㉡   )을/를 건국하였다.

㉠: (   ), ㉡: (   )

04 고구려 광개토 대왕이 한 일로 알맞은 것을 두 가지 고르시오. (,   )

① 가야 연맹을 멸망시켰다.
② 요동 지역을 차지하였다.
③ 평양으로 수도를 옮겼다.
④ 신라에 침입한 왜를 물리쳤다.
⑤ 백제를 공격하여 한강 유역 전체를 차지하였다.

어려워

05 다음 문화유산을 통해 알 수 있는 가야의 특징으로 알맞은 것은 어느 것입니까? (   )

⊕ 갑옷   ⊕ 덩이쇠

① 농사를 많이 지었다.
② 불교문화가 발달하였다.
③ 질 좋은 철이 생산되었다.
④ 고구려 문화를 이어받았다.
⑤ 작은 나라들이 연맹을 이루었다.

06 다음과 같은 특징을 가진 문화유산은 어느 것입니까? (　　　)

> • 백제 사람들의 뛰어난 예술 감각과 공예 기술을 알 수 있다.
> • 크고 작은 산봉우리 사이사이에 신선과 동물이 새겨져 있다.

①
🔼 금동 대향로

②
🔼 익산 미륵사지 석탑

③
🔼 경주 첨성대

④
🔼 금동 연가 7년명 여래 입상

07 발해에 대한 설명으로 알맞은 것을 에서 모두 골라 기호를 쓰시오.

> ┌─ 보기 ─────────────────────┐
> ㉠ 고구려의 옛 땅을 대부분 되찾았다.
> ㉡ 당으로부터 해동성국이라고 불렸다.
> ㉢ 스스로 백제를 계승한 국가임을 내세웠다.
> ㉣ 당과 연합하여 백제와 고구려를 멸망시켰다.
> └──────────────────────────┘

(　　　　　　　)

08 고려의 후삼국 통일 과정 중 가장 먼저 일어난 사건은 어느 것입니까? (　　　)

① 왕건이 고려를 건국하였다.
② 고려가 후삼국을 통일하였다.
③ 후백제의 견훤이 고려로 넘어왔다.
④ 후백제에서 왕위 다툼이 일어났다.
⑤ 신라의 경순왕이 스스로 나라를 고려에 넘겨주었다.

어려워 😊

09 거란의 1차 침입의 결과로 알맞은 것을 두 가지 고르시오. (　　,　　)

① 고려가 거란의 지배를 받게 되었다.
② 고려가 압록강 동쪽의 강동 6주를 얻었다.
③ 고려와 거란이 손을 잡고 송을 침략하였다.
④ 고려와 거란이 신하와 임금의 관계를 맺었다.
⑤ 고려가 거란에 송과의 관계를 끊기로 약속하였다.

10 다음 (　　) 안에 들어갈 알맞은 사건을 쓰시오.

> 거란의 3차 침입 때 고려군에 패하고 철수하던 거란군을 강감찬이 귀주에서 크게 물리쳤다. 이 전투를 (　　　)(이)라고 한다.

(　　　　　　　)

어려워 ㅎ

11 다음은 몽골의 침입과 고려의 대응 과정입니다. 순서에 맞게 기호를 쓰시오.

> ㉠ 고려가 수도를 개경에서 강화도로 옮겼다.
> ㉡ 고려에 왔던 몽골의 사신이 돌아가는 길에 사망하였다.
> ㉢ 고려가 몽골과 강화를 맺고 수도를 다시 개경으로 옮겼다.
> ㉣ 몽골과의 강화에 반대한 삼별초가 근거지를 옮겨 가며 몽골군과 싸웠다.

(   ) → (   ) → (   ) → (   )

12 다음 고려의 문화유산에 대한 설명으로 알맞지 <u>않은</u> 것은 어느 것입니까? (   )

⬆ 청자 상감 운학무늬 매병

① 주로 지배층이 사용하였다.
② 고려를 대표하는 예술품이다.
③ 상감 기법을 활용하여 만들었다.
④ 고려의 뛰어난 인쇄술을 알 수 있다.
⑤ 엷고 푸른 색을 띠는 것이 특징이다.

13 『직지심체요절』에 대한 설명으로 알맞은 것은 어느 것입니까? (   )

① 목판 인쇄본이다.
② 합천 해인사 장경판전에 보관되어 있다.
③ 몽골이 고려에 침입하였을 때 불타 없어졌다.
④ 현재 남아 있는 금속 활자로 인쇄된 책 중 가장 오래된 것이다.
⑤ 부처의 힘을 빌려 몽골의 침입을 물리치고자 하는 소망이 담겨 있다.

[14~15] 다음 사진을 보고, 물음에 답하시오.

⬆ 숭례문   ⬆ 종묘

14 위 사진의 건물들이 위치한 조선의 도읍은 어디였는지 쓰시오.

(   )

서술형 ㅎ

15 위 건물들의 공통점을 한 가지만 쓰시오.

_____

_____

16 세종의 업적으로 알맞은 것을 보기 에서 모두 골라 기호를 쓰시오.

> 보기
> ㉠ 중립 외교를 펼쳤다.
> ㉡ 4군 6진을 설치하였다.
> ㉢ 『농사직설』을 편찬하였다.
> ㉣ 세계 최초로 금속 활자를 발명하였다.

(   )

17 다음 ㉠, ㉡에 해당하는 서적을 알맞게 짝 지은 것은 어느 것입니까? (   )

> ㉠ 조선의 땅과 기후에 알맞은 농사법이 실려 있는 책이다.
> ㉡ 일상생활에서 백성들이 유교 윤리를 실천할 수 있도록 모범이 될 만한 충신, 열녀 등의 이야기를 담은 책이다.

	㉠	㉡
①	『농사직설』	『삼강행실도』
②	『농사직설』	『향약집성방』
③	『삼강행실도』	『농사직설』
④	『삼강행실도』	『향약집성방』
⑤	『향약집성방』	『삼강행실도』

서술형
18 조선 시대의 신분 제도를 법적인 구분과 실제적인 구분으로 나누어 쓰시오.

_____

_____

어려워
19 다음 밑줄 친 '전쟁'에 대한 설명으로 알맞지 않은 것은 어느 것입니까? (   )

> • 1592년 일본이 조선에 쳐들어오면서 전쟁이 시작되었다.
> • 조선군이 노량 해전에서 철수하는 일본군을 상대로 승리하면서 전쟁이 끝났다.

① 김윤후가 처인성에서 백성과 함께 싸워 큰 승리를 거두었다.
② 이순신이 이끄는 조선 수군이 여러 해전에서 일본군을 물리쳤다.
③ 권율이 행주산성에서 관군과 의병을 이끌고 일본군과 싸워 승리하였다.
④ 의병이 익숙한 지리를 활용하여 적은 병력으로 일본군에게 큰 피해를 주었다.
⑤ 일본군이 명으로 가는 길을 내어 달라는 구실을 내세우며 조선에 쳐들어왔다.

20 다음은 병자호란의 전개 과정입니다. 순서에 맞게 기호를 쓰시오.

> ㉠ 인조와 신하들이 남한산성으로 피신하였다.
> ㉡ 인조가 삼전도에서 청 황제에게 항복하였다.
> ㉢ 청이 조선에 임금과 신하의 관계를 요구하였다.
> ㉣ 신하들이 청과 싸우자는 입장과 화해하자는 입장으로 나뉘었다.

(   ) → (   ) → (   ) → (   )

개념 1 영조와 정조의 개혁 정치

영조	• 붕당에 관계없이 능력에 따라 인재를 뽑는 ❶ ㅌㅍㅊ 을 실시하고, 탕평비를 세웠음. • 백성이 억울한 일을 당하지 않도록 신문고를 다시 설치하였음. • 홍수 피해를 줄이고자 청계천을 정비하였음. • 세금을 줄여 주고, 가혹한 형벌을 금지하였음.
정조	• 영조의 탕평책을 이어받았음. • ❷ ㄱㅈㄱ 을 설치하여 학자들에게 학문 및 정책을 연구하도록 하였음. • 수원 화성을 건설하여 정치적, 군사적, 상업적 기능을 갖춘 중심지로 만들고자 하였음. • 상인들이 자유롭게 물건을 팔 수 있도록 하였음.

개념 2 실학

① 등장: 백성의 생활을 안정시키고 나라의 문제를 해결하는 방법을 연구하는 실학이 등장하였습니다.
② 실학자들의 활동

유형원, 정약용 등	❸ ㅌㅈ 제도를 개혁하여 농촌 사회를 안정시키고자 하였음.
박지원, 박제가 등	청의 문물을 받아들이고, 상업과 공업을 발전시키고자 하였음.
유득공	발해가 고구려를 계승한 나라임을 밝혔음.
김정호	우리나라 지도인 「대동여지도」를 만들었음.

→ 산, 강, 도로를 정밀하게 표현하였어요.

개념 3 서민 문화 → 조선 후기 농업과 상업의 발달로 경제적 여유가 생긴 사람들이 늘어나면서 발달했어요.

한글 소설	『춘향전』, 『홍길동전』 등 한글 소설이 유행하였음.
탈놀이	탈을 쓰고 하는 연극으로, 서민들의 생각과 감정을 솔직하게 표현하였음.
❹ ㅍㅅㄹ	소리꾼이 노래로 이야기를 엮어 나갔음.
민화	백성의 소망을 담아 동물, 나무 등을 그렸음.
풍속화	생활 모습을 생동감 있게 표현하였음.

→ 김홍도는 「서당도」, 신윤복은 「월하정인」 등을 그렸어요.

개념 4 흥선 대원군의 개혁

→ 왕권이 약화되었어요.

배경	왕실과 혼인 관계를 맺은 가문들이 권력을 독점하는 세도 정치로 백성의 생활이 어려워졌음.
개혁 정책	• 세도 가문을 억누르고 인재를 고루 뽑았음. • 양반에게도 군포를 거두었음. • ❺ ㅅㅇ 을 정리하여 일부만 남기도록 하였음. • 임진왜란 때 불탄 경복궁을 다시 지었음.

개념 5 외세의 침략과 강화도 조약

① 병인양요와 신미양요 → 두 차례의 양요 이후 흥선 대원군은 서양과 교류하지 않겠다는 의지를 담아 전국에 척화비를 세웠어요.

병인 양요	• 프랑스가 통상을 요구하며 강화도를 침략함. • 프랑스군은 물러나면서 외규장각 『의궤』 등의 문화재를 약탈해 갔음.
신미 양요	❻ ㅁㄱ 이 통상을 요구하며 강화도를 침략함. → 어재연 등이 끝까지 저항하자 물러났음.

② 강화도 조약

체결 과정	일본이 ❼ ㄱㅎㄷ 에 군함을 보냈음. → 조선군이 대포를 쏘며 경고하였음. → 일본이 조선군의 공격을 빌미로 개항을 요구하였음. → 조선이 일본과 강화도 조약을 맺고 개항하게 되었음.
성격	조선이 외국과 맺은 최초의 근대적 조약이지만 불평등한 조약이었음.

개념 6 갑신정변과 동학 농민 운동

→ 갑신정변과 동학 농민 운동의 개혁 요구 중 일부가 갑오개혁에 반영되었어요.

갑신정변	• 김옥균 등 급진 개화파가 우정총국 개국 축하 잔치를 기회로 정변을 일으켰음. • 청의 군대가 개입하면서 3일 만에 끝났음.
동학 농민 운동	❽ ㅈㅂㅈ 과 농민들이 고부 군수의 횡포에 맞서 봉기 → 농민군의 전주성 점령 → 청과 일본이 군대를 보냈음. → 농민군이 정부와 화약을 맺고 물러난 후 전라도 일대에서 개혁을 추진하려고 하였음. → 일본이 청일 전쟁을 일으켰음. → 농민군이 다시 봉기했지만 우금치 전투에서 패배하였음.

자료 1 조선 후기의 서민 문화

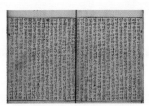

⊕ 한글 소설 『홍길동전』

⊕ 탈놀이

⊕ 판소리

⊕ 민화 「호랑이와 까치」

⊕ 풍속화 「서당도」

POINT
조선 후기에는 서민들이 문화와 예술에 관심을 갖기 시작하면서 서민 문화가 발달하였습니다.

1-1 조선 후기에는 농업 생산력이 높아지고 상업이 발달하였으며, 한글 사용이 늘어났습니다.
(○ , ×)

1-2 탈을 쓰고 하는 연극과 춤으로, 주로 양반의 위선을 비판하고 풍자한 서민 문화는 무엇인지 쓰시오. (   )

1-3 김홍도와 신윤복은 (민화 , 풍속화)를 그려 당시 사람들의 생활 모습을 재미있고 생동감 있게 표현하였습니다.

자료 2 강화도 조약의 주요 내용

강화도 조약

제1조 조선은 자주국이며, 일본과 평등한 권리를 가진다.
제4조 조선은 부산 이외에 두 개의 항구를 열어 교역한다.
제7조 일본인이 조선의 해안을 자유롭게 측량하는 것을 허가한다.
제10조 일본국 국민이 조선국 항구에서 죄를 지었을 경우, 일본국 관리가 심판한다.

POINT
강화도 조약은 조선이 외국과 맺은 최초의 근대적 조약이지만 일본에 유리한 불평등한 조약이었습니다.

2-1 강화도 조약은 조선과 (일본 , 프랑스)이/가 맺은 조약입니다.

2-2 강화도 조약의 결과 조선은 개항을 하게 되었습니다. (○ , ×)

2-3 강화도 조약은 조선과 일본이 대등한 관계에서 맺은 평등한 조약이었습니다.
(○ , ×)

자료 3 동학 농민군의 개혁안(일부)

• 탐관오리의 죄를 조사하여 엄하게 벌한다.
• 노비 문서를 불태운다.
• 천한 신분의 대우를 개선한다.
• 정해진 세금 외에 잡다한 세금을 폐지한다.
• 일본과 협력하는 사람은 엄하게 벌한다.

POINT
동학 농민군은 양반 중심의 신분 질서를 개혁하고, 외세의 침략을 물리치고자 하였습니다.

3-1 (   )은/는 동학 농민 운동을 이끌었던 인물입니다.

3-2 동학 농민군은 우금치 전투에서 일본군과 관군에게 승리하였습니다. (○ , ×)

01 영조의 개혁 정치에 대한 설명으로 알맞지 않은 것은 어느 것입니까? (   )

① 탕평책을 실시하였다.
② 청계천을 정비하였다.
③ 규장각을 설치하였다.
④ 신문고를 다시 설치하였다.
⑤ 백성들의 세금을 줄여 주었다.

서술형
02 정조가 수원 화성을 건설한 목적을 쓰시오.

_____

_____

03 실학자와 활동에 대한 설명을 선으로 알맞게 이으시오.

(1) 김정호 •

• ㉠ 발해가 고구려를 계승한 나라임을 밝혔음.

(2) 유득공 •

• ㉡ 우리나라 지도인 「대동여지도」를 만들었음.

04 다음 (   ) 안에 들어갈 알맞은 말을 쓰시오.

조선 후기에는 농업 생산력이 높아지고 상업이 발달하면서 서민들의 경제력과 사회적 지위가 향상되었다. 또한 서당이 널리 보급되고 한글 사용이 늘어나면서 서민들이 문화와 예술에 관심을 갖기 시작하였다. 이에 양반뿐만 아니라 서민도 참여할 수 있는 문화가 발달하였는데, 이를 (   )(이)라고 한다.

(   )

05 다음과 같은 풍속화를 그린 인물은 누구입니까?

(   )

① 김홍도
② 박제가
③ 박지원
④ 신윤복
⑤ 정약용

ⓐ 「서당도」

06 흥선 대원군이 실시한 정책으로 알맞지 않은 것은 어느 것입니까? (   )

① 탕평비를 세웠다.
② 서원을 정리하여 일부만 남겼다.
③ 양반에게도 군포를 내게 하였다.
④ 임진왜란 때 불탄 경복궁을 다시 지었다.
⑤ 세도 가문을 억누르고 인재를 고루 뽑았다.

→ 바른답·알찬풀이 41쪽

07 다음 ㉠, ㉡에 해당하는 사건을 알맞게 짝 지은 것은 어느 것입니까? (　　)

> ㉠ 프랑스가 통상을 요구하며 강화도를 침략한 사건이다.
> ㉡ 미국이 군함을 이끌고 통상을 요구하며 강화도를 침략한 사건이다.

	㉠	㉡
①	병인양요	신미양요
②	병인양요	정묘호란
③	병자호란	신미양요
④	신미양요	정묘호란
⑤	정묘호란	병인양요

[08~09] 다음 자료를 읽고, 물음에 답하시오.

> 제1조　조선은 자주국이며, 일본과 평등한 권리를 가진다.
> 제4조　조선은 부산 이외에 두 개의 항구를 열어 교역한다.
> 제7조　일본인이 조선의 해안을 자유롭게 측량하는 것을 허가한다.
> 제10조　일본국 국민이 조선국 항구에서 죄를 지었을 경우, 일본국 관리기 심판한다.

08 위와 같은 내용이 담긴 조약의 이름을 쓰시오.
(　　　　　)

서술형 낭

09 문제 8번의 답에 해당하는 조약의 성격을 한 문장으로 쓰시오.

_____

10 갑신정변에 대한 설명으로 알맞지 않은 것은 어느 것입니까? (　　)

① 온건 개화파가 일으켰다.
② 새로운 조선을 만들려는 개혁 시도였다.
③ 우정총국 개국 축하 잔치를 기회로 일어났다.
④ 청의 군대가 개입하면서 3일 만에 실패로 끝났다.
⑤ 개혁 요구 중 일부 내용이 갑오개혁에 반영되었다.

11 다음에서 설명하는 인물은 누구입니까?
(　　)

> • 동학 농민 운동을 이끈 지도자였다.
> • 전라도 고부 군수의 횡포에 맞서 봉기를 일으켰다.
> • 동학 농민 운동이 실패한 이후 체포되어 처형되었다.

① 김옥균　② 김홍집
③ 박영효　④ 전봉준
⑤ 정약용

12 동학 농민 운동의 전개 과정 중 가장 먼저 일어난 사건은 어느 것입니까? (　　)

① 일본이 청일 전쟁을 일으켰다.
② 농민군이 정부와 화약을 맺고 물러났다.
③ 동학 농민군이 우금치 전투에서 패배하였다.
④ 전봉준과 농민들이 고부 군수의 횡포에 맞서 봉기하였다.
⑤ 동학 농민군을 진압하기 위해 청과 일본이 조선에 군대를 보냈다.

→일제의 식민 통치가 심해지자
독립운동가들은 국외에서 독립운동을 하였어요.

개념 1 **독립 협회와 대한 제국**

① 을미사변과 아관 파천

을미사변	일본이 ❶ㅁㅅㅎㅎ를 시해하였음.
아관 파천	고종이 러시아 공사관으로 피해 머물렀음.

② 『독립신문』과 독립 협회 →한글로 작성해 누구나 쉽게 읽을 수 있도록 하였어요.

『독립신문』 발간	서재필이 정부의 지원을 받아 만들어 나라의 소식을 알리고 자주독립을 강조하였음.
독립 협회의 활동	❷ㄷㄹㅁ을 세워 자주독립의 의지를 드러냈으며, 만민 공동회를 개최하였음.

③ 대한 제국의 수립과 개혁

수립	고종이 환구단에서 황제로 즉위하고, 대한 제국의 수립을 선포하였음.
추진한 개혁	• 근대 시설을 세우고 회사·공장 설립을 지원함. • 인재를 기르기 위해 학교를 세우고, 외국에 유학생을 보내 기술을 배우게 하였음.

개념 2 **일제의 침략을 막기 위한 노력**

① 을사늑약 →일본이 러일 전쟁에서 승리한 후 체결되었어요.

체결	이토 히로부미가 군대를 이끌고 외교권을 빼앗는 을사늑약을 강제로 체결하였음.
반발	• 신문에 을사늑약의 무효를 주장하는 글을 썼고, 민영환 등은 스스로 목숨을 끊었음. • 고종이 ❸ㅎㅇㄱ에 특사를 보내 을사늑약이 무효임을 알리려고 하였으나 실패하였음. → 고종이 강제로 퇴위되었음.

② 일제의 침략을 막기 위한 노력

항일 의병 운동	• 을미사변과 단발령 이후: 유생들을 중심으로 의병이 일어났음. →자진 해산하였어요. • 을사늑약 체결 이후: 신돌석 등의 평민 의병장이 활약하였음. • 대한 제국의 군대 해산 이후: 해산한 일부 군인들이 의병에 합류하였음.
의거 활동	❹ㅇㅈㄱ이 이토 히로부미를 처단하였음.

개념 3 **일제의 식민 통치와 국외 민족 운동**

→우리 민족을 지배하기 위한 식민지 통치 기구였어요.

1910년대 일제의 식민 통치	• 조선 총독부를 설치하였음. • 헌병 경찰제를 실시하여 탄압하였음. • 토지 조사 사업을 벌여 신고하지 않은 땅 등을 조선 총독부의 소유로 빼앗았음.
국외 민족 운동	안창호는 미국에서 흥사단을, ❺ㅇㅎㅇ은 만주에서 신흥 강습소를 세웠음.

개념 4 **3·1 운동과 대한민국 임시 정부**

① 3·1운동 →일제는 평화적인 만세 운동을 경찰과 군대를 동원해 총칼로 진압하였어요.

배경	종교 지도자들을 중심으로 시위를 계획하였음.
전개	1919년 3월 1일, 민족 대표 33인이 서울에서 독립을 선언하고, 학생과 시민들은 탑골 공원에서 만세 시위를 벌였음. → 시위가 전국으로 퍼지면서 전 민족적인 운동으로 발전함.

② 대한민국 임시 정부

수립	3·1 운동 이후 중국 ❻ㅅㅎㅇ에 대한민국 임시 정부가 수립되었음.
활동	• 독립운동 자금을 모으고, 비밀 연락망을 통해 국내외의 소식을 주고받았음. • 김구가 조직한 한인 애국단의 이봉창, 윤봉길 등이 의거 활동을 벌였음. • 한국광복군을 창설하였음.

개념 5 **나라를 되찾기 위한 노력**

① 3·1 운동 이후 국내외 독립운동

국내	6·10 만세 운동, 광주 학생 항일 운동 등 학생들이 중심이 된 민족 운동이 일어났음.
국외	봉오동 전투(❼ㅎㅂㄷ), 청산리 대첩(김좌진, 홍범도)에서 일본군을 크게 무찔렀음.

② 민족 문화를 지키기 위한 노력
• 신채호는 우리가 우리 역사의 주인임을 강조하는 『조선사연구초』 등의 역사서를 썼습니다.
• ❽ㅈㅈㅇㅎㅎ가 우리말 『큰사전』을 편찬하려고 하였으나, 일본의 방해로 성공하지 못하였습니다.

정답 ❶ 명성 황후 ❷ 독립문 ❸ 헤이그 ❹ 안중근 ❺ 이회영 ❻ 상하이 ❼ 홍범도 ❽ 조선어 학회

→ 바른답·알찬풀이 42쪽

자료 ① 을사늑약의 주요 내용

을사늑약

제1조 일본 정부는 대한 제국의 외교에 관한 모든 사무를 지휘하고 감독한다.
제2조 대한 제국 정부는 일본 정부를 통하지 않고는 외국과 조약을 맺지 못한다.

- 『조선왕조실록』

POINT 일본은 대한 제국에 이토 히로부미를 보내 강제로 을사늑약을 체결하였습니다.

1-1 일본은 (　　　　)을/를 체결하여 대한 제국의 외교권을 빼앗았습니다.

1-2 고종은 을사늑약이 무효임을 알리기 위해 네덜란드 헤이그에서 열린 만국 평화 회의에 특사를 파견하였습니다.　(○ , ×)

자료 ② 1910년대 일제의 식민 통치

↑ 조선 총독부 설치

↑ 헌병 경찰제 실시

↑ 언론 통제

↑ 토지 조사 사업 실시

POINT 일제는 1910년에 대한 제국의 국권을 빼앗은 후 조선 총독부 설치, 헌병 경찰제 실시 등을 하였습니다.

2-1 국권 피탈 후 일제는 (　　　　)(이)라는 통치 기구를 설치하였습니다.

2-2 1910년대 일제는 헌병 경찰제를 실시하여 우리 민족을 감시하고 독립운동을 탄압하였습니다.　(○ , ×)

2-3 1910년대 일제는 토지 소유자를 확인하고 더 많은 세금을 걷고자 (　　　　)을/를 실시하였습니다.

자료 ③ 국외의 민족 운동

POINT 일제에 나라를 빼앗기자, 일부 민족 지도자들은 일본의 탄압을 피해 국외로 이주하여 독립운동을 이어 갔습니다.

3-1 (안중근 , 안창호)은/는 미국으로 건너가 흥사단을 만들어 우리 민족을 단결시키고자 하였습니다.

3-2 이회영은 만주에서 독립군 지도자를 길러 내기 위해 (　　　　)을/를 세웠습니다.

01 다음에서 설명하는 사건은 무엇인지 쓰시오.

> 고종과 명성 황후는 러시아의 힘을 빌려 일본의 간섭에서 벗어나려고 하였다. 이에 위기감을 느낀 일본이 경복궁을 습격하여 명성 황후를 시해하고 시신을 불태웠다.

(   )

02 독립 협회의 활동에 대한 설명으로 알맞은 것을 보기 에서 모두 골라 기호를 쓰시오.

> **보기**
> ㉠ 독립문을 세웠다.
> ㉡ 척화비를 세웠다.
> ㉢ 만민 공동회를 개최하였다.
> ㉣ 대한 제국 수립을 선포하였다.

(   )

03 대한 제국이 추진한 개혁으로 알맞지 <u>않은</u> 것은 어느 것입니까? (   )

① 여러 근대 시설을 세웠다.
②『독립신문』을 창간하였다.
③ 인재를 기르기 위해 학교를 세웠다.
④ 회사, 공장 등의 설립을 지원하였다.
⑤ 외국에 유학생을 보내 기술을 배우게 하였다.

서술형 ⓝ

04 고종이 다음과 같은 활동을 한 목적을 쓰시오.

> 고종은 1907년 네덜란드 헤이그에서 열리는 만국 평화 회의에 이상설, 이준, 이위종을 특사로 보냈다.

_____

_____

05 항일 의병 운동이 일어난 배경으로 알맞지 <u>않은</u> 것은 어느 것입니까? (   )

① 을미사변에 반발하였다.
② 단발령 실시에 반발하였다.
③ 을사늑약 체결에 반발하였다.
④ 헌병 경찰제 실시에 반발하였다.
⑤ 대한 제국의 군대 해산에 반발하였다.

06 1910년대 일제의 식민 통치에 대해 <u>잘못</u> 설명한 친구의 이름을 쓰시오.

> • 가영: 을사늑약을 체결하였어.
> • 나연: 조선 총독부를 설치하였어.
> • 다은: 헌병 경찰제를 실시하였어.
> • 라미: 토지 조사 사업을 시행하였어.

(   )

→ 바른답·알찬풀이 42쪽

07 국외에서 독립운동을 한 인물에 대한 설명을 선으로 알맞게 이으시오.

(1) 안창호 •

(2) 이회영 •

• ㉠ 흥사단을 만들어 미국 지역의 독립운동을 지휘하였음.

• ㉡ 만주에서 독립군 지도자를 길러내기 위해 신흥 강습소를 세웠음.

08 3·1 운동에 대한 설명으로 알맞은 것은 어느 것입니까? (   )

① 서울에서만 일어났다.
② 학생과 지식인만 참여하였다.
③ 일제가 평화적으로 진압하였다.
④ 전 민족적인 운동으로 발전하였다.
⑤ 부상자와 사망자는 발생하지 않았다.

09 대한민국 임시 정부의 활동으로 알맞은 것을 두 가지 고르시오. (,   )

① 3·1 운동을 이끌었다.
② 대한 제국을 수립하였다.
③ 한국광복군을 창설하였다.
④ 조선어 학회를 설립하였다.
⑤ 비밀 연락망을 통해 국내외의 소식을 주고받았다.

서술형ᆞ
10 다음 독립운동의 공통점을 쓰시오.

6·10 만세 운동, 광주 학생 항일 운동

_____

_____

11 다음 (   ) 안에 들어갈 인물은 누구입니까?
(   )

일제는 독립군의 근거지였던 만주의 봉오동을 습격하였다. 이때 (   )과/와 독립군은 전투에 유리한 지역으로 일본군을 유인하여 크게 승리하였다.

① 김좌진   ② 안중근
③ 이회영   ④ 전봉준
⑤ 홍범도

12 다음과 같은 활동을 한 인물은 누구인지 쓰시오.

• 국권 피탈 이전에 을지문덕, 이순신 등 나라를 구한 위인의 전기를 썼다.
• 일제의 역사 왜곡에 맞서 우리가 우리 역사의 주인임을 강조하는 『조선사연구초』 등의 역사서를 썼다.

(   )

사
회

개념 1 8·15 광복 직후 우리나라의 모습

① 8·15 광복: 제2차 세계 대전에서 일본이 연합국에 항복하면서 우리나라는 광복을 맞이하였습니다.

② 8·15 광복 직후의 상황

국내	여운형을 중심으로 건국을 준비하는 단체를 조직하고 사회 질서 유지를 위해 노력하였음.
국외	미국에서 활동하던 이승만과, ❶[ㄱㄱ], 김규식 등 중국에서 대한민국 임시 정부를 이끌던 독립운동가들이 귀국하였음.

③ 광복 이후 달라진 우리나라의 모습
- 폐간되었던 신문이 다시 발간되었습니다.
- 한글과 우리의 역사를 배울 수 있게 되었습니다.

개념 2 한반도 분단과 정부 수립을 위한 노력

① 38도선 설치: 광복 이후 한반도에 남아 있던 일본군의 무장 해제를 위해 38도선을 기준으로 ❷[ㄴ]쪽에는 미군이, 북쪽에는 소련군이 주둔하였습니다.

② 통일 정부를 수립하기 위한 노력

1 모스크바 3국 외상 회의 개최	• 내용: 미국, 영국, 소련 대표가 한반도 문제를 어떻게 처리할지 논의하였음. • 결과: 임시 민주 정부 수립, 미소 공동 위원회 구성, 최대 5년간 ❸[ㅅㅌㅌㅊ] 실시 등을 결정하였음.
2 신탁 통치를 둘러싼 갈등	신탁 통치를 반대하는 사람들과 찬성하는 사람들 간에 갈등이 일어났음.
3 미소 공동 위원회 개최	• 내용: 미국, 소련이 한반도의 임시 민주 정부 수립과 신탁 통치 등을 논의하였음. • 결과: 의견 차이로 성과 없이 끝나게 되었고, 미국이 한반도 문제를 국제 연합(UN)에 넘겼음.
4 남한만의 단독 선거 결정	국제 연합의 남북한 총선거 결정 → 유엔 한국 임시 위원단 파견 → 소련과 북한이 국제 연합의 결정 거부 → 국제 연합이 ❹[ㄴㅎ]에서만의 총선거 결정

→ 유엔 한국 임시 위원단의 입국을 거부하였어요.

개념 3 대한민국 정부 수립

5·10 총선거 실시	남한에서 만 21세 이상 국민이 국회 의원을 뽑는 첫 번째 민주 선거가 실시되었음.
제헌 국회 구성과 헌법 제정	• 총선거를 통해 뽑힌 국회 의원들로 제헌 국회가 구성되었음. • 제헌 국회는 나라 이름을 '대한민국'으로 정하고, ❺[ㅈㅎ] 헌법을 공포하였음.
대한민국 정부 수립	이승만 대통령이 1948년 8월 15일에 대한민국 정부 수립을 선포하였음.

→ 제헌 국회에서 헌법에 따라 선출되었어요.

개념 4 6·25 전쟁

① 6·25 전쟁의 전개 과정

1 북한군의 남침	• 1950년 6월 25일에 ❻[ㅂㅎ]이 한반도를 무력으로 통일하기 위해 38도선을 넘어서 총공격을 하였음. • 북한군에게 서울을 점령 당한 국군은 낙동강 이남까지 후퇴하였음.
2 국군과 국제 연합군의 반격	국군과 국제 연합군은 인천 상륙 작전으로 서울을 되찾고, 압록강까지 진격하였음.
3 중국군의 개입	중국군이 북한을 돕기 위해 개입하면서 국군과 국제 연합군이 후퇴하였음.
4 정전 협정 체결	• 38도선을 중심으로 치열한 전투를 벌임과 동시에 전쟁을 멈추기 위한 회담이 진행되었음. • ❼[ㅈㅈ] 협정이 체결되며 휴전선이 그어지고, 남과 북이 분단되었음.

→ 6·25 전쟁이 일어나자 국제 연합은 국제 연합군을 파병하였어요.

② 6·25 전쟁이 남긴 피해

인명 피해	국군과 북한군, 국제 연합군이 전투 중에 목숨을 잃었고, 민간인이 죽거나 다쳤음.
국토 황폐화	전 국토가 황폐해졌고, 건물, 도로, 철도 등 주요 시설물이 파괴되었음.
이산가족과 전쟁고아 발생	• 함께 살던 가족이 헤어져 만나지 못하는 ❽[ㅇㅅㄱㅈ]이 생겨났음. • 부모를 잃은 전쟁고아가 생겨났음.

정답 ❶ 김구 ❷ 남 ❸ 신탁 통치 ❹ 남한 ❺ 제헌 ❻ 북한 ❼ 정전 ❽ 이산가족

사
회

자료 ① 남한만의 총선거에 대한 이승만과 김구의 주장

이승만	통일 정부 수립이 어렵다면 남한만이라도 빨리 정부를 세워야 한다고 주장하였음.
김구	남한만의 총선거에 반대하며 평양에서 북한 지도자를 만나 통일 정부 수립을 논의하였으나 성과를 거두지 못하였음.

POINT
이승만은 남한만의 단독 정부 수립을 주장하였고, 김구는 통일 정부 수립을 주장하였습니다.

1-1 (김구 , 이승만)은/는 북한의 정치 지도자들에게 남북 정치 지도자 회담을 제안하였습니다.

1-2 (   )은/는 남한만이라도 빨리 정부를 세워야 한다고 주장하였습니다.

자료 ② 제헌 헌법의 주요 내용

> 대한국민은 기미 3·1 운동으로 대한민국을 건립하여 세계에 선포한 위대한 독립 정신을 계승하여 민주 독립 국가를 재건함에 있어서 ……
>
> 제1조 대한민국은 민주 공화국이다.
> 제2조 대한민국의 주권은 국민에게 있고 모든 권력은 국민으로부터 나온다.

POINT
제헌 국회는 대한민국의 주권이 국민에게 있다는 것을 강조하는 제헌 헌법을 공포하였습니다.

2-1 제헌 국회는 5·10 총선거를 통해 선출된 국회 의원들로 구성되었습니다. (○ , ×)

2-2 (   )은/는 대한민국 정부가 대한민국 임시 정부를 계승하였음을 보여 주고 있습니다.

자료 ③ 6·25 전쟁의 전개 과정

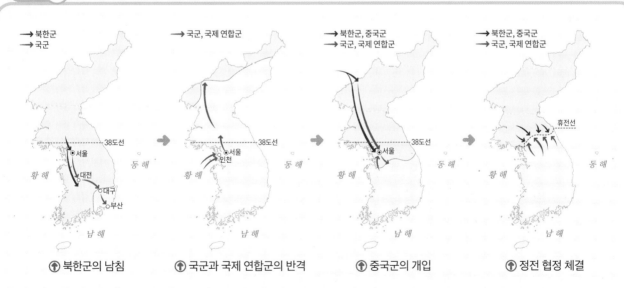

⊕ 북한군의 남침   ⊕ 국군과 국제 연합군의 반격   ⊕ 중국군의 개입   ⊕ 정전 협정 체결

POINT
1950년 6월 25일 북한군의 남침으로 6·25 전쟁이 시작되었으며, 이 전쟁으로 많은 사람이 죽거나 다쳤습니다.

3-1 인천 상륙 작전으로 국군과 국제 연합군은 전세를 역전하고 서울을 되찾았습니다. (○ , ×)

3-2 2년여 간의 긴 협상 끝에 일시적으로 전쟁을 멈추기로 약속한 (   )이/가 체결되었습니다.

01 다음은 광복 직후의 상황입니다. ㉠, ㉡에 들어갈 알맞은 인물을 골라 ○표 하시오.

> 광복 이후 국내에서는 ㉠ (여운형 , 이승만)을 중심으로 건국을 준비하는 단체가 조직되었다. 또한 국외에 머물던 이승만이 귀국하였으며, ㉡ (김구 , 윤봉길)을/를 비롯하여 대한민국 임시 정부를 이끌던 독립운동가들도 국내로 돌아왔다.

02 광복 이후 ㉠, ㉡ 지역에 군대를 보낸 나라를 알맞게 짝 지은 것은 어느 것입니까? (   )

	㉠	㉡
①	미국	소련
②	미국	일본
③	소련	미국
④	소련	일본
⑤	일본	미국

03 모스크바 3국 외상 회의에 대한 설명으로 알맞은 것은 어느 것입니까? (   )

① 미국, 일본, 소련이 참여하였다.
② 한반도에 대한 일본의 권한을 인정하였다.
③ 한반도에서 신탁 통치를 실시하지 않기로 결정하였다.
④ 한반도에 민주적인 임시 정부를 수립하기로 결정하였다.
⑤ 한반도에 남아 있던 일본군의 무장 해제에 반대하였다.

04 다음 (   ) 안에 들어갈 알맞은 회의를 쓰시오.

> 한반도의 임시 민주 정부 수립과 신탁 통치 문제 등을 논의하기 위해 (   )이/가 열렸다. 여러 차례 회의가 열렸지만 미국과 소련의 의견 차이가 좁혀지지 않자, 미국은 한반도 문제를 국제 연합(UN)이 결정하도록 하였다.

(   )

05 정부 수립과 관련하여 다음과 같은 주장을 한 인물은 누구입니까?   (   )

> 나는 통일된 조국을 건설하려다가 38도선을 베고 쓰러질지언정 단독 정부를 수립하는 데는 협력하지 않겠다.

① 김구   ② 김규식
③ 여운형   ④ 윤봉길
⑤ 이승만

서술형 낭
06 제헌 국회에서 한 일을 두 가지 쓰시오.

_____

_____

→ 바른답·알찬풀이 42쪽

07 다음은 제헌 헌법의 일부입니다. (　　) 안에 공통으로 들어갈 말을 쓰시오.

> 제1조 대한민국은 민주 공화국이다.
> 제2조 대한민국의 주권은 (　　)에게 있고 모든 권력은 (　　)(으)로부터 나온다.

(　　　　　　　)

08 대한민국 정부 수립 과정에서 가장 먼저 일어난 일로 알맞은 것은 어느 것입니까? (　　　)

① 5·10 총선거
② 제헌 국회 구성
③ 제헌 헌법 공포
④ 초대 대통령 선출
⑤ 대한민국 정부 수립

09 다음에서 설명하는 사건은 어느 것입니까?
(　　　)

> 1950년 6월, 북한이 한반도를 무력으로 통일하기 위해 38도선을 넘어 총공격을 하면서 일어난 전쟁이다.

① 6·25 전쟁　　　② 8·15 광복
③ 봉오동 전투　　④ 청산리 대첩
⑤ 6·10 만세 운동

[10~11] 다음 지도를 보고, 물음에 답하시오.

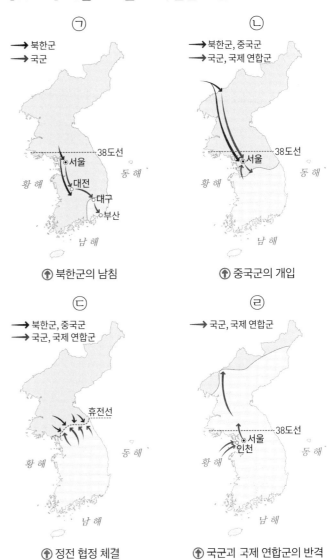

ⓐ 북한군의 남침

ⓐ 중국군의 개입

ⓐ 정전 협정 체결

ⓐ 국군과 국제 연합군의 반격

10 위 ㉠~㉣을 6·25 전쟁의 전개 과정에 맞게 기호를 쓰시오.

(　　　) → (　　　) → (　　　) → (　　　)

11 위 전쟁이 남긴 피해로 알맞지 <u>않은</u> 것은 어느 것입니까? (　　　)

① 전 국토가 황폐해졌다.
② 건물, 도로, 철도 등이 파괴되었다.
③ 군인과 민간인이 다치거나 죽었다.
④ 이산가족과 전쟁고아가 줄어들었다.
⑤ 남북한이 서로에게 적대감과 상처를 남겼다.

01 영조가 다음 비석을 세운 까닭으로 알맞은 것은 어느 것입니까? (   )

⬆ 탕평비

① 외세의 침략을 막기 위해서
② 세도 가문을 억누르기 위해서
③ 영토 확장을 기념하기 위해서
④ 서양과 교류하지 않겠다는 의지를 보여 주기 위해서
⑤ 붕당 간에 조화를 이뤄야 한다는 내용을 널리 알리기 위해서

꼭나와 ♡

02 정조의 개혁 정치로 알맞지 <u>않은</u> 것은 어느 것입니까? (   )

① 수원 화성을 건설하였다.
② 탕평책을 이어받아 인재를 고르게 뽑았다.
③ 상인들이 자유롭게 물건을 팔 수 있도록 하였다.
④ 청계천을 정비하여 홍수 피해를 줄이고자 하였다.
⑤ 젊고 능력 있는 학자들이 학문을 연구할 수 있도록 규장각을 설치하였다.

03 다음 (   ) 안에 들어갈 알맞은 학문을 쓰시오.

임진왜란과 병자호란 이후 백성의 생활이 더욱 어려워지자, 백성의 생활을 안정시키고 나라의 문제를 해결하는 방법을 연구하는 (   )이/가 등장하였다.

(   )

서술형 ♡

04 조선 후기에 서민 문화가 발달할 수 있었던 까닭을 쓰시오.

꼭 들어가야 할 말　　　　　농업, 상업

_____

_____

05 흥선 대원군이 추진한 개혁 정책으로 알맞은 것을 두 가지 고르시오. (,   )

① 명과 후금 사이에서 중립 외교를 펼쳤다.
② 서원을 정리하여 일부만 남기도록 하였다.
③ 세금 제도를 정비하여 양반에게도 군포를 거두었다.
④ 백성이 억울한 일을 당하지 않도록 신문고를 다시 설치하였다.
⑤ 백성이 글자를 몰라 어려움을 겪는 것을 안타깝게 여겨 훈민정음을 창제하였다.

06 다음 두 사건의 공통점으로 알맞은 것을 두 가지 고르시오. (　　,　　)

> 병인양요, 신미양요

① 서양과 교류하게 되었다.
② 전쟁 중 경복궁이 불탔다.
③ 외세가 강화도를 침략하였다.
④ 불평등한 조약을 체결하게 되었다.
⑤ 침략 세력이 조선에 통상을 요구하였다.

07 다음 개혁안과 관련 있는 사건은 어느 것입니까?
(　　)

> • 탐관오리의 죄를 조사하여 엄하게 벌한다.
> • 노비 문서를 불태운다.
> • 천한 신분의 대우를 개선한다.
> • 정해진 세금 외에 잡다한 세금을 폐지한다.
> • 일본과 협력하는 사람은 엄하게 벌한다.

① 갑신정변　　　　② 갑오개혁
③ 임오군란　　　　④ 아관 파천
⑤ 동학 농민 운동

08 다음과 같은 활동을 한 인물은 누구입니까?
(　　)

> • 『독립신문』을 펴내 개혁의 필요성을 널리 알렸다.
> • 개화파 관료, 지식인 등과 함께 독립 협회를 조직하여 자주독립을 강조하였다.

① 김옥균　　　　② 서재필
③ 안창호　　　　④ 이재명
⑤ 전봉준

꼭나와 ♡

09 다음 조약에 대한 우리 민족의 저항으로 알맞지 <u>않은</u> 것은 어느 것입니까? (　　)

> 제1조 일본 정부는 대한 제국의 외교에 관한 모든 사무를 지휘하고 감독한다.
> 제2조 대한 제국 정부는 일본 정부를 통하지 않고는 외국과 조약을 맺지 못한다.
> - 『조선왕조실록』

① 항일 의병 운동이 일어났다.
② 고종이 러시아 공사관에 머물렀다.
③ 민영환 등이 스스로 목숨을 끊었다.
④ 신문에 을사늑약의 무효를 주장하는 글이 실렸다.
⑤ 고종이 이준, 이상설, 이위종을 헤이그 특사로 파견하였다.

서술형 ♡

10 다음 인물이 나라를 지키기 위해 한 일을 쓰시오.

⊕ 안중근

> **꼭 들어가야 할 말**　　이토 히로부미

_____

_____

11 다음 ( ) 안에 들어갈 알맞은 통치 기구를 쓰시오.

> 대한 제국의 국권을 빼앗은 일제는 우리 민족을 지배하기 위해 식민지 통치 기구인 ( )을/를 설치하고, 군인 출신의 총독을 임명하였다.

( )

12 3·1 운동에 대한 설명으로 알맞지 <u>않은</u> 것은 어느 것입니까? ( )

① 민족 대표들이 독립을 선언하였다.
② 전 민족적인 운동으로 발전하였다.
③ 일제가 만세 시위를 총칼로 진압하였다.
④ 3·1 운동의 결과 우리나라가 광복을 맞이하게 되었다.
⑤ 학생과 시민들이 탑골 공원에서 독립 선언문을 낭독하고 만세 시위를 벌였다.

13 대한민국 임시 정부의 활동으로 알맞은 것을 보기 에서 모두 골라 기호를 쓰시오.

> 보기
> ㉠ 독립운동 자금을 모았다.
> ㉡ 3·1 운동을 처음부터 끝까지 이끌었다.
> ㉢ 국내외를 잇는 비밀 연락망을 조직하였다.
> ㉣ 한인 애국단의 이봉창, 윤봉길 등이 의거 활동을 벌였다.

( )

14 다음 내용을 뒷받침하는 사건을 두 가지 고르시오. (,)

> 3·1 운동 이후 만주와 연해주를 중심으로 무장 독립 투쟁이 활발하게 벌어졌다. 독립군은 국내로 들어와 일본군을 공격하였다. 이에 일본은 독립군의 근거지였던 만주에 군대를 보내 독립군을 공격하였으나, 독립군 부대가 여러 전투에서 일본군을 크게 무찔렀다.

① 을미사변
② 봉오동 전투
③ 청산리 대첩
④ 6·10 만세 운동
⑤ 광주 학생 항일 운동

15 다음에서 설명하는 사건 이후 달라진 우리나라의 모습으로 알맞지 <u>않은</u> 것은 어느 것입니까?
( )

> 1945년 8월, 미국이 연합국의 승리를 앞두고 일본 땅에 원자 폭탄을 떨어뜨리자 일본은 조건 없이 항복하였다.

① 모든 일본군이 즉시 한반도를 떠났다.
② 학교에서 한글을 배울 수 있게 되었다.
③ 일제에 의해 폐간되었던 신문이 다시 발간되었다.
④ 국내에서 건국을 준비하는 단체가 만들어졌다.
⑤ 국외에서 활동하던 독립운동가들이 귀국하였다.

→ 바른답·알찬풀이 43쪽

16 다음에서 설명하는 회의의 이름을 쓰고, 이 회의에서 결정한 내용을 두 가지 쓰시오.

> 1945년 12월 미국, 영국, 소련의 대표들이 모여 한반도의 문제를 어떻게 처리할 것인지 논의하는 회의를 개최하였다.

(1) 회의 이름: (   )

(2) 결정한 내용: _____

_____

_____

17 다음 ㉠, ㉡과 같이 주장한 인물을 알맞게 짝 지은 것은 어느 것입니까? (   )

> ㉠ 남한이라도 임시 정부 또는 위원회 같은 것을 조직하여 38도선 이북에서 소련이 물러나도록 해야 한다.
> ㉡ 나는 통일된 조국을 건설하려다가 38도선을 베고 쓰러질지언정 단독 정부를 수립하는 데는 협력하지 않겠다.

	㉠	㉡		㉠	㉡
①	김구	김규식	②	김구	이승만
③	김규식	이승만	④	이승만	김구
⑤	이승만	신채호			

18 다음은 대한민국 정부 수립 과정입니다. 순서에 맞게 기호를 쓰시오.

> ㉠ 5·10 총선거   ㉡ 제헌 헌법 공포
> ㉢ 제헌 국회 구성   ㉣ 대한민국 정부 수립

(   ) → (   ) → (   ) → (   )

19 다음은 6·25 전쟁의 전개 과정을 나타낸 지도입니다. ㉠, ㉡ 사이에 일어난 사건으로 알맞은 것은 어느 것입니까? (   )

① 미소 공동 위원회가 개최되었다.
② 모스크바 3국 외상 회의가 열렸다.
③ 신탁 통치를 둘러싸고 갈등이 발생하였다.
④ 국군과 국제 연합군이 인천 상륙 작전을 펼쳤다.
⑤ 국제 연합(UN)이 남한에서만 총선거를 하기로 결정하였다.

20 다음 (   ) 안에 들어갈 알맞은 말을 쓰시오.

> 6·25 전쟁의 결과 함께 살던 가족이 뿔뿔이 흩어져 수많은 (   )이/가 생겨났고, 이들은 아직까지도 가족을 만나기 위해 기다리고 있다.

(   )

01 영조가 추진한 개혁 정치로 알맞은 것을 두 가지 고르시오. (,   )

① 임진왜란 때 불탄 경복궁을 다시 지었다.
② 상인들이 자유롭게 물건을 팔 수 있도록 하였다.
③ 청계천을 정비하여 홍수 피해를 줄이고자 하였다.
④ 백성들이 억울한 일을 당하지 않도록 신문고를 다시 설치하였다.
⑤ 수원 화성을 건설하여 정치적, 군사적, 상업적 기능을 갖춘 중심지로 만들고자 하였다.

서술형

02 정조가 다음 기관을 설치한 목적을 쓰시오.

↑ 규장각

_____

_____

어려워

03 실학자들의 주장으로 알맞지 <u>않은</u> 것은 어느 것입니까? (   )

① 토지 제도를 개혁하자!
② 청의 문물을 받아들이자!
③ 농촌 사회를 안정시키자!
④ 서민 문화를 발전시키자!
⑤ 상업과 공업을 발전시키자!

04 다음에서 설명하는 조선 후기의 서민 문화는 무엇인지 쓰시오.

 탈을 쓰고 하는 연극과 춤으로, 주로 양반의 위선을 비판하고 풍자하여 인기를 얻었다.

(   )

05 다음 시기의 상황으로 알맞지 <u>않은</u> 것은 어느 것입니까? (   )

정조의 뒤를 이은 왕들이 어린 나이로 왕위에 오르자, 왕의 외척이 나라의 권력을 잡는 세도 정치가 나타났다.

① 왕권이 강화되었다.
② 나라의 정치가 어지러웠다.
③ 백성들의 생활이 어려워졌다.
④ 세도 가문이 돈을 받고 관직을 팔았다.
⑤ 정해진 세금보다 더 많은 세금을 거두었다.

06 흥선 대원군이 전국 각지에 다음과 같은 비석을 세운 까닭을 쓰시오.

↑ 척화비

말풍선: 서양 오랑캐가 침입했는데 싸우지 않고 화친을 주장하는 것은 나라를 팔아먹는 것이다.

_____

_____

07 강화도 조약의 내용으로 알맞은 것을 보기 에서 모두 골라 기호를 쓰시오.

> **보기**
> ㉠ 일본이 조선에 군대를 보낼 수 없었다.
> ㉡ 조선이 부산 이외에 두 개의 항구를 열게 되었다.
> ㉢ 일본인이 조선의 해안을 자유롭게 측량할 수 있었다.
> ㉣ 일본인이 조선에서 죄를 지어도 조선의 법으로 처벌할 수 없었다.

(   )

08 다음에서 설명하는 사건은 무엇인지 쓰시오.

> • 고종이 일본의 위협으로부터 벗어나기 위해 러시아 공사관으로 피신한 사건이다.
> • 조선은 일본의 영향력에서 벗어날 수 있었지만, 러시아 등 서양의 여러 나라가 조선의 이권을 앞다투어 차지하는 결과가 나타났다.

(   )

09 다음 (   ) 안에 들어갈 권리로 알맞은 것은 어느 것입니까? (   )

> 러일 전쟁에서 승리한 일본은 이토 히로부미를 보내 대한 제국의 (   )을 빼앗는 을사늑약을 강제로 체결하였다.

① 국권   ② 경찰권
③ 사법권   ④ 외교권
⑤ 입법권

10 항일 의병 운동이 전개된 순서대로 알맞게 나열한 것은 어느 것입니까? (   )

> ㉠ 을사늑약이 강제로 체결되자 전국 각지에서 의병이 일어났다.
> ㉡ 을미사변과 단발령에 반발하여 유생들을 중심으로 의병이 일어났다.
> ㉢ 고종이 강제로 퇴위되고 대한 제국의 군대가 해산되자 해산된 일부 군인들이 의병에 합류하였다.

① ㉠ → ㉡ → ㉢   ② ㉠ → ㉢ → ㉡
③ ㉡ → ㉠ → ㉢   ④ ㉡ → ㉢ → ㉠
⑤ ㉢ → ㉡ → ㉠

사 회

어려워 ☺

11 다음 ㉠, ㉡에 들어갈 인물을 알맞게 짝 지은 것은 어느 것입니까? (   )

> 1910년대 일제의 강압적인 통치로 독립운동이 어려워지자, 일부 민족 지도자들은 일제의 탄압을 피해 국외로 이주하여 독립운동을 이어 갔다. (㉠)은/는 미국으로 건너가 흥사단을 세우고 미국 지역의 독립운동을 지휘하였다. (㉡)은/는 만주에서 황무지를 일구어 독립운동 기지를 마련하고, 훗날 항일 무장 독립 투쟁의 뿌리가 된 신흥 강습소를 세웠다.

	㉠	㉡
①	안중근	이회영
②	안창호	이회영
③	안창호	안중근
④	이회영	안중근
⑤	이회영	안창호

서술형 ☺

12 다음은 3·1 운동 중 있었던 일들입니다. 이를 통해 알 수 있는 3·1 운동의 특징을 쓰시오.

> • 학생들이 퇴학 신청서를 내고 만세 시위에 참여하였다.
> • 상인들이 장날에 맞추어 독립 선언서와 태극기를 나누어 주었다.
> • 인쇄소 노동자들이 야간 근무를 위해 남은 척하고 만세 시위에 참여하였다.

_____

_____

13 다음에서 설명하는 단체는 무엇인지 쓰시오.

> • 「한글 맞춤법 통일안」을 발표하였다.
> • 우리말 『큰사전』을 펴내려고 하였으나 일제의 탄압으로 실패하였다.

(   )

14 다음 인물들의 공통점으로 알맞은 것은 어느 것입니까? (   )

> 김구, 김규식, 이승만

① 국내에서 광복을 맞았다.
② 항일 문학 활동을 펼쳤다.
③ 한인 애국단의 단원으로 활동하였다.
④ 조국의 광복 소식을 듣고 귀국하였다.
⑤ 남한만의 단독 정부 수립을 주장하였다.

15 미소 공동 위원회에서 논의한 내용으로 알맞은 것을 에서 모두 골라 기호를 쓰시오.

> **보기**
> ㉠ 남북한 총선거
> ㉡ 한반도의 신탁 통치
> ㉢ 남한의 제헌 국회 구성
> ㉣ 한반도의 임시 정부 수립

(   )

→ 바른답·알찬풀이 44쪽

어려워 😓

16 국제 연합(UN)이 남한에서만 총선거를 하기로 결정한 까닭으로 알맞은 것은 어느 것입니까?

( )

① 38도선이 설치되었기 때문에
② 건국 준비 위원회가 구성되었기 때문에
③ 남한에서 제헌 국회가 구성되었기 때문에
④ 김구가 남북한 총선거를 반대하였기 때문에
⑤ 소련과 북한이 남북한 총선거를 위한 유엔 한국 임시 위원단의 입국을 거부하였기 때문에

17 제헌 국회에서 한 일로 알맞은 것을 두 가지 고르시오. (,)

① 제헌 헌법을 공포하였다.
② 5·10 총선거를 감시하였다.
③ 북한에 새로운 정권을 세웠다.
④ 남한만의 총선거를 결정하였다.
⑤ 나라 이름을 '대한민국'으로 정하였다.

18 다음 ( ) 안에 들어갈 알맞은 국제기구를 쓰시오.

> 6·25 전쟁이 일어나자 ( )은/는 미국, 영국, 터키, 태국, 호주, 네덜란드, 뉴질랜드, 에티오피아 등 16개국이 참여한 군대를 남한에 파병하고 물자를 지원하였다.

( )

19 6·25 전쟁 과정 중 다음과 같은 상황이 벌어지는 계기가 된 사건이 나타난 지도로 알맞은 것은 어느 것입니까? ( )

> 국군과 국제 연합군이 후퇴하였으며, 서울을 다시 빼앗겼다.

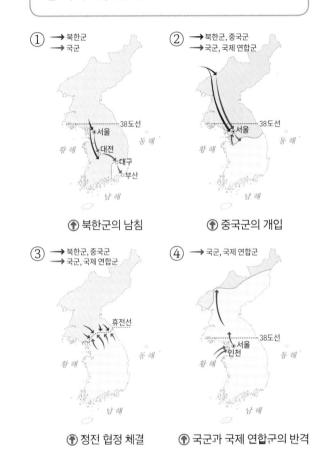

① ↕ 북한군의 남침
② ↕ 중국군의 개입
③ ↕ 정전 협정 체결
④ ↕ 국군과 국제 연합군의 반격

20 6·25 전쟁이 남긴 피해에 대해 <u>잘못</u> 말한 친구의 이름을 쓰시오.

> • 태환: 전 국토가 황폐해졌어.
> • 유정: 저출산·고령화 현상이 나타났어.
> • 범규: 부모를 잃은 전쟁고아가 생겨났어.
> • 수지: 수많은 군인과 민간인들이 죽거나 다쳤어.

( )

학습을 시작하기 전에 숨은 그림을 찾아보세요.

숨은그림

스포이트　콩나물　어린이 보호 구역 표지판　자동차　사막여우　건습구 습도계　개구리

정답바로보기

과학

개념 1 탐구 문제 정하기

① 궁금한 것 떠올리기: 주변에서 관찰했던 현상이나 도구를 관찰한 내용 중에서 궁금했던 것 떠올리기

② 탐구 ❶ [ㅁㅈ] 정하기

- 궁금한 것 중에서 탐구를 하여 알아보고 싶은 것을 선택해 탐구 문제로 정합니다.
- 탐구 내용이 잘 드러나게 탐구 문제를 정했는지 스스로 탐구할 수 있는 문제인지, 탐구하는 데 필요한 준비물을 쉽게 구할 수 있는지 등을 확인합니다.

예 청진기를 관찰하고 탐구 문제 정하기

청진기로 소리를 들어 보면서 생긴 궁금한 것
• 연결관의 길이가 소리의 세기에 영향을 줄까?
• 연결관은 어떤 재료로 만들어야 소리가 더 크게 들릴까?
• 진동판은 어떤 재료로 만들어야 소리가 더 크게 들릴까?

탐구 문제 정하기
청진기의 진동판에 어떤 재료를 사용해야 소리가 더 크게 들릴까?

개념 2 탐구 계획 세우기

① 탐구 문제 해결 방법 찾기

- 탐구 문제를 해결할 수 있는 탐구 방법을 생각합니다.
- 다르게 해야 할 것, 같게 해야 할 것, 관찰하거나 측정해야 할 것을 생각합니다.

② 탐구 ❷ [ㄱㅎ] 세우기 →탐구 방법을 그림으로 그려 보면 탐구 계획을 구체적으로 세우는 데 도움이 돼요.

- 준비물, 탐구 순서, 예상 결과, 역할 분담, 주의할 점 등을 고려하여 탐구 계획을 자세히 세웁니다.
- 안전에 유의하며 탐구를 계획합니다.

③ 탐구 계획 발표·수정하기

- 탐구 계획을 ❸ [ㅂㅍ]하고 친구들과 의견을 나눕니다.
- 보완할 점이 있다면 그에 맞게 탐구 계획을 수정합니다.

개념 3 탐구 실행하기

① 탐구 ❹ [ㅅㅎ]하기: 탐구 계획에 따라 탐구를 실행합니다.

② 탐구 결과 정리하기: 탐구 결과를 표나 그래프로 나타내고, 예상 결과와 실제 탐구 결과를 비교하며, 탐구를 하면서 알게 된 점을 정리합니다. →결과를 사실대로 기록해요.

예 청진기 진동판의 재료에 따른 소리의 세기 측정하기

탐구 과정
❶ 고무풍선, 종이, 비닐 랩, 알루미늄박을 진동판의 재료로 사용해 간이 청진기를 만듦.
❷ 진동판의 재료에 따른 소리의 세기를 측정함.

탐구 결과
❶ 진동판의 재료에 따른 소리의 세기 측정 결과

진동판의 재료	고무 풍선	종이	비닐 랩	알루미늄박
소리의 세기	32.3	28.7	34.9	30.2

❷ 예상 결과와 탐구 결과 비교 →여러 번 측정하면 더 정확한 값을 얻을 수 있어요.

예상 결과	탐구 결과
진동판에 고무풍선을 사용하면 크게 떨려서 소리가 가장 크게 들릴 것임.	진동판에 비닐 랩을 사용했을 때 소리의 세기가 가장 큼.

❸ 탐구를 하면서 알게 된 점: 진동판에 얇고 크게 떨리면서 원래 모습을 잘 유지하는 재료를 사용하면 소리가 더 크게 들림.

개념 4 탐구 결과 발표하기

① 탐구 결과를 발표하는 방법

❶ 탐구한 내용을 정리하고, ❺ [ㅌㄱㄱㅈ]을 잘 전달할 수 있는 방법을 정함.
❷ 탐구 결과를 정리하여 발표 자료를 만듦.
❸ 탐구 결과를 발표하고 친구들의 질문에 대답함.

② ❻ [ㅅㄹㅇ] 탐구 문제 정하기: 탐구를 하면서 생긴 더 궁금한 것을 정리하여 새로운 탐구 문제를 정할 수 있습니다.

정답 ❶ 문제 ❷ 계획 ❸ 발표 ❹ 실행 ❺ 탐구 과정 ❻ 새로운

자료 ① 탐구 문제를 해결하기 위한 실험 계획 세우기

탐구 문제	㉔ 청진기의 진동판에 어떤 재료를 사용해야 소리가 더 크게 들릴까?
다르게 할 조건	진동판의 재료
같게 할 조건	진동판을 제외한 간이 청진기의 재료, 진동판 크기, 연결관 길이 등
관찰하거나 측정해야 할 것	청진기의 귀 꽂이를 통해 우리 귀에 들리는 소리의 세기

POINT
탐구를 통해 알아보려는 조건은 다르게 하고, 그 외의 조건은 모두 같게 합니다.

1-1 왼쪽의 탐구 문제를 해결하기 위해서는 여러 가지 (청진기 , 진동판의 재료)를 준비해야 합니다.

1-2 탐구 문제를 해결하기 위한 실험 계획을 세울 때 다르게 해야 할 것과 같게 해야 할 것만 정하면 됩니다. (○ , ×)

자료 ② 청진기 진동판의 재료에 따른 소리의 세기 측정하기

❶ 깔때기 / 고무풍선
↱ 진동판 재료(고무풍선)를 잘라 깔때기 윗부분에 씌움.

❷ 절연 테이프
↱ 깔때기 아랫부분에 비닐관 한쪽 끝을 끼운 뒤 절연 테이프를 감음.

❸ 귀 꽂이
↱ 비닐관 반대쪽에 귀 꽂이를 끼움.

❹ 스마트 기기 / 간이 청진기
↱ 진동판 재료에 따른 소리의 세기를 측정함.

POINT
진동판의 재료에 따른 소리의 세기를 측정하기 위해 진동판 재료를 다르게 하여 소리를 측정합니다.

2-1 왼쪽 탐구를 실행할 때 재료에 따른 소리의 세기가 예상 결과와 다르면 기록하지 않습니다.
(○ , ×)

2-2 간이 청진기 진동판의 재료로 고무풍선보다 비닐 랩을 사용했을 때 소리의 세기가 더 크게 측정 되었습니다. 이를 통해 진동판에 (얇고 , 두껍고) (작게 , 크게) 떨리는 재료를 사용하면 소리가 더 크게 들리는 것을 알 수 있습니다.

자료 ③ 탐구 결과를 발표하는 방법

발표 방법 정하기
시청각 설명, 포스터 전시, 시연, 동영상 발표 등
↓
발표 자료 만들기
발표 자료를 만들고 탐구 내용을 요약하여 제시함.(사진, 그림, 표, 그래프 등 활용)
↓
탐구 결과 발표하기
탐구 내용이 잘 드러나게 발표하고, 발표한 뒤 잘한 점, 보완할 점, 궁금한 점 등의 의견을 나눔.

POINT
탐구한 내용을 정리하고 탐구 과정을 잘 전달할 수 있는 방법을 정하여 발표 자료를 만든 후 발표합니다.

3-1 탐구 결과 발표는 (탐구 과정 , 탐구 동기)을/를 잘 전달할 수 있어야 합니다.

3-2 탐구 내용을 요약하여 제시할 때 사진, 그림, 표, 그래프 등을 활용하여 자료를 만들 수 있습니다.
(○ , ×)

3-3 탐구를 하면서 생긴 더 궁금한 것을 정리하여 새로운 (탐구 문제 , 탐구 결과)을/를 정할 수 있습니다.

01 탐구 문제를 정하는 방법에 대한 설명으로 옳은 것은 어느 것입니까? (   )

① 탐구 내용을 알 수 없는 것이어야 한다.
② 우리 스스로 탐구할 수 있는 것이어야 한다.
③ 간단한 조사를 통해 해결할 수 있는 것이어야 한다.
④ 주변에서 구하기 어려운 준비물이 필요한 것이어야 한다.
⑤ 우리 주변의 도구를 관찰하면서 궁금했던 것은 탐구 문제로 정할 수 없다.

02 소민이는 청진기로 주변의 여러 가지 소리를 들어 본 뒤 청진기의 연결관 길이가 소리의 세기에 영향을 주는지 궁금해졌습니다. 이를 바탕으로 탐구 문제를 정한 것으로 옳은 것은 어느 것입니까? (   )

① 청진기의 연결관이 길수록 무거울까?
② 청진기의 연결관이 길수록 튼튼할까?
③ 청진기가 주변 소리에 영향을 받을까?
④ 청진기의 연결관이 짧을수록 소리가 더 크게 들릴까?
⑤ 청진기의 연결관 재료에 따라 소리의 세기가 달라질까?

03 '청진기의 진동판에 어떤 재료를 사용해야 소리가 더 크게 들릴까?'라는 탐구 문제를 해결하려고 할 때 다르게 해야 할 것을 보기에서 골라 기호를 쓰시오.

> 보기
> ㉠ 진동판의 재료   ㉡ 진동판의 크기
> ㉢ 연결관의 길이   ㉣ 연결관의 재료

(   )

04 탐구 계획을 세우는 방법에 대한 설명으로 옳은 것을 보기에서 골라 기호를 쓰시오.

> 보기
> ㉠ 탐구 계획을 간략하게 세운다.
> ㉡ 한번 세운 탐구 계획은 수정할 수 없다.
> ㉢ 다르게 해야 할 것, 같게 해야 할 것, 관찰하거나 측정해야 할 것을 정해야 한다.

(   )

서술형 ㉯

05 다음은 탐구 계획을 세울 때 고려할 점에 대한 친구들의 대화입니다. 잘못 말한 친구의 이름을 쓰고, 그 까닭을 쓰시오.

> • 민우: 탐구 순서를 구체적으로 썼나요?
> • 루리: 탐구에 필요한 준비물을 모두 썼나요?
> • 재하: 우리 스스로 실행 가능한 탐구 계획인가요?
> • 서현: 모둠원 중에 한 명만 실험을 진행하게 했나요?

꼭 들어가야 할 말   탐구, 역할 분담

_____

_____

[06~08] 다음은 청진기의 진동판 재료에 따른 소리의 세기에 대해 탐구를 실행한 내용입니다. 물음에 답하시오.

탐구 문제	청진기의 진동판에 어떤 재료를 사용해야 소리가 더 크게 들릴까?			
탐구 순서	❶ 진동판의 재료를 다르게 하여 간이 청진기를 만듦. ❷ 스마트 기기를 이용하여 진동판의 재료에 따른 소리의 세기를 측정함.			
예상 결과	진동판에 고무풍선을 사용하면 크게 떨려서 소리가 가장 크게 들릴 것임.			
탐구 결과	진동판의 재료	고무 풍선	종이	비닐 랩	알루미 늄박
	소리의 세기	32.3	28.7	34.9	30.2

진동판에 (   )을/를 사용했을 때 소리의 세기가 가장 큼.

06 위 탐구 결과에서 (   ) 안에 들어갈 알맞은 진동판의 재료를 쓰시오.

(   )

07 위 탐구에 대한 설명으로 옳은 것은 어느 것입니까? (   )

① 같게 한 것은 진동판의 재료이다.
② 탐구 순서를 바꿔서 실험을 진행해도 된다.
③ 예상 결과와 탐구 결과가 같도록 탐구 결과를 고쳐야 한다.
④ 소리의 세기를 여러 번 측정하면 더 정확한 값을 얻을 수 있다.
⑤ 위의 실험에서 사용한 진동판의 재료 외에 다른 진동판의 재료를 사용하더라도 결과는 바뀌지 않는다.

08 다음은 앞 탐구를 통해 알게 된 점입니다. ㉠, ㉡에 들어갈 말을 알맞게 짝 지은 것은 어느 것입니까?

(   )

진동판에 두께가 (㉠) 크게 떨리면서 원래 모습을 잘 (㉡) 재료를 사용하면 소리가 더 크게 들린다.

	㉠	㉡
①	얇고	유지하는
②	얇고	유지하지 못하는
③	두껍고	유지하는
④	두껍고	유지하지 못하는
⑤	변함없고	유지하지 못하는

꼭나와 ㉲
09 탐구 결과를 발표하는 방법에 대한 설명으로 옳지 않은 것은 어느 것입니까? (   )

① 탐구 내용을 정리하여 발표 자료를 만든다.
② 탐구 결과를 발표하는 방법에는 시청각 설명만 있다.
③ 탐구 결과를 발표한 뒤에 친구들과 의견을 나누어 볼 수 있다.
④ 사진, 그림, 표 등을 활용하면 발표 내용을 한눈에 알아보기 쉽다.
⑤ 발표 자료는 탐구 문제, 준비물, 예상 결과, 탐구 결과, 탐구를 통해 알게 된 것 등을 포함하여 만든다.

10 (   ) 안에 들어갈 알맞은 탐구 과정을 쓰시오.

(   )

과학 핵심 개념

2. 생물과 환경

개념 ① 생태계

① **❶ ㅅㅌㄱ** : 어떤 공간에서 영향을 주고받는 모든 생물 요소와 비생물 요소

② 생물 요소와 비생물 요소

• 생물 요소: 동물과 식물처럼 살아 있는 것

• **❷ ㅂㅅㅁ** 요소: 햇빛, 물, 온도처럼 살아 있지 않은 것

③ 생태계 구성 요소 → 생물 요소는 양분을 얻는 방법에 따라 생산자, 소비자, 분해자로 구분해요.

생물 요소	생산자	햇빛, 물 등을 이용해 필요한 양분을 스스로 만드는 생물 ㉔ 소나무, 연꽃 등
	소비자	다른 생물을 먹이로 하여 양분을 얻는 생물 ㉔ 다람쥐, 오리 등
	분해자	주로 죽은 생물이나 배설물을 분해해 양분을 얻는 생물 ㉔ 버섯, 곰팡이 등
비생물 요소		햇빛, 물, 흙, 공기, 온도 등

개념 ② 생태계를 구성하는 생물의 먹이 관계

① **❸ ㅁㅇㅅㅅ** : 생태계에서 생물의 먹고 먹히는 관계가 사슬처럼 연결된 것

② 먹이 그물: 생태계에서 여러 개의 먹이 사슬이 얽혀 그물처럼 연결된 것

③ 먹이 사슬과 먹이 그물의 공통점과 차이점

• 공통점: 생물 사이의 먹고 먹히는 관계를 보여 줌.

• 차이점: 먹이 사슬은 한 방향으로만 연결되지만, 먹이 그물은 여러 방향으로 연결됨. → 먹이 그물은 어느 한 종류의 먹이가 사라지더라도 다른 종류의 먹이를 먹고 살 수 있어요.

개념 ③ 생태계 평형

① 생태계 **❹ ㅍㅎ** : 생태계를 구성하는 생물의 종류와 수 또는 양이 균형을 이루며 안정적인 상태를 유지하는 것 → 깨진 생태계 평형을 회복하려면 오랜 시간과 많은 노력이 필요하고, 원래 상태로 돌아가지 못하기도 해요.

② 특정 생물의 수나 양이 갑자기 늘어나거나 줄어들면서 생태계 평형이 깨지기도 합니다.

③ 생태계 평형이 깨지는 원인

자연적인 요인	인위적인 요인
가뭄, 홍수, 태풍, 지진, 산불 등	도로나 댐 건설, 사냥 등

개념 ④ 비생물 요소가 생물에 미치는 영향

→ 비생물 요소는 생물이 살아가는 데 다양한 방식으로 영향을 줘요.

햇빛	• 동물의 번식 시기와 식물의 꽃 피는 시기에 영향을 줌. • 동물이 물체를 볼 때와 식물이 양분을 만드는 데 필요함.
물	생물이 생명을 유지하는 데 반드시 필요함.
온도	• 생물의 생활에 영향을 줌. • 철새는 온도가 적절한 장소를 찾아 이동함. • 온도가 낮아지면 단풍이 들거나 낙엽이 짐.
흙	생물이 살아가는 장소와 영양분을 제공함.
공기	생물이 숨을 쉴 수 있게 해 줌.

개념 ⑤ 환경에 적응된 생물

① **❺ ㅈㅇ** : 생물이 특정한 서식지에서 오랜 기간에 걸쳐 살아남기에 유리한 생김새와 생활 방식을 가지는 것

② 환경에 적응된 생물

대벌레	주변 환경과 생김새가 비슷해 몸을 숨기기에 유리함.
철새	계절에 따라 온도가 적절한 서식지로 이동함.
공벌레	몸을 오므리는 행동은 적의 공격으로부터 몸을 보호하기에 유리함.

개념 ⑥ 환경 오염이 생물에 미치는 영향

① 환경 오염: 사람들의 활동으로 자연환경이나 생활 환경이 훼손되는 것

대기 오염	공장이나 자동차의 매연 등으로 공기가 오염됨. → 황사나 미세 먼지 등으로 질병 증가
수질 오염	폐수의 배출이나 기름 유출 등으로 물이 오염됨. → 물고기의 서식지 파괴
❻ ㅌㅇ 오염	쓰레기 매립이나 농약의 지나친 사용 등으로 땅이 오염됨. → 생활 환경 훼손

② 생태계 보전을 위한 실천 방안: 일회용품 사용 줄이기, 쓰레기 분리배출, 대중교통 이용, 친환경 제품 사용 등 → 악취가 심해 생활 환경이 나빠지고 식물이 잘 자랄 수 없어요.

정답 ❶ 생태계 ❷ 비생물 ❸ 먹이 사슬 ❹ 평형 ❺ 적응 ❻ 토양

핵심 자료

➔ 바른답·알찬풀이 45쪽

자료 1 생태계를 구성하는 생물의 먹고 먹히는 관계

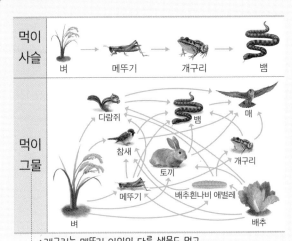

먹이
사슬

벼 → 메뚜기 → 개구리 → 뱀

먹이
그물

다람쥐 뱀 매
참새 토끼 개구리
메뚜기 배추흰나비 애벌레
벼 배추

➔ 개구리는 메뚜기 이외의 다른 생물도 먹고,
뱀 이외의 다른 생물에게도 먹혀요.

POINT
먹이 사슬과 먹이 그물은 생물 사이의 먹고 먹히는 관계를 보여줍니다.

1-1 생태계에서 여러 개의 먹이 사슬이 얽혀 그물처럼
　　연결되어 있는 것을 무엇이라고 하는지 쓰시오.
　　　　　　　　　　　(　　　　　　　　　)

1-2 왼쪽 먹이 그물에서 벼와 배추를 먹고, 뱀과 매
　　에게 먹히는 생물은 (토끼 , 개구리)입니다.

1-3 먹이 사슬이 먹이 그물보다 생물이 살아가기에 더
　　유리합니다. (　○ , × 　)

자료 2 생태계 평형

❶ 국립 공원에 사는 늑대는 사슴
　을 잡아먹고 살았음. 사람들이
　늑대를 사냥해 늑대가 사라짐.

❷ 늑대가 사라지자 사슴의 수는
　빠르게 늘어났고, 풀과 나무
　의 양은 줄어들었음.

❸ 늑대를 다시 국립 공원에 살게
　하사 사슴의 수는 줄어들었고,
　풀과 나무의 양은 늘어났음.

오랜 시간이 지나 국립 공원의 생태계는 안정을 찾았어요.◀

POINT
생태계를 구성하는 생물의 종류와 수 또는 양이 균형을 이루며 안정적인 상태를 유지하는 것을 생태계 평형이라고 합니다.

2-1 왼쪽 국립 공원 생태계 변화에서 늑대가 사라진 뒤
　　사슴의 수는 (늘어났고 , 줄어들었고), 강가의 풀
　　과 나무의 양은 (늘어났습니다 , 줄어들었습니다).

2-2 왼쪽 국립 공원에서 늑대가 사라진 뒤 국립 공원의
　　생태계 평형이 깨졌습니다. (　○ , × 　)

2-3 깨진 생태계 평형을 다시 회복하려면 오랜 시간이
　　걸립니다. (　○ , × 　)

자료 3 햇빛과 물이 콩나물의 자람에 미치는 영향

햇빛이 잘 드는 곳에 놓아둔 콩나물	어둠상자로 덮어 놓은 콩나물

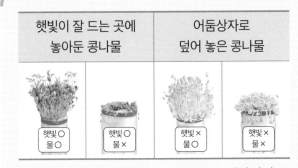

햇빛○ 물○　　햇빛○ 물×　　햇빛× 물○　　햇빛× 물×

➔ 햇빛은 콩나물 떡잎을 초록색으로 변화시키고,
물은 콩나물 몸통을 굵고 길어지게 합니다.

POINT
콩나물이 자라는 데 햇빛과 물이 영향을 줍니다.

3-1 왼쪽 실험에서 콩나물의 자람에 영향을 미치는 비
　　생물 요소를 두 가지 쓰시오.
　　　　　　　　　　　(　　　　　　　　　)

3-2 왼쪽 실험을 할 때 같게 할 조건은 콩나물의 양과
　　콩나물의 길이입니다. (　○ , × 　)

3-3 떡잎의 색깔은 (햇빛 , 물)의 영향을 받습니다.

01 생태계에 대한 설명으로 옳지 <u>않은</u> 것은 어느 것입니까? (   )

① 생태계 종류는 다양하다.
② 생물 요소는 살아 있는 것이다.
③ 비생물 요소는 살아 있지 않은 것이다.
④ 생태계 구성 요소들은 영향을 주고받는다.
⑤ 생태계에는 숲, 바다처럼 규모가 큰 것만 있다.

[02~03] 다음은 숲 생태계의 일부를 나타낸 것입니다. 물음에 답하시오.

02 위 숲 생태계의 구성 요소 중 비생물 요소를 모두 찾아 쓰시오.

(   )

서술형

03 위 숲 생태계에서 다음 생물 요소와 비생물 요소가 서로 어떤 영향을 주고받는지 쓰시오.

> 식물, 햇빛

꼭 들어가야 할 말   식물, 햇빛

_____

_____

04 다음과 같이 가을에 식물 잎의 색깔이 변하는 데 영향을 미치는 비생물 요소로 옳은 것을 보기에서 골라 기호를 쓰시오.

보기
㉠ 물   ㉡ 흙
㉢ 공기   ㉣ 온도

(   )

꼭나와 ♥

05 다음 생물 요소를 양분을 얻는 방법에 따라 선으로 알맞게 이으시오.

(1)
↑ 오리
· ㉠ 생산자

(2)
↑ 곰팡이
· ㉡ 소비자

(3)
↑ 소나무
· ㉢ 분해자

[06~07] 다음은 생태계에서 생물의 먹고 먹히는 관계를 나타낸 것입니다. 물음에 답하시오.

06 위와 같이 여러 개의 먹이 사슬이 얽혀 그물처럼 연결되어 있는 것을 무엇이라고 하는지 쓰시오.

(   )

07 위 생태계에서 생물의 먹고 먹히는 관계에 대한 설명으로 옳지 <u>않은</u> 것은 어느 것입니까?

(   )

① 뱀은 매에게 먹힌다.
② 다람쥐는 뱀과 매에게 먹힌다.
③ 배추흰나비 애벌레는 벼와 배추를 먹는다.
④ 개구리는 메뚜기와 배추흰나비 애벌레를 먹는다.
⑤ 개구리가 사라지면 매는 다른 먹이가 없어 사라질 수 있다.

꼭나와 ☺
08 먹이 사슬과 먹이 그물에 대한 설명으로 옳은 것을 두 가지 고르시오. (,   )

① 먹이 그물은 생물의 먹고 먹히는 관계가 한 방향으로만 연결된다.
② 먹이 사슬은 생물의 먹고 먹히는 관계가 여러 방향으로 연결된다.
③ 먹이 사슬은 생물의 먹고 먹히는 관계가 사슬처럼 연결된 것이다.
④ 먹이 사슬과 먹이 그물은 모두 생물 사이의 먹고 먹히는 관계를 보여 준다.
⑤ 먹이 사슬에서는 어느 한 종류의 먹이가 사라지더라도 다른 먹이를 먹고 살 수 있다.

서술형 ☺
09 생태계 평형이 무엇인지 쓰시오.

꼭 들어가야 할 말   생물의 종류, 균형, 유지

_____

_____

_____

10 생태계 평형이 깨지는 원인 중 인위적인 요인으로 옳은 것은 어느 것입니까? (   )

① 가뭄   ② 홍수
③ 태풍   ④ 지진
⑤ 댐 건설

11 생태계 평형이 깨지는 원인으로 옳지 <u>않은</u> 것은 어느 것입니까? ( )

① 늑대가 사슴을 잡아먹었다.
② 숲 가운데에 도로를 만들었다.
③ 가뭄으로 특정 생물이 사라졌다.
④ 공장에서 폐수를 강에 흘러보내 물고기들이 죽었다.
⑤ 사람들이 수많은 호랑이를 사냥하여 멸종 위기에 처했다.

[12~13] 다음은 어느 국립 공원의 늑대 이야기입니다. 물음에 답하시오.

> 어느 국립 공원에 사는 늑대는 주로 강가에 풀과 나무를 먹으러 오는 사슴을 잡아먹고 살았다. 그런데 사람들이 마구잡이로 늑대를 사냥하면서 1926 년 무렵에는 국립 공원에 늑대가 모두 사라졌다.

12 늑대가 사라진 뒤 국립 공원 생태계에 나타난 변화로 옳은 것을 보기 에서 골라 기호를 쓰시오.

> 보기
> ㉠ 사슴의 수가 계속 줄어들었다.
> ㉡ 강가의 풀과 나무의 양이 줄어들었다.
> ㉢ 국립 공원의 생태계 평형이 유지되었다.

( )

13 위 국립 공원에 늑대를 다시 데려오면 일어날 수 있는 일로 옳은 것은 어느 것입니까? ( )

① 사슴의 수가 늘어난다.
② 생태계 평형이 회복된다.
③ 강가의 풀과 나무의 양이 줄어든다.
④ 강가의 풀과 나무의 종류가 줄어든다.
⑤ 늑대를 다시 데려와도 아무런 변화가 생기지 않는다.

[14~15] 다음과 같이 조건을 다르게 한 뒤 일주일 이상 콩나물이 자라는 모습을 관찰했습니다. 물음에 답하시오.

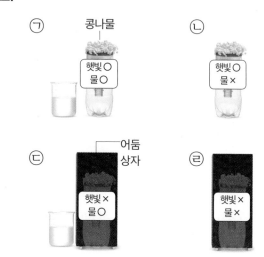

14 위 ㉠~㉣ 중 일주일 뒤 관찰했을 때 가장 잘 자라는 콩나물을 골라 기호를 쓰시오.

( )

서술형

15 위 실험 결과를 통해 알 수 있는 점을 콩나물의 자람에 영향을 미치는 비생물 요소와 관련지어 쓰시오.

> 꼭 들어가야 할 말   햇빛, 물

_____

_____

_____

→ 바른답·알찬풀이 45쪽

16 오른쪽 대벌레가 환경에 적응된 모습에 대한 설명으로 옳은 것은 어느 것입니까? (   )

대벌레

① 몸속에 양분을 저장할 수 있다.
② 주변 환경과 생김새가 비슷하다.
③ 위협을 느꼈을 때 몸을 오므린다.
④ 계절에 따라 몸의 온도가 변한다.
⑤ 계절에 따라 다른 서식지로 이동한다.

17 사막에서 살아남기에 유리한 사막여우의 특징으로 옳은 것은 어느 것입니까? (   )

① 귀가 작다.
② 몸집이 크다.
③ 모래색 털로 덮여 있다.
④ 몸 전체가 하얀색 털로 덮여 있다.
⑤ 배 부분에는 회색 털이 있고 등 부분에는 황토색 털이 있다.

꼭나와 ㅂ
18 다음 환경 오염의 종류와 원인을 선으로 알맞게 이으시오.

(1) 대기 오염 •   • ㉠ 폐수의 배출

(2) 수질 오염 •   • ㉡ 쓰레기 매립

(3) 토양 오염 •   • ㉢ 공장의 매연

19 다음은 환경이 오염되면 일어날 수 있는 일에 대한 친구들의 대화입니다. 잘못 말한 친구의 이름을 쓰시오.

• 유나: 생태계 평형이 깨질 거야.
• 이한: 생물의 종류가 줄어들 수 있어.
• 우찬: 환경 오염은 사람의 생활에 영향을 줘.
• 은우: 환경이 오염되면 노력해서 금방 회복시킬 수 있어.

(   )

20 우리가 실천할 수 있는 생태계 보전 방안으로 옳지 않은 것은 어느 것입니까? (   )

①
⬆ 대중교통 이용하기

②
⬆ 쓰레기 분리배출하기

③
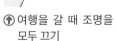
⬆ 여행을 갈 때 조명을 모두 끄기

④
⬆ 일회용품 자주 사용하기

과학

01 다음은 생태계의 구성 요소에 대한 설명입니다. ㉠, ㉡에 들어갈 알맞은 말을 쓰시오.

> 생태계 구성 요소 중 동물과 식물처럼 살아 있는 것을 (㉠) 요소라고 하고, 햇빛, 물, 온도처럼 살아 있지 않은 것을 (㉡) 요소라고 한다.

㉠: (   ), ㉡: (   )

02 비생물 요소끼리 알맞게 짝 지은 것은 어느 것입니까? (   )

① 흙, 온도
② 세균, 매
③ 버섯, 공기
④ 햇빛, 노루
⑤ 곰팡이, 물

어려워 😣

03 비생물 요소가 생물에 미치는 영향으로 옳지 않은 것은 어느 것입니까? (   )

① 공기는 식물이 자라는 데 영양분을 제공한다.
② 온도가 낮아지면 식물은 단풍이 들거나 낙엽이 진다.
③ 햇빛은 동물의 번식 시기와 식물의 꽃 피는 시기에 영향을 준다.
④ 지렁이는 땅 위에 있다가도 피부의 물기가 마르기 전에 흙 속으로 들어간다.
⑤ 철새는 먹이를 구하거나 새끼를 기르기에 온도가 적절한 장소를 찾아 이동한다.

04 소비자에 해당하는 생물은 어느 것입니까?

(   )

①
⬆ 버섯

②
⬆ 토끼

③
⬆ 소나무

④
⬆ 곰팡이

05 다음은 먹이 사슬을 나타낸 것입니다. 이에 대한 설명으로 옳지 않은 것은 어느 것입니까?

(   )

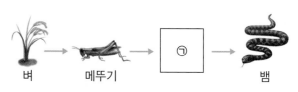

벼   메뚜기   ㉠   뱀

① 벼는 생산자이다.
② ㉠은 개구리이다.
③ 메뚜기와 뱀은 소비자이다.
④ 메뚜기 수가 변해도 뱀의 수는 변하지 않는다.
⑤ 메뚜기 수가 갑자기 늘어나면 벼의 수가 줄어든다.

서술형 ⓝ

06 다음은 어느 생태계의 먹이 그물을 나타낸 것입니다. 먹이 그물이 먹이 사슬보다 생물이 살아가기에 더 유리한 까닭을 쓰시오.

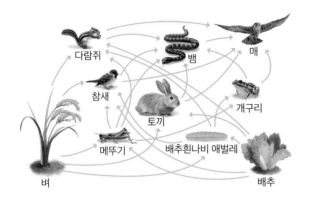

_____

_____

_____

어려워 ⓗ

07 먹이 사슬과 먹이 그물에 대해 잘못 설명한 친구의 이름을 쓰시오.

> • 예나: 먹이 사슬이 먹이 그물보다 생물이 살아가기에 더 유리해.
> • 현아: 먹이 사슬과 먹이 그물은 생물 사이의 먹고 먹히는 관계를 보여 줘.
> • 주연: 먹이 사슬은 한 방향으로 연결되고, 먹이 그물은 여러 방향으로 연결돼.

(   )

[08~09] 다음은 어느 국립 공원의 생태계에서 나타나는 변화입니다. 물음에 답하시오.

> 어느 국립 공원에 사는 늑대는 주로 강가에 풀과 나무를 먹으러 오는 사슴을 잡아먹고 살았다. 그런데 사람들이 마구잡이로 늑대를 사냥하면서 1926 년 무렵에는 국립 공원에 늑대가 모두 사라졌다.

서술형 ⓝ

08 늑대가 사라진 뒤 사슴의 수와 강가의 풀과 나무의 양이 어떻게 변할지 쓰시오.

_____

_____

09 늑대가 사라진 뒤 사람들이 늑대를 다시 국립 공원에 살게 했습니다. (   ) 안에 공통으로 들어갈 말을 쓰시오.

> 늑대가 사라진 뒤 국립 공원의 생태계 (   )이/가 깨졌고, 늑대가 다시 나타난 뒤 오랜 시간이 지나 생태계 (   )을/를 다시 찾았다.

(   )

10 생태계 평형에 대한 설명으로 옳은 것을 **보기**에서 모두 골라 기호를 쓰시오.

> **보기**
> ㉠ 깨진 생태계 평형은 다시 회복하기 쉽다.
> ㉡ 깨진 생태계 평형이 원래 상태로 돌아가지 못하기도 한다.
> ㉢ 생태계를 구성하는 생물의 종류와 수 또는 양이 균형을 이루며 안정적인 상태를 유지하는 것이다.

(   )

어려워

11 다음과 같이 조건을 다르게 하여 콩나물이 자라는 모습을 관찰했습니다. 일주일 뒤 관찰했을 때의 결과에 대한 설명으로 옳은 것은 어느 것입니까? (   )

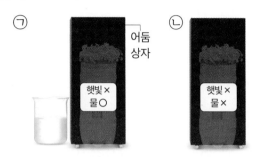

① ㉠ 콩나물의 떡잎은 그대로 노란색이다.
② ㉡ 콩나물은 떡잎이 초록색으로 변한다.
③ ㉡ 콩나물은 몸통이 굵게 자란다.
④ ㉡ 콩나물은 떡잎 아래 몸통이 길게 자란다.
⑤ ㉠ 콩나물은 떡잎 아래 몸통이 매우 가늘어지고 시든다.

12 다음과 같이 콩나물을 햇빛이 잘 드는 곳에 두고 물을 주지 않았습니다. 일주일이 지난 뒤 관찰했을 때의 결과로 옳은 것을 두 가지 고르시오.
(,   )

① 떡잎이 연두색으로 변했다.
② 떡잎이 그대로 노란색이다.
③ 떡잎에 검은색 반점이 생겼다.
④ 떡잎 아래 몸통이 길어지고 굵어졌다.
⑤ 떡잎 아래 몸통이 가늘어지고 시들었다.

13 다음 (   ) 안에 들어갈 알맞은 말을 쓰시오.

생물이 특정한 서식지에서 오랜 기간에 걸쳐 살아남기에 유리한 (   )과/와 생활 방식을 가지는 것을 적응이라고 한다.

(   )

14 환경에 적응된 생물의 예로 옳지 <u>않은</u> 것은 어느 것입니까? (   )

①
↥ 주변 환경과 생김새가 비슷한 대벌레

②
↥ 계절에 따라 다른 서식지로 이동하는 철새

③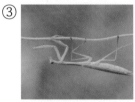
↥ 주변 환경과 몸 색깔이 비슷한 사마귀

④
↥ 주변 환경과 몸 색깔이 다른 토끼

15 적의 공격으로부터 몸을 보호하기 위해 몸을 오므리는 행동을 하도록 적응된 생물을 골라 기호를 쓰시오.

㉠
↥ 공벌레

㉡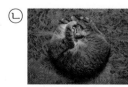
↥ 고양이

(   )

→ 바른답·알찬풀이 46쪽

[16~17] 다음은 사막여우와 북극여우의 모습입니다. 물음에 답하시오.

 ⊙ 사막여우

 ⊙ 북극여우

16 모래가 많은 서식지 환경에서 살아남기에 유리한 여우의 기호를 쓰시오.

(   )

서술형

17 위 문제 **16**번과 같이 답한 까닭을 털 색깔과 관련지어 쓰시오.

_____

_____

_____

18 환경 오염에 대한 설명으로 옳지 **않은** 것은 어느 것입니까? (   )

① 폐수의 배출로 물고기가 죽는다.
② 환경 오염으로 생태계 평형이 깨질 것이다.
③ 오염된 환경은 노력하면 짧은 시간에 회복된다.
④ 환경이 오염되면 생물의 종류가 줄어들 수 있다.
⑤ 사람들의 활동으로 자연환경이나 생활 환경이 훼손되는 것이다.

어려워

19 환경 오염의 종류와 생물에 미치는 영향을 **잘못** 짝 지은 것은 어느 것입니까? (   )

① 대기 오염 - 물을 마실 수 없다.
② 토양 오염 - 식물이 잘 자랄 수 없다.
③ 토양 오염 - 토양의 악취가 심해진다.
④ 수질 오염 - 물고기의 서식지가 파괴된다.
⑤ 대기 오염 - 동물의 호흡 기관에 질병을 일으킨다.

20 다음은 쓰레기 매립지의 생태계를 복원하기 위한 방법입니다. (   ) 안에 들어갈 내용으로 옳은 것은 어느 것입니까? (   )

 ⊙ 쓰레기 매립지

• 식물을 다시 심는다.
• 쓰레기 매립지에 오염되지 않은 흙을 다시 덮는다.
• (   )

① 자동차를 탄다.
② 일회용품을 사용한다.
③ 농약을 많이 사용한다.
④ 쓰레기 배출량을 줄인다.
⑤ 전기를 절대 사용하지 않는다.

개념 ① 습도

① 습도: 공기 중에 [ㅅㅈㄱ ❶]가 포함된 정도이며, 건습구 습도계로 측정합니다. →건구 온도와 습구 온도의 차이가 작을수록 습도가 높아요.

② [ㄱㅅㄱ ❷] 습도계의 구조: 건구 온도계와 습구 온도계로 이루어져 있습니다.

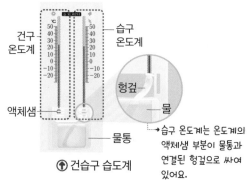

건구 온도계
습구 온도계
헝겊
액체샘
물
물통

→습구 온도계는 온도계의 액체샘 부분이 물통과 연결된 헝겊으로 싸여 있어요.

⬆ 건습구 습도계

③ 습도가 우리 생활에 주는 영향

습도가 높을 때	습도가 낮을 때
• 빨래가 잘 마르지 않음. • 곰팡이가 잘 생김. • 음식물이 부패하기 쉬움. • 과자가 빨리 눅눅해짐.	• 빨래가 잘 마름. • 산불이 나기 쉬움. • 피부가 건조해짐. • 목이 따가움.

개념 ② 이슬, 안개, 구름의 생성 과정

① 이슬과 안개 발생 실험하기

이슬 발생 실험	안개 발생 실험
얼린 음료수 캔의 표면을 마른 수건으로 닦음. → 캔 주변의 공기 중 수증기가 [ㅇㄱ ❸]해 캔 표면에 물방울로 맺힘.	따뜻한 물을 넣어 데운 집기병 위에 얼음을 담은 페트리 접시를 올림. → 집기병 안 수증기가 응결하여 뿌옇게 흐려짐.

② 이슬: 공기 중의 수증기가 응결해 차가운 물체 표면에 물방울로 맺혀 있는 것

③ 안개: 지표면 가까이에 있는 공기 중의 수증기가 응결해 작은 물방울로 지표면 근처에 떠 있는 것

④ [ㄱㄹ ❹]: 공기 중의 수증기가 응결해 작은 물방울이 되거나 얼음 알갱이로 얼어 하늘에 떠 있는 것

⑤ 이슬, 안개, 구름의 공통점과 차이점

공통점	공기 중의 수증기가 응결해 나타나는 현상임.
차이점	만들어지는 곳이 다름.

→이슬은 물체의 표면에서, 안개는 지표면 근처의 공기 중에서, 구름은 하늘 위에서 응결이 일어나요.

개념 ③ 비와 눈의 생성 과정

① 비가 내리는 과정: 구름을 이루는 작은 물방울이 서로 합쳐지면서 크기가 커져 아래로 떨어지거나 구름을 이루는 얼음 알갱이가 커져 떨어지다가 녹습니다.

② 눈이 내리는 과정: 구름을 이루는 얼음 알갱이가 커져서 떨어질 때 녹지 않고 그대로 떨어집니다.

개념 ④ 기압과 바람

① [ㄱㅇ ❺]: 공기의 무게로 생기는 힘

② 고기압과 저기압 → 같은 크기의 공간에 있는 공기의 무게를 비교해요.

• 고기압: 상대적으로 공기가 무거운 것
• 저기압: 상대적으로 공기가 가벼운 것

③ 공기의 온도에 따른 기압 비교

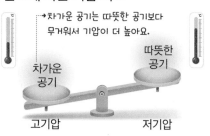

→차가운 공기는 따뜻한 공기보다 무거워서 기압이 더 높아요.

차가운 공기
따뜻한 공기
고기압
저기압

④ [ㅂㄹ ❻]: 공기의 온도 차이로 기압이 달라지면 공기가 고기압에서 저기압으로 이동하여 바람이 붑니다.

⑤ 바닷가에서 부는 바람의 방향

• 낮: 바다 → 육지   • 밤: 육지 → 바다

개념 ⑤ 우리나라의 계절별 날씨

① 우리나라의 계절별 날씨에 영향을 주는 공기 [ㄷㅇㄹ ❼]

겨울
북서쪽의 차갑고 건조한 공기 덩어리

초여름
우리나라 북동쪽의 차갑고 습한 공기 덩어리는 초여름에 장마가 발생하는 데 영향을 줘요.

동해

봄, 가을
남서쪽의 따뜻하고 건조한 공기 덩어리

여름
남동쪽의 덥고 습한 공기 덩어리

② 공기 덩어리의 성질

봄·가을	여름	겨울
따뜻하고 건조함.	덥고 습함.	차갑고 건조함.

자료 ① 습도표를 이용해 습도 구하기

<건구 온도가 23 ℃, 습구 온도가 20 ℃일 때 습도표 읽기>

습도표

(단위: %)

건구 온도 (℃)	건구 온도와 습구 온도의 차(℃)						
	0	1	2	3	4	5	6
21	100	91	83	75	67	60	52
22	100	92	83	75	68	61	54
❶23	100	92	84	76❸	69	62	55
24	100	92	84	77	69	62	56
25	100	92	84	77	70	63	57

❶ 세로줄에서 건구 온도를 찾습니다.
❷ 가로줄에서 건구 온도와 습구 온도의 차 (23 − 20 = 3)를 찾습니다.
❸ ❶과 ❷가 만나는 곳의 숫자를 읽습니다.

POINT
건습구 습도계를 이용해 습도를 구할 수 있습니다.

1-1 습도를 구하기 위해서는 습구 온도만 알면 됩니다.
(○ , ×)

1-2 왼쪽 습도표에서 건구 온도가 23 ℃, 습구 온도가 20 ℃일 때, 현재 습도를 구하시오.
( ) %

1-3 건습구 습도계의 건구 온도가 일정할 때 습구 온도가 더 낮아지면 현재 습도는 (낮아집니다 , 높아집니다).

자료 ② 비가 내리는 과정 실험

❶ 스포이트로 페트리 접시 안에 물을 한 방울씩 여러 군데 떨어뜨립니다.
❷ 아래쪽에 쟁반을 놓고 페트리 접시를 조심스럽게 뒤집습니다.
❸ 페트리 접시를 양손으로 잡고 여러 방향으로 조금씩 기울여 물방울을 서로 합칩니다.
➡ 물방울의 크기가 커지고, 커진 물방울이 아래로 떨어집니다.

POINT
구름 속 작은 물방울이나 얼음 알갱이들이 크기가 커져 무거워지면 기온에 따라 비나 눈으로 내리게 됩니다.

2-1 왼쪽 실험은 구름이 발생하는 과정을 알아보기 위한 실험입니다. (○ , ×)

2-2 왼쪽 페트리 접시에 떨어뜨린 물방울은 구름을 이루는 작은 물방울과 비슷합니다. (○ , ×)

2-3 구름을 이루는 작은 물방울이 서로 합쳐지면서 크기가 (커져 , 작아져) 무거워지면 아래로 떨어져 비가 됩니다.

자료 ③ 바람 발생 모형실험

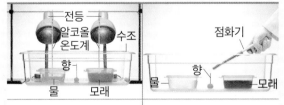

❶ 전등을 켜고 5 분~6 분 동안 가열한 뒤 온도를 측정함.
❷ 향불을 피우고 향 연기가 어떻게 움직이는지 관찰함.

➡ 향 연기는 물 위에서 모래 위로 이동합니다.
→물 위의 공기보다 모래 위의 공기가 온도가 높아져 물 위는 고기압이 되고, 모래 위는 저기압이 되어 공기가 물 위에서 모래 위로 움직여요.

POINT
바람이 부는 까닭은 공기의 온도 차이로 인해 두 지역의 기압이 서로 달라지면 공기가 고기압에서 저기압으로 이동하기 때문입니다.

3-1 바람은 공기가 (고기압 , 저기압)에서 (고기압 , 저기압)으로 이동할 때 붑니다.

3-2 왼쪽 실험에서 향 연기는 물 위에서 모래 위로 움직입니다. (○ , ×)

3-3 왼쪽 실험에서 물 위가 저기압이 되고, 모래 위가 고기압이 됩니다. (○ , ×)

01 공기 중에 수증기가 포함된 정도를 무엇이라고 합니까? (   )

① 온도   ② 습도   ③ 기압
④ 바람   ⑤ 응결

[02~03] 다음은 건습구 습도계의 모습입니다. 물음에 답하시오.

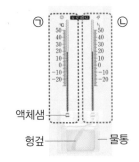

액체샘
헝겊 ─── 물통

02 위 ㉠과 ㉡ 온도계의 이름을 각각 쓰시오.

㉠: (   ), ㉡: (   )

꼭나와 만

03 위 건습구 습도계에서 ㉠의 온도가 21 ℃, ㉡의 온도가 18 ℃일 때, 다음 습도표에서 현재의 습도를 옳게 구한 것은 어느 것입니까? (   )

(단위: %)

건구 온도 (℃)	건구 온도와 습구 온도의 차(℃)			
	1	2	3	4
18	91	82	73	64
19	91	82	74	65
20	91	83	74	66
21	91	83	75	67

① 67 %   ② 73 %   ③ 75 %
④ 83 %   ⑤ 91 %

04 습도가 우리 생활에 미치는 영향으로 옳은 것은 어느 것입니까? (   )

① 습도가 높으면 목이 따가워진다.
② 습도가 낮으면 곰팡이가 잘 핀다.
③ 습도가 낮으면 피부가 건조해진다.
④ 습도가 낮으면 음식이 부패하기 쉽다.
⑤ 습도가 높으면 산불이 발생하기 쉽다.

서술형 닝

05 다음은 비가 오는 날 빨래가 잘 마르지 않는 모습입니다.

(1) 빨래가 잘 마르지 않는 까닭으로 (   ) 안에 들어갈 알맞은 말을 쓰시오.

습도가 (   ) 때문이다.

(   )

(2) 위와 같은 현상이 나타날 때 습도를 조절하는 방법을 한 가지 쓰시오.

_____

_____

[06~07] 다음은 데운 집기병에 향불을 넣었다가 뺀 후, 집기병 입구를 페트리 접시로 막고 얼린 음료수 캔을 그 위에 올린 모습입니다. 물음에 답하시오.

얼린 음료수 캔
페트리 접시
집기병

06 위의 실험 결과 집기병에서 나타나는 변화로 옳은 것은 어느 것입니까? (   )

① 집기병이 점점 뜨거워진다.
② 집기병 안이 점점 맑아진다.
③ 집기병 안이 뿌옇게 흐려진다.
④ 집기병 표면에 물방울이 맺힌다.
⑤ 집기병 안에 얼음 알갱이가 생긴다.

07 위의 실험 결과 집기병 안에서 나타나는 변화와 비슷한 자연 현상을 골라 기호를 쓰시오.

㉠ ⓐ 안개   ㉡ ⓐ 이슬

(   )

08 이슬, 안개, 구름의 공통점으로 옳은 것은 어느 것입니까? (   )

① 하늘 위에서 만들어진다.
② 지표면 근처에서 만들어진다.
③ 물체의 표면에서 만들어진다.
④ 풀잎이나 나뭇가지에 맺힌다.
⑤ 수증기가 응결하여 나타나는 현상이다.

[09~10] 다음 실험을 보고 물음에 답하시오.

(가) 스포이트로 페트리 접시 안에 물을 한 방울씩 여러 군데 떨어뜨린다.
(나) 아래쪽에 쟁반을 놓고 페트리 접시를 조심스럽게 뒤집는다.
(다) 페트리 접시를 양손으로 잡고 여러 방향으로 조금씩 기울여 물방울을 서로 합친다.

페트리 접시

09 위 실험에 대한 설명으로 옳은 것을 에서 모두 골라 기호를 쓰시오.

보기

㉠ 페트리 접시를 뒤집으면 물방울이 모두 사라진다.
㉡ 페트리 접시에서 합쳐진 물방울들은 공기 중으로 사라진다.
㉢ 페트리 접시를 여러 방향으로 기울이면 물방울의 크기가 커진다.
㉣ 페트리 접시에 떨어뜨린 물방울은 구름을 이루는 작은 물방울과 비슷하다.

(   )

10 위 실험에서 나타나는 결과와 비슷한 자연 현상은 무엇인지 쓰시오.

(   )

11 다음은 구름에서 일어나는 현상에 대한 설명입니다. ㉠~㉢에 들어갈 알맞은 말을 쓰시오.

> 구름을 이루는 작은 물방울이 서로 합쳐지면서 크기가 커져 떨어지면 (㉠)이/가 된다. 또, 구름을 이루는 얼음 알갱이가 커져 떨어질 때 녹으면 (㉡)이/가 되고, 녹지 않고 그대로 떨어지면 (㉢)이/가 된다.

㉠: (   ), ㉡: (   ), ㉢: (   )

12 기압에 대한 설명으로 옳지 <u>않은</u> 것은 어느 것입니까? (   )

① 기압은 공기의 무게로 생기는 힘이다.
② 공기의 온도가 낮아지면 기압이 높아진다.
③ 따뜻한 공기는 차가운 공기보다 기압이 높다.
④ 무거운 공기는 기압이 높고, 가벼운 공기는 기압이 낮다.
⑤ 차가운 공기는 따뜻한 공기보다 무게가 무거워서 기압이 높다.

서술형

13 다음은 부피가 같은 공기 덩어리의 무게를 비교한 것입니다. ㉠과 ㉡ 중 온도가 더 낮은 공기 덩어리를 골라 기호를 쓰고, 그렇게 생각한 까닭을 쓰시오.

꼭 들어가야 할 말	온도, 같은 크기, 양

_____

_____

[14~15] 다음은 전등으로 같은 시간 동안 가열한 물과 모래의 온도 변화를 측정하여 맑은 날 낮에 바닷가에서 부는 바람의 방향을 알아보기 위한 실험입니다. 물음에 답하시오.

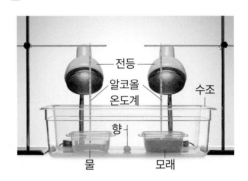

14 위 실험 결과에 대한 설명으로 옳은 것을 보기에서 모두 골라 기호를 쓰시오.

> **보기**
> ㉠ 향 연기는 물 위에서 모래 위로 움직인다.
> ㉡ 물 위의 공기는 모래 위의 공기보다 가볍다.
> ㉢ 향 연기로 공기의 움직임을 확인할 수 있다.
> ㉢ 물 위의 공기 온도가 모래 위의 공기 온도보다 높다.

(   )

꼭나와

15 위 실험 결과와 같이 향 연기가 움직이는 까닭에 대한 설명으로 옳지 <u>않은</u> 것은 어느 것입니까?

(   )

① 모래 위의 공기는 고기압이기 때문이다.
② 물보다 모래의 온도가 더 높기 때문이다.
③ 물 위와 모래 위의 기압이 다르기 때문이다.
④ 공기는 고기압에서 저기압으로 이동하기 때문이다.
⑤ 물 위의 공기와 모래 위의 공기 온도가 다르기 때문이다.

16 다음은 맑은 날 낮 바닷가의 모습입니다. 이에 대한 설명으로 옳지 <u>않은</u> 것은 어느 것입니까? ( )

① 바람은 육지에서 바다로 분다.
② 육지가 바다보다 빨리 데워진다.
③ 육지는 저기압, 바다는 고기압이 된다.
④ 육지 위 공기의 온도는 바다 위 공기의 온도보다 높다.
⑤ 같은 크기의 공간에 있는 공기의 무게는 바다 위가 육지 위보다 무겁다.

17 우리나라 계절별 날씨의 특징으로 옳은 것을 에서 모두 골라 기호를 쓰시오.

> **보기**
> ㉠ 봄에는 따뜻하고 건조해서 산불이 나기 쉽다.
> ㉡ 여름에는 남서쪽에 있는 공기 덩어리의 영향을 받아 덥고 습하다.
> ㉢ 가을에는 건조한 성질을 가진 공기 덩어리의 영향으로 따뜻하고 건조하다.
> ㉣ 겨울에는 북동쪽에 있는 공기 덩어리의 영향을 받아 춥고 건조하다.

( )

[18~20] 다음 ㉠~㉣은 계절별로 우리나라의 날씨에 영향을 주는 공기 덩어리입니다. 물음에 답하시오.

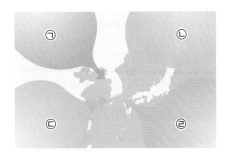

꼭나와 ♥

18 위 ㉠~㉣ 중 우리나라 봄과 가을 날씨에 영향을 주는 공기 덩어리를 골라 기호를 쓰시오.

( )

19 위 ㉠~㉣ 중 차가운 성질을 가진 공기 덩어리끼리 알맞게 짝 지은 것은 어느 것입니까? ( )

① ㉠, ㉡   ② ㉠, ㉢
③ ㉠, ㉣   ④ ㉡, ㉢
⑤ ㉡, ㉣

20 위 ㉠~㉣ 공기 덩어리의 성질에 대한 설명으로 옳은 것은 어느 것입니까? ( )

① ㉠은 따뜻하고 습하다.
② ㉠은 여름 날씨에 영향을 준다.
③ ㉡은 차갑고 습하다.
④ ㉢은 겨울 날씨에 영향을 준다.
⑤ ㉣의 영향을 받으면 날씨가 따뜻하고 건조하다.

01 건습구 습도계에 대한 설명으로 옳지 <u>않은</u> 것은 어느 것입니까? (   )

① 건습구 습도계는 두 개의 온도계로 이루어져 있다.
② 건구 온도와 습구 온도의 차이가 클수록 습도가 높다.
③ 습구 온도계의 액체샘 부분은 물통과 연결된 헝겊으로 싸여 있다.
④ 습도를 구하기 위해서는 건구 온도와 습구 온도를 모두 알아야 한다.
⑤ 건습구 습도계로 온도를 측정한 후 현재 습도를 구하려면 습도표가 필요하다.

어려워 ☞

02 다음은 습도표와 습도표를 읽는 방법에 대한 친구들의 대화입니다. <u>잘못</u> 말한 친구의 이름을 쓰시오.

(단위: %)

건구 온도 (℃)	건구 온도와 습구 온도의 차(℃)			
	0	1	2	3
22	100	92	83	75
23	100	92	84	76
24	100	92	84	77

• 재하: 가로줄과 세로줄이 만나는 곳의 숫자가 습도야.
• 성은: 가로줄에서 건구 온도와 습구 온도의 차를 찾아야 해.
• 호연: 건구 온도만 알고 있으면 습도표에서 습도를 구할 수 있어.

(   )

03 습도가 낮을 때 나타날 수 있는 현상으로 옳지 <u>않은</u> 것은 어느 것입니까? (   )

① 목이 따갑다.
② 산불이 나기 쉽다.
③ 빨래가 잘 마른다.
④ 피부가 건조해진다.
⑤ 벽지에 곰팡이가 생긴다.

04 다음과 같은 현상이 나타날 때 습도를 조절하는 방법으로 옳은 것은 어느 것입니까? (   )

> 과자가 빨리 눅눅해지고, 음식물이 쉽게 상한다.

① 제습기를 사용한다.
② 가습기를 사용한다.
③ 그릇에 물을 담아 놓는다.
④ 숯을 물에 적셔서 놓는다.
⑤ 물에 적신 수건을 널어둔다.

05 오른쪽은 데운 집기병에 향불을 넣었다가 뺀 후, 집기병 입구를 페트리 접시로 막고 얼린 음료수 캔을 그 위에 올린 모습입니다. 집기병 안에서 나타나는 현상과 비슷한 자연 현상으로 옳은 것은 어느 것입니까?

— 얼린 음료수 캔
— 페트리 접시
— 집기병

(   )

① 비   ② 눈   ③ 이슬
④ 안개   ⑤ 구름

06 오른쪽과 같이 얼린 음료수 캔을 마른 수건으로 닦은 후 캔의 표면에서 나타나는 현상을 관찰하였습니다. 캔 표면에서 나타나는 현상과 비슷한 자연 현상은 무엇인지 쓰시오.

(   )

07 다음은 이슬, 안개, 구름의 공통점입니다. ㉠, ㉡에 들어갈 알맞은 말을 쓰시오.

> 이슬, 안개, 구름은 모두 공기 중의 (㉠) 이/가 (㉡)해 나타나는 현상이다.

㉠: (   ), ㉡: (   )

08 다음은 이슬, 안개, 구름에 대한 친구들의 대화입니다. 잘못 말한 친구의 이름을 쓰시오.

> • 민율: 안개는 하늘 높이 떠 있어.
> • 수지: 이슬은 풀잎이나 나뭇가지에 맺혀 있어.
> • 정환: 안개는 작은 물방울로 이루어져 있어.
> • 시우: 구름은 공기 중의 수증기가 얼음 알갱이로 얼어서 하늘에 떠 있는거야.

(   )

어려워

09 비와 눈이 내리는 과정에 대한 설명으로 옳은 것을 보기 에서 모두 골라 기호를 쓰시오.

> **보기**
> ㉠ 비가 내리다가 지표면 근처에서 얼면 눈이 된다.
> ㉡ 공기가 하늘로 올라가 수증기가 응결하면 구름이 만들어진다.
> ㉢ 구름을 이루는 얼음 알갱이가 무거워지면 아래로 떨어지다가 녹아서 눈이 된다.
> ㉣ 구름을 이루는 작은 물방울이 서로 합쳐지면서 무거워지면 아래로 떨어져서 비가 된다.

(   )

서술형

10 다음과 같이 눈이 내리는 과정을 쓰시오.

_____

_____

_____

11 다음은 기압에 대한 설명입니다. ㉠, ㉡에 들어갈 알맞은 말을 쓰시오.

> 같은 크기의 공간에 있는 공기의 무게를 비교하였을 때 상대적으로 공기가 무거운 것을 (㉠)(이)라고 하고, 상대적으로 공기가 가벼운 것을 (㉡)(이)라고 한다.

㉠: (   ), ㉡: (   )

12 기압에 대한 설명으로 옳은 것을 보기 에서 모두 골라 기호를 쓰시오.

> ㉠ 기압은 공기의 무게로 생기는 힘이다.
> ㉡ 공기가 무거울수록 기압이 낮아진다.
> ㉢ 주변의 높이를 비교하여 고기압, 저기압으로 분류한다.
> ㉣ 같은 부피일 때 차가운 공기가 따뜻한 공기보다 기압이 높다.

(   )

어려워 ✎

13 다음은 고기압과 저기압의 무게를 비교하는 모습입니다. 이에 대한 설명으로 옳지 <u>않은</u> 것은 어느 것입니까? (   )

① ㉠은 고기압이다.
② ㉡은 따뜻한 공기이다.
③ 따뜻한 공기는 차가운 공기보다 기압이 낮다.
④ ㉠이 ㉡보다 같은 크기의 공간에 있는 공기의 양이 많다.
⑤ 온도가 높아지면 같은 크기의 공간에 있는 공기의 양이 많아진다.

[14~16] 다음은 수조 안의 물과 모래를 전등으로 5 분~6 분 동안 가열한 뒤 고무찰흙에 꽂힌 향에 불을 피우는 모습입니다. 물음에 답하시오.

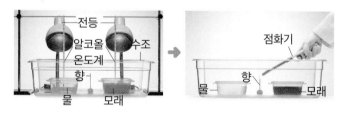

14 위 실험은 무엇을 알아보기 위한 것입니까?

(   )

① 향의 역할
② 전등의 역할
③ 바람이 부는 방향
④ 물과 모래의 온도 변화
⑤ 물과 모래가 데워지는 데 걸리는 시간

➜ 바른답·알찬풀이 48쪽

15 다음은 앞 실험에 대한 설명입니다. ㉠, ㉡에 들어갈 알맞은 말을 쓰시오.

> 물과 모래를 같은 시간 동안 가열했을 때
> (㉠)의 온도가 (㉡)의 온도보다
> 높다.

㉠: (   ), ㉡: (   )

서술형 낭 　어려워 낭
16 앞 실험에서 향 연기는 물과 모래 중 어느 쪽으로 움직이는지 쓰고, 그 방향으로 움직이는 까닭을 쓰시오.

_____

_____

_____

서술형 낭
17 우리나라의 날씨가 여름에는 덥고 습한 까닭을 우리나라의 날씨에 영향을 주는 공기 덩어리의 성질과 연관 지어 쓰시오.

_____

_____

[18~20] 다음은 우리나라의 계절별 날씨에 영향을 주는 공기 덩어리 (가)~(라)를 성질에 따라 나눈 것입니다. 물음에 답하시오.

구분	차갑다.	따뜻하다.
건조하다.	(가)	(나)
습하다.	(다)	(라)

18 위 (가)~(라) 중 바다를 덮고 있는 공기 덩어리를 두 가지 골라 기호를 쓰시오.

(   )

19 공기 덩어리에 대한 친구들의 대화입니다. 옳게 말한 친구의 이름을 쓰시오.

> • 도윤: (가)와 (라)는 여름 날씨에 영향을 미쳐.
> • 예린: 봄, 가을에는 (나)의 영향을 받아서 건조해.
> • 유아: 털모자와 털외투를 입는 날씨는 (다)의 영향을 받기 때문이야.

(   )

20 위 (가)에 대한 설명으로 옳은 것을 에서 모두 골라 기호를 쓰시오.

> 보기
> ㉠ 바다를 덮고 있는 공기 덩어리이다.
> ㉡ 우리나라의 겨울 날씨에 영향을 준다.
> ㉢ 우리나라의 북서쪽에 위치한 공기 덩어리이다.
> ㉣ 이 공기 덩어리의 영향으로 봄에 춥고 건조하다.

(   )

개념 ① 물체의 운동

① 물체의 운동: 시간이 지남에 따라 물체의 ❶ [ㅇㅊ] 가 변하는 것

② 물체의 운동 나타내기: 물체가 이동하는 데 걸린 시간과 ❷ [ㅇㄷ ㄱㄹ] 로 나타냅니다. 예 강아지가 1 초 동안 1 m 이동했습니다.

개념 ② 여러 가지 물체의 운동

① 빠르기가 일정한 운동을 하는 물체: 자동계단, 수하물 컨베이어, 리프트, 케이블카 등

② 빠르기가 변하는 운동을 하는 물체: 새, 개, 스키 점프 선수, 버스, 자동차, 비행기 등 → 물체가 운동하는 동안 빠르기가 빨라지거나 느려져요.

개념 ③ 물체의 빠르기 비교

① 같은 거리를 이동하는 데 걸린 시간으로 비교: 같은 거리를 이동하는 데 걸린 시간이 ❸ [ㅉㅇ] 물체가 더 빠릅니다.

예 여러 교통수단이 100 km를 이동하는 데 걸린 시간

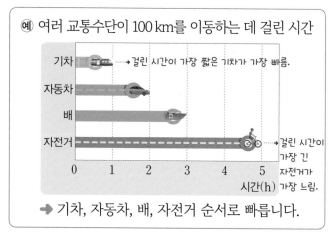

→ 걸린 시간이 가장 짧은 기차가 가장 빠름.
→ 걸린 시간이 가장 긴 자전거가 가장 느림.

➡ 기차, 자동차, 배, 자전거 순서로 빠릅니다.

② 같은 시간 동안 이동한 거리로 비교: 같은 시간 동안 이동한 거리가 ❹ [ㄱ] 물체가 더 빠릅니다.

예 여러 교통수단이 2 시간 동안 이동한 거리

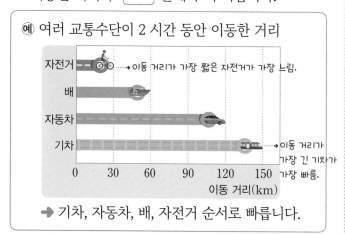

→ 이동 거리가 가장 짧은 자전거가 가장 느림.
→ 이동 거리가 가장 긴 기차가 가장 빠름.

➡ 기차, 자동차, 배, 자전거 순서로 빠릅니다.

개념 ④ 물체의 속력

① 물체의 빠르기는 속력으로 비교합니다.

② ❺ [ㅅㄹ] : 단위 시간 동안 물체가 이동한 거리

• 속력 = 이동 거리 ÷ 걸린 시간

• 속력의 단위: km/h, m/s 등 → 속력의 단위에서 /은 나누기를 의미해요. km와 m는 이동 거리의 단위이고, h와 s는 걸린 시간의 단위예요.

• 속력을 읽는 법과 의미

구분	읽는 법	의미
60 km/h	육십 킬로미터 매 시	1 시간 동안 60 km를 이동함.
10 m/s	십 미터 매 초	1 초 동안 10 m를 이동함.

③ 일상생활에서 속력을 나타내는 예: 운동 경기 중 공이나 선수의 빠르기, 교통수단의 빠르기, 동물의 움직임, 일기 예보에서 바람의 빠르기 등을 속력으로 나타냅니다.

개념 ⑤ 속력과 관련된 안전장치와 교통안전 수칙

① 속력과 관련된 ❻ [ㅇㅈㅈㅊ]

안전띠	자동차가 갑자기 멈추거나 다른 차와 충돌할 때 탑승자의 몸을 고정함.
과속 방지 턱	자동차의 속력을 줄여 사고를 예방함.
에어백	충돌 사고에서 충격을 줄여 탑승자가 크게 다치는 것을 방지함.
어린이 보호 구역 표지판	자동차가 정해진 속력으로 다닐 것을 안내하여 사고를 예방함.
과속 단속 카메라	자동차가 일정한 속력 이상으로 다니지 못하게 도로에 설치하여 사고를 예방함.

② 교통안전 수칙

• ❼ [ㅎㄷㅂㄷ] 가 아닌 곳에서 길을 건너지 않습니다.

• 횡단보도를 건널 때에는 신호등이 초록불일 때 좌우를 살핀 뒤, 손을 들고 건넙니다.

• 도로 옆에서 공놀이를 하지 않습니다.

• 공을 공 주머니에 넣어 들고 갑니다.

→ 바른답·알찬풀이 49쪽

자료 1 물체의 운동 나타내기

○표 한 물체	가방을 멘 학생	휠체어를 탄 학생	축구공
물체의 운동	1 초 동안 1 m 이동함.	1 초 동안 2 m 이동함.	1 초 동안 1 m 이동함.

POINT 시간이 지남에 따라 물체의 위치가 변할 때 물체가 운동한다고 합니다.

1-1 물체의 운동은 물체가 이동하는 데 걸린 시간과 이동 (　　　　)(으)로 나타낼 수 있습니다.

1-2 정지해 있는 물체는 시간에 따라 위치가 변합니다.
(○ , ×)

1-3 왼쪽 그림에서 축구공은 운동을 했습니다.
(○ , ×)

자료 2 여러 교통수단의 속력 비교하기

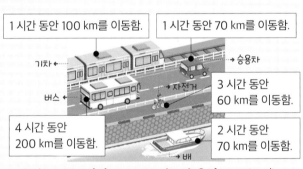

- 속력(km/h): 기차 – 100 km/h, 승용차 – 70 km/h, 버스 50 km/h, 배 – 35 km/h, 자전거 – 20 km/h

POINT 속력은 이동 거리를 걸린 시간으로 나누어 구합니다.

2-1 2 시간 동안 80 km를 이동한 물체의 속력을 구하시오. (　　　　　　)

2-2 속력이 클수록 단위 시간 동안 이동한 거리가 (짧습니다 , 깁니다).

2-3 왼쪽 교통수단에서 속력은 승용차, 기차, 버스, 배, 자전거 순서로 큽니다. (○ , ×)

자료 3 속력과 관련된 교통안전 수칙 ····→물체의 속력이 클수록 멈추기가 어렵고, 충돌할 때 피해가 커요.

⊕ 인도에서는 자전거에서 내려 자전거를 끌고 감.

⊕ 횡단보도를 건널 때 스마트 기기를 보지 않음.

⊕ 도로 주변에서는 공을 공 주머니에 넣고 다님.

⊕ 횡단보도가 아닌 곳에서 길을 건너지 않음.

POINT 운전하는 사람과 도로 주변을 다니는 사람 모두 안전 수칙을 잘 지켜야 안전사고를 예방할 수 있습니다.

3-1 도로 주변의 질서와 안전을 위해 만든 규칙을 무엇이라고 하는지 쓰시오.
(　　　　　　　　)

3-2 물체가 빠르게 운동할수록 멈추기가 (어렵고 , 쉽고), 충돌할 때 피해가 (큽니다 , 작습니다).

3-3 인도나 횡단보도에서는 자전거를 타지 않고, 자전거에서 내려 자전거를 끌고 갑니다.
(○ , ×)

01 다음은 물체의 운동에 대한 설명입니다. (   ) 안에 들어갈 알맞은 말을 쓰시오.

> 시간이 지남에 따라 물체의 (   )이/가 변할 때 물체가 운동한다고 한다.

(   )

[02~03] 다음은 1 초 간격으로 나타낸 공원의 모습입니다. 물음에 답하시오.

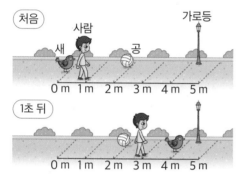

꼭나와 ♥

02 위 그림에서 운동한 물체를 알맞게 짝 지은 것은 어느 것입니까? (   )

① 공, 새   ② 공, 사람
③ 새, 사람   ④ 새, 가로등
⑤ 사람, 가로등

03 위 그림의 물체의 운동에 대해 잘못 설명한 친구의 이름을 쓰시오.

> 루리: 새는 1 초 동안 4 m 이동했어.
> 세찬: 사람은 1 초 동안 3 m 이동했어.
> 민우: 공과 가로등은 이동하지 않았기 때문에 운동하지 않았다고 말할 수 있어.

(   )

04 빠르기가 변하는 운동을 하는 물체를 두 가지 고르시오. (,   )

①
⬆ 비행기

②
⬆ 자동계단

③
⬆ 리프트

④
⬆ 버스

05 같은 거리를 이동한 물체의 빠르기를 비교하는 방법에 대한 설명으로 옳은 것을 보기 에서 모두 골라 기호를 쓰시오.

> ㉠ 같은 거리를 이동한 물체의 빠르기는 이동 거리로 비교한다.
> ㉡ 같은 거리를 이동한 물체의 빠르기는 걸린 시간으로 비교한다.
> ㉢ 같은 거리를 이동하는 데 걸린 시간이 긴 물체일수록 빠른 물체이다.
> ㉣ 수영, 스피드 스케이팅, 마라톤은 같은 거리를 이동하는 데 걸린 시간으로 빠르기를 비교하는 운동 경기이다.

(   )

06 다음은 10 분 동안 여러 동물이 이동한 거리를 나타낸 것입니다. 세 번째로 빠른 동물의 이름을 쓰시오.

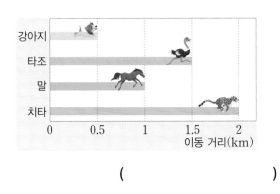

( )

서술형 낭
07 다음은 1 시간 동안 여러 교통수단이 이동한 거리를 나타낸 것입니다. 가장 빠른 교통 수단을 쓰고, 그렇게 생각한 까닭을 쓰시오.

교통수단	이동 거리	교통수단	이동 거리
비행기	400 km	배	30 km
자동차	80 km	기차	120 km

꼭 들어가야 할 말 · 같은 시간, 이동한 거리

_____

_____

_____

08 다음은 속력에 대한 설명입니다. ㉠, ㉡에 들어갈 알맞은 말을 쓰시오.

> 속력은 단위 시간 동안 물체가 이동한 거리이다. 속력은 (㉠)을/를 (㉡)(으)로 나누어 구한다.

㉠: ( ), ㉡: ( )

09 속력이 크다는 것의 의미로 옳은 것을 보기에서 모두 골라 기호를 쓰시오.

> 보기
> ㉠ 물체가 빠르다.
> ㉡ 물체의 빠르기가 일정하다.
> ㉢ 같은 시간 동안 더 짧은 거리를 이동한다.
> ㉣ 같은 거리를 이동하는 데 더 짧은 시간이 걸린다.

( )

꼭나와 ♡
10 물체의 속력에 대한 설명으로 옳지 <u>않은</u> 것은 어느 것입니까? ( )

① 10 m/s는 십 미터 매 초로 읽는다.
② 속력의 단위에는 m/s, km/h 등이 있다.
③ 속력은 단위 시간 동안 이동한 거리를 말한다.
④ 30 km/h는 1 분 동안 30 km를 이동한다는 것을 말한다.
⑤ 걸린 시간과 이동 거리가 모두 다른 물체의 빠르기는 속력으로 비교한다.

11 다음 운동 경기 중 속력으로 빠르기를 비교하여 순위를 결정하는 것은 어느 것입니까?

( )

① 배구   ② 야구
③ 양궁   ④ 수영
⑤ 다이빙

[12~13] 다음은 여러 교통수단이 이동하는 데 걸린 시간과 이동 거리를 나타낸 것입니다. 물음에 답하시오.

- 버스는 1 시간 동안 45 km를 이동했다.
- 배는 3 시간 동안 150 km를 이동했다.
- 기차는 4 시간 동안 320 km를 이동했다.

꼭나와 ㅂ

12 버스와 배와 기차의 속력을 각각 구하시오.

(1) 버스: (   ) km/h
(2) 배: (   ) km/h
(3) 기차: (   ) km/h

13 같은 시간 동안 가장 긴 거리를 이동한 교통수단은 무엇인지 쓰시오.

( )

[14~15] 다음은 정국이와 친구들의 이동 거리와 걸린 시간을 나타낸 것입니다. 물음에 답하시오.

이름	이동 거리	걸린 시간
정국	100 m	20 초
태형	80 m	20 초
지민	150 m	30 초
남준	60 m	10 초

14 속력이 같은 친구 두 명의 이름을 쓰시오.

( )

서술형 ㅂ

15 위에서 1 분 동안 240 m를 이동한 혜원이와 같은 속력으로 이동한 친구의 이름을 쓰고, 그 까닭을 쓰시오.

꼭 들어가야 할 말   속력, m/s

_____

_____

_____

→ 바른답·알찬풀이 49쪽

16 다음 (   ) 안에 들어갈 알맞은 말을 쓰시오.

> 안전띠, 과속 방지 턱, 에어백, 어린이 보호 구역 표지판은 모두 자동차의 (   )과/와 관련되어 있는 안전장치이다.

(   )

17 자동차에 설치된 안전장치로, 큰 속력으로 달리던 자동차가 충돌할 때 자동차에 탄 사람이 크게 다치는 것을 방지하는 장치는 어느 것입니까?

(   )

①
↑ 안전띠

②
↑ 에어백

③
↑ 자동차 멈추개 페달

④
↑ 블랙박스

18 도로에 설치된 안전장치에 대한 설명으로 옳지 않은 것은 어느 것입니까? (   )

① 과속 방지 턱은 자동차의 속력을 줄이도록 하여 사고를 예방한다.

② 어린이 보호 구역 표지판은 자동차가 지나다니지 않도록 안내하여 사고를 예방한다.

③ 횡단보도는 보행자가 안전하게 길을 건널 수 있도록 보행자를 보호하는 역할을 한다.

④ 과속 단속 카메라는 자동차가 일정한 속력 이상으로 다니지 못하게 하여 사고를 예방한다.

⑤ 안전띠는 자동차가 갑자기 멈추거나 다른 차와 충돌할 때 탑승자의 몸을 고정해 충격을 줄여 준다.

19 다음은 교통안전 수칙에 대한 친구들의 대화입니다. 교통안전 수칙을 **잘못** 말한 친구의 이름을 쓰고, 옳게 고쳐 쓰시오.

유아 — 횡단보도가 아닌 곳에서는 차도를 건너면 안돼.

기범 — 횡단보도를 건널 때는 책이나 스마트 기기를 보면 안돼.

수연 — 인도에서는 공을 차면서 다녀도 돼.

_____

_____

20 교통안전 수칙을 잘 지킨 경우는 어느 것입니까?

(   )

① 빨간불일 때 횡단보도를 건넌다.

② 버스는 차도로 나가서 기다린다.

③ 차도에 차가 다니지 않으면 재빨리 건넌다.

④ 인도에서는 자전거에서 내려 자전거를 끌고 간다.

⑤ 횡단보도를 건널 때는 친구들과 손을 잡고 건넌다.

01 물체의 운동에 대한 설명으로 옳은 것을 보기 에서 모두 골라 기호를 쓰시오.

> 보기
>
> ㉠ 물체의 위치에 관계없이 시간이 지나면 물체가 운동한 것이다.
> ㉡ 시간이 지남에 따라 물체의 모양이 변하면 물체가 운동한 것이다.
> ㉢ 시간이 지남에 따라 물체의 위치가 변하면 물체가 운동한 것이다.
> ㉣ 물체의 운동은 물체가 이동하는 데 걸린 시간과 이동 거리로 나타낼 수 있다.

(   )

[02~03] 다음은 1 초 간격으로 나타낸 도로의 모습입니다. 물음에 답하시오.

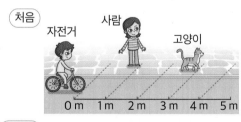

02 위 그림에서 자전거, 사람, 고양이 중 운동하지 않은 물체를 골라 쓰시오.

(   )

03 앞에서 운동한 물체에 대한 설명으로 옳은 것은 어느 것입니까? (   )

① 사람은 1 초 동안 1 m를 이동했다.
② 자전거는 1 초 동안 1 m를 이동했다.
③ 자전거는 1 초 동안 2 m를 이동했다.
④ 고양이는 1 초 동안 3 m를 이동했다.
⑤ 고양이는 1 초 동안 4 m를 이동했다.

04 빠르기가 일정한 운동을 하는 예로 옳은 것은 어느 것입니까? (   )

① 이륙하는 비행기
② 정거장에 들어오는 버스
③ 레일 위를 달리는 롤러코스터
④ 높은 곳까지 이동하는 케이블카
⑤ 높은 곳에서 내려오는 스키 점프 선수

어려워 😓

05 물체의 빠르기를 비교하는 방법으로 옳지 <u>않은</u> 것은 어느 것입니까? (   )

① 이동한 거리가 다르더라도 걸린 시간으로 비교한다.
② 같은 거리를 이동한 경우에는 걸린 시간으로 비교한다.
③ 걸린 시간이 같다면 긴 거리를 이동한 물체가 더 빠른 물체이다.
④ 이동 거리와 걸린 시간으로 속력을 구해 빠르기를 비교할 수 있다.
⑤ 같은 거리를 이동하는 데 걸린 시간이 짧은 물체일수록 빠른 물체이다.

[06~07] 다음은 모둠별로 같은 거리를 이동한 비행 고깔의 빠르기를 비교하는 모습입니다. 물음에 답하시오.

초시계
비행 고깔
부채

06 같은 거리를 이동한 비행 고깔의 빠르기를 비교할 때 같게 해야 하는 것은 무엇인지 쓰시오.

( )

서술형 상
07 다음은 위의 비행 고깔 경주에서 모둠원의 비행 고깔이 같은 거리를 이동하는 데 걸린 시간을 기록한 것입니다. 가장 빠른 비행 고깔을 골라 기호를 쓰고, 그 까닭을 쓰시오.

비행 고깔	㉠	㉡	㉢	㉣
이동한 시간	2 초	4 초	5초	3 초

_____

_____

어려워 ☆
08 같은 시간 동안 이동한 물체의 빠르기를 비교하는 방법으로 옳은 것을 보기 에서 모두 골라 기호를 쓰시오.

보기
㉠ 같은 시간 동안 이동한 물체의 빠르기는 물체가 이동한 거리로 비교한다.
㉡ 같은 시간 동안 긴 거리를 이동한 물체가 짧은 거리를 이동한 물체보다 더 빠르다.
㉢ 스피드 스케이팅은 같은 시간 동안 이동한 거리로 빠르기를 비교하는 운동 경기이다.

( )

09 같은 거리를 이동하는 데 걸린 시간을 측정해 빠르기를 비교하는 운동 경기로 옳지 <u>않은</u> 것은 어느 것입니까? ( )

① ⊕ 수영 ② ⊕ 아이스하키
③ ⊕ 100 m 달리기 ④ ⊕ 조정

10 다음은 10 초 동안 여러 동물이 이동한 거리를 나타낸 것입니다. 동물의 빠르기를 비교한 것으로 옳지 <u>않은</u> 것은 어느 것입니까? ( )

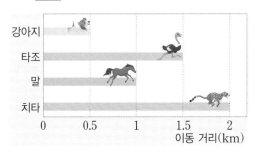

강아지
타조
말
치타
0   0.5   1   1.5   2
이동 거리(km)

① 가장 빠른 동물은 치타이다.
② 가장 느린 동물은 강아지이다.
③ 말은 강아지보다는 빠르고, 타조보다는 느리다.
④ 타조가 말보다 같은 시간 동안 이동한 거리가 길다.
⑤ 같은 시간 동안 이동한 거리가 짧을수록 빠른 동물이다.

11 다음은 윤솔이네 반 친구들의 100 m 달리기 기록입니다. 빠른 친구부터 순서에 맞게 이름을 쓰시오.

이름	걸린 시간	이름	걸린 시간
윤솔	20초 47	루리	18초 25
수린	19초 15	로운	20초 08

(   ) → (   ) → (   ) → (   )

[12~13] 다음은 여러 교통수단이 이동하는 데 걸린 시간과 이동 거리를 나타낸 것입니다. 물음에 답하시오.

> ㉠ 배: 시속 오십 킬로미터의 속력으로 이동한다.
> ㉡ 자동차: 60 km/h의 속력으로 이동한다.
> ㉢ 자전거: 2 시간 동안 60 km를 이동한다.
> ㉣ 지하철: 시속 팔십 킬로미터의 속력으로 4시간 이동한다.

12 위 교통수단의 빠르기에 대한 설명으로 옳지 않은 것은 어느 것입니까? (   )

① 자동차가 배보다 빠르다.
② 지하철이 자동차보다 빠르다.
③ 자전거의 속력은 30 km/h이다.
④ 지하철의 속력은 20 km/h이다.
⑤ 배의 속력은 2 시간 동안 100 km를 이동한 속력과 같다.

어려워
13 위 교통수단에서 속력이 큰 교통수단부터 순서에 맞게 기호를 쓰시오.

(   ) → (   ) → (   ) → (   )

[14~15] 다음은 제한 속력이 50 km/h인 도로에 설치되어 있는 자동차 과속 단속 카메라입니다. 물음에 답하시오.

14 자동차가 일정한 빠르기로 과속 단속 카메라 앞까지 2 시간 동안 80 km를 이동해 왔을 때 자동차의 속력을 구하여 쓰시오.

(   )

서술형
15 위의 자동차가 과속을 했는지, 과속을 하지 않았는지 제한 속력과 자동차의 속력의 크기를 비교하여 쓰시오.

_____

_____

→ 바른답·알찬풀이 50쪽

16 다음은 도로 주변의 여러 상황을 나타낸 것입니다. ㉠~㉣ 중에서 교통안전 수칙을 지키지 <u>않은</u> 친구를 두 명 골라 기호를 쓰시오.

㉠

⬆ 인도에서는 자전거에서 내려 자전거를 끌고 감.

㉡

⬆ 스마트 기기를 보면서 횡단보도를 건넘.

㉢

⬆ 손을 들고 횡단보도를 건넘.

㉣

⬆ 횡단보도가 아닌 곳에서 차도를 건넘.

( )

서술형 상
17 문제 **16**번에서 교통안전 수칙을 지키지 않은 학생이 지켜야 할 교통안전 수칙이 무엇인지 각각 쓰시오.

_____

_____

_____

_____

18 교통안전 수칙을 실천한 것으로 옳지 <u>않은</u> 것은 어느 것입니까? ( )

① 멈춰 있는 자동차 뒤에서 놀지 않는다.
② 버스를 기다릴 때는 인도에서 기다린다.
③ 신호등이 초록색 불로 바뀌면 좌우를 살핀 뒤 횡단보도를 건넌다.
④ 도로 옆 인도를 지날 때에는 주변의 차를 주의하면서 공놀이를 한다.
⑤ 자동차가 다니지 않더라도 횡단보도가 아닌 곳에서 차도를 건너지 않는다.

어려워 🌶
19 다음은 속력과 관련된 안전장치에 대한 설명입니다. ㉠, ㉡에 들어갈 알맞은 말을 쓰시오.

> (㉠)은/는 자동차가 갑자기 멈추거나 충돌할 때 탑승자의 몸을 고정해 주는 것이고, (㉡)은/는 자동차가 충돌할 때 탑승자가 크게 다치는 것을 방지하는 것이다.

㉠: ( ), ㉡: ( )

20 오른쪽 안전장치에 대한 설명으로 옳지 <u>않은</u> 것은 어느 것입니까? ( )

① 학교 주변에서 볼 수 있다.
② 어린이 보호 구역 표지판이다.
③ 어린이의 교통 안전 사고를 예방한다.
④ 어른과 어린이가 손잡고 걸어야 하는 곳이다.
⑤ 자동차가 정해진 속력으로 다닐 것을 안내한다.

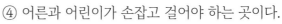

과학 핵심 개념

5. 산과 염기

개념 1 여러 가지 용액의 분류

① 용액의 성질을 이용한 용액의 분류: 용액의 색깔, 냄새, 투명도, 기포 생성 등 ❶[ㅂㄹ ㄱㅈ]을 세워 용액을 분류합니다.

② 분류 기준에 따라 여러 가지 용액 분류하기

분류 기준	그렇다.	그렇지 않다.
용액에 색깔이 있는가?	식초, 레몬즙, 빨랫비누 물, 유리 세정제	사이다, 석회수, 묽은 염산, 묽은 수산화 나트륨 용액
용액에서 냄새가 나는가? →묽은 염산은 자극성이 강하므로 냄새를 맡지 않아요.	식초, 레몬즙, 사이다, 빨랫비누 물, 유리 세정제	석회수, 묽은 수산화 나트륨 용액
용액이 ❷[ㅌㅁ]한가?	식초, 사이다, 유리 세정제, 석회수, 묽은 염산, 묽은 수산화 나트륨 용액	레몬즙, 빨랫비누 물
용액을 흔들었을 때 거품이 5 초 이상 유지되는가?	빨랫비누 물, 유리 세정제	식초, 레몬즙, 사이다, 석회수, 묽은 염산, 묽은 수산화 나트륨 용액

개념 2 ❸[ㅈㅅㅇ]을 이용한 용액의 분류

구분	산성 용액	염기성 용액
용액의 예	식초, 레몬즙, 사이다, 묽은 염산, 요구르트 등	빨랫비누 물, 유리 세정제, 석회수, 묽은 수산화 나트륨 용액 등
붉은색 리트머스 종이	변화 없음.	푸른색
푸른색 리트머스 종이	붉은색	변화 없음.
페놀프탈레인 용액	변화 없음.	붉은색
붉은 양배추 지시약	붉은색 계열	푸른색이나 노란색 계열

개념 3 산성 용액과 염기성 용액에 여러 가지 물질 넣어 보기

구분	달걀 껍데기	대리암 조각	삶은 달걀흰자	두부
묽은 염산 기포가 발생하면서 녹아요.	묽은 염산과 달걀 껍데기	묽은 염산과 대리암 조각	묽은 염산과 삶은 달걀흰자	묽은 염산과 두부 →변화 없어요.
묽은 수산화 나트륨	묽은 수산화 나트륨 용액과 달걀 껍데기	묽은 수산화 나트륨 용액과 대리암 조각	묽은 수산화 나트륨 용액과 삶은 달걀흰자	묽은 수산화 나트륨 용액과 두부

변화 없어요.   녹아서 흐물흐물해지고, 용액이 뿌옇게 흐려져요.

개념 4 산성 용액과 염기성 용액을 섞었을 때의 변화

① 붉은 양배추 지시약을 넣은 묽은 염산 10 방울에 묽은 수산화 나트륨 용액을 넣었을 때

넣어 준 묽은 수산화 나트륨 용액의 방울 수					
0 방울	5 방울	10 방울	15 방울	20 방울	25 방울

➡ 산성 용액에 염기성 용액을 넣을수록 ❹[ㅅㅅ]이 약해지다가 염기성 용액으로 변합니다.

② 붉은 양배추 지시약을 넣은 묽은 수산화 나트륨 용액 10 방울에 묽은 염산을 넣었을 때

넣어 준 묽은 염산의 방울 수					
0 방울	5 방울	10 방울	15 방울	20 방울	25 방울

➡ 염기성 용액에 산성 용액을 넣을수록 ❺[ㅇㄱㅅ]이 약해지다가 산성 용액으로 변합니다.

개념 5 생활 속 산성 용액과 염기성 용액의 이용

① 산성 용액의 이용: ❻[ㅅㅊ]로 생선 비린내가 나는 도마를 닦음, 변기용 세제로 변기를 청소함.

② 염기성 용액의 이용: 하수구 세척액으로 막힌 하수구를 뚫음, 표백제로 욕실의 때를 닦아 없앰.

정답 ❶ 분류 기준 ❷ 투명 ❸ 지시약 ❹ 산성 ❺ 염기성 ❻ 식초

핵심 자료

자료 ① 지시약을 이용한 용액의 분류

붉은색 리트머스 종이	푸른색으로 변함.	염기성 용액
푸른색 리트머스 종이	붉은색으로 변함.	산성 용액
페놀프탈레인 용액	→	염기성 용액
붉은 양배추 지시약	→	산성 용액
	→	염기성 용액

POINT
어떤 용액에 넣었을 때 용액의 성질에 따라 색깔이 변하는 물질을 지시약이라고 합니다.

1-1 (산성 , 염기성) 용액은 붉은색 리트머스 종이를 푸른색으로 변하게 합니다.

1-2 염기성 용액에 페놀프탈레인 용액을 떨어뜨리면 어떤 색깔로 변하는지 쓰시오.
(   )

1-3 레몬즙은 붉은 양배추 지시약의 색깔을 붉은색 계열로 변하게 합니다. (○ , ×   )

자료 ② 산성 용액과 염기성 용액을 섞을 때 붉은 양배추 지시약의 색깔 변화 알아보기

묽은 염산에 떨어뜨린 묽은 수산화 나트륨 용액의 방울 수
0 방울   5 방울   10 방울   15 방울   20 방울   25 방울

붉은 양배추 지시약의 색깔 변화표

산성이
강함.   염기성이
강함.

0 방울   5 방울   10 방울   15 방울   20 방울   25 방울
묽은 수산화 나트륨 용액에 떨어뜨린 묽은 염산의 방울 수

➡ 산성 용액과 염기성 용액을 섞었을 때 나타난 지시약의 색깔 변화를 붉은 양배추 지시약의 색깔 변화표와 비교해요.

POINT
붉은 양배추 지시약은 산성 용액에서 붉은색 계열, 염기성 용액에서 푸른색 또는 노란색 계열로 변합니다.

2-1 붉은 양배추 지시약을 넣은 묽은 수산화 나트륨 용액에 묽은 염산을 넣을수록 지시약의 색깔이 (푸른색, 붉은색) 계열로 변합니다.

2-2 붉은 양배추 지시약은 산성 용액만 확인할 수 있습니다. (○ , ×   )

자료 ③ 생활 속 산성 용액과 염기성 용액의 이용

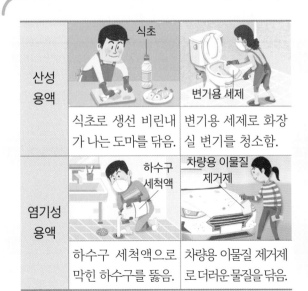

산성 용액	식초 식초로 생선 비린내가 나는 도마를 닦음.	변기용 세제 변기용 세제로 화장실 변기를 청소함.
염기성 용액	하수구 세척액 하수구 세척액으로 막힌 하수구를 뚫음.	차량용 이물질 제거제 차량용 이물질 제거제로 더러운 물질을 닦음.

POINT
우리는 생활에서 산성 용액과 염기성 용액을 다양하게 이용합니다.

3-1 생선 비린내가 나는 도마를 닦을 때 이용하는 식초는 산성 용액인지 염기성 용액인지 쓰시오.
(   )

3-2 변기를 청소할 때는 소변에 포함된 암모니아 같이 (염기성 , 산성) 물질인 변기 때를 없애야 합니다.

3-3 하수구 세척액으로 머리카락 등이 쌓여 막힌 하수구를 뚫는 것은 염기성 용액을 사용한 예입니다.
(○ , ×   )

3-4 자동차에 묻은 새 배설물은 (산성 , 염기성) 용액인 차량용 이물질 제거제로 닦습니다.

[01~03] 다음은 여러 가지 용액입니다. 물음에 답하시오.

식초 빨랫비누 물 유리 세정제 묽은 염산 묽은 수산화 나트륨 용액

01 위의 여러 가지 용액에 대한 설명으로 옳지 <u>않은</u> 것은 어느 것입니까? (   )

① 식초는 투명하다.
② 빨랫비누 물은 냄새가 난다.
③ 유리 세정제는 색깔이 있다.
④ 묽은 수산화 나트륨 용액은 냄새가 나지 않는다.
⑤ 묽은 염산은 흔들었을 때 거품이 5 초 이상 유지된다.

02 위의 용액 중 다음과 같은 성질이 있는 것은 어느 것입니까? (   )

> 투명하고 냄새가 나며, 흔들었을 때 거품이 5 초 이상 유지된다.

① 식초
② 묽은 염산
③ 유리 세정제
④ 빨랫비누 물
⑤ 묽은 수산화 나트륨 용액

03 앞의 여러 가지 용액을 다음과 같이 분류했을 때 분류 기준으로 옳은 것은 어느 것입니까?

(   )

> 분류 기준: (   )
>
> 그렇다.   그렇지 않다.
>
> 식초, 유리 세정제,   빨랫비누 물
> 묽은 염산,
> 묽은 수산화 나트륨
> 용액

① 투명한가?   ② 맛있는가?
③ 색깔이 있는가?   ④ 냄새가 나는가?
⑤ 흔들면 거품이 5초 이상 유지되는가?

04 (   ) 안에 들어갈 알맞은 말을 쓰시오.

> 어떤 용액에 넣었을 때 그 용액의 성질에 따라 색깔이 변하는 물질을 (   )(이)라고 한다.

(   )

꼭나와 ☺

05 여러 가지 용액에 지시약을 떨어뜨렸을 때 지시약의 색깔 변화로 옳은 것은 어느 것입니까?

(   )

① 식초에 붉은색 리트머스 종이를 넣으면 푸른색으로 변한다.
② 사이다에 페놀프탈레인 용액을 떨어뜨리면 붉은색으로 변한다.
③ 묽은 염산에 붉은 양배추 지시약을 떨어뜨리면 노란색 계열로 변한다.
④ 유리 세정제에 붉은 양배추 지시약을 떨어뜨리면 푸른색 계열로 변한다.
⑤ 빨랫비누 물에 페놀프탈레인 용액을 떨어뜨리면 색깔이 변하지 않는다.

06 푸른색 리트머스 종이를 넣었을 때 붉은색으로 변하는 용액을 두 가지 고르시오.

(,)

① 식초 ⬆ 식초

② 사이다 ⬆ 사이다

③ 석회수 ⬆ 석회수

④ 묽은 수산화 나트륨 용액 ⬆ 묽은 수산화 나트륨 용액

07 산성 용액에 대한 설명으로 옳은 것을 보기 에서 모두 골라 기호를 쓰시오.

보기

㉠ 식초, 레몬즙, 묽은 염산은 산성 용액이다.
㉡ 페놀프탈레인 용액을 붉은색으로 변하게 한다.
㉢ 푸른색 리트머스 종이를 붉은색으로 변하게 한다.
㉣ 붉은색 리트머스 종이를 푸른색으로 변하게 한다.

( )

[08~10] 다음은 요구르트와 석회수를 각각 푸른색 리트머스 종이에 묻혔을 때의 색깔 변화입니다. 물음에 답하시오.

요구르트를 묻혔을 때	석회수를 묻혔을 때
붉은색으로 변함.	변화 없음.

08 위의 결과로 보아 ㉠ 요구르트와 ㉡ 석회수는 산성과 염기성 중 무엇인지 쓰시오.

㉠: ( ), ㉡: ( )

09 위의 두 용액에 페놀프탈레인 용액을 떨어뜨렸을 때의 색깔 변화를 쓰시오.

(1) 요구르트에 떨어뜨렸을 때 색깔 변화:
( )

(2) 석회수에 떨어뜨렸을 때 색깔 변화:
( )

서술형

10 문제 9번 답과 같은 결과가 나오는 까닭을 쓰시오.

꼭 들어가야 할 말 산성, 염기성, 붉은색

_____

_____

_____

[11~12] 다음은 여러 가지 용액에 붉은 양배추 지시약을 떨어뜨렸을 때 색깔이 변한 모습입니다. 물음에 답하시오.

ㄱ 　　　ㄴ

ㄷ 　　　ㄹ

11 위 용액들을 산성 용액과 염기성 용액으로 분류하여 각각 기호를 쓰시오.

(1) 산성 용액: (　　　　　　)
(2) 염기성 용액: (　　　　　　)

12 위 실험에서 ㉠ 대신 사용할 수 있는 용액은 어느 것입니까? (　　　)

① 물　　　　　② 레몬즙
③ 석회수　　　④ 유리 세정제
⑤ 빨랫비누 물

13 여러 가지 용액에 붉은 양배추 지시약을 떨어뜨렸을 때의 색깔 변화에 대한 설명으로 옳지 <u>않은</u> 것은 어느 것입니까? (　　　)

① 식초는 붉은색으로 변한다.
② 사이다는 노란색으로 변한다.
③ 석회수는 푸른색으로 변한다.
④ 묽은 염산은 붉은색으로 변한다.
⑤ 묽은 수산화 나트륨 용액은 노란색으로 변한다.

[14~15] 다음은 용액 ㉠에 삶은 달걀흰자를 넣고 충분한 시간이 지났을 때의 모습입니다. 물음에 답하시오.

용액 ㉠과
삶은 달걀흰자

삶은 달걀흰자에
변화가 없음.

14 용액 ㉠에 푸른색 리트머스 종이를 넣었을 때 푸른색 리트머스 종이는 어떤 색깔로 변하는지 쓰시오.

(　　　　　　　　　)

서술형 낭

15 용액 ㉠에 달걀 껍데기를 넣고 충분한 시간이 지났을 때 달걀 껍데기의 변화를 쓰시오.

꼭 들어가야 할 말　　　기포, 바깥쪽

_____

_____

꼭나와 낭

16 묽은 염산에 달걀 껍데기, 대리암 조각, 삶은 달걀흰자, 두부 중 하나를 넣었을 때에 대한 설명으로 옳은 것을 두 가지 고르시오. (　　　,　　　)

① 두부를 넣으면 변화가 없다.
② 달걀 껍데기를 넣으면 변화가 없다.
③ 두부를 넣으면 용액이 뿌옇게 흐려진다.
④ 대리암 조각을 넣으면 기포가 발생한다.
⑤ 삶은 달걀흰자를 넣으면 흐물흐물해진다.

→ 바른답·알찬풀이 51쪽

17 다음과 같이 실험을 할 때 묽은 염산의 성질이 어떻게 변하는지 쓰시오.

> 붉은 양배추 지시약을 넣은 묽은 염산에 지시약의 색깔이 노란색으로 변할 때까지 묽은 수산화 나트륨 용액을 넣었다.

꼭 들어가야 할 말   산성, 염기성

_____

_____

18 다음과 같이 붉은 양배추 지시약을 넣은 노란색 계열의 용액에 어떤 용액을 넣었더니 붉은색 계열로 변했습니다. 넣어준 용액으로 옳은 것은 어느 것입니까? (   )

① 석회수   ② 탄산수
③ 유리 세정제   ④ 빨랫비누 물
⑤ 하수구 세척액

19 우리 생활에서 산성 용액과 염기성 용액을 이용한 예로 옳은 것을 보기 에서 모두 골라 기호를 쓰시오.

보기

> ㉠ 표백제로 욕실의 때를 닦는다.
> ㉡ 목이 마를 때 음료수를 마신다.
> ㉢ 생선에 레몬즙을 뿌려 먹는다.
> ㉣ 하수구가 막혔을 때 식초를 붓는다.

(   )

꼭나와 ㉲

20 우리 생활에서 산성 용액을 이용한 예를 두 가지 고르시오. (,   )

①
식초
⬆ 식초로 생선 비린내가 나는 도마를 닦음.

②
변기용 세제
⬆ 변기용 세제로 화장실 변기를 청소함.

③
하수구 세척액
⬆ 하수구 세척액으로 막힌 하수구를 뚫음.

④
차량용 이물질 제거제
⬆ 차량용 이물질 제거제로 자동차에 묻은 더러운 물질을 닦음.

과학

[01~02] 다음은 여러 가지 용액입니다. 물음에 답하시오.

↑ 식초　　↑ 레몬즙　　↑ 빨랫비누 물　　↑ 유리 세정제

↑ 사이다　　↑ 석회수　　↑ 묽은 염산　　↑ 묽은 수산화 나트륨 용액

01 위 용액 중 색깔이 있고 냄새가 나는 용액을 보기에서 모두 골라 기호를 쓰시오.

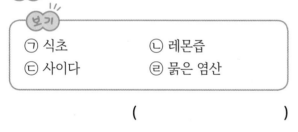

보기
㉠ 식초　　　　㉡ 레몬즙
㉢ 사이다　　　㉣ 묽은 염산

(　　　　　　　　　)

02 위 용액에 대한 설명으로 옳은 것은 어느 것입니까? (　　　)

① 석회수는 투명하다.
② 빨랫비누 물은 투명하다.
③ 유리 세정제는 냄새가 나지 않는다.
④ 묽은 수산화 나트륨 용액은 냄새가 난다.
⑤ 묽은 염산은 흔들었을 때 거품이 5 초 이상 유지된다.

03 '용액에서 냄새가 나는가?'라는 분류 기준으로 용액을 분류할 때 나머지와 다르게 분류되는 용액은 어느 것입니까? (　　　)

① 식초　　　　　② 사이다
③ 석회수　　　　④ 섬유 유연제
⑤ 빨랫비누 물

04 다음과 같이 여러 가지 용액을 분류할 때 분류 기준으로 알맞은 것은 어느 것입니까? (　　　)

분류 기준:
그렇다.　　　　　그렇지 않다.
레몬즙　유리 세정제　　사이다　석회수　묽은 수산화 나트륨 용액

① 용액이 투명한가?
② 용액이 맛이 있는가?
③ 용액에 색깔이 있는가?
④ 용액에서 냄새가 나는가?
⑤ 용액을 흔들었을 때 거품이 5 초 이상 유지되는가?

서술형 ㅎ　어려워 ㅎ

05 여러 가지 용액들을 눈으로만 관찰하여 분류하면 어떤 문제점이 있는지 쓰시오.

_____

_____

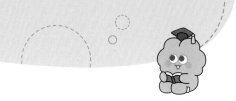

06 어떤 용액에 붉은색 리트머스 종이를 넣었더니 색깔이 다음과 같이 변했습니다. 리트머스 종이를 넣은 용액으로 옳은 것은 어느 것입니까?

(   )

① 식초   ② 레몬즙
③ 요구르트   ④ 묽은 염산
⑤ 빨랫비누 물

07 다음 용액에 여러 가지 지시약을 묻히거나 떨어뜨렸을 때 지시약의 색깔 변화로 옳은 것을 두 가지 고르시오. (,   )

> 석회수   빨랫비누 물

① 페놀프탈레인 용액의 색깔 변화가 없다.
② 페놀프탈레인 용액이 붉은색으로 변한다.
③ 페놀프탈레인 용액이 노란색으로 변한다.
④ 푸른색 리트머스 종이가 붉은색으로 변한다.
⑤ 붉은색 리트머스 종이가 푸른색으로 변한다.

서술형 상
08 오른쪽은 어떤 용액에 붉은 양배추 지시약을 넣었을 때 지시약의 색깔이 변한 모습입니다. 이 용액에 페놀프탈레인 용액을 넣었을 때 지시약은 어떤 색깔로 변하는지 쓰고, 그 까닭을 쓰시오.

_____

_____

[09~10] 다음은 홈판에 여러 가지 용액을 넣은 후, 붉은 양배추 지시약을 각각 5 방울씩 떨어뜨렸을 때 색깔이 변한 모습입니다. 물음에 답하시오.

09 위 실험에서 붉은 양배추 지시약의 색깔이 다르게 나타난 까닭으로 옳은 것은 어느 것입니까?

(   )

① 용액의 색깔이 다르기 때문이다.
② 용액의 무게가 다르기 때문이다.
③ 용액의 성질이 다르기 때문이다.
④ 용액의 냄새가 다르기 때문이다.
⑤ 용액의 투명한 정도가 다르기 때문이다.

어려워 요
10 위 실험 결과에 대한 설명으로 옳은 것은 어느 것입니까? (   )

① 식초는 염기성 용액이다.
② 석회수는 산성 용액이다.
③ 산성 용액은 붉은 양배추 지시약의 색깔을 푸른색 계열로 변하게 한다.
④ 염기성 용액은 붉은 양배추 지시약의 색깔을 붉은색 계열로 변하게 한다.
⑤ 염기성 용액은 붉은 양배추 지시약의 색깔을 푸른색 또는 노란색 계열로 변하게 한다.

[11~12] 다음은 요구르트와 물에 녹인 치약에 여러 가지 지시약을 넣고 색깔 변화를 관찰한 결과입니다. 물음에 답하시오.

구분	붉은 양배추 지시약	(가)
요구르트	붉은색	색깔이 변하지 않음.
물에 녹인 치약	푸른색	붉은색

11 위 표를 보고 ㉠ 요구르트와 ㉡ 물에 녹인 치약이 산성 용액인지 염기성 용액인지 각각 쓰시오.

㉠: (   ), ㉡: (   )

12 위 표에서 (가) 지시약으로 옳은 것은 어느 것입니까? (   )

① 석회수
② 묽은 염산
③ 리트머스 종이
④ 페놀프탈레인 용액
⑤ 묽은 수산화 나트륨 용액

[13~14] 다음은 산성 용액과 염기성 용액에 여러 가지 물질을 넣은 후의 모습입니다. 물음에 답하시오.

13 위 실험에서 물질과 용액이 반응하여 물질이 흐물흐물해지는 경우를 두 가지 골라 기호를 쓰시오.

(   )

14 위 실험에 대한 설명으로 옳지 않은 것은 어느 것입니까? (   )

① ㉡과 ㉣은 변화가 없다.
② ㉠과 ㉢은 기포가 발생한다.
③ 두부는 산성 용액에서 변화가 없다.
④ 삶은 달걀흰자는 산성 용액에 녹지 않는다.
⑤ 달걀 껍데기는 염기성 용액에서 기포가 발생한다.

서술형 낭 어려워 ̆

15 오른쪽과 같이 대리암으로 만든 서울 원각사지 십층 석탑에 유리 보호 장치를 설치한 까닭을 쓰시오.

유리 보호 장치

서울 원각사지 십층 석탑

_____

_____

→ 바른답·알찬풀이 52쪽

16 다음은 붉은 양배추 지시약의 색깔 변화표입니다. ㉠, ㉡에 들어갈 알맞은 용액의 성질을 쓰시오.

붉은 양배추 지시약의 색깔 변화표

◀ ‥‥‥‥‥‥‥‥‥‥‥‥‥‥‥‥‥‥‥‥‥‥‥‥‥‥‥‥‥‥

(㉠)이 강함.　　　　　　　　　　(㉡)이 강함.

㉠: (　　　　　　　), ㉡: (　　　　　　　)

어려워 ⌣

17 붉은 양배추 지시약을 넣은 묽은 수산화 나트륨 용액 10 방울에 묽은 염산을 넣을수록 지시약의 색깔이 다음과 같이 변했습니다. 이에 대한 설명으로 옳은 것을 **보기** 에서 모두 골라 기호를 쓰시오.

넣어 준 묽은 염산의 방울 수			
0 방울	5 방울	10 방울	15 방울

보기

㉠ 붉은색 계열의 색깔은 염기성 용액이다.
㉡ 15 방울 넣은 용액의 염기성이 가장 강하다.
㉢ 0 방울, 5 방울 넣은 용액은 염기성 용액이다.
㉣ 용액의 염기성이 약해지다가 산성 용액으로 변한다.

(　　　　　　　)

18 산성 용액과 염기성 용액을 섞었을 때의 변화로 옳은 것은 어느 것입니까? (　　　　)

① 산성 용액에 염기성 용액을 넣을수록 산성이 점점 약해진다.
② 염기성 용액에 산성 용액을 넣을수록 염기성이 점점 강해진다.
③ 산성 용액과 염기성 용액을 섞으면 용액은 산성으로 변한다.
④ 산성 용액과 염기성 용액이 서로 섞여도 용액의 성질은 변함이 없다.
⑤ 산성 용액과 염기성 용액을 섞으면, 섞기 전보다 산성과 염기성이 모두 강해진다.

19 오른쪽과 같이 생선에 레몬즙을 뿌려 비린내를 없앴습니다. 생선의 비린내는 산성인지 염기성인지 쓰시오.

(　　　　　　　)

20 우리 생활에서 염기성 용액을 이용하는 예를 **보기** 에서 모두 골라 기호를 쓰시오.

보기

㉠ 표백제로 욕실의 때를 닦아 없앤다.
㉡ 변기용 세제로 화장실 변기를 청소한다.
㉢ 식초로 생선 비린내가 나는 도마를 닦는다.
㉣ 차량용 이물질 제거제로 자동차에 묻은 더러운 물질을 닦는다.

(　　　　　　　)

memo

memo

이 책의 출처

✏️ 제재 출처

제재명	지은이	출처	쪽수
「니 꿈은 뭐이가?」	박은정	『니 꿈은 뭐이가?』, 웅진주니어, 2010.	11쪽
「줄다리기, 모두 하나 되는 대동 놀이」	국가유산청 엮음	『어린이 문화재 박물관 2』, ㈜사계절출판사, 2006.	16쪽
「조선의 냉장고 '석빙고'의 과학」	윤용현	『전통 속에 살아 숨 쉬는 첨단 과학 이야기』, ㈜교학사, 2012.	16쪽
「영국 초등학교 1.6킬로미터 달리기 도입」	방승언	『나우뉴스』, 2016. 3. 18.	24쪽
자료 가 (「걸어서 만나는 세계적인 생태 천국, 창녕 우포늪」)	이정화	대한민국 구석구석 누리집(http://korean.visitkorea.or.kr)	41쪽
「마녀사냥」	이규희	『악플 전쟁』, 별숲, 2013.	43쪽
「기계를 더 믿어요」	한상순	『뻥튀기는 속상해』, ㈜푸른책들, 2009.	55쪽
「식물의 잎차례」	장 앙리 파브르 글, 추둘란 옮김	『파브르 식물 이야기』, ㈜사계절출판사, 2011.	56쪽
「내 귀는 건강한가요」(원제목: 「속삭이는 소리 안 들려도 난청? …… 하루 2시간 이어폰, 귀 건강 망쳐」)	박정환	『브릿지경제신문』, 2017. 6. 26.	57쪽
「존경합니다, 선생님」	퍼트리샤 플라코 글, 유수아 옮김	『존경합니다, 선생님』, 아이세움, 2015.	58쪽
「한지돌이」	이종철	『한지돌이』, ㈜보림출판사, 2017.	59쪽

 사진 출처

국가유산청, 국립경주박물관, 국립김해박물관, 국립부여박물관, 국립중앙박물관, 국립중앙도서관, 연합뉴스, 클립아트코리아

바른답 · 알찬풀이

국어

1 마음을 나누며 대화해요

● 8쪽

핵심 개념

1 기분   **2** (2) ○   **3** 예 상대가 대화하고 싶은지 확인하고 말을 걸어야 해.

1 지윤이가 그림 대회에서 그린 그림이 뽑히지 않아서 서운해하는 명준이의 기분을 생각하지 않고 시큰둥하게 말해서 명준이는 화가 났습니다.

2 여자아이는 남자아이의 처지가 되어 생각하였으므로 '처지를 바꾸어 생각하기'의 방법으로 대화하였습니다.

3 누리 소통망에서 대화할 때에는 상대가 대화하고 싶은지 확인하고 말을 걸어야 하며, 혼자서 너무 많이 말하지 않도록 합니다.

단원 평가 기본   ● 9~11쪽

01 ⑤   **02** ②   **03** ⑤   **04** ⑤
05 ②   **06** ㉮   **07** (1) 고마운 마음 등 (2) 예 여자아이가 남자아이의 말을 잘 들어 주고 남자아이의 마음을 잘 알아주었기 때문입니다.
08 ①   **09** 미안한 마음   **10** ⑤
11 (1) ㉰ (2) ㉯   **12** 지우   **13** 비행사
14 ⑤   **15** (1) 예 웹툰 작가 (2) 예 틈틈이 그림을 배우고, 재미있는 일을 기록해 놓고 있습니다.

01 명준이의 두 번째 말에서 어제 있었던 일을 이야기하기 위해 지윤이를 찾고 있었다는 것을 알 수 있습니다.

02 지윤이는 명준이의 말에 귀 기울이지 않았으며, 명준이에게 자기가 지금 바쁜데 말을 꼭 들어야 하냐고 물었습니다.

03 명준이는 자신의 말을 경청하지 않는 지윤이 때문에 기분이 안 좋을 것입니다.

04 현욱이가 프라이팬을 닦을 때 철 수세미를 쓰는 실

수를 해서 당황하셨던 엄마는 집안일을 도와주려고 한 현욱이의 착한 마음씨에 고마운 마음이 들어 미소를 지으셨습니다.

05 현욱이와 엄마는 서로의 마음과 입장을 이해하며 공감하는 대화를 하고 있습니다.

06 그림 ㉮에서 여자아이는 말하는 사람에게 주의를 기울여 집중해서 듣는 '경청하기'를 하고 있습니다.

07 남자아이는 여자아이가 자신의 말을 잘 들어 주고 마음을 잘 알아줘서 고맙다고 했습니다.

채점 기준	
상	(1)에 '고마운 마음'을 쓰고, (2)에 고마운 마음이 든 까닭을 바른 문장으로 쓴 경우
중	(1)에 '고마운 마음'을 썼지만, (2)의 고마운 마음이 든 까닭에 어색한 점이 있는 경우
하	(1)에만 '고마운 마음'을 쓴 경우

08 그림 ❶에서 주아와 친구가 토라져 있는 것으로 보아, 주아와 친구가 서로 다투었다는 것을 알 수 있습니다.

09 주아는 미안한 마음이 들어 사과하고 싶어 합니다.

10 누리 소통망에서 대화를 하면, 직접 만나서 말로 하기 부끄러울 때에도 자신의 생각을 잘 전할 수 있습니다.

11 ㉮는 그림말을 너무 많이 사용한 상황이고, ㉯는 상대의 의사를 묻지 않고 대화방에 초대하여 불편을 끼치고 있는 상황입니다.

12 누리 소통망에서의 대화는 멀리 떨어져 있어도 소통할 수 있다는 장점이 있습니다.

13 '나'는 비행사가 되어 하늘을 훨훨 날고 싶어 했습니다.

14 우리나라 여성 최초의 비행사인 '나'는 이 세상 끝까지 달려가 보라고 하였습니다.

15 자신이 이루고 싶은 꿈은 무엇인지 (1)에 간단히 쓰고, 그 꿈을 이루기 위해 현재 어떤 노력을 하고 있는지 (2)에 알맞은 문장으로 써 봅니다.

채점 기준	
상	(1)에 자신이 이루고 싶은 꿈을 쓰고, (2)에 꿈을 이루기 위해 하고 있는 노력을 바른 문장으로 쓴 경우
중	(1)에 자신이 이루고 싶은 꿈을 썼지만, (2)의 꿈을 이루기 위해 하고 있는 노력에 어색한 점이 있는 경우
하	(1)에만 자신이 이루고 싶은 꿈을 쓴 경우

01 ③   02 연우   03 나   04 예 그림
가에서 지윤이는 명준이의 말을 경청하지 않았지만,
그림 나에서 지윤이는 명준이의 말을 귀 기울여 들
어 주었습니다.   05 (1) 처지 (2) 공감
06 ③   07 (1) 예 고마운 마음 (2) 예 엄마께서
자신의 마음을 헤아려 주셨기 때문입니다.
08 ①   09 공감   10 ②   11 (1) 가
(2) 나   12 ②   13 ②, ③   14 나
15 (2) ○   16 ①   17 가   18 ①, ②
19 일본   20 예 좋다. 비행 학교에 들어갈 수 있
게 편지를 써 주겠다.

01 명준이가 한 첫 번째 말에서 명준이는 지난번 질서
지키기 그림 대회에서 자신이 그린 그림이 뽑히지
않아 무척 서운했다는 것을 알 수 있습니다.

02 지윤이는 명준이의 기분을 생각하지 않고 자기가 하
고 싶은 말만 했으므로, 연우의 말이 가장 알맞습니다.

03 그림 나에서처럼 명준이의 말에 귀 기울여 들어 준
대화가 좋은 대화입니다.

04 그림 가와 나에서 지윤이가 명준이의 말에 어떻게
반응하였는지 비교해서 바르게 써 봅니다.

채점 기준	
상	그림 나에서는 경청하였지만, 그림 가에서는 경청하지 않았다는 내용을 바른 문장으로 쓴 경우
중	그림 나에서는 경청하였지만, 그림 가에서는 경청하지 않았다는 내용을 썼지만 문장의 표현이 어색한 경우
하	그림 가와 나 중에서 한 가지에 대해서만 쓴 경우

05 공감하며 대화하면 상대의 처지를 이해할 수 있고,
기분 좋은 대화를 할 수 있습니다.

06 그림 나에서 현욱이가 집안일을 도와드리려다가 프
라이팬을 망가뜨렸다는 것을 알 수 있습니다.

07 현욱이는 엄마께서 자신의 마음을 헤아려 주셨기
때문에 고마운 마음이 들었을 것입니다.

채점 기준	
상	고마워하는 현욱이의 마음과 그 까닭을 바른 문장으로 쓴 경우
중	고마워하는 현욱이의 마음을 썼지만 그 까닭에 어색한 점이 있는 경우
하	현욱이의 마음만 파악하여 쓴 경우

08 그림 1에서 남자아이가 청소 구역을 자주 바꾸면
좋겠다고 의견을 이야기했습니다.

09 여자아이는 남자아이의 처지를 생각하면서 공감하
며 말하였습니다.

10 공감은 '남의 감정, 의견, 주장 따위에 대하여 자기
도 그렇다고 느낌. 또는 그렇게 느끼는 기분.'을 뜻
하므로, 공감하며 말하기와 자신의 의견을 굽씹는
것과는 관련이 없습니다.

11 가에서는 대화방에 없는 친구를 험담하는 잘못을
하였고, 나에서는 친구가 싫어하는 말을 함부로 하
는 잘못을 하였습니다.

12 대화방에서 나갈 때에는 대화방에 있는 사람들에게
나간다고 말을 하고 나가는 것이 좋습니다.

13 남자아이는 빨리 학교에 가고 싶다고 하였고, 선생
님과 친구들이 보고 싶어서 누리 소통망에서 대화
하였습니다.

14 다리를 다쳐 병원에 있는 친구에게 선생님과 친구
들은 격려하는 말과 응원하는 말로 공감하였습니다.

15 응원과 격려를 해 준 선생님과 친구들에게 고맙다
는 마음을 전하는 것이 알맞습니다.

16 '나'는 비행기를 처음 보고 신기하고 놀라웠고, 비행
사가 되고 싶다는 꿈이 생겼습니다.

17 '나'는 비행기 조종사가 되는 꿈을 갖게 되면서 여자
이고 조선 사람이라고 해서 못 할 까닭이 없다고 다
짐하고 있습니다.

18 여자는 비행 학교에 입학할 수 없다고 했으므로,
'나'는 억울하고 공정하지 못하다는 마음이 들었을
것입니다.

19 왜 비행사가 되려고 하냐고 묻는 말에 '나'는 나라를
빼앗아 간 일본과 싸우려고 비행사가 되려 한다고
했습니다.

20 당계요 장군이 비행 학교에 들어가고 싶은 '나'의 마
음을 공감하며 할 수 있는 말로 바르게 써 봅니다.

채점 기준	
상	당계요 장군이 '나'의 마음을 공감하며 할 수 있는 말을 바른 문장으로 쓴 경우
중	당계요 장군이 '나'의 마음을 공감하며 할 수 있는 말을 썼지만 문장 표현이 어색한 경우
하	공감하며 말하기와 거리가 먼 내용을 쓴 경우

② 지식이나 경험을 활용해요

1 흥미 2 (1) ○ 3 인상 깊은 등

1 지식이나 경험을 활용해서 글을 읽으면 글 내용에 흥미를 느낄 수 있습니다.

2 (1)은 짐작한 것, (2)는 알고 싶은 것을 말한 것입니다.

3 영수는 국립생태원에서 본 진짜 개미집이 인상 깊었다고 했습니다.

01 서윤 02 ⑤ 03 풍년 04 ④
05 ② 06 ① 07 (1) 만드는 (2) 보관하는
08 동빙고, 서빙고 09 (1) 장빙 (2) ⑩ 우리 나라는 여름과 겨울의 기온 차가 커서 옛날부터 장빙 기술이 발달했습니다. 10 ① 11 (1) ㉮
(2) ㉯ 12 ④, ⑤ 13 ①, ③ 14 (1) 잘 쓰지 못했다. (2) ⑩ 글에 본 일, 한 일만 나타나 있고 글쓴 이의 체험에 비해 감상이 부족해 보였기 때문입니다.
15 ⑤

01 글 ㉮에서 이 글은 영산 줄다리기를 준비하는 과정에 대해 설명하고 있다는 것을 알 수 있습니다.

02 음력 정월은 농한기라서 마을 사람들이 모두 모여 줄을 만드는 일에만 매달릴 수 있다고 했습니다.

03 글의 첫 문단에 우리 조상들의 가장 큰 소망은 풍년이라고 했습니다.

04 풍년을 기원하려고 줄다리기를 했다는 내용이므로 ㉯가 알맞습니다.

05 세호는 줄다리기가 풍년을 기원하며 하던 놀이라는 내용을 읽고 풍물놀이도 풍년을 기원하며 하던 민속놀이라고 배웠던 지식을 떠올렸습니다.

06 '빙고전'이라는 기관은 신라 시대에 있었다고 했습니다.

07 글의 두 번째 문단에서 냉장고는 얼음을 인공적으로 만드는 기계 장치이고, 빙고는 겨울에 보관해 두었던 얼음을 녹지 않게 보관하는 냉동 창고라는 것을 알 수 있습니다.

08 글의 처음 부분에서 조선 시대에는 서울 한강가에 얼음 창고를 만들었는데, 동빙고와 서빙고를 두었다고 했습니다.

09 두 번째 문단에서 장빙의 뜻과 이 기술이 우리나라에서 발달한 까닭에 대해 설명하고 있습니다.

채점 기준	
상	(1)에 '장빙'을 썼고, (2)에 장빙 기술이 우리나라에서 발달한 까닭을 바른 문장으로 쓴 경우
중	(1)에 '장빙'을 썼지만, (2)의 장빙 기술이 우리나라에서 발달한 까닭에 어색한 점이 있는 경우
하	(1)에만 '장빙'을 쓴 경우

10 ①은 '새롭게 안 것', ②, ③, ⑤는 '알고 싶은 것', ④는 '짐작한 것'에 해당합니다.

11 글 ㉮에는 국립한글박물관을 관람한 글쓴이의 체험이 드러나 있고, 글 ㉯에는 체험한 일에 대한 감상이 드러나 있습니다.

12 인상 깊은 체험을 중심으로 쓰되, 글쓴이가 본 것, 들은 것, 한 것을 자세히 풀어 써야 하며, 느낀 감동을 과장하지 말고 느낀 만큼 솔직하게 써야 합니다.

13 글에서 국립한글박물관은 '한글'로만 기록한 한글 자료와 한글을 활용한 작품들을 전시해 놓은 곳이라고 했습니다.

14 이 글이 잘 쓴 글인지 아닌지 (1)에 판단하여 쓰고, (2)에는 그렇게 생각한 까닭을 바른 문장으로 써 봅니다.

채점 기준	
상	(1)에 잘 쓴 글인지 아닌지 판단하는 내용을 썼고, (2)에 그 까닭을 타당하게 쓴 경우
중	(1)애 잘 쓴 글인지 아닌지 판단하는 내용을 썼지만, (2)의 그 까닭이 타당하지 못한 경우
하	(1)에만 잘 쓴 글인지 아닌지 판단하는 내용을 쓴 경우

15 글을 읽고 함께 글을 고칠 때는 글을 쓴 사람의 기분을 고려하고, 글을 쓴 사람의 의도와 다르게 고치지 않도록 주의합니다.

01 윤아 **02** ④ **03** ①, ④ **04** 영산 줄다리기 **05** 민지 **06** ④ **07** ① **08** ④ **09** (2) ◯ **10** 예 글의 내용을 더 잘 이해할 수 있습니다. **11** 한글 놀이터 **12** ②, ④ **13** ① **14** 시우 **15** 예 민속촌에 갔었는데, 조상들이 살던 모습을 볼 수 있어서 좋았습니다. **16** ③ **17** (1) 새로 스물여덟 자를 만드니 (2) 쉽게 익혀서 편히 쓰니 (3) 세상에 널리 퍼져 나아가니 **18** ① **19** 이동 시간 **20** 예 화폐박물관으로 현장 체험 학습을 가고 싶습니다. 사회 시간에 배웠던 화폐에 대해서 더 자세히 알고 싶기 때문입니다.

01 글 **가** 에서 영산 줄다리기에서 쓰는 줄의 굵기가 1.5 미터라고 하였습니다.

02 글 **나** 에는 줄다리기를 준비하는 과정이 나타납니다.

03 정월에 풍년을 기원하고, 줄다리기라는 큰 행사를 치르면서 마을 사람들이 마음을 한데 모아 무사히 한 해 농사를 지으려는 지혜가 담겨 있다고 했습니다.

04 글의 마지막에서 알 수 있습니다.

05 오랜 세월 동안 농사를 지어 온 우리 조상들은 줄다리기를 하면서 풍년을 기원했습니다.

06 석빙고의 지붕을 이중 구조로 만들어 바깥쪽의 열을 차단하고, 안쪽은 열전달이 잘되도록 하여 찬 공기가 오랫동안 머물게 했다는 것을 알 수 있습니다.

07 얼음을 오랫동안 보관하기 위해 만들어진 '석빙고'의 원리를 이해하는 데 가장 관련이 깊은 것은 ①입니다.

08 ④는 이 글에서 알 수 없는 내용입니다.

09 더 알고 싶은 내용을 떠올린 것은 (2)가 알맞습니다.

10 지식이나 경험을 떠올려 글을 읽으면 글의 내용을 더 잘 이해할 수 있습니다.

채점 기준	
상	알고 있는 지식을 떠올리며 글을 읽을 때의 좋은 점을 알맞은 문장으로 쓴 경우
중	알고 있는 지식을 떠올리며 글을 읽을 때의 좋은 점을 썼지만, 문장 표현이 어색한 경우
하	알고 있는 지식을 떠올리며 글을 읽을 때의 좋은 점과 관련 없는 내용을 쓴 경우

11 글의 첫 문단에서 국립한글박물관의 '한글 놀이터', '한글 배움터', '특별 전시실'을 관람했다는 것을 알 수 있습니다.

12 '한글 놀이터'와 '한글 배움터'는 모두 체험과 놀이를 하면서 한글을 이해하도록 만들어졌다는 점이 흥미로웠다고 했습니다.

13 글의 두 번째 문단에서 글쓴이는 책과 화면으로만 봤던 한글 유물을 직접 볼 수 있어서 신기하고 즐거웠다고 했습니다.

14 체험한 일을 떠올리며 감상이 드러나는 글을 쓸 때에는 체험한 일을 자세히 풀어 쓰는 것이 좋습니다.

15 5학년 때 자신이 체험한 일 중 한 가지를 떠올려 그 일에 대한 자신의 생각이나 느낌을 바른 문장으로 써 봅니다.

채점 기준	
상	자신이 체험한 일을 감상과 함께 바른 문장으로 쓴 경우
중	자신이 체험한 일을 감상과 함께 썼지만, 문장 표현이 어색한 경우
하	자신이 체험한 일이 아니거나, 감상을 제대로 쓰지 못한 경우

16 글 **가** 에는 국립한글박물관의 전시물과 위치, 글쓴이가 국립한글박물관에 간 방법이 나타나 있고, 글 **나** 에는 상설 전시실의 이름이 나타나 있습니다.

17 글 **나** 에 국립한글박물관의 상설 전시실에서 열린 1~3부의 주제가 나타나 있습니다.

18 하윤이는 4학년 1학기 때 배워서 알고 있는 지식을 활용해서 쓰자는 의견을 내세우고 있습니다.

19 현장 체험 학습 장소를 정하기 위한 계획을 세울 때에는 장소, 이동 시간을 정하고, 체험 학습에서 배울 점 등을 정리합니다.

20 자신이 평소에 현장 체험 학습으로 가고 싶었던 곳을 하나 떠올려 그곳에 가고 싶은 까닭을 바르게 써 봅니다.

채점 기준	
상	현장 체험 학습으로 가고 싶은 곳과 가고 싶은 까닭을 모두 바른 문장으로 쓴 경우
중	현장 체험 학습으로 가고 싶은 곳과 가고 싶은 까닭을 썼지만 까닭에 어색한 점이 있는 경우
하	현장 체험 학습으로 가고 싶은 곳만 쓰고 그 까닭을 쓰지 못한 경우

3 의견을 조정하며 토의해요

1 어떤 의견을 더 따르는지 살펴보고, 의견에 대한 토의 참여자의 생각을 듣는 것은 '반응 살펴보기'입니다.

2 '사진, 그림, 도표' 등의 보기 자료를 제시하면 정보를 눈으로 직접 확인할 수 있어 의견과 근거를 한눈에 이해하기 쉽습니다.

3 보기 의 내용은 글의 내용을 이해하기 쉽게 간단히 요약하여 표현한 것입니다.

단원평가 기본 ●————— 25~27쪽

01 ②   02 ③   03 (1) 비판 (2) 예의
04 ②, ③   05 ③   06 (1) 다 (2) 가 (3) 나
07 (1) 예 나 (2) 예 상대가 듣기 싫어하는 말을 하지 않습니다. / 토의에 적극적으로 참여합니다.
08 ⑤   09 비용, 쓰레기   10 (1) 나
(2) 가 (3) 라 (4) 다   11 ④   12 ②, ③
13 (2) ✕   14 ②   15 (1) 도표 (2) 예 글을 읽는 것보다 더 쉽고 빠르게 이해할 수 있습니다.

01 미세 먼지 문제에 대해서 대처하는 방안을 주제로 친구들이 마스크를 쓰자는 것과 학교에 공기 청정기를 설치하자는 의견을 내세우고 있습니다.

02 그림의 내용을 살펴보면 친구들의 의견이 잘 모이지 않고 있음을 알 수 있습니다.

03 그림 3~4에서는 상대 의견을 듣지 않고 비판만 하고 있고, 그림 5~6에서는 상대를 배려하지 않고 무시하듯이 말하여 예의를 지키지 않고 말하고 있습니다.

04 그림 속 아이들처럼 의견을 조정하지 않으면 말하는 사람들끼리 갈등이 생기고 토의를 원활하게 진행할 수 없게 됩니다.

05 의견을 조정하지 않으면 참여자 모두가 만족하도록 의견을 모을 수 없고, 모두가 동의할 수 없어서 합리적인 문제 해결이 어렵습니다.

06 그림 가 에서는 의견 및 근거와 관련한 문제가, 그림 나 에서는 토의 태도와 관련한 문제가, 그림 다 에서는 토의 진행과 관련한 문제가 나타나 있습니다.

07 그림 가 ~ 다 중 하나를 골라, 토의에서 일어날 수 있는 그림 속 문제를 해결할 수 있는 방법을 생각하여 바르게 써 봅니다.

채점 기준	
상	(1)에 그림의 기호를 하나 골라 썼고, (2)에 알맞은 문제 해결 방법을 바른 문장으로 쓴 경우
중	(1)에 그림의 기호를 하나 골라 썼지만, (2)의 문제 해결 방법에 어색한 점이 있는 경우
하	(1)에만 그림의 기호를 쓴 경우

08 친구 2가 말한 내용에서 토의로 해결할 문제를 정확하게 파악하기 위해서라는 것을 알 수 있습니다.

09 친구 4와 친구 1이 토의의 마지막 부분에 의견을 실천하였을 때 일어날 문제점을 이야기하고 있습니다.

10 의견을 조정할 때에는 여러 사람의 다양한 의견을 듣고, 의견 실천에 필요한 자료를 찾아 의견을 뒷받침합니다. 그다음 의견을 실천했을 때 일어날 수 있는 문제점을 예측하고 어떤 의견을 더 따르고 싶어 하는지 반응을 살펴봅니다.

11 토의 과정에서 여러 사람의 의견을 듣고 자신의 생각을 바꿀 수도 있습니다.

12 그림, 도표, 사진은 한눈에 확인하기 쉬운 자료입니다. 하지만 글과 음악, 동영상은 한눈에 확인하기 어렵습니다.

13 사진은 글을 읽어야 정보를 얻을 수 있는 자료가 아닙니다. 한눈에 확인하기 쉬운 자료입니다.

14 아동 비만 문제를 해결하기 위해 건강 달리기를 하자는 의견을 뒷받침하기 위해 이 신문 기사를 자료로 사용할 수 있습니다.

15 글을 도표로 표현하면 더 쉽고 빠르게 이해할 수 있습니다.

채점 기준	
상	(1)에 '도표'를 썼고, (2)에 도표로 표현할 때의 효과를 바른 문장으로 쓴 경우
중	(1)에 '도표'를 썼지만, (2)의 도표로 표현할 때의 효과에 어색한 점이 있는 경우
하	(1)에만 '도표'를 쓴 경우

01 미세 먼지　　　　**02** ③, ⑤　　**03** ②
04 예 토의에 적극적으로 참여하자.　　**05** ⑴ 근거
⑵ 태도 ⑶ 진행　　　　**06** 예 친구들이 토의에
적극적으로 참여하지 않아 어려웠던 일이 있었습니
다.　　　　**07** 준서　　**08** ②　　　**09** 2
10 ④, ⑤　　**11** 은서　　**12** ⑤　　**13** 자료
14 ④　　　**15** ②, ⑤　　**16** ⑶ ○　　**17** ③, ⑤
18 텔레비전 방송 뉴스　　**19** 예 내용을 읽기 쉽게
요약했습니다.　　　　**20** 이해

01 글 기의 사회자 말에서 알 수 있듯이 미세 먼지 문
제에 대처하는 방안을 주제로 토의하고 있습니다.

02 나의 그림 1과 2에서 마스크를 쓰고 생활하자는
것과 학교 곳곳에 공기 청정기를 설치하자는 의견
이 나왔습니다.

03 나의 그림 3과 4에 나타나 있는 친구들은 상대의
의견을 비판하기만 해서 토의가 원활하게 진행되지
않았습니다.

04 그림 속 친구는 토의에 적극적으로 참여하지 않고
있으므로 이와 관련해 알맞은 조언을 써 봅니다.

채점 기준	
상	그림 다에 나오는 2의 친구에게 조언해 줄 수 있는 말을 바른 문장으로 쓴 경우
중	그림 다에 나오는 2의 친구에게 조언해 줄 수 있는 말을 썼지만 문장 표현이 어색한 경우
하	그림 다에 나오는 2의 친구에게 조언해 줄 말로 알맞지 않은 내용을 쓴 경우

05 그림 기는 의견 및 근거와 관련한 문제이고, 그림
나는 토의 태도와 관련한 문제입니다. 그림 다는 토
의 진행에 관련한 문제입니다.

06 의견 및 근거나 토의 태도, 토의 진행 등의 문제와
관련하여 토의하면서 어려웠던 자신의 경험을 한
가지 떠올려 바르게 써 봅니다.

채점 기준	
상	토의하면서 어려웠던 일을 떠올려 바른 문장으로 쓴 경우
중	토의하면서 어려웠던 일을 떠올려 썼지만, 문장 표현이 어색한 경우
하	토의하면서 어려웠던 일이라고 보기 힘든 내용을 쓴 경우

07 사회자는 토의로 해결하려는 문제가 무엇인지 정확
히 파악하기 위해서 해결할 문제를 다시 물었습니다.

08 사회자의 질문이나 다른 사람들의 의견과 발언에 집
중해야 토의로 해결할 문제를 파악할 수 있습니다.

09 그림 1에서 남자아이는 도표의 내용을 근거 자료
로 사용하였고 그림 2에서 여자아이는 책의 내용
을 근거 자료로 사용했습니다.

10 친구 4와 친구 1이 생각한 문제점이 글에 나타나 있
습니다.

11 그림 기에서 친구는 아무런 자료 없이 의견을 말하
고 있습니다. 의견을 제시할 때에는 그림 나처럼 자
료를 제시하면서 말하는 것이 좋습니다.

12 사진, 그림, 도표 등의 보기 자료를 제시하면 정보를
눈으로 확인하여 이해하기 쉽습니다.

13 그림 기에서 근거를 들 자료를 제시하지 않고 의견
을 말해서 말하는 사람이 자신감이 없어 보입니다.

14 책, 신문 기사, 보고서와 같은 읽기 자료는 발표 내
용 이외에도 더욱 풍부한 정보를 제공합니다.

15 책을 보면 미세 먼지가 얼마나 몸에 해로운지, 마스
크가 얼마나 효과적으로 미세 먼지를 막아 주는지
알 수 있다고 했습니다.

16 시간과 노력을 절약하기 위해 신문 기사나 뉴스의
제목을 중심으로 훑어 읽는 것입니다.

17 출처를 적는 것은 믿을 수 있는, 정확한 자료임을
나타내고 저작권을 침해하지 않기 위해서입니다.

18 그림의 내용과 '「○○방송 뉴스」'라는 내용을 통해
알 수 있습니다.

19 텔레비전 뉴스 보도 자료에 많은 내용이 말과 글로
설명되어 있으므로 간단히 읽을 수 있도록 요약한
것입니다.

채점 기준	
상	자료의 내용을 읽기 쉽게 요약했다는 내용을 바른 문장으로 쓴 경우
중	자료의 내용을 읽기 쉽게 요약했다는 내용을 썼지만, 문장 표현이 어색한 경우
하	자료의 내용을 읽기 쉽게 요약했다는 내용을 쓰지 못한 경우

20 내용을 표나 도표로 표현하면 글을 읽는 것보다 더
쉽고 빠르게 내용을 이해할 수 있습니다.

4 겪은 일을 써요

핵심 개념 ────────────────● 32쪽 ●

1 별로 읽지 않는 편이다. 등   2 ⑶ ○
3 예린

1 '별로'는 '별로 ~ -지 않다'와 같은 부정적인 서술어
와 호응해야 바른 문장이 됩니다.

2 "가는 날이 장날"은 속담이므로 속담이나 격언으로
글머리를 시작한 방법입니다.

3 매체를 활용해 글을 쓰고 의견을 나누면 의견을 쉽
게 주고받을 수 있고, 한 사람이 쓴 글을 여러 사람
이 동시에 읽고 의견을 쓸 수 있는 점이 좋습니다.
또, 글을 고치기에 편리하고 칭찬하는 말이나 고칠
부분을 편하게 전할 수 있어서 좋습니다. 따라서 칭
찬하는 말이나 고칠 부분을 전달하는 것이 어렵다
고 말한 예린이의 말이 알맞지 않습니다.

단원 평가 기본 ────────────● 33~35쪽 ●

01 ⑤	02 ⑤	03 ⑤	04 ⑤
05 서진	06 ①	07 ⓜ	08 ⑴ ⓓ

⑵ 예 할아버지께서는 얼른 진지를 다 잡수시고 또
일하러 나가셨다.   09 ①, ⑤   10 ⓓ
11 ⑴ 예 소중하다는 것을 느꼈다 ⑵ 예 문장이 '느
낀 점은 ~ 느꼈다'로 되어 있는데 '느꼈다'는 '느낀
점'이라는 주어에 맞는 서술어가 아니기 때문입니다.
12 ⑤   13 ⑤   14 읽는 사람
15 ①

01 시간을 나타내는 말인 '어제'와 서술어인 '읽는다'가
호응하지 않습니다. '읽는다'를 '읽었다'로 고쳐야
합니다.

02 주어와 서술어의 호응이 어색하므로, '키가 자라고
몸무게가 늘었다.'로 고쳐야 합니다.

03 '어제저녁'은 과거의 일이므로 '졸음이 밀려왔다'로
고쳐야 합니다.

04 잘못은 동생이 했는데 자신만 야단맞아서 서운하고
화가 났던 것입니다.

05 글의 내용은 동생과 장난치다가 아버지께 혼난 일입
니다. 이와 비슷한 경험을 떠올린 것은 서진입니다.

06 그림 속 여자아이는 글 쓸 준비를 하는 단계이므로
글쓰기의 과정 중 '계획하기' 단계입니다.

07 고쳐쓰기 단계에서는 읽는 사람이 이해하기 어려운
내용은 없는지, 문장을 좀 더 간결하고 정확하게 쓰
려면 어떻게 고쳐야 할지, 문장 성분의 호응이 바르
지 않은 부분은 없는지 살펴봅니다.

08 높임의 대상인 '할아버지'에 맞게 높임의 대상을 나
타내는 말과 서술어를 바르게 고쳐서 문장이 호응
되도록 써 봅니다.

채점 기준	
상	⑴에 'ⓓ'를 썼고, ⑵의 문장을 바르게 고쳐 쓴 경우
중	⑴에 'ⓓ'를 썼지만, ⑵의 문장에 어색한 점이 있는 경우
하	⑴에만 'ⓓ'를 쓴 경우

09 '결코, 전혀, 별로'와 같은 낱말은 부정적인 서술어
등과 호응하므로 문장 성분의 호응 관계에 주의해
야 할 낱말입니다.

10 ㉮는 '나는 친구가 거짓말을 한 것이 결코 바른 행
동이 아니라고 생각한다.', ㉯는 '선생님 말씀은 전
혀 들어 보지 못한 내용이었다.' 등과 같이 고쳐야
합니다.

11 제시된 문장에서 잘못된 부분을 골라서 쓰고, 잘못
되었다고 생각한 까닭을 문장 성분의 호응과 관련
지어 바르게 써 봅니다.

채점 기준	
상	⑴에 '소중하다는 것을 느꼈다' 등을 썼고, ⑵에 문장이 잘못된 까닭을 바른 문장으로 쓴 경우
중	⑴에 '소중하다는 것을 느꼈다' 등을 썼고, ⑵에 문장이 잘못된 까닭을 썼지만 문장 표현이 어색한 경우
하	⑴에만 '소중하다는 것을 느꼈다' 등을 쓴 경우

12 '전혀'라는 낱말에는 '-지 않다', '-지 못하다'와 같
은 서술어가 호응합니다.

13 '별로'는 '-지 않다'와 같은 서술어와 호응합니다.

14 글쓰기 계획을 세울 때에는 글을 쓰는 목적, 글의
종류, 읽는 사람, 주제 등을 계획하여 정리합니다.

15 "괜찮아."라고 인물의 대화 글로 시작하는 것으로
보아, 대화 글로 시작하는 글머리입니다.

01 (1) ㉮ (2) ㉰ (3) ㉯　　02 ④　　03 ㉮
04 ①, ⑤　　05 ②　　06 예 쓸 내용을 떠올립니다.　　07 ③　　08 (1) ○　　09 ②
10 지훈　　11 ⑤　　12 ⑤　　13 예 그 숙제를 해내는 일은 여간 어려운 일이 아니다. / 나는 지호의 생각을 도저히 이해할 수 없다. / 날씨가 그다지 덥지 않다.　　14 ②　　15 ②
16 조직　　17 (3) ○　　18 ③　　19 현준
20 예 컴퓨터로 편집해서 다른 반 학생들도 볼 수 있도록 하면 좋겠습니다. / 친구들끼리 이야기를 나눌 수 있는 글 모음집을 만들어 학급에서 보관하면 좋겠습니다.

01 '윤서가 책을 읽는다.'라는 문장에서 주어는 '윤서가', 목적어는 '책을', 서술어는 '읽는다'입니다.

02 '할머니'는 높여야 하는 대상이므로 '할머니께서 잠을 주무신다.'로 고쳐야 합니다.

03 '별로 좋아 보이지 않았다'로 고쳐야 합니다.

04 주어 '웃음이'와 서술어 '웃어 버렸다'가 호응하지 않습니다. 따라서 '웃음이'에 맞는 서술어를 넣어 주거나 '웃어 버렸다'에 맞게 주어를 바꾸어야 합니다.

05 글쓰기의 과정은 글 쓸 준비를 하는 '계획하기', 쓸 내용을 떠올리는 '내용 생성하기', 쓸 내용을 나누는 '내용 조직하기', 직접 글을 쓰는 '표현하기', 글을 고치는 '고쳐쓰기' 단계로 진행합니다.

06 글쓰기의 단계 중 두 번째 단계인 '내용 생성하기'는 어떤 것을 쓸지 쓸 내용을 떠올리는 단계입니다.

채점 기준	
상	쓸 내용을 떠올린다는 내용을 바른 문장 표현으로 쓴 경우
중	쓸 내용을 떠올린다는 내용을 썼지만, 문장 표현이 어색한 경우
하	쓸 내용을 떠올린다는 내용을 담아 쓰지 못한 경우

07 그림 속 내용은 글쓰기의 과정 중 네 번째 단계이자 직접 글을 쓰는 단계인 '표현하기' 단계입니다.

08 주어인 '우리가 환경을 보호해야 하는 까닭은'과 '돌아오는 것이라고 생각한다'가 호응을 하지 않으므로 서술어를 '돌아오기 때문이다'로 고쳐야 합니다.

09 '어제저녁'은 과거를 나타내는 말이므로 이와 호응하는 서술어는 '나갔다'입니다.

10 '결코, 전혀, 별로'와 같은 낱말은 '-지 않다', '-지 못하다'와 같은 부정적인 서술어 또는 '안', '못'이 꾸며 주는 서술어와 호응합니다.

11 '결코'는 '-지 않다', '-지 못하다'와 같은 부정적인 서술어와 어울리므로 '결코 바른 행동이 아니라고 생각한다.'와 같이 고쳐야 합니다.

12 '전혀'는 '-지 않다', '-지 못하다'와 같은 부정적인 서술어와 호응합니다.

13 '여간, 도저히, 그다지'는 부정적인 서술어와 호응하는 낱말입니다. 이 낱말을 이용해서 문장의 호응에 맞게 짧은 글을 바르게 써 봅니다.

채점 기준	
상	'여간, 도저히, 그다지' 중 하나를 골라 문장 호응에 맞게 짧은 글을 쓴 경우
중	'여간, 도저히, 그다지' 중 하나를 골라 문장을 썼지만, 문장 표현이 어색한 경우
하	'여간, 도저히, 그다지' 중 하나를 골라 문장을 쓰지 못한 경우

14 누구나 경험할 만한 것은 읽는 사람에게 흥미를 끌 수 없기 때문에 글감으로 어울리지 않습니다.

15 한 아이에 대해 설명하는 말로 글머리를 시작하였으므로 인물 설명으로 글머리를 시작하는 방법입니다.

16 글의 구조가 분명하게 드러났는지, 글의 내용 전개가 적절하며 글이 잘 마무리되었는지 평가하는 것은 '조직' 면에서 고쳐 쓸 부분을 평가하는 것입니다.

17 고쳐쓰기 단계에서 처음 썼던 글과 비교하는 활동이므로 (3)이 알맞습니다.

18 매체를 활용해 글을 쓰거나 의견을 나눌 때에는 누가 쓴 글인지 이름을 밝혀야 합니다.

19 글 모음집 ㉰는 판화를 이용해 만든 것이 아니라 컴퓨터로 편집하여 만든 것입니다.

20 우리 반 글 모음집을 만든다면 어떻게 만들지 읽을 사람을 고려하여 자신의 생각을 간단히 써 봅니다.

채점 기준	
상	우리 반 글 모음집을 어떻게 만들지 자신의 생각을 알맞은 문장으로 표현해 쓴 경우
중	우리 반 글 모음집을 어떻게 만들지 자신의 생각을 썼지만, 문장 표현이 어색한 경우
하	우리 반 글 모음집을 어떻게 만들지에 대해 자신의 생각을 쓰지 못한 경우

5 여러 가지 매체 자료

1 소율   **2** (3) ○   **3** (2) ○

1 영상 매체 자료는 화면 구성을 잘 살피고 소리에 담긴 정보도 탐색해야 합니다.

2 영상 매체 자료를 살펴볼 때에는 화면 구성과 소리에 대한 정보를 함께 탐색합니다.

3 이야기의 내용처럼 현실 세계에서도 사실이 아닌 정보를 확인하지 않고 사실인 양 잘못된 정보를 퍼트려 다른 사람을 곤란하게 하거나 공격하는 경우가 있습니다.

단원평가 기본 ———————————— ● 41~43쪽 ●

01 ⑤   **02** (1) 텔레비전 / 영상 매체 (2) 예 장면과 함께 음악이나 연출 기법의 의미를 생각하며 읽어야 합니다. / 자막과 영상, 소리의 관계를 파악하며 읽어야 합니다.   **03** ⑤   **04** (2) ○
05 ⑤   **06** ④   **07** ⑤   **08** ①
09 ③   **10** 민서영, 흑설 공주(미라)
11 부모님   **12** 인터넷 카페(핑공 카페)
13 ③, ④   **14** 유진   **15** (1) 예 권정생 (2) 예 동생에게 동화책을 읽어 주다가 친구들도 아름다운 동화를 쓴 권정생 작가에 대하여 알면 좋겠다는 생각이 들었기 때문입니다.

01 신문을 읽을 때는 사진과 글을 모두 살펴보아야 내용을 이해하기 좋습니다.

02 그림 **나**의 매체 자료는 텔레비전 영상물입니다. 영상 매체 자료는 시각과 청각을 모두 이용하는 매체 자료이므로 이 특징을 생각해서 읽어야 합니다.

채점 기준	
상	(1)에 '텔레비전' 또는 '영상 매체'를 썼고, (2)에 영상 매체를 읽을 때 유의할 점을 바른 문장으로 쓴 경우
중	(1)에 '텔레비전' 또는 '영상 매체'를 썼고, (2)에 영상 매체를 읽을 때 유의할 점을 썼지만, 문장에 어색한 표현이 있는 경우
하	(1)에만 '텔레비전' 또는 '영상 매체'를 쓴 경우

03 그림 속 매체는 휴대 전화 문자 메시지로, 누리 소통망과 함께 인터넷 매체 자료에 해당합니다.

04 휴대 전화 문자 메시지는 문자, 그림말, 사진, 동영상을 함께 보며 읽어야 합니다.

05 영상 매체 자료는 시각과 청각을 모두 이용하는 매체 자료입니다. 따라서 영상 매체 자료를 읽을 때는 화면 구성을 잘 살피고 소리에 담긴 정보도 탐색하며 읽어야 합니다.

06 영상 매체 자료를 볼 때는 화면의 연출과 음향 효과 등을 주의해서 보아야 합니다.

07 인물이 주위를 두리번거리는 모습을 가까이 보여 주면 인물이 이상한 낌새를 느꼈다는 것을 보는 사람이 알 수 있습니다.

08 김득신은 59세에 무과가 아닌 문과에 급제하여 성균관에 입학했습니다.

09 김득신은 공부를 해도 이해를 잘하지 못했지만 포기하지 않고 노력했습니다.

10 서영이와 흑설 공주(미라)가 갈등을 겪고 있습니다.

11 '흑설 공주'는 서영이가 거짓으로 부모님의 이야기를 한다는 내용을 글로 올린다고 하였고, 아이들은 '흑설 공주'의 글을 읽고 수군대기 시작했다고 했습니다.

12 글 **다**에서 인물들은 인터넷 카페인 핑공 카페에서 이야기를 나누고 있습니다.

13 하이디는 흑설 공주의 글이 사실일 것이라고 하였고, 허수아비는 흑설 공주가 근거도 없이 글을 올리지 않았을 것이라고 했습니다.

14 사실을 잘 알지도 못하면서 잘못된 정보를 믿고 퍼뜨려 다른 사람을 곤란하게 하는 상황이 현실 세계에서도 있습니다.

15 알리고 싶은 인물을 한 명 떠올리고 그 까닭을 바른 문장으로 써 봅니다.

채점 기준	
상	(1)에 알리고 싶은 인물을 썼고, (2)에 그 까닭을 바른 문장으로 쓴 경우
중	(1)에 알리고 싶은 인물을 썼지만, (2)의 까닭에 어색한 점이 있는 경우
하	(1)에만 알리고 싶은 인물을 쓴 경우

01 (1) ㉰ (2) ㉬ (3) ㉮ **02** ①, ② **03** (1) 신문, 잡지 (2) 영화, 연속극 (3) 누리 소통망[SNS], 휴대 전화 문자 메시지 **04** 선우 **05** ④

06 ⑤ **07** 긴장감이 느껴지는 **08** ①, ⑤

09 ⑩ 김득신을 소개한 책을 찾아 읽고 싶습니다. / 인터넷으로 김득신에 대해 검색하고 싶습니다.

10 ⑤ **11** ④, ⑤ **12** ⑩ 꾸준히 노력해서 자신의 한계를 극복한 점을 본받고 싶습니다.

13 ① **14** 물고기 **15** ④, ⑤ **16** ④

17 ⑤ **18** ㉰ **19** ⑩ 사실이 아닌 정보를 확인하지 않고 잘못된 정보를 퍼뜨려 다른 사람을 곤란하게 하는 일이 있습니다. **20** (2) ✕

01 그림 ㉮는 인쇄 매체 자료인 신문, 그림 ㉯는 영상 매체 자료인 텔레비전 영상물, 그림 ㉰는 인터넷 매체 자료인 휴대 전화 문자 메시지입니다.

02 영상 매체 자료는 소리, 자막 등의 여러 가지 연출 방법을 이용해 정보를 전달합니다.

03 신문과 잡지는 인쇄 매체, 영화와 연속극은 영상 매체, 누리 소통망[SNS]과 휴대 전화 문자 메시지는 인터넷 매체입니다.

04 영상 매체 자료는 화면 구성을 잘 살피고 소리에 담긴 정보도 탐색해야 하며, 인터넷 매체 자료는 인쇄 매체 자료와 영상 매체 자료를 읽는 방식을 모두 사용하면 좋습니다.

05 유도지는 벼슬아치들에게 아버지와의 관계 때문에 과거 시험에서 자신을 떨어뜨리지 말고 실력만 봐 달라고 부탁했습니다.

06 뇌물을 주는 인물인 유도지 쪽으로 카메라가 가까이 다가가서 보여 줌으로써 유도지가 사건을 일으키는 인물이라는 것을 나타냅니다.

07 ㉡ 장면에서는 뇌물을 주고받는 일이 옳지 못하다는 것을 나타내기 위해 긴장감이 느껴지는 음악을 사용할 수 있습니다.

08 공부를 포기하지 않는 아들을 대견스럽게 여기고 더욱 노력하라고 격려했습니다.

09 책, 잡지와 같은 인쇄 매체 자료를 찾아보거나 인터넷 매체 자료 등을 찾아볼 수 있습니다.

채점 기준	
상	김득신에 관한 자료를 어떤 매체를 이용하여 찾고 싶은지 바른 문장으로 쓴 경우
중	김득신에 관한 자료를 어떤 매체를 이용하여 찾고 싶은지 썼지만, 문장이 어색한 경우
하	매체와 관련해서 쓰지 못했거나, 김득신에 관한 내용으로 쓰지 못한 경우

10 읽은 내용을 자꾸 잊어버리는 우스꽝스러우면서도 안타까운 김득신의 모습이 강조됩니다.

11 묵묵히 노력하는 인물의 모습이 나타나므로 아련하고 차분하며 잔잔한 음악이 어울립니다.

12 김득신에게서 본받을 점이 무엇인지 생각해 보고, 자신의 생각을 바른 문장으로 써 봅니다.

채점 기준	
상	본받을 점을 생각하여 자신의 생각을 문장으로 바르게 쓴 경우
중	본받을 점을 썼지만, 문장 표현이 어색한 경우
하	본받을 점에 대해 쓰지 못한 경우

13 '숨을 죽이다'는 긴장하여 집중한다는 뜻입니다.

14 글 ㉮에서 민주는 아무것도 아닌 일에 휘말려 마치 그물 속의 물고기처럼 허우적거리고 있는 서영이가 가여웠다고 했습니다.

15 글 ㉯에서 서영이는 아빠가 은좀베 마을에서 의료 봉사를 하는 사진과 엄마가 디자인한 옷을 입고 모델들이 패션쇼를 하는 사진을 올렸다고 했습니다.

16 흑설 공주는 서영이가 내놓은 사진들이 인터넷에서 피 올 수 있는 것이라며 공격하는 글을 올렸습니다.

17 핑공 카페는 흑설 공주와 민서영의 싸움을 구경하려는 구경꾼들로 가득 찼습니다.

18 흑설 공주는 예의를 갖추지 않고 친구를 비난하고 있습니다.

19 사실이 아닌 내용을 인터넷에 퍼뜨리는 상황이나 어떤 사람을 괴롭히기 위해 일부러 사실이 아닌 내용을 퍼뜨리는 상황 등을 떠올려 씁니다.

채점 기준	
상	현실 세계 속 모습과 비교하여 바른 문장으로 쓴 경우
중	현실 세계 속 모습과 비교하여 썼지만, 문장 표현이 어색한 경우
하	현실 세계 속 모습과 비교하여 쓰지 못한 경우

20 대화 예절을 지키기 위해서는 혼자 너무 길게 말하지 않아야 합니다.

6 타당성을 생각하며 토론해요

● 48쪽

핵심 개념

1 ④　　　　　　2 나리　　　　　　3 (2) ○

1 토론은 문제 상황이 발생했을 때 그 문제를 해결하기 위해 필요합니다. 따라서 우리 반 친구들이 희망하는 직업을 조사하는 것은 토론이 필요한 경우가 아닙니다.

2 어른과 면담한 내용이라고 모두 믿을 만한 면담 자료는 아닙니다. 면담 자료는 믿을 만한 전문가의 의견인지 살펴보는 것이 더 바람직합니다. 그리고 나리의 말과 같이 누가 언제 조사했는지 그 출처를 알 수 없는 설문 조사 자료는 좋은 근거 자료가 되지 못합니다.

3 상대편의 주장을 요약하고, 그 주장이 타당하지 않다는 것을 밝히기 위한 질문을 하며 상대편 주장에 대한 근거나 그에 대한 자료가 타당하지 않다는 것을 밝히는 단계는 '반론하기'입니다.

단원평가 기본

● 49~51쪽

01 불법 주차　　　　02 ④, ⑤　　　03 긍정적,
부정적　　　04 ④　　　　05 ②　　　　06 ④
07 ①, ⑤　　　08 직업　　　09 (1) ㉡　(2) ⑩ 해당 분야 전문가의 말이기 때문에 더 믿을 만한 근거 자료입니다.　　　10 ④　　　11 민준　　　12 ①
13 ③　　　14 ①, ⑤　　　15 (1) ⑩ 동의하지 않습니다.
(2) ⑩ 학급 임원을 하고 싶지 않은 사람이 임원이 되면 학급 문제에 신경 쓰지 않아 문제가 해결되지 않을 수 있기 때문입니다.

01 그림 속 맨 왼쪽 아이의 말에서 알 수 있습니다.

02 한 친구가 불법 주차를 하지 못하도록 단속 카메라를 달자는 의견을 제시하였고, 옆 친구가 단속 카메라를 단다고 해서 문제가 완전히 해결되지 않을 것 같다고 했습니다.

03 학교 인사말에 대해 수진이는 인사말이 참 좋다고 하였고, 현준이는 지금은 착한 사람이 아닌 듯해서 기분이 좋지 않다고 했습니다.

04 학교 운동장을 외부인에게 개방해서 쓰레기가 많아

진 문제 상황이 있으므로 그래도 개방을 해야 한다는 의견과 하지 말아야 한다는 의견이 나뉠 수 있습니다.

05 문제에 대해 서로 다른 의견이 생겨났을 때에는 토론을 해서 문제를 해결할 수 있습니다.

06 토론의 주제는 찬반이 나뉘어야 하므로 역할놀이의 역할을 정하는 방법은 토론의 주제로 알맞지 않습니다.

07 한 학생과 직업 평론가 ○○○ 씨와 면담했습니다.

08 직업을 선택할 때는 자신의 흥미와 적성, 특기를 고려해야 한다는 주장을 하고 있습니다.

09 면담 자료는 해당 분야 전문가를 면담한 것이 더 믿을 만합니다.

채점 기준	
상	(1)에 '㉡'을 썼고, (2)에 전문가의 말이라 믿을 만하다는 내용을 바른 문장으로 쓴 경우
중	(1)에 '㉡'을 썼고, (2)에 전문가의 말이라 믿을 만하다는 내용을 썼지만, 문장 표현이 어색한 경우
하	(1)에만 '㉡'을 쓴 경우

10 조사한 사람과 친한 사람이 답한 자료라면 정확한 근거 자료로 보기 어렵습니다.

11 '반론하기'에서는 상대편의 주장이 타당하지 않다는 것을 밝히기 위한 질문을 해야 합니다.

12 처음 부분에서 사회자가 "학급 임원은 반드시 필요하다."라는 주제로 토론을 시작하겠다고 했습니다.

13 찬성편에서는 실제로 학생 대표가 학교생활에 많은 역할을 한다는 것을 근거로 들어 "학급 임원은 반드시 필요하다."라는 주제에 찬성했습니다.

14 반대편은 누구나 학급을 위해 봉사할 수 있으며, 요즘은 기술이 발달해서 여러 사람이 동시에 회의에 참여할 수 있다고 반론했습니다.

15 모든 학생이 학급 임원을 경험할 때 생기는 좋은 점이나 안 좋은 점을 떠올려서 자신의 입장을 정하고, 그 까닭을 바른 문장으로 써 봅니다.

채점 기준	
상	(1)에 '동의한다' 또는 '동의하지 않는다'와 같이 쓰고, (2)에 그 까닭을 타당한 내용으로 바르게 쓴 경우
중	(1)에 '동의한다' 또는 '동의하지 않는다'와 같이 쓰고, (2)에 그 까닭을 썼지만 문장 표현이 어색하거나 그 까닭이 타당하지 않은 경우
하	(1)에만 자신의 입장을 쓴 경우

01 ⑤　　　02 ④, ⑤　　03 민서　　04 예 학교 안에서 스마트폰을 사용해야 하는가　　05 ⑤
06 ⑤　　　07 예 주장을 잘 뒷받침하며 해당 분야 전문가의 말이라 믿을 수 있습니다.　　08 ③
09 ②　　　10 ⑤　　　11 ㉯　　　12 기준
13 ⑤　　　14 ④　　　15 예 상대편이 제시한 주장과 근거 자료가 타당하지 않다는 것을 밝히기 위해서입니다. / 자기편의 주장이 더 타당하다는 것을 밝히기 위해서입니다.　　16 주장 다지기
17 ④　　　18 ㉰　　　19 (2) ○　　20 ⑤

01 두 친구는 인사말을 "착한 사람이 되겠습니다."로 하는 문제에 대해 서로 다른 의견을 나누고 있습니다.

02 지금은 착한 사람이 아닌 것 같은 느낌이 들고, 전통적인 인사말을 지켜야 하는 것이 아닐까 하는 생각이 들기 때문입니다.

03 그림 ㉯와 같이 대화하면 문제를 해결하기보다 서로 다투게 될 것입니다.

04 주변에서 일어나는 일 중에 다른 친구들과 의논하여 개선하고 싶은 주제를 생각하여 써 봅니다.

채점 기준	
상	찬반으로 나뉠 수 있는 주제를 알맞게 쓴 경우
중	찬반으로 나뉠 수 있는 주제를 썼지만 반 친구들과 토론하기에 알맞지 않은 점이 있는 경우
하	찬반으로 나뉠 수 없는 주제를 쓴 경우

05 큰따옴표로 인용되어 있는 말에서 직업 평론가 ○○○ 씨가 우려한 것이 나타나 있습니다.

06 글쓴이는 글의 마지막 부분에서 유행보다는 자신의 흥미와 적성, 특기를 알고, 이것을 바탕으로 하여 직업을 고르려고 노력해야 한다고 했습니다.

07 이 글에서는 현실과 관련하여 우려가 되는 내용에 대해 전문가가 말한 내용을 근거로 들었습니다.

채점 기준	
상	전문가의 의견을 근거 자료로 활용한 것에 대해 타당성을 판단하여 바르게 쓴 경우
중	전문가의 의견을 근거 자료로 활용한 것에 대해 타당성을 판단했지만, 문장 표현이 어색한 경우
하	전문가의 의견을 근거 자료로 활용한 것에 대해 타당성을 판단하여 쓰지 못한 경우

08 제시되어 있는 자료에서 응답이 가장 많은 항목은 연예인입니다.

09 주장을 뒷받침하는 자료인지, 자료의 출처가 정확한지, 자료가 믿을 만한지, 조사 대상과 범위가 적절한지 평가해야 합니다.

10 조사 대상 범위가 너무 좁으면 일부 사람에게만 해당하는 내용일 수 있어 결론을 내기 어렵습니다.

11 찬성편이 반론을 펼치고, 반대편이 반박하는 것으로 보아 토론의 절차 중 '반론하기' 단계라는 것을 알 수 있습니다.

12 찬성편이 처음 한 말에서 반대편이 학급 임원을 뽑는 기준이 올바르지 않은 까닭을 근거로 들었음을 알 수 있습니다.

13 반대편이 든 근거는 다른 학교에서 설문 조사를 한 결과이기 때문에 우리 학교의 상황과 설문 조사 결과가 반드시 같다고는 볼 수 없다고 했습니다.

14 찬성편이 반론을 펼치기 전에 상대편의 주장을 다시 한번 말한 까닭은 상대편의 주장을 요약해 반론을 효과적으로 펼치기 위함입니다.

15 반론하기에서는 질문을 통해 상대편이 제시한 주장과 근거가 타당하지 않고 자기편의 주장이 타당함을 밝힙니다.

채점 기준	
상	찬성편과 반대편이 서로에게 질문하는 까닭을 바른 문장으로 쓴 경우
중	찬성편과 반대편이 서로에게 질문하는 까닭을 썼지만, 문장 표현이 어색한 경우
하	찬성편과 반대편이 서로에게 질문하는 까닭에 대해 쓰지 못한 경우

16 사회자가 이제 토론의 마지막 단계인 '주장 다지기'라고 이야기하였습니다.

17 ④는 반대편의 발언으로 적절합니다.

18 상대편에서 제기한 반론이 타당하지 않음을 지적해야 합니다.

19 이 시에서는 사람보다 기계를 믿는 태도를 비판적으로 바라보고 있습니다.

20 말하는 이는 사람보다 기계를 더 믿는 고모의 행동을 보고 문제라고 생각하므로 ⑤와 같은 주제로 토론을 할 수 있습니다.

7 중요한 내용을 요약해요

1 (1) ㉮ (2) ㉯ **2** 어긋나기 **3** (1) ○

1 (1)에서는 간송 선생이 책을 손에 넣은 것이므로 ㉮의 뜻으로 쓰였고, (2)에서는 말하는 아이가 할아버지의 보살핌을 받았다는 뜻이므로, ㉯의 뜻으로 쓰였습니다.

2 이 글은 식물이 잎을 피우는 방법 중 '어긋나기'에 대해서 설명하고 있으므로, 중심 낱말은 '어긋나기'입니다.

3 보기 의 내용은 시간 순서로 요약하는 순서 구조 틀이므로 '고려의 건국 과정'과 같은 내용을 요약하기에 알맞습니다.

단원 평가 기본 ● 57~59쪽

01 ⑤ **02** 엉뚱한 **03** ②, ③ **04** ㉮
05 (1) ㉮ (2) ㉾ 제 짝꿍 민후는 모범적인 초등학생의 얼굴이라고 할 만한 친구입니다. **06** 나라
07 ④ **08** ④, ⑤ **09** ③ **10** 하린
11 어긋나기 **12** (1) 돌려나기 (2) ㉾ 한 마디에 잎이 석 장 이상 돌려납니다. / 마디마다 잎이 여섯 장에서 여덟 장씩 돌려나기로 핍니다. **13** ⑤
14 ③ **15** (1) ○

01 ㉠'어두워'의 뒷 내용을 살펴보면 '귀가 잘 들리지 않아', '남들이 다 아는 내용을 몰라' 등의 뜻을 짐작할 수 있습니다.

02 '뜬금없는'은 '갑작스럽고도 엉뚱한.'이라는 뜻입니다. 이와 가장 비슷한 낱말은 '엉뚱한'입니다.

03 이 글에서 전음성 난청이 되면 일반적인 소리도 선명하게 듣지 못하고 염증으로 인한 통증과 가려움증이 있으며, 귀가 먹먹한 느낌이 든다고 했습니다.

04 낱말의 뜻을 짐작하며 읽는다고 글을 빨리 읽을 수 있는 것은 아닙니다.

05 밑줄 친 '얼굴'은 '어떤 것을 대표하는 상징'이라는 뜻으로 쓰였습니다. 이 뜻으로 '얼굴'이라는 낱말을 사용하여 짧은 글을 지어 봅니다.

채점 기준	
상	(1)에 '㉮'를 썼고, (2)에 ㉮의 뜻으로 '얼굴'을 넣어 짧은 글짓기를 바르게 한 경우
중	(1)에 '㉮'를 썼고, (2)에 ㉮의 뜻으로 '얼굴'을 넣어 짧은 글짓기를 했지만 문장 표현이 어색한 경우
하	(1)에만 '㉮'를 쓴 경우

06 '엄포'는 실속 없이 호령이나 위협으로 으르는 짓을 뜻합니다. 따라서 나라가 짐작한 뜻이 알맞습니다.

07 글 나 에서 켈러 선생님이 글쓰기 주제는 가족이나, 집에서 일어나는 일생생활 이야기라면 뭐든지 괜찮다고 했습니다.

08 켈러 선생님께서는 퍼트리샤에게 슐로스 할아버지에게 바치는 글은 자신이 겪은 일 쓰기의 모범으로 삼아도 좋을 만큼 정말 놀라웠다고 말씀하셨습니다.

09 국어사전에서 낱말의 뜻을 찾을 때에는 낱말의 기본형으로 찾아야 합니다. '삼아도'의 기본형은 '삼다'입니다.

10 글에 쓰인 '삼다'는 '어떤 대상을 다른 대상이 되게 하다.'라는 뜻입니다.

11 글 가 에서 줄기 마디마다 잎을 한 장씩 피우되 서로 어긋나게 피우는 것을 '어긋나기'라고 했습니다.

12 글 나 의 두 번째 문단에서 갈퀴꼭두서니의 잎차례 종류와 잎이 나는 방법이 나타나 있습니다.

채점 기준	
상	(1)에 '돌려나기'를 썼고, (2)에 돌려나기의 방법에 대해 바른 문장으로 쓴 경우
중	(1)에 '돌려나기'를 썼지만, (2)에 쓴 돌려나기의 방법에 어색한 점이 있는 경우
하	(1)에만 '돌려나기'를 쓴 경우

13 습한 날은 젖은 공기를 머금어 방 안을 보송보송하게 하고, 건조한 날은 젖은 공기를 내놓아 방 안을 상쾌하게 한다고 했습니다.

14 닥솥은 한지를 만들 때 쓰는 솥입니다.

15 한지의 특성이나 한지의 쓰임새에 대해 여러 가지 예를 들고 있으므로 나열 구조인 (1)의 틀이 알맞습니다.

01 ㉮, ㉰ 02 ② 03 ③ 04 예 신문을 읽다가 뜻을 모르는 낱말이 나왔는데 앞뒤 내용으로 뜻을 짐작해서 읽은 적이 있습니다. 05 ⑤
06 예 참기 어려울 정도로 자꾸 몹시 어떤 일을 하고 싶을 때 쓰는 표현입니다. 07 ②
08 ④ 09 놀려 댔다 등 10 ④
11 ② 12 ㉡ 13 볼주머니 14 ②
15 (1) 다람쥐 (2) 원숭이 16 ④ 17 ②, ③
18 예 속껍질을 삶아서 더 보드랍고 하얗게 만든다.
19 순서 구조 20 ③

01 모르는 낱말의 뜻을 짐작하기 위해서는 해당 낱말의 앞뒤 내용을 자세히 살펴보거나 이미 아는 친숙한 낱말로 바꾸었을 때 문장의 의미가 자연스러운지 살펴보아야 합니다.

02 ㉡'힘'은 '일이나 활동에 도움이나 의지가 되는 것.'이라는 뜻이므로 '도움'과 바꾸어 쓸 수 있습니다.

03 귀를 자주 파서 청결을 유지해야 한다는 내용은 이 글에 나타나 있지 않습니다.

04 글을 읽다가 모르는 낱말이 나왔을 때 낱말의 뜻을 짐작한 경험을 써 봅니다.

채점 기준	
상	낱말의 뜻을 짐작하여 글을 읽은 자신의 경험을 바른 문장으로 쓴 경우
중	낱말의 뜻을 짐작하여 글을 읽은 자신의 경험을 썼지만, 문장 표현이 어색한 경우
하	낱말의 뜻을 짐작하여 글을 읽은 자신의 경험을 쓰지 못한 경우

05 ㉠'매서워'는 몹시 무섭다는 뜻이므로 ⑤가 알맞습니다.

06 퍼트리샤는 자신의 글을 발표하고 싶은 마음이 가득한 상황이므로 '근질근질하다'는 어떤 일이 몹시 하고 싶어 참기가 매우 어려운 상황에 쓰는 말일 것이라고 짐작할 수 있습니다.

채점 기준	
상	'근질근질했다'의 뜻을 글의 내용에 알맞게 짐작하여 바른 문장으로 쓴 경우
중	'근질근질했다'의 뜻을 글의 내용에 알맞게 짐작하여 썼지만, 문장 표현이 어색한 경우
하	'근질근질했다'의 뜻을 글의 내용에 알맞게 짐작하여 쓰지 못한 경우

07 글 ㉯에서 유의어 사전을 뒤져 각 낱말을 대신할 수 있는 낱말을 찾으라는 것으로 보아, 유의어의 뜻은 '뜻이 서로 비슷한 말.'이라는 것을 알 수 있습니다.

08 '시원한'을 대신할 수 있는 말로는 '상쾌한, 산뜻한, 서늘한' 등이 있고, '만족스러운'을 대신할 수 있는 말로는 '보람된, 보람찬, 자랑스러운, 흐뭇한' 등이 있습니다.

09 남자아이들이 퍼트리샤에게 '마녀의 새 인형'이라고 심술궂게 빈정댔다고 했으므로, '빈정댔다'는 '놀려 댔다' 등과 바꾸어 쓸 수 있습니다.

10 남자아이들은 '내'가 유의어를 가장 많이 찾아내어 쪽지 시험이 면제되자 심술이 나 '나'를 마녀의 새 인형이라고 놀린 것입니다.

11 이 글의 세 번째 문단에서 식물은 특별한 기술을 바탕으로 잎을 피우는데, 그 까닭은 햇빛을 끌어모으기 위해서라고 했습니다.

12 요약한 글을 평가할 때에는 사소한 내용은 삭제하고 중요한 내용만 간추렸는지 평가해야 합니다.

13 이 글은 볼주머니를 이용해 먹이를 나르는 동물에 대해서 이야기하고 있으므로 '볼주머니'가 중심 낱말입니다.

14 '견과'는 단단한 껍데기와 깍정이에 싸여 한 개의 씨만이 들어 있는 나무 열매를 통틀어 이르는 말로, '도토리, 밤, 은행, 호두' 등이 있습니다.

15 이 글은 볼주머니를 이용해 먹이를 나르는 동물로 다람쥐와 원숭이를 예로 들었습니다.

16 이 글에서는 한지가 어떻게 만들어지는지, 한지가 만들어지는 과정에 대해서 설명하고 있습니다.

17 한지는 닥나무의 속껍질로 만든다고 했으며, 만들 때 솜이 필요하다는 내용은 이 글에 나타나 있지 않습니다.

18 한지를 만드는 과정을 차례대로 정리해 봅니다.

채점 기준	
상	답에 제시된 한지를 만드는 과정을 바른 문장으로 쓴 경우
중	답에 제시된 한지를 만드는 과정을 썼지만, 맞춤법이 틀렸거나 문장 표현이 어색한 경우
하	답에 제시된 한지를 만드는 과정을 쓰지 못한 경우

19 조선의 건국 과정을 시간 순서대로 정리한 것이므로 글의 구조는 '순서 구조'입니다.

20 글을 요약할 때는 재미있는 표현이 아니라 중요한 내용이 잘 드러나도록 정리해야 합니다.

8 우리말 지킴이

핵심 개념 ●━━━━━━━━━ 64쪽

1 (1) ④ (2) ㉮ 2 (1) ○ 3 ㉣

1 'book적book적'은 '북적북적 서점'으로, '펫아이템 숍'은 '반려동물 용품 판매점'으로 바꿀 수 있습니다.

2 발표의 '시작하는 말'에서는 모둠 이름, 조사 주제, 발표 제목을 말해야 합니다.

3 여진이는 듣는 사람이 알아듣지 못하게 작게 말해서 듣는 사람이 목소리가 잘 안 들린다고 생각하고 있습니다.

단원평가 기본 ●━━━━━━━━━ 65~67쪽

01 ② 02 (1) 열심히 공부했더니 (2) 삼각김밥
03 (1) ㉠ (2) 예 '머찌나웃'을 우리말로 바르게 '멋진 옷'으로 바꾸었으면 좋겠습니다. 04 달콤한 찻집 등 05 ①, ⑤ 06 ② 07 ①, ③
08 ② 09 영어 10 ⑤ 11 ③
12 (1) ○ 13 주제 14 (1) 면담 (2) 예 자세한 정보를 수집할 수 있습니다. 15 ③

01 왼쪽 아이가 '열심히 공부'의 줄임말인 '열공'을, 오른쪽 아이가 '삼각김밥'의 줄임말인 '삼김'이라는 말을 사용했기 때문에 할아버지께서 잘 알아듣지 못하신 것입니다.

02 '열공'은 '열심히 공부'의 줄임말이고, '삼김'은 '삼각 김밥'의 줄임말입니다.

03 소리 나는 대로 쓴 간판의 기호를 쓰고, 어떻게 바꾸면 좋을지 바르게 써 봅니다.

채점 기준	
상	(1)에 '㉠'을 썼고, (2)를 '멋진 옷'과 같이 알맞은 우리말을 활용하여 바른 표현으로 쓴 경우
중	(1)에 '㉠'을 썼고, (2)를 '멋진 옷'과 같이 우리말을 활용하여 썼지만 문장 표현이 어색한 경우
하	(1)에만 '㉠'을 쓴 경우

04 영어를 우리말로 바꿔서 '달콤한 찻집' 등으로 쓸 수 있습니다.

05 '노잼'은 영어(no)와 한글 줄임말(재미 → 잼)을 혼합해 만든 국적 불문의 말이고, '사과주스 나오셨습니다.'는 사물을 높인 말로 우리말을 잘못 사용한 것입니다.

06 그림 ④~⑥에 나타나 있는 아이들의 대화에서 '방송에서 사용하는 영어'를 조사 대상으로 정했다는 것을 알 수 있습니다.

07 여진이네 모둠에서는 주제에 맞는 조사 대상을 생각하고, 아이들에게 영향을 많이 주는 것으로 범위를 좁혀 조사 대상을 정했습니다.

08 관찰은 현장에서 조사 대상을 직접 파악할 수 있다는 장점이 있지만 시간이 많이 걸린다는 단점이 있습니다.

09 샛별 모둠은 영어를 지나치게 많이 사용하는 실태를 조사했습니다.

10 샛별 모둠은 영어를 지나치게 많이 사용한 요리 프로그램의 동영상(「다 같이 요리」 프로그램)을 보여 주었습니다.

11 친구들에게 웃음을 줄 만한 내용이 들어 있는지는 점검하지 않아도 됩니다.

12 그림에서 여진이는 한 화면에 너무 많은 내용을 제시해서 자료가 한눈에 들어오지 않습니다.

13 발표를 들을 때에는 발표 내용이 주제와 관련 있는지 생각하며 들어야 합니다.

14 시간이 오래 걸리고 원하는 인물을 만나지 못할 수도 있는 조사 방법은 '면담'입니다. 면담의 장점은 무엇인지도 바르게 써 봅니다.

채점 기준	
상	(1)에 '면담'을 썼고, (2)에 면담의 장점을 바른 문장으로 쓴 경우
중	(1)에 '면담'을 썼지만, (2)의 장점에 어색한 점이 있는 경우
하	(1)에만 '면담'을 쓴 경우

15 '레알'은 '진짜야'로, '받으실게요'는 '받으세요/받으시지요'로, '열공했더니'는 '열심히 공부했더니'로, '올드하면서도 엘레강스하게 스타일하세요'는 '새것 같지 않고 우아하게 옷을 입으세요'로 고쳐 써야 합니다.

01 ④ 02 ⑤ 03 여러분을 위한 음식점 등 04 줄임말 05 (1) 예 재미가 없었어. (2) 예 주문하신 사과주스 나왔습니다. 06 영어 07 ⑤ 08 ④ 09 ③, ⑤ 10 (1) 예 여러 사람을 한꺼번에 조사할 수 있습니다. (2) 예 답한 내용 외에는 자세한 내용을 알기 어렵습니다. 11 ④ 12 (1) ○ 13 (1) ㉮, ㉯ (2) ㉰, ㉱ 14 ④ 15 출처 16 ㉮ 17 천천히 등 18 예 발표를 할 때에는 듣는 사람이 잘 들을 수 있게 알맞은 목소리의 크기로 또박또박 말해야 합니다. 19 시온 20 ③

01 그림 속 간판 이름은 모두 영어를 사용해서 영어를 모르는 사람은 가게를 잘 찾지 못할 수 있다는 문제가 있습니다.

02 우리 지역의 모든 간판을 조사하는 것은 조사 대상 범위가 너무 넓어 불가능한 일입니다.

03 '4U'를 알맞은 우리말로 바꾸어서 표현해 봅니다.

04 '열공'은 '열심히 공부', '삼김'은 '삼각김밥'의 줄임말로, 줄임말을 많이 쓰면 원래의 뜻을 잘 알지 못하는 사람에게 뜻이 통하지 않을 수 있다는 문제점이 있습니다.

05 '노잼'은 영어와 우리말의 줄임말을 합친 신조어이기 때문에 '재미가 없었어.' 등으로 고쳐야 하며, '사과주스'는 사물이기 때문에 사물을 높이지 않도록 '사과주스 나왔습니다.' 등으로 고쳐야 합니다.

채점 기준	
상	(1)의 '노잼'과 (2)의 '사과주스 나오셨습니다'의 잘못된 점을 고쳐 모두 바른 문장으로 쓴 경우
중	(1)과 (2) 중 하나만 바르게 고쳐 쓴 경우
하	(1)과 (2) 모두 바르게 고쳐 쓰지 못한 경우

06 여진이는 '우리말이 있는데도 영어를 사용하는 예'를 조사하기로 했다고 했습니다.

07 선빈이의 말에서 수입된 옷에 영어가 있는 것은 당연할지도 모르기 때문에 옷에 새긴 영어가 조사 대상으로 알맞지 않다고 생각했음을 알 수 있습니다.

08 조사 주제를 정할 때 친구들이 좋아하는 주제인지는 고려하지 않아도 됩니다.

09 책이나 글로 조사하는 경우 정확하고 다양한 정보를 얻을 수 있다는 장점과 찾고 싶은 정보를 쉽게 찾지 못할 수도 있다는 단점이 있습니다.

10 설문지를 이용해서 조사하면 여러 사람을 한꺼번에 조사할 수 있으나 답한 내용 외에는 자세한 내용을 알기 어려운 단점이 있습니다.

채점 기준	
상	(1)에 설문지법의 장점과 (2)에 설문지법의 단점을 모두 바른 문장으로 쓴 경우
중	(1)과 (2) 중 하나만 바르게 쓴 경우
하	(1)과 (2) 모두 바르게 쓰지 못한 경우

11 발표를 들을 때 주의할 점으로 자신이 좋아하는 주제인지 생각하는 것은 알맞지 않습니다.

12 영어를 지나치게 많이 사용하는 실태를 조사했다는 것이 시작하는 말에 나타나 있습니다.

13 전달하려는 내용에는 자료 소개와 설명하는 말이 들어갑니다. 끝맺는 말에는 발표한 내용과 모둠의 의견이나 전망이 들어갑니다.

14 전달하는 내용에서 샛별방송사에서 방송한 영어를 지나치게 많이 사용하는 동영상을 자료로 사용했음을 알 수 있습니다.

15 자료를 사용할 때는 자료의 출처를 말이나 글로 밝혀야 합니다.

16 여진이는 그림 ㉮에서 발표 내용만 보면서 발표를 했습니다.

17 그림 속 여진이는 말을 너무 빨리 하고 있으므로 말을 천천히 해야 합니다.

18 여진이의 발표 목소리가 점점 작아져서, 듣는 친구들이 발표 내용을 잘 알아듣지 못하였습니다.

채점 기준	
상	발표할 때에는 알맞은 목소리의 크기로 말해야 한다는 내용을 바른 문장으로 쓴 경우
중	발표할 때에는 알맞은 목소리의 크기로 말해야 한다는 내용을 썼지만, 문장 표현에 어색한 점이 있는 경우
하	발표할 때에는 알맞은 목소리의 크기로 말해야 한다는 내용을 쓰지 못한 경우

19 '삼김'이라는 줄임말을 알아듣지 못해 당황한 아저씨의 모습을 눈썹 사이를 찡그리는 모습으로 표현했습니다. 검은 세로선을 여러 개 그리는 모습은 장면 ⑤의 남자아이에게 나타나 있습니다.

20 아저씨가 '삼김'이라는 말을 못 알아들었으므로, '삼김'과 같이 줄여서 말하지 않고 '삼각김밥'이라고 알맞게 말하는 것이 만화의 흐름상 알맞습니다.

수학

1 수의 범위와 어림하기

74쪽

핵심 개념

1 (1) 이상에 ○표 (2) 초과에 ○표 **2** 9에 ○표
3 6에 ○표   **4** 8, 0   **5** 5, 0, 0

단원평가 기본 1회

75~77쪽

01 36, 43, 49   **02** 9, 14, 13   **03** ㉠
04 (1) 이상 (2) 초과
05 56 이상 60 미만인 수
06
```
17  18  19  20  21  22  23  24
```
07 3개   **08** ㉢   **09** 13살 미만
10 3560, 3600 **11** (1) 천에 ○표 (2) 첫째에 ○표
12 5.3 / 5.27   **13** ㉡   **14** ㉠
15 27000명 / 26000명 / 26000명
16 올림   **17** ㉢   **18** 4 km
19 9000원   **20** 20

04 (1) 8과 같거나 큰 수이므로 8 이상인 수입니다.
　　(2) 52보다 큰 수이므로 52 초과인 수입니다.

05 56과 같거나 크고 60보다 작은 수이므로 56 이상 60 미만인 수입니다.

06 19 초과인 수는 19보다 큰 수이므로 ○를, 22 이하인 수는 22와 같거나 작은 수이므로 ●를 이용하여 그림에 나타냅니다.

07 ❶ 31과 같거나 크고 34보다 작은 자연수는 31, 32, 33입니다.
　　❷ 31 이상 34 미만인 자연수는 31, 32, 33으로 모두 3개입니다.

채점 기준	
상	풀이 과정을 완성하여 31 이상 34 미만인 자연수는 모두 몇 개인지 구한 경우
중	풀이 과정을 완성했지만 일부가 틀린 경우
하	답만 쓴 경우

08 ㉢ 48 초과인 수는 48보다 큰 수이므로 48을 포함하지 않습니다.

09 12살인 경아는 무료이고, 13살인 민수는 입장료를 내야 하므로 무료로 입장하려면 13살 미만이어야 합니다.

11 (1) 2509 → 2000   (2) 7.358 → 7.3

12 • 5.263 → 5.3 • 5.263 → 5.27

13 ㉠ 4.61을 올림하여 소수 첫째 자리까지 나타내면 4.61 → 4.7입니다.

14 ❶ ㉠ 6251 → 6300 ㉡ 6239 → 6200
　　❷ 6300 > 6200이므로 반올림하여 백의 자리까지 나타낸 수가 더 큰 것은 ㉠입니다.

채점 기준	
상	풀이 과정을 완성하여 반올림하여 백의 자리까지 나타낸 수가 더 큰 것의 기호를 쓴 경우
중	풀이 과정을 완성했지만 일부가 틀린 경우
하	답만 쓴 경우

16 1000원짜리 지폐 4장은 4000원입니다.
3400을 4000으로 나타냈으므로 3400을 올림하여 천의 자리까지 나타낸 것입니다.

17 ㉠ 27.394 → 27.4   ㉡ 27.394 → 27.39
　　㉢ 27.394 → 27

18 (우체국 ~ 병원 ~ 공원) = 2.1 + 1.7 = 3.8 (km)
3.8을 반올림하여 일의 자리까지 나타내면
3.8 → 4입니다. ➡ 4 km

19 1000원이 안 되는 돈은 지폐로 바꿀 수 없으므로 모은 돈을 버림하여 천의 자리까지 나타냅니다.
9630을 버림하여 천의 자리까지 나타내면
9630 → 9000입니다. ➡ 9000원

20 ❶ 5078을 올림하여 백의 자리까지 나타내면
5078 → 5100이고, 반올림하여 십의 자리까지 나타내면 5078 → 5080입니다.
　　❷ 5078을 어림하여 나타낸 두 수의 차는
5100 - 5080 = 20입니다.

채점 기준	
상	풀이 과정을 완성하여 5078을 어림하여 나타낸 두 수의 차를 구한 경우
중	풀이 과정을 완성했지만 일부가 틀린 경우
하	답만 쓴 경우

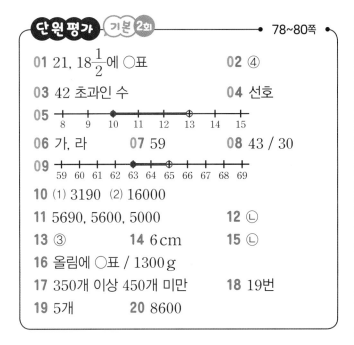

단원평가 기본 2회

01 21, 18$\frac{1}{2}$에 ○표 **02** ④

03 42 초과인 수 **04** 선호

05
```
 +--+--+--◆--+--+--⊕--+--+
 8  9  10 11 12 13 14 15
```

06 가, 라 **07** 59 **08** 43 / 30

09
```
 +--+--◆--+--+--⊕--+--+--+--+
59 60 61 62 63 64 65 66 67 68 69
```

10 (1) 3190 (2) 16000

11 5690, 5600, 5000 **12** ㉡

13 ③ **14** 6 cm **15** ㉡

16 올림에 ○표 / 1300 g

17 350개 이상 450개 미만 **18** 19번

19 5개 **20** 8600

---

04 미나: 37보다 작은 수는 37 미만인 수입니다.

05 10 이상인 수는 10과 같거나 큰 수이므로 ●를, 13 미만인 수는 13보다 작은 수이므로 ○를 이용하여 그림에 나타냅니다.

06 자동차의 높이가 3.8 m와 같거나 낮은 자동차는 가, 라입니다.

07 ❶ 25 초과인 수는 25보다 큰 수이므로 26, 33입니다.
❷ 25 초과인 수의 합은 26＋33＝59입니다.

채점 기준	
상	풀이 과정을 완성하여 25 초과인 수의 합을 구한 경우
중	풀이 과정을 완성했지만 일부가 틀린 경우
하	답만 쓴 경우

08 • 43 이하인 자연수는 43, 42, 41, ...이므로 이 중에서 가장 큰 수는 43입니다. ➡ ■＝43
• 30 이상인 자연수는 30, 31, 32, ...이므로 이 중에서 가장 작은 수는 30입니다. ➡ ♥＝30

09 ㉠ 61 이상 65 미만인 수
㉡ 63 이상 67 미만인 수
따라서 ㉠과 ㉡에 공통으로 포함되는 수의 범위는 63 이상 65 미만인 수이므로 63은 ●를, 65는 ○를 이용하여 그림에 나타냅니다.

11 • 십의 자리까지: 5693 → 5690
• 백의 자리까지: 5693 → 5600
• 천의 자리까지: 5693 → 5000

12 ㉠ 4649 → 4600
㉡ 4728 → 4700

13 ①, ②, ④, ⑤ 2460
③ 2450

14 ❶ 크레파스의 길이는 6.2 cm입니다.
❷ 6.2를 반올림하여 일의 자리까지 나타내면
6.2 → 6입니다. ➡ 6 cm

채점 기준	
상	풀이 과정을 완성하여 크레파스의 길이를 반올림하여 일의 자리까지 나타내면 몇 cm인지 구한 경우
중	풀이 과정을 완성했지만 일부가 틀린 경우
하	답만 쓴 경우

15 ㉠ 올림: 5358 → 5360, 버림: 5358 → 5350,
반올림: 5358 → 5360
㉡ 올림: 5360 → 5360, 버림: 5360 → 5360,
반올림: 5360 → 5360

16 1240을 올림하여 백의 자리까지 나타내면
1240 → 1300이므로 밀가루를 최소 1300 g을 사야 합니다.

17 십의 자리에서 반올림하여 400이 되는 자연수는 350부터 449까지입니다.
따라서 과수원에서 딴 사과는 350개 이상 450개 미만입니다.

18 남는 사람이 없이 모두 케이블카를 타야 하므로 학생 수를 올림하여 십의 자리까지 나타냅니다.
184를 올림하여 십의 자리까지 나타내면
184 → 190입니다. ➡ 190÷10＝19(번)

19 십의 자리 수가 1만큼 커졌으므로 올림한 것입니다.
따라서 □ 안에 들어갈 수 있는 수는 5, 6, 7, 8, 9로 모두 5개입니다.

20 ❶ 수의 크기를 비교하면 8＞6＞5＞3이므로 만들 수 있는 가장 큰 네 자리 수는 8653입니다.
❷ 8653을 버림하여 백의 자리까지 나타내면
8653 → 8600입니다.

채점 기준	
상	풀이 과정을 완성하여 가장 큰 네 자리 수를 버림하여 백의 자리까지 나타낸 경우
중	풀이 과정을 완성했지만 일부가 틀린 경우
하	답만 쓴 경우

01 ①, ④   **02** 39 이상 44 이하인 수

03 74

04 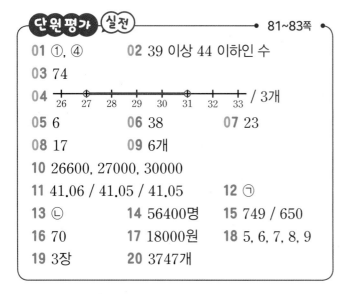 / 3개

05 6   **06** 38   **07** 23

08 17   **09** 6개

10 26600, 27000, 30000

11 41.06 / 41.05 / 41.05   **12** ㉠

13 ㉡   **14** 56400명   **15** 749 / 650

16 70   **17** 18000원   **18** 5, 6, 7, 8, 9

19 3장   **20** 3747개

03 75 미만인 자연수는 75보다 작은 자연수이므로 74, 73, 72, ...입니다.
따라서 75 미만인 자연수 중에서 가장 큰 수는 74입니다.

채점 기준	
상	풀이 과정을 완성하여 75 미만 자연수 중에서 가장 큰 수를 구한 경우
중	풀이 과정을 완성했지만 일부가 틀린 경우
하	답만 쓴 경우

05 14 이상 21 미만인 자연수는 14, 15, 16, 17, 18, 19, 20입니다.
따라서 이 중에서 가장 큰 수는 20, 가장 작은 수는 14이므로 두 수의 차는 20−14=6입니다.

06 7 초과 11 이하인 자연수는 8, 9, 10, 11입니다.
➡ 8+9+10+11=38

07 주어진 수는 23과 같거나 큰 수입니다.
따라서 □ 안에는 23, 22, 21, ...이 들어갈 수 있고 이 중에서 가장 큰 수는 23입니다.

08 그림에 나타낸 수의 범위는 ㉠ 이상 22 이하인 수입니다. 22를 포함하므로 22부터 22보다 작은 자연수를 차례대로 6개 쓰면 22, 21, 20, 19, 18, 17입니다.
㉠은 수의 범위에 포함되므로 ㉠에 알맞은 자연수는 17입니다.

09 자연수 부분이 될 수 있는 수는 2 초과 4 이하이므로 3, 4이고, 소수 첫째 자리 수가 될 수 있는 수는 6 이상 9 미만이므로 6, 7, 8입니다.
따라서 만들 수 있는 소수 한 자리 수는 3.6, 3.7, 3.8, 4.6, 4.7, 4.8로 모두 6개입니다.

13 ㉠, ㉢ 올림 / ㉡ 버림

14 (가 도시의 인구)=28542+27895=56437(명)
56437을 반올림하여 백의 자리까지 나타내면
56437 → 56400입니다. ➡ 56400명

채점 기준	
상	풀이 과정을 완성하여 가 도시의 인구를 반올림하여 백의 자리까지 나타내면 몇 명인지 구한 경우
중	풀이 과정을 완성했지만 일부가 틀린 경우
하	답만 쓴 경우

15 반올림하여 백의 자리까지 나타낼 때
• 십의 자리 숫자가 0, 1, 2, 3, 4이면 버림합니다.
➡ 가장 큰 수: 749
• 십의 자리 숫자가 5, 6, 7, 8, 9이면 올림합니다.
➡ 가장 작은 수: 650

16 • 올림: 1532 → 1600   • 버림: 1532 → 1530
➡ (어림한 두 수의 차)=1600−1530=70

17 500원짜리 동전 37개는 500×37=18500(원)입니다. 18500을 버림하여 천의 자리까지 나타내면
18500 → 18000입니다. ➡ 18000원

채점 기준	
상	풀이 과정을 완성하여 1000원짜리 지폐로 바꾼다면 얼마까지 바꿀 수 있는지 구한 경우
중	풀이 과정을 완성했지만 일부가 틀린 경우
하	답만 쓴 경우

18 63□2를 올림하여 백의 자리까지 나타내면 6400입니다. 63□2를 반올림하여 백의 자리까지 나타낸 수가 6400이 되려면 십의 자리 수가 5와 같거나 커야 합니다.
➡ □ 안에 들어갈 수 있는 수: 5, 6, 7, 8, 9

19 입장료를 알아보면 어머니와 아버지는 각각 6000원, 누나와 수빈이는 각각 4500원, 할머니는 무료입니다.
(수빈이네 가족의 입장료)
=6000×2+4500×2=21000(원)
따라서 입장료가 21000원이므로 10000원짜리 지폐로 내려면 최소 3장을 내야 합니다.

20 반올림하여 백의 자리까지 나타냈을 때 1200이 되는 자연수는 1150부터 1249까지입니다. 학생이 가장 많은 경우는 1249명이므로 귤이 모자라지 않으려면 최소 1249×3=3747(개)를 준비해야 합니다.

2 분수의 곱셈

핵심 개념

1 5, 5

2 3 / 9, 4, 1

3 6, 2, 12

4 7, 7 / $\frac{49}{12}$, $4\frac{1}{12}$

단원 평가 (기본)(1회) ● 85~87쪽 ●

01 ( )(○)

02 (1) $2\frac{2}{5}$ (2) $3\frac{1}{2}$

03 $4\frac{1}{6}$, 8

04 $2\frac{1}{4}$ L

05 ㉠

06 4, 4 / 8, 8, 8, 8

07 $10\frac{1}{2}$

08 $7×1\frac{1}{2}$, $7×3\frac{2}{3}$에 ○표

09 <

10 $7\frac{1}{3}$ cm²

11 3, 2, 1

12 19

13 $\frac{8}{21}$, $\frac{12}{77}$

14 ( )(○)( )

15 $\frac{9}{20}$ m

16 (1) $1\frac{3}{4}$ (2) $4\frac{2}{7}$

17 [교차선 그림]

18 ㉡

19 $2\frac{7}{9}$ kg

20 4개

---

04 $\overset{}{\underset{4}{\frac{3}{16}}}×\overset{3}{\cancel{12}}=\frac{9}{4}=2\frac{1}{4}$ (L)

05 ❶ ㉠ $9×\frac{4}{7}=\frac{36}{7}=5\frac{1}{7}$

㉡ $7×\frac{5}{8}=\frac{35}{8}=4\frac{3}{8}$

❷ $5\frac{1}{7}>4\frac{3}{8}$이므로 계산 결과가 더 큰 것은 ㉠입니다.

채점 기준	
상	풀이 과정을 완성하여 계산 결과가 더 큰 것의 기호를 쓴 경우
중	풀이 과정을 완성했지만 일부가 틀린 경우
하	답만 쓴 경우

08 • 7에 대분수를 곱하면 계산 결과는 7보다 큽니다.
• 7에 1을 곱하면 계산 결과는 7입니다.
• 7에 진분수를 곱하면 계산 결과는 7보다 작습니다.

---

09 $1\frac{1}{4}×10=12\frac{1}{2}$, $3\frac{1}{2}×4=14$ ➡ $12\frac{1}{2}<14$

10 ❶ (직사각형의 넓이)=(가로)×(세로)=$4×1\frac{5}{6}$

❷ $4×1\frac{5}{6}=\overset{2}{\cancel{4}}×\frac{11}{\underset{3}{\cancel{6}}}=\frac{22}{3}=7\frac{1}{3}$ (cm²)

채점 기준	
상	풀이 과정을 완성하여 직사각형의 넓이는 몇 cm²인지 구한 경우
중	풀이 과정을 완성했지만 일부가 틀린 경우
하	답만 쓴 경우

11 $\frac{5}{12}×8=3\frac{1}{3}$, $6×1\frac{5}{8}=9\frac{3}{4}$, $2\frac{7}{12}×4=10\frac{1}{3}$

➡ $10\frac{1}{3}>9\frac{3}{4}>3\frac{1}{3}$

12 $1\frac{1}{5}×15=\frac{6}{\underset{1}{\cancel{5}}}×\overset{3}{\cancel{15}}=18$

따라서 18<□이므로 □ 안에 들어갈 수 있는 가장 작은 자연수는 19입니다.

15 $\frac{7}{10}×\frac{9}{\underset{2}{\cancel{14}}}=\frac{9}{20}$ (m)

18 ㉠ $\frac{6}{7}×\frac{\overset{1}{\cancel{8}}}{9}×\frac{\overset{1}{\cancel{9}}}{\underset{5}{\cancel{40}}}=\frac{6}{35}$

㉡ $\frac{\overset{1}{\cancel{4}}}{\underset{3}{\cancel{15}}}×\frac{5}{\underset{2}{\cancel{8}}}×\frac{\overset{1}{\cancel{2}}}{9}=\frac{1}{27}$

19 $1\frac{1}{4}×2\frac{2}{9}=\frac{5}{\underset{1}{\cancel{4}}}×\frac{\overset{5}{\cancel{20}}}{9}=\frac{25}{9}=2\frac{7}{9}$ (kg)

20 ❶ $2\frac{4}{9}×1\frac{7}{8}=\frac{\overset{11}{\cancel{22}}}{\underset{3}{\cancel{9}}}×\frac{\overset{5}{\cancel{15}}}{\underset{4}{\cancel{8}}}=\frac{55}{12}=4\frac{7}{12}$

❷ $4\frac{7}{12}>□\frac{1}{12}$이므로 □ 안에 들어갈 수 있는 자연수는 1, 2, 3, 4로 모두 4개입니다.

채점 기준	
상	풀이 과정을 완성하여 □ 안에 들어갈 수 있는 자연수는 모두 몇 개인지 구한 경우
중	풀이 과정을 완성했지만 일부가 틀린 경우
하	답만 쓴 경우

01 $3 \times \dfrac{2}{5}$, $\dfrac{2}{5} \times 3$에 색칠   **02** $1\dfrac{1}{4}$

03 규진   **04** $1\dfrac{1}{8}$ m   **05** 4

06 (1) $5\dfrac{1}{4}$ (2) $11\dfrac{2}{3}$ **07** $7\dfrac{1}{5}$

08 (◯) ( )

09 예 $8 \times 2\dfrac{3}{10} = \overset{4}{8} \times \dfrac{23}{\underset{5}{10}} = \dfrac{92}{5} = 18\dfrac{2}{5}$

10 $51\dfrac{3}{7}$ kg   **11** $19\dfrac{1}{5}$ **12** $17\dfrac{6}{7}$

13 (1) $\dfrac{2}{9}$ (2) $\dfrac{1}{2}$ **14**   **15** 4 / 6

16 $\dfrac{3}{14}$ **17** $1\dfrac{1}{2} \times 2\dfrac{2}{3}$에 색칠

18 $11\dfrac{1}{9}$ cm^2 **19** 6시간   **20** $7\dfrac{6}{7}$ m^2

02 $\dfrac{5}{\underset{4}{8}} \times \overset{1}{2} = \dfrac{5}{4} = 1\dfrac{1}{4}$

03 • 현아: $\overset{2}{14} \times \dfrac{2}{\underset{1}{7}} = 4$ • 규진: $\overset{5}{10} \times \dfrac{3}{\underset{2}{4}} = \dfrac{15}{2} = 7\dfrac{1}{2}$

04 (정삼각형의 둘레)$= \dfrac{3}{8} \times 3 = \dfrac{9}{8} = 1\dfrac{1}{8}$ (m)

05 ❶ $18 > 10 > \dfrac{5}{9} > \dfrac{2}{9}$이므로 가장 큰 수는 18이고,

가장 작은 수는 $\dfrac{2}{9}$입니다.

❷ $\overset{2}{18} \times \dfrac{2}{\underset{1}{9}} = 4$

채점 기준	
상	풀이 과정을 완성하여 가장 큰 수와 가장 작은 수의 곱을 구한 경우
중	풀이 과정을 완성했지만 일부가 틀린 경우
하	답만 쓴 경우

07 $2\dfrac{2}{5} \times 3 = \dfrac{12}{5} \times 3 = \dfrac{36}{5} = 7\dfrac{1}{5}$

08 $4\dfrac{5}{6} \times 3 = \dfrac{29}{\underset{2}{6}} \times \overset{1}{3} = \dfrac{29}{2} = 14\dfrac{1}{2}$,

$6 \times 2\dfrac{2}{3} = \overset{2}{6} \times \dfrac{8}{\underset{1}{3}} = 16$

09 대분수를 가분수로 바꾸지 않고 약분하여 계산했으므로 잘못 계산했습니다.

10 ❶ (사슴의 무게)$= 1\dfrac{2}{7} \times 40$

❷ $1\dfrac{2}{7} \times 40 = \dfrac{9}{7} \times 40 = \dfrac{360}{7} = 51\dfrac{3}{7}$ (kg)

채점 기준	
상	풀이 과정을 완성하여 사슴의 무게는 몇 kg인지 구한 경우
중	풀이 과정을 완성했지만 일부가 틀린 경우
하	답만 쓴 경우

11 (어떤 수)$\div 1\dfrac{1}{5} = 16$,

(어떤 수)$= 16 \times 1\dfrac{1}{5} = 16 \times \dfrac{6}{5} = \dfrac{96}{5} = 19\dfrac{1}{5}$

12 $3 < 4 < 7$이므로 만들 수 있는 가장 작은 대분수는 $3\dfrac{4}{7}$입니다.

➡ $3\dfrac{4}{7} \times 5 = \dfrac{25}{7} \times 5 = \dfrac{125}{7} = 17\dfrac{6}{7}$

14 • $\dfrac{\overset{2}{4}}{5} \times \dfrac{3}{\underset{5}{10}} = \dfrac{6}{25}$ • $\dfrac{\overset{1}{2}}{9} \times \dfrac{5}{\underset{4}{8}} = \dfrac{5}{36}$

15 • $\dfrac{1}{㉠} \times \dfrac{1}{8} = \dfrac{1}{㉠ \times 8} = \dfrac{1}{32}$

➡ $㉠ \times 8 = 32$, $㉠ = 4$

• $\dfrac{1}{9} \times \dfrac{1}{㉡} = \dfrac{1}{9 \times ㉡} = \dfrac{1}{54}$

➡ $9 \times ㉡ = 54$, $㉡ = 6$

16 $\dfrac{\overset{1}{4}}{5} \times \dfrac{\overset{1}{5}}{\underset{2}{8}} \times \dfrac{3}{7} = \dfrac{3}{14}$

17 • $2\dfrac{3}{4} \times 3\dfrac{1}{3} = \dfrac{11}{\underset{2}{4}} \times \dfrac{\overset{5}{10}}{3} = \dfrac{55}{6} = 9\dfrac{1}{6}$

• $1\dfrac{1}{2} \times 2\dfrac{2}{3} = \dfrac{3}{\underset{1}{2}} \times \dfrac{\overset{4}{8}}{\underset{1}{3}} = 4$

18 (정사각형의 넓이)

$= 3\dfrac{1}{3} \times 3\dfrac{1}{3} = \dfrac{10}{3} \times \dfrac{10}{3} = \dfrac{100}{9} = 11\dfrac{1}{9}$ (cm^2)

19 (학교에서 공부하는 시간)$= \overset{6}{24} \times \dfrac{1}{\underset{1}{3}} \times \dfrac{\overset{3}{3}}{\underset{1}{4}} = 6$(시간)

20 ❶ (색칠한 부분의 가로)$=4-1\dfrac{1}{7}=2\dfrac{6}{7}$ (m)

❷ (색칠한 부분의 넓이)

$$=2\dfrac{6}{7}\times2\dfrac{3}{4}=\dfrac{\overset{5}{20}}{7}\times\dfrac{11}{\underset{1}{4}}=\dfrac{55}{7}=7\dfrac{6}{7}\ (\text{m}^2)$$

채점 기준	
상	풀이 과정을 완성하여 색칠한 부분의 넓이는 몇 m^2 인지 구한 경우
중	풀이 과정을 완성했지만 일부가 틀린 경우
하	답만 쓴 경우

단원평가 실전 ●━━━ 91~93쪽 ━●

01 10 **02** > **03** $14\dfrac{2}{5}$ m

04 5 **05** $3\dfrac{1}{5}$ km **06** ④

07 수미 **08** $6\dfrac{2}{3}$, $33\dfrac{1}{3}$ **09** $76\dfrac{1}{2}$ kg

10 $66\dfrac{2}{3}$ **11** $42\dfrac{1}{2}$ L **12** 35 km

13 (○) ( ) ( ) **14** $\dfrac{1}{78}$

15 예 9, 8, 72

16 예 방법1
$$2\dfrac{2}{9}\times3\dfrac{3}{4}=2\dfrac{2}{9}\times3+2\dfrac{2}{9}\times\dfrac{3}{4}$$
$$=\dfrac{20}{\underset{3}{9}}\times\overset{1}{3}+\dfrac{20}{\underset{3}{9}}\times\dfrac{\overset{5}{3}}{\underset{1}{4}}$$
$$=\dfrac{20}{3}+\dfrac{5}{3}=\dfrac{25}{3}=8\dfrac{1}{3}$$

방법2
$$2\dfrac{2}{9}\times3\dfrac{3}{4}=\dfrac{\overset{5}{20}}{\underset{3}{9}}\times\dfrac{\overset{5}{15}}{\underset{1}{4}}=\dfrac{25}{3}=8\dfrac{1}{3}$$

17 $\dfrac{8}{21}$ L **18** $21\dfrac{17}{20}$ **19** 나 **20** $\dfrac{5}{64}$

02 $\dfrac{1}{\underset{1}{2}}\times\overset{5}{10}=5$, $\overset{2}{10}\times\dfrac{2}{\underset{1}{5}}=4$ ➡ $5>4$

03 ㉠의 길이는 전체를 10등분한 것 중의 3만큼이므로 전체의 $\dfrac{3}{10}$입니다.

➡ (㉠의 길이)$=\overset{24}{48}\times\dfrac{3}{\underset{5}{10}}=\dfrac{72}{5}=14\dfrac{2}{5}$ (m)

채점 기준	
상	풀이 과정을 완성하여 ㉠의 길이는 몇 m인지 구한 경우
중	풀이 과정을 완성했지만 일부가 틀린 경우
하	답만 쓴 경우

04 $\dfrac{5}{8}\times7=\dfrac{35}{8}=4\dfrac{3}{8}$이므로 $4\dfrac{3}{8}<\square$입니다.

따라서 □ 안에 들어갈 수 있는 자연수는 5, 6, 7, …이고, 이 중에서 가장 작은 자연수는 5입니다.

05 지하철을 타고 간 거리는 전체의 $1-\dfrac{3}{5}=\dfrac{2}{5}$입니다.

➡ (지하철을 타고 간 거리)
$$=8\times\dfrac{2}{5}=\dfrac{16}{5}=3\dfrac{1}{5}\ (\text{km})$$

07 기현: $2\dfrac{1}{2}\times4=\dfrac{5}{\underset{1}{2}}\times\overset{2}{4}=10$

08 $\dfrac{4}{\underset{3}{15}}\times\overset{5}{25}=\dfrac{20}{3}=6\dfrac{2}{3}$,

$6\dfrac{2}{3}\times5=\dfrac{20}{3}\times5=\dfrac{100}{3}=33\dfrac{1}{3}$

09 (아버지의 몸무게)
$$=36\times2\dfrac{1}{8}=\overset{9}{36}\times\dfrac{17}{\underset{2}{8}}=\dfrac{153}{2}=76\dfrac{1}{2}\ (\text{kg})$$

10 (어떤 수)$=\overset{12}{72}\times\dfrac{5}{\underset{1}{6}}=60$

➡ $60\times1\dfrac{1}{9}=\overset{20}{60}\times\dfrac{10}{\underset{3}{9}}=\dfrac{200}{3}=66\dfrac{2}{3}$

11 6월의 날수는 30일입니다.

따라서 6월 한 달 동안 마신 물의 양은 모두

$1\dfrac{5}{12}\times30=\dfrac{17}{\underset{2}{12}}\times\overset{5}{30}=\dfrac{85}{2}=42\dfrac{1}{2}$ (L)입니다.

12 2시간 20분$=2\dfrac{\overset{1}{20}}{\underset{3}{60}}$시간$=2\dfrac{1}{3}$시간

➡ (2시간 20분 동안 달리는 거리)
$$=15\times2\dfrac{1}{3}=\overset{5}{15}\times\dfrac{7}{\underset{1}{3}}=35\ (\text{km})$$

13 $\dfrac{1}{\underset{1}{3}}\times\dfrac{\overset{1}{3}}{6}=\dfrac{1}{6}$, $\dfrac{1}{\underset{3}{15}}\times\dfrac{\overset{1}{3}}{8}=\dfrac{1}{24}$, $\dfrac{1}{2}\times\dfrac{1}{12}=\dfrac{1}{24}$

바른답·알찬풀이 **23**

14 $\frac{1}{13} < \frac{1}{8} < \frac{1}{6}$이므로 가장 작은 수는 $\frac{1}{13}$이고,

가장 큰 수는 $\frac{1}{6}$입니다. ➡ $\frac{1}{13} \times \frac{1}{6} = \frac{1}{78}$

채점 기준	
상	풀이 과정을 완성하여 가장 작은 수와 가장 큰 수의 곱은 얼마인지 구한 경우
중	풀이 과정을 완성했지만 일부가 틀린 경우
하	답만 쓴 경우

15 $\frac{1}{\square} \times \frac{1}{\square}$에서 두 분모가 클수록 계산 결과가 작아

지므로 2장의 수 카드를 사용하여 계산 결과가 가장 작은 곱셈을 만들려면 9와 8을 사용해야 합니다.

➡ $\frac{1}{9} \times \frac{1}{8} = \frac{1}{72}$, $\frac{1}{8} \times \frac{1}{9} = \frac{1}{72}$

17 (식빵을 만드는 데 사용한 우유의 양)

$= 1\frac{2}{3} \times \frac{6}{7} \times \frac{4}{15} = \frac{\overset{1}{\cancel{5}}}{\cancel{3}} \times \frac{\overset{2}{\cancel{6}}}{7} \times \frac{4}{\cancel{15}} = \frac{8}{21}$ (L)

18 만들 수 있는 가장 큰 대분수는 $5\frac{3}{4}$이고, 가장 작은

대분수는 $3\frac{4}{5}$입니다.

➡ $5\frac{3}{4} \times 3\frac{4}{5} = \frac{23}{4} \times \frac{19}{5} = \frac{437}{20} = 21\frac{17}{20}$

채점 기준	
상	풀이 과정을 완성하여 만들 수 있는 가장 큰 대분수와 가장 작은 대분수의 곱은 얼마인지 구한 경우
중	풀이 과정을 완성했지만 일부가 틀린 경우
하	답만 쓴 경우

19 (가의 넓이) $= 1\frac{7}{9} \times \frac{7}{9} = \frac{16}{9} \times \frac{7}{9}$

$\qquad = \frac{112}{81} = 1\frac{31}{81}$ (cm²)

(나의 넓이) $= 1\frac{2}{9} \times 1\frac{2}{9} = \frac{11}{9} \times \frac{11}{9}$

$\qquad = \frac{121}{81} = 1\frac{40}{81}$ (cm²)

20 준하네 마을의 학생 수는 전체 마을 사람 수의 $\frac{7}{20}$

이고 그중 $1 - \frac{9}{14} = \frac{5}{14}$가 남학생입니다.

따라서 준하네 마을에서 안경을 쓴 남학생은 전체

마을 사람 수의 $\frac{\overset{1}{\cancel{7}}}{\cancel{20}} \times \frac{\overset{1}{\cancel{5}}}{\cancel{14}} \times \frac{5}{8} = \frac{5}{64}$입니다.

---

3 합동과 대칭

핵심 개념 ● 94쪽 ●

1 ( ) (○) 2 (○) ( ) 3 ( ) (○)

단원평가 기본 1회 ● 95~97쪽 ●

01 (○) ( )   **02** 3쌍 / 3쌍 / 3쌍

03 9 / 8   **04** 예

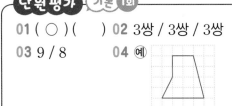

05 예 모양은 같지만 크기가 다르므로 포개었을 때 완전히 겹치지 않습니다. 따라서 두 도형은 서로 합동이 아닙니다.

06 26 cm   **07** 대칭축   **08** 90°

09 선분 ㄹㅅ / 선분 ㄱㅂ   **10** 10 cm

11 3개   **12** 30°   **13** 44 cm

14 점 ㄴ   **15** 선분 ㄷㅇ

16 (왼쪽에서부터) 30, 8

17 예 어떤 점을 중심으로 180° 돌려도 원래 도형의 모양과 완전히 겹치지 않으므로 점대칭도형이 아닙니다.

18 2개   **19** 7 cm   **20** 85°

---

03 합동인 두 도형에서 각각의 대응변의 길이가 서로 같습니다.

➡ (변 ㄱㄷ) = (변 ㅁㄹ) = 9 cm,
   (변 ㅁㅂ) = (변 ㄱㄴ) = 8 cm

04 각 꼭짓점의 대응점을 찾아 표시하고, 표시한 점들을 선분으로 연결하여 합동인 도형을 그립니다.

05

채점 기준	
상	두 도형이 서로 합동이 아닌 이유를 바르게 설명한 경우
중	두 도형이 서로 합동이 아닌 이유를 설명했지만 일부가 틀린 경우

06 (변 ㄴㄷ) = (변 ㅇㅁ) = 9 cm,
   (변 ㄷㄹ) = (변 ㅁㅂ) = 7 cm

➡ (사각형 ㄱㄴㄷㄹ의 둘레)
   = 6 + 9 + 7 + 4 = 26 (cm)

08 대응점끼리 이은 선분이 대칭축과 수직으로 만나므로 선분 ㄴㄹ이 대칭축과 만나서 이루는 각은 90°입니다.

09 각각의 대응점에서 대칭축까지의 거리가 서로 같으므로 선분 ㄴㅅ과 길이가 같은 선분은 선분 ㄹㅅ이고, 선분 ㅁㅂ과 길이가 같은 선분은 선분 ㄱㅂ입니다.

10 ❶ 선대칭도형의 각각의 대응점에서 대칭축까지의 거리가 서로 같습니다.
❷ (선분 ㄹㅁ)=(선분 ㄴㅁ)=20÷2=10 (cm)

채점 기준	
상	풀이 과정을 완성하여 선분 ㄹㅁ의 길이는 몇 cm인지 구한 경우
중	풀이 과정을 완성했지만 일부가 틀린 경우
하	답만 쓴 경우

11 선대칭도형은 A, E, M으로 모두 3개입니다.

12 (각 ㄱㄷㄹ)=(각 ㄱㄴㄹ)=60°, (각 ㄱㄹㄷ)=90°
➡ (각 ㄹㄱㄷ)=180°−90°−60°=30°

13 선대칭도형에서 각각의 대응변의 길이가 서로 같으므로 (변 ㄱㄴ)=(변 ㄹㄷ)=9 cm,
(변 ㅁㄹ)=(변 ㅁㄱ)=5 cm,
(변 ㄷㅂ)=(변 ㄴㅂ)=8 cm입니다.
➡ (둘레)=(5+9+8)×2=44 (cm)

15 각각의 대응점에서 대칭의 중심까지의 거리가 서로 같으므로 (선분 ㅂㅇ)=(선분 ㄷㅇ)입니다.

16 점대칭도형에서 각각의 대응변의 길이가 서로 같으므로 (변 ㄹㅁ)=(변 ㄱㄴ)=8 cm이고,
점대칭도형에서 각각의 대응각의 크기가 서로 같으므로 (각 ㄴㄷㄹ)=(가 ㅁㅂㄱ)=30°입니다.

17

채점 기준	
상	점대칭도형이 아닌 이유를 바르게 설명한 경우
중	점대칭도형이 아닌 이유를 설명했지만 일부가 틀린 경우

18 점대칭도형은 ㄹ, ㅇ으로 모두 2개입니다.

19 (변 ㄷㄹ)=(변 ㅅㅈ)=12 cm,
(변 ㅁㅂ)=(변 ㄱㄴ)=5 cm
➡ (변 ㄷㄹ)−(변 ㅁㅂ)=12−5=7 (cm)

20 점대칭도형에서 각각의 대응각의 크기가 서로 같으므로 (각 ㅁㅂㄱ)=(각 ㄴㄷㄹ)=150°입니다.
사각형의 네 각의 크기의 합은 360°이므로 사각형 ㄱㄹㅁㅂ에서
(각 ㄹㅁㅂ)=360°−35°−90°−150°=85°입니다.

98~100쪽 •

단원평가 기본 2회

01 ( ) ( ) (×)
02 (1) ㅂ (2) ㅇㅁ (3) ㅂㅅㅇ
03 예
04 예
05 100°　**06** 30 cm　**07** ( ) ( ) (○)
08 변 ㄹㅁ / 각 ㅇㄹㅁ　**09** 변 ㅁㄹ / 각 ㅁㄹㅇ
10
11 4개
12 12 cm
13 45°
14 ( ) (○) ( )
15 1개
16
17 18 cm
18 40 cm
19 8 cm
20 70°

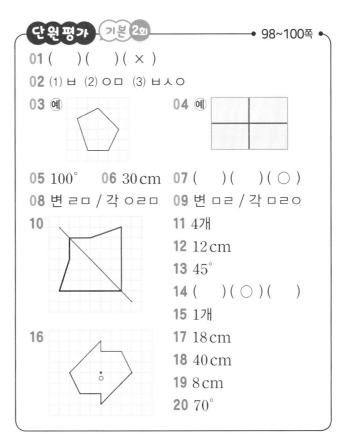

02 합동인 두 사각형을 포개었을 때
(1) 점 ㄴ과 겹치는 꼭짓점은 점 ㅂ입니다.
(2) 변 ㄹㄱ과 겹치는 변은 변 ㅇㅁ입니다.
(3) 각 ㄴㄷㄹ과 겹치는 각은 각 ㅂㅅㅇ입니다.

04 선을 따라 자른 네 사각형을 포개었을 때 완전히 겹치도록 선을 긋습니다.

05 ❶ 각 ㅁㅇㅅ의 대응각은 각 ㄹㄱㄴ이므로
(각 ㅁㅇㅅ)=(각 ㄹㄱㄴ)=125°입니다.
❷ 사각형 ㅁㅂㅅㅇ에서 네 각의 크기의 합은 360°이므로
(각 ㅇㅁㅂ)=360°−75°−60°−125°=100°입니다.

채점 기준	
상	풀이 과정을 완성하여 각 ㅇㅁㅂ은 몇 도인지 구한 경우
중	풀이 과정을 완성했지만 일부가 틀린 경우
하	답만 쓴 경우

06 합동인 두 도형에서 각각의 대응변의 길이가 서로 같습니다.
(변 ㄱㄴ)=(변 ㅁㄷ)=7 cm,
(변 ㄷㄹ)=(변 ㄴㅁ)=3 cm
➡ (사각형 ㄱㄴㄷㄹ의 둘레)
=7+3+7+3+10=30 (cm)

08 직선 가를 따라 접었을 때 변 ㄱㅁ과 겹치는 변은 변 ㄹㅁ이고, 각 ㅅㄱㅁ과 겹치는 각은 각 ㅇㄹㅁ입니다.

09 직선 나를 따라 접었을 때 변 ㅂㄷ과 겹치는 변은 변 ㅁㄹ이고, 각 ㅂㄷㅇ과 겹치는 각은 각 ㅁㄹㅇ입니다.

11

대칭축은 모두 4개입니다.

12 ❶ ·(선분 ㄷㅂ)=(선분 ㄹㅂ)=5 cm
　　·(선분 ㄱㅁ)=(선분 ㄱㄴ)=7 cm
　❷ (선분 ㄷㅂ)+(선분 ㄱㅁ)=5+7=12 (cm)

채점 기준	
상	풀이 과정을 완성하여 선분 ㄷㅂ과 선분 ㄱㅁ의 길이의 합은 몇 cm인지 구한 경우
중	풀이 과정을 완성했지만 일부가 틀린 경우
하	답만 쓴 경우

13 (각 ㄱㄴㄷ)=(각 ㄱㄹㄷ)=75°
삼각형 ㄱㄴㄷ에서 세 각의 크기의 합은 180°이므로
(각 ㄴㄱㄷ)=180°−75°−60°=45°입니다.

14 한 점을 중심으로 180° 돌렸을 때 원래 도형의 모양과 완전히 겹치는 도형은 점대칭도형입니다.

15 점대칭도형에서 대칭의 중심은 항상 1개입니다.

17 ❶ 점대칭도형의 각각의 대응점에서 대칭의 중심까지의 거리가 서로 같습니다.
　❷ (선분 ㄱㅇ)=(선분 ㅁㅇ)=9 cm
　　➡ (선분 ㄱㅁ)=9+9=18 (cm)

채점 기준	
상	풀이 과정을 완성하여 선분 ㄱㅁ의 길이는 몇 cm인지 구한 경우
중	풀이 과정을 완성했지만 일부가 틀린 경우
하	답만 쓴 경우

18 점대칭도형에서 각각의 대응변의 길이가 서로 같으므로 (변 ㄴㄷ)=(변 ㅁㅂ)=6 cm,
(변 ㄹㅁ)=(변 ㄱㄴ)=9 cm,
(변 ㄱㅂ)=(변 ㄹㄷ)=5 cm입니다.
➡ (둘레)=(9+6+5)×2=40 (cm)

19 각각의 대응점에서 대칭의 중심까지의 거리가 서로 같으므로
(선분 ㄷㅂ)=3+3=6 (cm)입니다.
각각의 대응변의 길이가 서로 같으므로
(변 ㄴㄷ)=(변 ㅁㅂ)=14−6=8 (cm)입니다.

20 (각 ㄴㄷㄹ)=(각 ㄹㄱㄴ)=110°
(각 ㄱㄴㄷ)+(각 ㄷㄹㄱ)
=360°−(110°+110°)=140°
➡ (각 ㄱㄴㄷ)=(각 ㄷㄹㄱ)
　　　　　　=140°÷2=70°

단원평가 실전 ●101~103쪽●

01 80°	**02** 다, 라	**03** 65°
04 9 cm	**05** 110°	**06** 72 cm
07 (위에서부터) 7, 40		**08** 10 cm
09 70°	**10** ㉡	**11** 192 cm²
12 80°	**13** 7	
14 (×) ( ) ( )		**15** 2, 115
16 가, 다	**17** 9 cm	**18** 35°
19 40°	**20** 6개	

01 합동인 두 도형에서 각각의 대응각의 크기가 서로 같습니다.
➡ (각 ㄴㄷㄹ)=(각 ㅅㅂㅁ)=80°

02 다를 오른쪽 또는 왼쪽으로 뒤집어서 라와 포개었을 때 완전히 겹치므로 다와 라는 서로 합동입니다.

03 각 ㄹㅁㅂ의 대응각은 각 ㄱㄷㄴ이므로
(각 ㄹㅁㅂ)=(각 ㄱㄷㄴ)=25°입니다.
삼각형 ㄹㅁㅂ에서 세 각의 크기의 합은 180°이므로
(각 ㅁㄹㅂ)=180°−25°−90°=65°입니다.

채점 기준	
상	풀이 과정을 완성하여 각 ㅁㄹㅂ은 몇 도인지 구한 경우
중	풀이 과정을 완성했지만 일부가 틀린 경우
하	답만 쓴 경우

04 (변 ㄱㄴ)=(변 ㅅㅇ)=4 cm
➡ (변 ㄴㄷ)=25−(4+6+6)=9 (cm)

05 (각 ㄱㄷㄴ)=180°−95°−50°=35°,
(각 ㅁㄷㄹ)=(각 ㄱㄷㄴ)=35°
➡ (각 ㄱㄷㅁ)=180°−35°−35°=110°

06 (변 ㄱㅂ)=(변 ㅁㅂ)=9 cm이므로
(변 ㄱㄹ)=9+15=24 (cm)이고,
(변 ㄱㄴ)=(변 ㅁㄹ)=12 cm입니다.
➡ (직사각형 ㄱㄴㄷㄹ의 둘레)
 =(24+12)×2=72 (cm)

07 • (변 ㄱㄴ)=(변 ㄱㄹ)=7 cm
 • (각 ㄷㄹㄱ)=(각 ㄷㄴㄱ)=40°

08 (선분 ㄱㄹ)=(선분 ㄱㅂ)×2=5×2=10 (cm)

09 (각 ㅁㅅㄴ)=90°, (각 ㄱㄴㅅ)=(각 ㄹㄷㅅ)=80°
사각형 ㄱㄴㅅㅁ에서 네 각의 크기의 합은 360°이
므로
(각 ㅁㄱㄴ)=360°−80°−90°−120°=70°입니다.

10 ㉠   ㉡

3개　　　　　5개

대칭축의 수를 비교하면 3<5이므로 대칭축이 더
많은 것은 ㉡입니다.

채점 기준	
상	풀이 과정을 완성하여 대칭축이 더 많은 것의 기호를 쓴 경우
중	풀이 과정을 완성했지만 일부가 틀린 경우
하	답만 쓴 경우

11 (선분 ㄴㅁ)=16÷2=8 (cm)
➡ (사각형 ㄱㄴㄷㄹ의 넓이)
 =(삼각형 ㄱㄴㄷ의 넓이)×2
 =(24×8÷2)×2=192 (cm²)

12 (각 ㄱㄹㄷ)=180°−130°=50°,
(각 ㄱㄴㄷ)=(각 ㄱㄹㄷ)=50°
삼각형의 세 각의 크기의 합은 180°이므로 삼각형
ㄱㄴㄹ에서
(각 ㄴㄱㄹ)=180°−50°−50°=80°입니다.

13 정사각형 2개의 넓이는 12×12×2=288 (cm²)
입니다. 선대칭도형의 넓이는 239 cm²이므로 겹쳐
진 부분의 넓이는 288−239=49 (cm²)입니다.
따라서 7×7=49이므로 □=7입니다.

14 한 점을 중심으로 180° 돌렸을 때 원래 도형의 모
양과 완전히 겹치는 도형이 아닌 것을 찾으면 왼쪽
도형입니다.

15 변 ㄹㄷ의 대응변과 각 ㄷㄹㅁ의 대응각을 각각 찾
습니다.
(변 ㄹㄷ)=(변 ㄱㅂ)=2 cm,
(각 ㄷㄹㅁ)=(각 ㅂㄱㄴ)=115°

16 가 ⊕　나 Ⅶ　다 ◇　라 N

선대칭도형인 것은 가, 나, 다이고, 점대칭도형인 것
은 가, 다, 라입니다.
따라서 선대칭도형이면서 점대칭도형인 것은 가, 다
입니다.

17 (변 ㄴㄷ)=(변 ㅁㅂ)=6 cm,
(변 ㄷㄹ)=(변 ㅂㄱ)=5 cm
(변 ㄱㄴ)=(변 ㄹㅁ)=□cm라 하면
(□+6+5)×2=40, □+6+5=20,
□=9입니다.
따라서 변 ㄱㄴ의 길이는 9 cm입니다.

채점 기준	
상	풀이 과정을 완성하여 변 ㄱㄴ의 길이는 몇 cm인지 구한 경우
중	풀이 과정을 완성했지만 일부가 틀린 경우
하	답만 쓴 경우

18 (각 ㄱㅂㄷ)=(각 ㄹㄷㅂ)=45°
삼각형 ㄱㄴㅂ에서 세 각의 크기의 합은 180°이므로
(각 ㄱㄴㄷ)=180°−100°−45°=35°입니다.

19 (선분 ㄱㅇ)=(선분 ㄷㅇ)=8 cm,
(선분 ㄴㅇ)=(선분 ㄹㅇ)=8 cm이므로
삼각형 ㄱㄴㅇ은 이등변삼각형입니다.
삼각형 ㄱㄴㅇ에서
(각 ㄴㄱㅇ)=(각 ㄱㄴㅇ)=70°이므로
(각 ㄱㅇㄴ)=180°−70°−70°=40°입니다.

20 만든 수를 180° 돌렸을 때 원래 수와 같아지려면
천의 자리 숫자와 일의 자리 숫자가 같아야 하고,
백의 자리 숫자와 십의 자리 숫자가 같아야 합니다.
0은 천의 자리에 올 수 없으므로 만들 수 있는 네 자
리 수는 2002, 2222, 2552, 5005, 5225, 5555로
모두 6개입니다.

4 소수의 곱셈

단원평가 기본 1회 ●───── 105~107쪽 ●

01 416, 41.6   02 (1) 3.54 (2) 45.5
03 0.23×58에 색칠   04 50.8 cm
05 4.14   06 1.6   07 31.44
08 ✕(연결선)   09 73.1 kg   10 36.92
          11 0.48   12 9.3
13 0.24, 0.6   14 <   15 27.95 m²
16 3, 1, 2   17 3.78 kg   18 ©
19 (위에서부터) 3.6, 0.36, 0.036   20 ⊙, ©, ②, ©

02 (1) $0.59 \times 6 = \frac{59}{100} \times 6 = \frac{354}{100} = 3.54$

    (2) $6.5 \times 7 = \frac{65}{10} \times 7 = \frac{455}{10} = 45.5$

03 $4.8 \times 3 = 14.4$, $0.23 \times 58 = 13.34$

04 (정사각형의 둘레)$= 12.7 \times 4 = 50.8$ (cm)

05 ❶ ⊙ 0.1이 4개, 0.01이 6개인 수는 0.46입니다.
     © 1이 9개인 수는 9입니다.
   ❷ ⊙×© $= 0.46 \times 9 = 4.14$

채점 기준	
상	풀이 과정을 완성하여 ⊙과 ©이 나타내는 수의 곱을 구한 경우
중	풀이 과정을 완성했지만 일부가 틀린 경우
하	답만 쓴 경우

06 한 칸의 크기가 2의 $\frac{1}{10}$이고, 8칸의 크기가 2의 $\frac{8}{10}$

이므로 $\frac{16}{10}$이 되어 1.6입니다.

07 $6 \times 5.24 = 31.44$

08 • $17 \times 3.05 = 51.85$
   • $19 \times 2.83 = 53.77$
   • $21 \times 1.77 = 37.17$

09 (도현이 아버지의 몸무게)$= 43 \times 1.7 = 73.1$ (kg)

10 ❶ $4 < 6.38 < 7 < 9.23$이므로 가장 작은 수는 4이고, 가장 큰 수는 9.23입니다.
   ❷ $4 \times 9.23 = 36.92$

채점 기준	
상	풀이 과정을 완성하여 가장 작은 수와 가장 큰 수의 곱을 구한 경우
중	풀이 과정을 완성했지만 일부가 틀린 경우
하	답만 쓴 경우

11 모눈 한 칸의 크기가 0.01이고, 모눈 48칸이 색칠되어 있으므로 $0.8 \times 0.6 = 0.48$입니다.

12 $2.5 \times 3.72 = 9.3$

13 $0.4 \times 0.6 = 0.24$, $0.24 \times 2.5 = 0.6$

14 $4.5 \times 5.3 = 23.85$, $7.64 \times 3.3 = 25.212$
   ➡ $23.85 < 25.212$

15 (텃밭의 넓이)$= 6.5 \times 4.3 = 27.95$ (m²)

16 $5.7 \times 1.2 = 6.84$, $2.3 \times 3.4 = 7.82$,
   $1.5 \times 4.7 = 7.05$
   ➡ $7.82 > 7.05 > 6.84$

17 ❶ (고양이의 늘어난 몸무게)
      $= 3.15 \times 0.2 = 0.63$ (kg)
   ❷ (고양이의 8월 몸무게)
      $= 3.15 + 0.63 = 3.78$ (kg)

채점 기준	
상	풀이 과정을 완성하여 고양이의 8월 몸무게는 몇 kg인지 구한 경우
중	풀이 과정을 완성했지만 일부가 틀린 경우
하	답만 쓴 경우

18 곱하는 소수의 소수점 아래 자리 수만큼 곱의 소수점이 왼쪽으로 옮겨집니다.
   ➡ $1294 \times 0.01 = 12.94$

19 곱하는 소수의 소수점 아래 자리 수가 하나씩 늘어날 때마다 곱의 소수점이 왼쪽으로 한 칸씩 옮겨집니다.

20 ⊙ 0.2의 100배는 20입니다.
   © 200×0.01은 2입니다.
   © 2의 0.01은 0.02입니다.
   ② 0.02×10은 0.2입니다.
   ➡ 20(⊙)>2(©)>0.2(②)>0.02(©)

01 $\dfrac{16}{10} \times 6 = \dfrac{96}{10} = 9.6$　　**02** 17.92

03 <　　　　**04** 45.6 m　　**05** 1, 2, 3

06 (1) 7.2　(2) 17.36　　**07** 수아

08 ㉡　　　　**09** 87.6 cm²　　**10** 5.4 m

11 100 / 4.86　　**12** (1) 0.438　(2) 3.472

13 0.45　　**14** ㉢　　　　**15** ㉠

16 44.55　　**17** 132.736 m²

18 71.2, 7120　　**19** ④　　　　**20** 100배

---

01 곱해지는 수가 소수 한 자리 수이므로 분모가 10인 분수로 나타내 계산합니다.

02 $2.56 \times 7 = 17.92$

03 $7.1 \times 5 = 35.5$, $6.28 \times 6 = 37.68$
➡ $35.5 < 37.68$

04 (색 테이프 8장의 길이)$= 5.7 \times 8 = 45.6$ (m)

05 ❶ $0.93 \times 4 = 3.72$
❷ $3.72 > \square$이므로 $\square$ 안에 들어갈 수 있는 자연수는 1, 2, 3입니다.

채점 기준	
상	풀이 과정을 완성하여 □ 안에 들어갈 수 있는 자연수를 모두 구한 경우
중	풀이 과정을 완성했지만 일부가 틀린 경우
하	답만 쓴 경우

07 수아: $12 \times 0.5 = 6$

08 곱해지는 수가 30으로 모두 같으므로 곱하는 수가 1보다 작으면 계산 결과가 30보다 작습니다.
따라서 계산 결과가 30보다 작은 것은 ㉡입니다.

09 (평행사변형의 넓이)$= 12 \times 7.3 = 87.6$ (cm²)

10 ❶ (공이 첫 번째로 튀어 오른 높이)
$= 15 \times 0.6 = 9$ (m)
❷ (공이 두 번째로 튀어 오른 높이)
$= 9 \times 0.6 = 5.4$ (m)

채점 기준	
상	풀이 과정을 완성하여 공이 두 번째로 튀어 오른 높이는 몇 m인지 구한 경우
중	풀이 과정을 완성했지만 일부가 틀린 경우
하	답만 쓴 경우

11 $2.7 \times 1.8 = \dfrac{27}{10} \times \dfrac{18}{10} = \dfrac{486}{100} = 4.86$

12 (1) $0.73 \times 0.6 = \dfrac{73}{100} \times \dfrac{6}{10}$
$= \dfrac{486}{100} = 0.438$
(2) $2.8 \times 1.24 = \dfrac{28}{10} \times \dfrac{124}{100}$
$= \dfrac{3472}{1000} = 3.472$

13 곱해지는 수가 소수 한 자리 수이고, 곱이 소수 세 자리 수이므로 곱하는 수는 소수 두 자리 수입니다.

14 ㉠ 9.3의 0.8은 9의 0.8인 7.2보다 큽니다.
㉡ 3.2의 2.5배는 3의 2.5배인 7.5보다 큽니다.
㉢ 5.7×1.1은 6과 1.1의 곱인 6.6보다 작습니다.
따라서 어림하여 계산 결과가 7보다 작은 것은 ㉢입니다.

15 ㉠ $0.72 \times 3.2 = 2.304$
㉡ $2.1 \times 0.8 = 1.68$
㉢ $1.5 \times 1.3 = 1.95$
따라서 $2.304 > 1.95 > 1.68$이므로 곱이 가장 큰 것은 ㉠입니다.

16 어떤 수를 $\square$라 하면 $\square + 8.25 = 13.65$,
$\square = 13.65 - 8.25 = 5.4$입니다.
➡ (바르게 계산한 값)$= 5.4 \times 8.25 = 44.55$

17 (새로운 밭의 가로)$= 8.5 \times 1.6 = 13.6$ (m)
(새로운 밭의 세로)$= 6.1 \times 1.6 = 9.76$ (m)
➡ (새로운 밭의 넓이)
$= 13.6 \times 9.76 = 132.736$ (m²)

18 $7.12 \times 10 = 71.2$, $71.2 \times 100 = 7120$

19 ①, ②, ③, ⑤ 25.6 / ④ 2.56

20 ❶ • $0.639 \times ㉠ = 639$ ➡ ㉠ $= 1000$
• ㉡ $\times 23.9 = 239$ ➡ ㉡ $= 10$
❷ 1000은 10의 100배이므로 ㉠에 알맞은 수는 ㉡에 알맞은 수의 100배입니다.

채점 기준	
상	풀이 과정을 완성하여 ㉠에 알맞은 수는 ㉡에 알맞은 수의 몇 배인지 구한 경우
중	풀이 과정을 완성했지만 일부가 틀린 경우
하	답만 쓴 경우

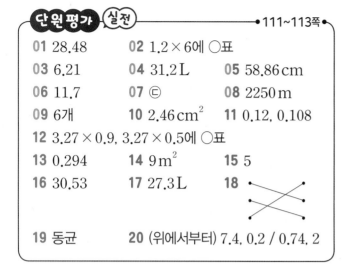

14 색칠한 부분의 넓이는 가로가 7.2 m, 세로가 2.5 m 인 직사각형의 넓이의 반입니다.
➡ (색칠한 부분의 넓이)$= 7.2 \times 2.5 \div 2$
$$= 18 \div 2 = 9\,(m^2)$$

	채점 기준
상	풀이 과정을 완성하여 색칠한 부분의 넓이는 몇 m² 인지 구한 경우
중	풀이 과정을 완성했지만 일부가 틀린 경우
하	답만 쓴 경우

15 $3.4 \times 1.65 = 5.61$
따라서 □< 5.61이므로 □ 안에 들어갈 수 있는 자연수 중에서 가장 큰 수는 5입니다.

16 곱하는 두 소수의 자연수 부분이 클수록 곱이 커지므로 가장 큰 수 7과 두 번째로 큰 수 4를 자연수 부분에 넣어 곱셈식을 만듭니다.
$7.1 \times 4.3 = 30.53$(또는 $4.3 \times 7.1 = 30.53$),
$7.3 \times 4.1 = 29.93$(또는 $4.1 \times 7.3 = 29.93$)

17 (한 시간 동안 사용한 휘발유의 양)
$= 0.12 \times 70 = 8.4\,(L)$
3시간 15분$= 3\frac{1}{4}$시간 $= 3.25$시간
➡ (3시간 15분 동안 사용한 휘발유의 양)
$= 8.4 \times 3.25 = 27.3\,(L)$

18 • $132 \times 5.8 = 765.6$
• $132 \times 0.058 = 7.656$
• $132 \times 0.58 = 76.56$

19 현진이가 키우는 식물의 키를 cm 단위로 나타내면 $1\,m = 100\,cm$이므로 $0.329 \times 100 = 32.9\,(cm)$입니다.
따라서 $35.2 > 32.9$이므로 키우는 식물의 키가 더 큰 친구는 동균입니다.

	채점 기준
상	풀이 과정을 완성하여 키우는 식물의 키가 더 큰 친구의 이름을 쓴 경우
중	풀이 과정을 완성했지만 일부가 틀린 경우
하	답만 쓴 경우

20 $0.74 \times 0.2 = 0.148$
계산 결과가 0.148이 나와야 하는데 1.48이 나왔으므로 곱이 소수 두 자리 수가 되는 두 수를 찾습니다.
➡ $7.4 \times 0.2 = 1.48$, $0.74 \times 2 = 1.48$

단원평가 실전 ●111~113쪽●

01 28.48	**02** 1.2×6에 ○표		
03 6.21	**04** 31.2 L	**05** 58.86 cm	
06 11.7	**07** ㉢	**08** 2250 m	
09 6개	**10** 2.46 cm²	**11** 0.12, 0.108	
12 3.27×0.9, 3.27×0.5에 ○표			
13 0.294	**14** 9 m²	**15** 5	
16 30.53	**17** 27.3 L	**18**	
19 동균	**20** (위에서부터) 7.4, 0.2 / 0.74, 2		

03 ㉠ $0.8 \times 4 = 3.2$ ㉡ $0.43 \times 7 = 3.01$
➡ ㉠$+$㉡$= 3.2 + 3.01 = 6.21$

	채점 기준
상	풀이 과정을 완성하여 ㉠과 ㉡의 합을 구한 경우
중	풀이 과정을 완성했지만 일부가 틀린 경우
하	답만 쓴 경우

04 한 시간은 60분입니다. ➡ $0.52 \times 60 = 31.2\,(L)$

05 (색 테이프 12장의 길이의 합)
$= 5.18 \times 12 = 62.16\,(cm)$
겹친 부분은 $12 - 1 = 11$(군데)입니다.
(겹친 부분의 길이의 합)$= 0.3 \times 11 = 3.3\,(cm)$
➡ (이어 붙인 색 테이프의 전체 길이)
$= 62.16 - 3.3 = 58.86\,(cm)$

07 ㉠ $16 \times 0.15 = 2.4$ ㉡ $26 \times 0.3 = 7.8$
㉢ $24 \times 0.25 = 6$

08 (영선이가 달린 거리)$= 500 \times 4.5 = 2250\,(m)$

09 $39 \times 0.04 = 1.56$, $37 \times 0.2 = 7.4$
따라서 $1.56 <$ □< 7.4에서 □ 안에 들어갈 수 있는 자연수는 2, 3, 4, 5, 6, 7로 모두 6개입니다.

10 (가의 넓이)$= 5 \times 12.3 = 61.5\,(cm^2)$
(나의 넓이)$= 6 \times 9.84 = 59.04\,(cm^2)$
➡ $61.5 - 59.04 = 2.46\,(cm^2)$

12 어떤 수에 1보다 작은 수를 곱하면 계산 결과는 어떤 수보다 작습니다.

13 • 0.1이 7개인 수는 0.7입니다.
• 0.1이 4개, 0.01이 2개인 수는 0.42입니다.
➡ $0.7 \times 0.42 = 0.294$

5 직육면체

● 114쪽 ●

핵심 개념

1 (○) ( )　　　2 ( ) (×)

3

4 실선에 ○표

단원평가 기본 1회

● 115~117쪽 ●

01 나, 라　　**02** 나　　**03** 6 / 12 / 8

04 9, 9, 9　**05** ②, ④　　**06** ㉢

07 ⑩ 직육면체는 6개의 직사각형으로 이루어져 있으나 주어진 도형은 2개의 사다리꼴과 4개의 직사각형으로 이루어져 있습니다.

08 3배　　**09** 72 cm　　**10** 32 cm

11 면 ㅁㅂㅅㅇ / 면 ㄷㅅㅇㄹ / 면 ㄴㅂㅅㄷ

12 4개

13 ⑩

14 1, 3, 4, 6

15 224 cm²

16 점 ㅂ, 점 ㅇ

17 선분 ㅈㅇ　　**18** ㉠, ㉣

19

20 5

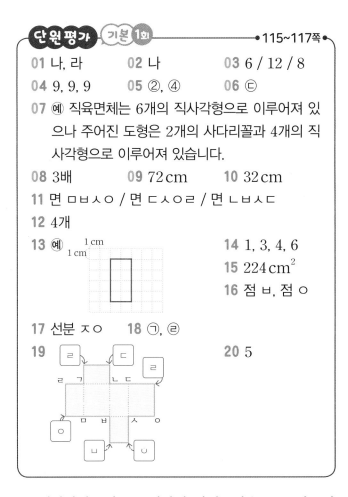

01 직사각형 6개로 둘러싸인 입체도형을 모두 찾으면 나, 라입니다.

02 정사각형 6개로 둘러싸인 입체도형을 찾으면 나입니다.

04 정육면체는 모서리의 길이가 모두 같습니다.

05 ② 직육면체의 꼭짓점은 8개입니다.
④ 직육면체의 면의 모양은 서로 같은 것도 있고, 다른 것도 있습니다.

06 ㉠ 보이는 모서리는 9개입니다.
㉡ 보이지 않는 꼭짓점은 1개입니다.

07

채점 기준	
상	직육면체가 아닌 이유를 바르게 쓴 경우
중	직육면체가 아닌 이유를 썼지만 일부가 틀린 경우

08 직육면체에서 보이는 모서리는 9개이고, 보이지 않는 모서리는 3개입니다. ➡ 9÷3＝3(배)

09 정육면체는 모든 모서리의 길이가 같으므로 각 모서리는 8 cm입니다.
따라서 정육면체에서 보이는 모서리는 9개이므로 그 길이의 합은 8×9＝72 (cm)입니다.

10 ❶ 보이지 않는 모서리의 길이는 각각 15 cm, 7 cm, 10 cm입니다.
❷ (보이지 않는 모서리의 길이의 합)
＝15＋7＋10＝32 (cm)

채점 기준	
상	풀이 과정을 완성하여 보이지 않는 모서리의 길이의 합은 몇 cm인지 구한 경우
중	풀이 과정을 완성했지만 일부가 틀린 경우
하	답만 쓴 경우

11 직육면체에서 서로 마주 보는 면은 평행합니다.

12 면 ㄱㄴㄷㄹ, 면 ㄴㅂㅅㄷ, 면 ㅁㅂㅅㅇ, 면 ㄱㅁㅇㄹ로 모두 4개입니다.

13 색칠한 면과 평행한 면은 두 변이 각각 2 cm, 4 cm인 직사각형 모양입니다.

14 눈의 수가 5인 면과 평행한 면의 눈의 수는 2이므로 수직인 면의 눈의 수는 나머지 수입니다.
➡ 1, 3, 4, 6

15 ❶ 직육면체에서 평행한 면은 서로 합동이므로 밑면은 두 변이 각각 16 cm, 7 cm인 직사각형 모양입니다.
➡ (한 밑면의 넓이)＝16×7＝112 (cm²)
❷ (두 밑면의 넓이의 합)＝112＋112＝224 (cm²)

채점 기준	
상	풀이 과정을 완성하여 두 밑면의 넓이의 합은 몇 cm²인지 구한 경우
중	풀이 과정을 완성했지만 일부가 틀린 경우
하	답만 쓴 경우

16 전개도를 접었을 때 점 ㄴ은 점 ㅂ, 점 ㅇ을 만나 한 꼭짓점이 됩니다.

17 전개도를 접었을 때 선분 ㄱㄴ은 선분 ㅈㅇ을 만나 한 모서리가 됩니다.

18 ㉠ 접었을 때 서로 겹치는 면이 있습니다.
㉣ 접었을 때 겹치는 선분의 길이가 같지 않은 것이 있습니다.

19 전개도를 접었을 때 겹치는 점을 생각하며 □ 안에 알맞은 기호를 써넣었습니다.

20 직육면체의 전개도를 접었을 때 만나는 모서리의 길이는 같으므로 ㉠에 알맞은 수는 8, ㉡에 알맞은 수는 13입니다.
➡ ㉡−㉠=13−8=5

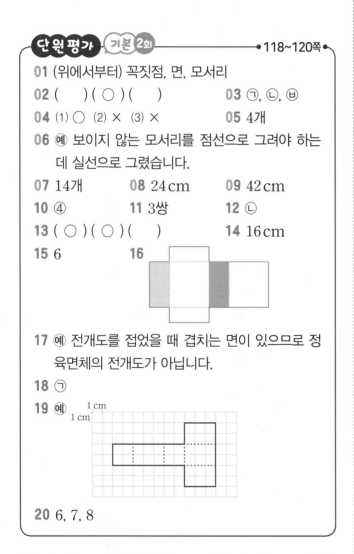

단원평가 기본 2회 ●118~120쪽●

01 (위에서부터) 꼭짓점, 면, 모서리
02 ( ) (○) ( )   **03** ㉠, ㉡, ㉢
04 (1) ○ (2) × (3) ×   **05** 4개
06 예 보이지 않는 모서리를 점선으로 그려야 하는데 실선으로 그렸습니다.
07 14개   **08** 24 cm   **09** 42 cm
10 ④   **11** 3쌍   **12** ㉡
13 (○) (○) ( )   **14** 16 cm
15 6   **16**
17 예 전개도를 접었을 때 겹치는 면이 있으므로 정육면체의 전개도가 아닙니다.
18 ㉠
19 예

20 6, 7, 8

02 보이는 모서리는 실선으로, 보이지 않는 모서리는 점선으로 그린 것을 찾습니다.

03 직사각형 6개로 둘러싸인 모양을 모두 찾으면 ㉠, ㉡, ㉢입니다.

---

04 (2) 직육면체에서 면의 모양은 모두 직사각형입니다.
(3) 정육면체의 모서리의 길이는 모두 같습니다.

05 직육면체에서 서로 평행한 모서리의 길이는 같습니다. 서로 평행한 모서리는 4개씩 3쌍 있으므로 9 cm인 모서리는 모두 4개입니다.

06

채점 기준	
상	직육면체의 겨냥도를 잘못 그린 이유를 바르게 쓴 경우
중	직육면체의 겨냥도를 잘못 그린 이유를 썼지만 일부가 틀린 경우

07 직육면체와 정육면체의 보이는 꼭짓점은 각각 7개입니다.
➡ (보이는 꼭짓점의 수의 합)=7+7=14(개)

08 정육면체의 모서리의 길이는 모두 같고 모서리는 12개입니다.
➡ (모든 모서리의 길이의 합)=2×12=24 (cm)

09 보이는 모서리는 6 cm, 5 cm, 3 cm인 모서리가 3개씩입니다.
➡ (보이는 모서리의 길이의 합)
=(6+5+3)×3=42 (cm)

10 ④ 직육면체에서 서로 만나는 두 면은 수직이므로 색칠한 두 면이 만나서 이루는 각은 90°입니다.

11 직육면체에서 서로 마주 보는 면은 2개씩 3쌍입니다. 따라서 서로 평행한 면은 모두 3쌍입니다.

12 ㉡ 한 꼭짓점에서 만나는 면은 모두 3개입니다.

13 색칠한 면과 수직인 면은 색칠한 면과 만나는 면이므로 만나는 면의 모양을 모두 찾습니다.

14 ❶ 면 ㄷㅅㅇㄹ과 평행한 면은 면 ㄴㅂㅁㄱ입니다.
❷ 면 ㄴㅂㅁㄱ의 네 변의 길이의 합은
3+5+3+5=16 (cm)입니다.

채점 기준	
상	풀이 과정을 완성하여 면 ㄷㅅㅇㄹ과 평행한 면의 네 변의 길이의 합은 몇 cm인지 구한 경우
중	풀이 과정을 완성했지만 일부가 틀린 경우
하	답만 쓴 경우

15 직육면체에서 평행한 면은 서로 합동이므로 색칠한 면은 서로 다른 두 변이 각각 9 cm, □ cm인 직사각형 모양입니다. 색칠한 면의 둘레가 30 cm이므로 9+□+9+□=30, 18+□+□=30, □+□=12, □=6입니다.

16 전개도를 접었을 때 색칠한 면과 서로 마주 보는 면에 색칠합니다.

17

채점 기준	
상	정육면체의 전개도가 아닌 이유를 바르게 쓴 경우
중	정육면체의 전개도가 아닌 이유를 썼지만 일부가 틀린 경우

18 전개도를 접었을 때 면 가와 면 바가 서로 수직으로 만나는 전개도는 ㉠입니다.
㉡은 면 가와 면 바가 서로 평행합니다.

19 마주 보는 3쌍의 면이 모양과 크기가 같고 서로 겹치는 면이 없으며 만나는 모서리의 길이가 같도록 그립니다.

20 주사위의 마주 보는 두 면은 서로 평행합니다.
  • ㉠이 있는 면은 6이 적힌 면과 평행합니다.
    ➡ ㉠=12−6=6
  • ㉡이 있는 면은 5가 적힌 면과 평행합니다.
    ➡ ㉡=12−5=7
  • ㉢이 있는 면은 4가 적힌 면과 평행합니다.
    ➡ ㉢=12−4=8

단원평가 실전 ●121~123쪽●

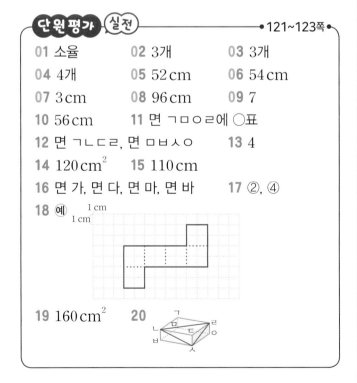

01 소율   02 3개   03 3개
04 4개   05 52 cm   06 54 cm
07 3 cm   08 96 cm   09 7
10 56 cm   11 면 ㄱㅁㅇㄹ에 ○표
12 면 ㄱㄴㄷㄹ, 면 ㅁㅂㅅㅇ   13 4
14 120 cm²   15 110 cm
16 면 가, 면 다, 면 마, 면 바   17 ②, ④
18 예)
19 160 cm²   20

02 직사각형 6개로 둘러싸인 입체도형을 모두 찾으면 3개입니다.

03 보이지 않는 모서리는 점선으로 그려야 합니다.
따라서 잘못 그린 모서리는 모서리 ㄱㅁ, 모서리 ㅁㅂ, 모서리 ㅁㅇ으로 모두 3개입니다.

채점 기준	
상	풀이 과정을 완성하여 잘못 그린 모서리는 모두 몇 개인지 구한 경우
중	풀이 과정을 완성했지만 일부가 틀린 경우
하	답만 쓴 경우

04 정육면체에서 보이는 꼭짓점은 7개, 보이는 면은 3개입니다. ➡ 7−3=4(개)

05 길이가 6 cm, 4 cm, 3 cm인 모서리가 4개씩 있습니다.
  ➡ (모든 모서리의 길이의 합)
    =(6+4+3)×4=13×4=52(cm)

06 정육면체에서 보이는 모서리는 9개, 보이지 않는 모서리는 3개입니다.
  (한 모서리의 길이)=18÷3=6(cm)
  ➡ (보이는 모서리의 길이의 합)
    =6×9=54(cm)

07 (직육면체의 모든 모서리의 길이의 합)
    =(2+4+3)×4=36(cm)
  ➡ (정육면체의 한 모서리의 길이)
    =36÷12=3(cm)

08 (모든 모서리의 길이의 합)
    =(면 ㄴㅂㅅㄷ의 둘레)×2+(모서리 ㅅㅇ)×4
    =32×2+8×4=64+32=96(cm)

09 길이가 5 cm인 모서리가 4개, □cm인 모서리가 4개, 3 cm인 모서리가 4개이고, 모든 모서리의 길이의 합은 60 cm입니다.
  ➡ (5+□+3)×4=60, 8+□=15, □=7

10 만들 수 있는 가장 큰 정육면체의 한 모서리는 6 cm이므로 정육면체를 만들고 남는 나무토막의 세 모서리는 각각 6 cm, 6 cm, 8−6=2(cm)입니다.
  ➡ (남는 나무토막의 모든 모서리의 길이의 합)
    =(6+6+2)×4=56(cm)

12 • 면 ㄱㅁㅇㄹ에 수직인 면: 면 ㄱㄴㄷㄹ, 면 ㄱㄴㅂㅁ, 면 ㅁㅂㅅㅇ, 면 ㄷㅅㅇㄹ
  • 면 ㄷㅅㅇㄹ에 수직인 면: 면 ㄱㄴㄷㄹ, 면 ㄴㅂㅅㄷ, 면 ㅁㅂㅅㅇ, 면 ㄱㅁㅇㄹ

13 • 한 면과 평행한 면은 1개입니다. ➡ ㉠=1
• 한 꼭짓점에서 만나는 면은 모두 3개입니다. ➡ ㉡=3
따라서 ㉠+㉡=1+3=4입니다.

14 보라색 색종이를 붙인 면과 수직인 면은 4개이고
4개의 면은 가로가 6 cm, 세로가 5 cm인 직사각형
으로 모양과 크기가 모두 같습니다.
➡ (필요한 초록색 색종이의 넓이)
$=(6×5)×4=120\,(cm^2)$

채점 기준	
상	풀이 과정을 완성하여 필요한 초록색 색종이의 넓이는 몇 cm²인지 구한 경우
중	풀이 과정을 완성했지만 일부가 틀린 경우
하	답만 쓴 경우

15 (긴 쪽으로 묶는 데 필요한 리본의 길이)
$=20+8+20+8=56\,(cm)$
(짧은 쪽으로 묶는 데 필요한 리본의 길이)
$=10+8+10+8=36\,(cm)$
➡ (필요한 리본의 전체 길이)
$=56+36+18=110\,(cm)$

16 면 나와 평행한 면인 면 라를 제외한 나머지 4개의
면을 모두 씁니다.

17 ① 선분 ㄷㄹ과 선분 ㅈㅇ
③ 선분 ㄹㅁ과 선분 ㅇㅅ
⑤ 선분 ㄱㄴ과 선분 ㅋㅊ

18 잘린 모서리는 실선으로, 잘리지 않은 모서리는 점
선으로 그립니다.

19 수직인 면 4개는 가로가 5+5+5+5=20 (cm),
세로가 8 cm인 직사각형 모양입니다.
(면 가와 수직인 면의 넓이의 합)
$=20×8=160\,(cm^2)$

채점 기준	
상	풀이 과정을 완성하여 면 가와 수직인 면의 넓이의 합은 몇 cm²인지 구한 경우
중	풀이 과정을 완성했지만 일부가 틀린 경우
하	답만 쓴 경우

20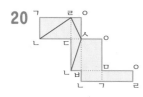
전개도에서 각 꼭짓점의 위치
를 알아본 후 선이 그어진 면
을 직육면체에서 찾아 선을 그
립니다.

6 평균과 가능성

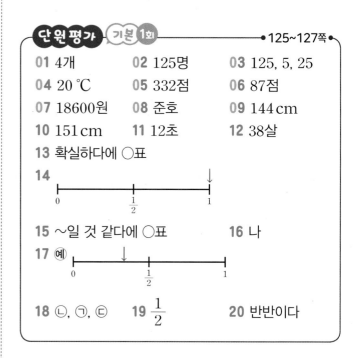

핵심 개념 ●124쪽●

1 18, 6   **2** 1에 ○표   **3** $\frac{1}{2}$에 ○표

단원평가 기본 1회 ●125~127쪽●

01 4개   **02** 125명   **03** 125, 5, 25
04 20 ℃   **05** 332점   **06** 87점
07 18600원   **08** 준호   **09** 144 cm
10 151 cm   **11** 12초   **12** 38살
13 확실하다에 ○표
14
15 ~일 것 같다에 ○표   **16** 나
17 (예)
18 ㉡, ㉠, ㉢   **19** $\frac{1}{2}$ **20** 반반이다

03 5학년 반별 학생 수의 평균은 5학년 전체 학생 수를
반의 수로 나누면 됩니다. ➡ 125÷5=25(명)

04 $(21+22+20+19+18)÷5$
$=100÷5=20\,(℃)$

05 미술 수행 평가 점수의 평균이 83점이므로 1회부터
4회까지 점수의 합은 83×4=332(점)입니다.

06 332−(85+78+82)=332−245=87(점)

07 ❶ 8월의 날수는 31일입니다.
❷ (8월 한 달 동안 모은 금액)
$=600×31=18600(원)$

채점 기준	
상	풀이 과정을 완성하여 8월 한 달 동안 모은 돈은 모두 얼마인지 구한 경우
중	풀이 과정을 완성했지만 일부가 틀린 경우
하	답만 쓴 경우

08 (혜민이의 줄넘기 횟수의 평균)
$=1200÷5=240(번)$
(준호의 줄넘기 횟수의 평균)
$=1575÷7=225(번)$

09 $(132+147+145+140+152+148) \div 6$
$=864 \div 6 = 144 \, (\text{cm})$

10 ❶ 새로 학생이 들어왔을 때 키의 평균은
$144+1=145 \, (\text{cm})$입니다.
❷ 새로 들어온 학생의 키를 □ cm라 하면
$(864+\square) \div 7 = 145, \; 864+\square = 1015,$
$\square = 151$입니다. ➡ 151 cm

채점 기준	
상	풀이 과정을 완성하여 새로 들어온 학생의 키는 몇 cm 인지 구한 경우
중	풀이 과정을 완성했지만 일부가 틀린 경우
하	답만 쓴 경우

11 (1회부터 4회까지 기록의 평균)
$=(13+10+11+14) \div 4 = 48 \div 4 = 12(초)$
따라서 5회의 기록은 최소 12초보다 길어야 합니다.

12 (할머니, 아버지, 어머니, 새연이의 나이의 합)
$=45 \times 4 = 180(살)$
(다섯 사람의 나이의 합)$=180+10=190(살)$
➡ (다섯 사람의 나이의 평균)$=190 \div 5 = 38(살)$

15 봄인 3월은 여름인 7월보다 보통 기온이 낮으므로 3월이 7월보다 더 추울 가능성은 '~일 것 같다'입니다.

17 빨간색 공이 검은색 공보다 적게 들어 있는 상자에서 꺼낸 공이 빨간색일 가능성은 '~아닐 것 같다'이고, 이것은 0과 $\frac{1}{2}$ 사이에 ↓로 나타냅니다.

18 ㉠ 반반이다   ㉡ 확실하다   ㉢ 불가능하다
따라서 가능성이 큰 것부터 차례대로 기호를 쓰면 ㉡, ㉠, ㉢입니다.

19 봉지에는 단팥빵과 크림빵이 반반씩 들어 있으므로 크림빵이 나오지 않을 가능성은 단팥빵이 나올 가능성과 같습니다.
따라서 가능성은 '반반이다'이므로 수로 표현하면 $\frac{1}{2}\left(=\frac{2}{4}\right)$입니다.

20 ❶ 주사위 눈의 수는 1, 2, 3, 4, 5, 6으로 6가지이고, 눈의 수 중 2 이상 4 이하인 수는 2, 3, 4로 3가지입니다.
❷ 나온 눈의 수가 2 이상 4 이하일 가능성은 '반반이다'입니다.

채점 기준	
상	풀이 과정을 완성하여 나온 눈의 수가 2 이상 4 이하 일 가능성을 말로 표현한 경우
중	풀이 과정을 완성했지만 일부가 틀린 경우
하	답만 쓴 경우

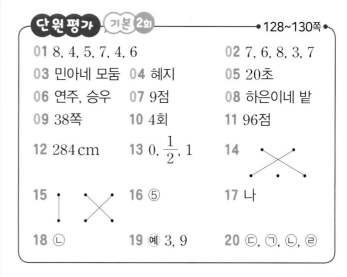

단원평가 기본 2회 ●128~130쪽●

01 8, 4, 5, 7, 4, 6   **02** 7, 6, 8, 3, 7
03 민아네 모둠   **04** 혜지   **05** 20초
06 연주, 승우   **07** 9점   **08** 하은이네 밭
09 38쪽   **10** 4회   **11** 96점
12 284 cm   **13** 0, $\frac{1}{2}$, 1   **14**
15   **16** ⑤   **17** 나
18 ㉡   **19** 예) 3, 9   **20** ㉢, ㉠, ㉡, ㉣

01 $(8+4+5+7) \div 4 = 24 \div 4 = 6(개)$

02 $(7+6+8) \div 3 = 21 \div 3 = 7(개)$

05 $(19+21+17+23) \div 4 = 80 \div 4 = 20(초)$

06 100 m 달리기 기록이 20초보다 빠른 친구는 연주(19초)와 승우(17초)입니다.

07 ❶ (4명이 준 점수의 합)$=8.5 \times 4 = 34(점)$
❷ (수호가 준 점수)$=34-(8.5+9+7.5)$
$=34-25=9(점)$

채점 기준	
상	풀이 과정을 완성하여 수호가 준 점수는 몇 점인지 구 한 경우
중	풀이 과정을 완성했지만 일부가 틀린 경우
하	답만 쓴 경우

08 (하은이네 밭 1 km² 당 마늘 수확량의 평균)
$=108 \div 12 = 9 \, (\text{kg})$
(윤서네 밭 1 km² 당 마늘 수확량의 평균)
$=120 \div 15 = 8 \, (\text{kg})$

09 (5일 동안 읽은 위인전 쪽수)$=160+30=190(쪽)$
따라서 5일 동안 읽은 위인전은 하루 평균 $190 \div 5 = 38(쪽)$입니다.

10 ❶ 4회의 타자 수를 □타라 하면
$130+124+122+□+127=127×5$,
$503+□=635$, $□=132$입니다. ➡ 132타
❷ 타자 수를 비교하면
$132>130>127>124>122$이므로 타자 수가
가장 많은 때는 4회입니다.

채점 기준	
상	풀이 과정을 완성하여 타자 수가 가장 많은 때는 몇 회인지 구한 경우
중	풀이 과정을 완성했지만 일부가 틀린 경우
하	답만 쓴 경우

11 (1회부터 4회까지 수학 수행 평가 점수의 합)
$=91×4=364$(점)
(1회부터 5회까지 수학 수행 평가 점수의 합)
$=92×5=460$(점)
➡ (5회 수학 수행 평가 점수)
$=460-364=96$(점)

12 (공 던지기 기록의 합)$=285×4=1140$(cm)
(찬규와 영운이의 기록의 합)
$=1140-(280+292)=568$(cm)
➡ (영운이의 기록)$=568÷2=284$(cm)

15 화살이 노란색에 멈출 가능성은 왼쪽 회전판이 '확
실하다', 가운데 회전판이 '불가능하다', 오른쪽 회
전판이 '반반이다'입니다.

16 ① 불가능하다   ② 불가능하다   ③ 불가능하다
④ 반반이다   ⑤ 확실하다

17 가에서 뽑은 카드가 ★ 일 가능성은 '~일 것 같다'
이고, 나에서 뽑은 카드가 ★ 일 가능성은 '~아닐
것 같다'이므로 가능성이 더 작은 것은 나입니다.

18 표에서 화살이 빨간색에 멈춘 횟수가 가장 많고,
파란색과 노란색에 멈춘 횟수가 비슷합니다.
따라서 회전판에서 빨간색 부분이 가장 넓고 파란
색과 노란색 부분의 넓이가 비슷한 것을 찾으면 ㉡
입니다.

19 뽑은 수 카드의 수가 홀수일 가능성을 수로 표현하
면 1이므로 수 카드의 수는 모두 홀수이어야 합니다.
따라서 한 자리 수 중 홀수인 수는 1, 3, 5, 7, 9이므
로 남은 수 카드에 3, 9를 써넣습니다.

20 ❶ ㉠ ~일 것 같다   ㉡ 반반이다
㉢ 확실하다   ㉣ ~아닐 것 같다
❷ 가능성을 비교하여 가능성이 큰 것부터 차례대
로 기호를 쓰면 ㉢, ㉠, ㉡, ㉣입니다.

채점 기준	
상	풀이 과정을 완성하여 가능성이 큰 것부터 차례대로 기호를 쓴 경우
중	풀이 과정을 완성했지만 일부가 틀린 경우
하	답만 쓴 경우

단원평가 실전 ●131~133쪽●

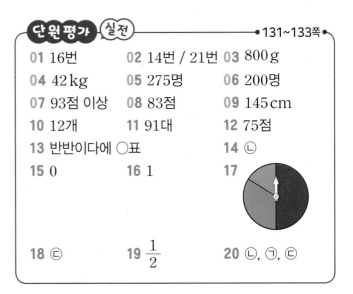

01 16번	02 14번 / 21번	03 800 g
04 42 kg	05 275명	06 200명
07 93점 이상	08 83점	09 145 cm
10 12개	11 91대	12 75점
13 반반이다에 ○표		14 ㉡
15 0	16 1	17
18 ㉢	19 $\frac{1}{2}$	20 ㉡, ㉠, ㉢

02 (평일의 윗몸 일으키기 기록의 평균)
$=(9+15+13+17+16)÷5=70÷5=14$(번)
(주말의 윗몸 일으키기 기록의 평균)
$=(24+18)÷2=42÷2=21$(번)

03 오늘 버린 쓰레기 양은 민지네 가구가 900 g, 형우네
가구가 700 g, 수재네 가구가 800 g입니다.
➡ (버린 쓰레기 양의 평균)$=(900+700+800)÷3$
$=2400÷3=800$ (g)

채점 기준	
상	풀이 과정을 완성하여 버린 쓰레기 양의 평균은 몇 g 인지 구한 경우
중	풀이 과정을 완성했지만 일부가 틀린 경우
하	답만 쓴 경우

04 (3명의 몸무게의 합)$=39×3=117$ (kg)
➡ (장우의 몸무게)$=117-(36+39)=42$ (kg)

05 (2022년 이용자 수의 평균)
$=(280+385+160)÷3=825÷3=275$(명)

06 (2023년 이용자 수의 합) $= 275 \times 4 = 1100$(명)
(2023년 탁구 이용자 수) $= 1100 - (291 + 394 + 215)$
$= 1100 - 900 = 200$(명)

07 수학 단원 평가 점수의 합이 $94 \times 6 = 564$(점)과 같 거나 높아야 합니다.
$100 + 92 + 88 + 96 + 95 + \square = 471 + \square$이고,
$471 + \square = 564$, $\square = 93$이므로 마지막에 93점 이상 받아야 합니다.

08 (4과목 점수의 합) $= 85 \times 4 = 340$(점)
과학 점수를 $\square$점이라 하면 수학 점수는 $(\square + 5)$점 이므로 $93 + (\square + 5) + 86 + \square = 340$,
$\square + \square = 156$, $\square = 78$입니다.
따라서 소율이의 수학 점수는 $78 + 5 = 83$(점)입니다.

채점 기준	
상	풀이 과정을 완성하여 소율이의 수학 점수는 몇 점인지 구한 경우
중	풀이 과정을 완성했지만 일부가 틀린 경우
하	답만 쓴 경우

09 (남학생 12명의 키의 합) $= 144 \times 12 = 1728$ (cm)
(여학생 8명의 키의 합) $= 146.5 \times 8 = 1172$ (cm)
➡ (찬수네 반 전체 학생 키의 평균)
$= (1728 + 1172) \div (12 + 8)$
$= 2900 \div 20 = 145$ (cm)

10 (모둠 전체의 기록의 합) $= 9 \times 15 = 135$(개)
(여학생 9명의 기록의 합) $= 7 \times 9 = 63$(개)
(남학생 6명의 기록의 합) $= 135 - 63 = 72$(개)
➡ (남학생 6명의 기록의 평균) $= 72 \div 6 = 12$(개)

11 (처음 자동차 수의 평균) $= (84 + 62 + 75 + 43) \div 4$
$= 264 \div 4 = 66$(대)
늘어난 3층의 자동차 수를 $\square$대라 하면
$(84 + 62 + \square + 43) \div 4 = 66 + 4$,
$189 + \square = 280$, $\square = 91$ ➡ 91대

12 (100명 전체의 점수의 합)
$= 70.52 \times 100 = 7052$(점)
(불합격한 사람 수) $= 100 - 20 = 80$(명)
(불합격한 사람의 점수의 합)
$= 69.4 \times 80 = 5552$(점)
따라서 합격한 사람의 점수의 합이
$7052 - 5552 = 1500$(점)이므로 합격한 사람의 점수의 평균은 $1500 \div 20 = 75$(점)입니다.

14 ㉠ 하마가 날 수 있을 가능성은 '불가능하다'이고, 수로 표현하면 0입니다.
㉡ 물이 든 컵을 뚜껑 없이 거꾸로 들면 물이 쏟아질 가능성은 '확실하다'이고, 수로 표현하면 1입니다.

15 상자에 2가 적힌 공만 들어 있으므로 꺼낸 공에 2가 적혀 있지 않을 가능성은 '불가능하다'입니다. ➡ 0

16 공에 적힌 수가 모두 1이 아니므로 꺼낸 공에 1이 적혀 있지 않을 가능성은 '확실하다'입니다. ➡ 1

17 화살이 빨간색에 멈출 가능성이 가장 크기 때문에 회전판에서 가장 넓은 부분에 빨간색을 색칠하면 됩니다. 화살이 주황색에 멈출 가능성이 초록색에 멈출 가능성의 2배이므로 가장 좁은 부분에 초록색을 색칠하고, 초록색을 색칠한 부분보다 2배 넓은 부분에 주황색을 색칠하면 됩니다.

18 가능성을 말로 표현하면 다음과 같습니다.
㉠ ~아닐 것 같다   ㉡ 불가능하다
㉢ ~일 것 같다
따라서 일이 일어날 가능성이 가장 큰 것은 ㉢입니다.

채점 기준	
상	풀이 과정을 완성하여 일이 일어날 가능성이 가장 큰 것을 찾아 기호를 쓴 경우
중	풀이 과정을 완성했지만 일부가 틀린 경우
하	답만 쓴 경우

19 만들 수 있는 두 자리 수는 12, 17, 21, 27, 71, 72로 모두 6개이고 이 중에서 25보다 큰 수는 27, 71, 72로 3개이므로 가능성을 수로 표현하면 $\frac{1}{2}\left(= \frac{3}{6}\right)$입니다.

20 ㉠ 주사위의 눈의 수 중 4의 약수인 경우는 1, 2, 4 이므로 눈의 수가 4의 약수로 나올 가능성은 '반반이다'입니다. ➡ $\frac{1}{2}\left(= \frac{3}{6}\right)$
㉡ 주사위의 눈의 수 중 7의 배수인 경우는 없으므로 눈의 수가 7의 배수로 나올 가능성은 '불가능하다'입니다. ➡ 0
㉢ 주사위의 눈의 수는 모두 1 이상 6 이하인 수이므로 눈의 수가 1 이상 6 이하로 나올 가능성은 '확실하다'입니다. ➡ 1
따라서 $0 < \frac{1}{2} < 1$이므로 ㉡ < ㉠ < ㉢입니다.

사회

1 옛사람들의 삶과 문화

1 나라의 등장과 발전

핵심 자료 ●137쪽●

1-1 고조선 1-2 농업 2-1 백제
2-2 × 2-3 장수왕
2-4 (진흥왕) 순수비 2-5 ○
3-1 고구려 3-2 (경주) 첨성대

확인 평가 ●138~139쪽●

01 ④ 02 ②, ④ 03 ⑩ 한반도와 그 주변 지역에 나라를 건국하였습니다. 04 (1) ㉠
(2) ㉢ (3) ㉢ 05 ㉢ → ㉠ → ㉢ 06 ④
07 김유신 08 ⑤ 09 발해 10 ⑤
11 ⑩ 발해 문화는 고구려 문화의 영향을 받았습니다.

01 ④ 고조선은 우수한 청동기 문화를 바탕으로 세력을 키웠습니다.

03 주몽은 고구려를, 온조는 백제를, 박혁거세는 신라를 건국한 인물입니다.

채점 기준	
상	한반도와 그 주변 지역에 나라를 건국하였다고 쓴 경우
중	나라를 건국하였다고만 쓴 경우

05 삼국은 '㉢ 4세기 백제 근초고왕 때 → ㉠ 5세기 고구려 광개토 대왕과 장수왕 때 → ㉢ 6세기 신라 진흥왕 때'의 순서로 전성기를 맞이하였습니다.

06 경주 첨성대와 황남 대총 금관은 신라의 대표적인 문화유산입니다.

07 김유신이 이끄는 신라군은 당군과 합세하여 백제와 고구려를 차례로 멸망시켰습니다.

08 신라의 삼국 통일 과정은 '⑤ 신라와 당의 연합 → ②
백제 멸망 → ③ 고구려 멸망 → ④ 신라와 당의 전쟁
→ ① 신라의 삼국 통일'의 순서로 전개되었습니다.

09 발해는 대조영이 동모산 근처에서 건국한 나라입니다.

10 당은 발해를 '바다 동쪽에 있는 크게 번성한 나라'라는 뜻에서 '해동성국'이라고 불렀습니다.

11

채점 기준	
상	발해 문화는 고구려 문화의 영향을 받았다고 쓴 경우
중	발해 문화가 고구려 문화와 비슷하다고만 쓴 경우

2 독창적 문화를 발전시킨 고려

핵심 자료 ●141쪽●

1-1 태조 왕건 1-2 불교 2-1 강동 6주
2-2 × 2-3 강감찬 2-4 천리장성
3-1 몽골 3-2 상감 3-3 ×

확인 평가 ●142~143쪽●

01 ① 02 ㉠ → ㉢ → ㉢ → ㉢ 03 ⑩ 북진 정책을 추진하였습니다. 불교를 장려하였습니다. 호족을 자기편으로 만드는 동시에 적절히 견제하였습니다. 백성의 세금을 줄여 주었습니다. 04 서희
05 ⑤ 06 ① 07 도현 08 ②, ⑤
09 삼별초 10 ⑩ 황룡사 9층 목탑과 초조대장경
등이 불타 버렸습니다. 국토가 황폐해졌습니다. 수많은 사람이 죽거나 몽골에 포로로 끌려갔습니다.
11 ⑤ 12 ⑤

02 고려의 후삼국 통일 과정은 '㉠ 왕건의 고려 건국
→ ㉢ 후백제 견훤이 고려로 넘어왔음. → ㉢ 신라 경순왕이 나라를 넘겨주었음. → ㉢ 후삼국 통일'의 순서로 전개되었습니다.

03 이 밖에 태조 왕건은 옛 발해의 유민을 받아들였습니다.

채점 기준		
상		태조 왕건이 실시한 정책을 두 가지 모두 알맞게 쓴 경우
중		태조 왕건이 실시한 정책을 한 가지만 쓴 경우

04 거란의 1차 침입 당시 서희는 거란의 침략 의도를 알아채고 거란의 소손녕과 외교 담판을 벌였습니다.

07 별무반은 여진을 정벌하기 위해 윤관의 건의로 조직된 특수 부대입니다.

08 고려 정부는 몽골의 침입에 맞서 개경에서 강화도로 수도를 옮겼으며, 처인성, 충주성 등에서 몽골에 맞서 싸웠습니다. ①은 여진의 침입, ④는 거란의 침입에 대한 고려의 대응입니다. ③은 청의 침입에 대한 조선의 대응입니다.

10 이 밖에도 고려는 몽골이 세운 나라인 원의 간섭을 받게 되었습니다.

채점 기준	
상	예시 답안의 내용 중 한 가지를 알맞게 쓴 경우
중	큰 피해를 입었다고만 쓴 경우

11 팔만대장경은 우수성을 인정받아 유네스코 세계 기록 유산으로 지정되었으며, 이를 보관하는 합천 해인사 장경판전도 유네스코 세계 유산에 지정되었습니다.

12 『직지심체요절』은 오늘날 남아 있는 금속 활자로 인쇄된 책 중 가장 오래된 것으로, 프랑스 국립 도서관에 보관되어 있습니다.

❸ 민족 문화를 지켜 나간 조선

핵심 자료
•145쪽•

1-1 경복궁   1-2 숭례문   1-3 ○
2-1 장영실   2-2 앙부일구   2-3 ✕
3-1 신분   3-2 ✕   3-3 양반

확인 평가
•146~147쪽•

01 신진 사대부   **02** ㉠ → ㉡ → ㉣ → ㉢
03 ⑤   **04** ④   **05** 예 백성이 글자를 몰라 어려움을 겪는 것을 안타깝게 여겼기 때문입니다.
06 ②   **07** 임진왜란   **08** ⑤
09 (1) ㉡ (2) ㉠   **10** ⑤   **11** ①
12 예 조선과 청이 신하와 임금의 관계를 맺었습니다. 조선의 왕자, 신하 등이 청에 인질로 끌려갔습니다.

01 신진 사대부는 고려 말에 성장한 세력으로, 외적의 침입을 물리치는 과정에서 성장한 이성계 등의 신흥 무인 세력과 손을 잡고 고려 사회의 문제점을 해결하려고 하였습니다.

03 집현전은 세종 대에 운영된 기관으로, 학자들은 이곳에서 학문과 정책을 연구하였습니다.

04 세종 대에는 자격루, 혼천의, 앙부일구 등 다양한 과학 기구가 만들어졌습니다. ④ 경주 첨성대는 신라 시대의 문화유산입니다.

05

채점 기준	
상	백성이 글자를 몰라 어려움을 겪는 것을 안타깝게 여겼기 때문이라고 쓴 경우
중	백성들의 생활에 도움을 주기 위해서라고만 쓴 경우

06 중인은 관청에서 통역을 하거나 병을 치료하는 등 다양한 분야에서 일을 하였습니다.

08 이순신은 임진왜란 당시 옥포, 한산도, 명량, 노량 등에서 일본의 수군을 상대로 큰 승리를 거두었습니다.

10 광해군은 조선이 다시 전쟁에 휘말리는 것을 막기 위해 명과 후금 사이에서 중립 외교를 펼쳤습니다.

11 서울 삼전도비는 조선이 삼전도에서 청에 항복한 이후 세워진 비석으로, 병자호란과 관련이 있습니다.

12 병자호란의 결과 조선은 청과 신하와 임금의 관계를 맺게 되었으며, 조선의 왕자, 신하 등이 청에 인질로 끌려가게 되었습니다.

채점 기준	
상	병자호란의 결과를 두 가지 모두 알맞게 쓴 경우
중	병자호란의 결과를 한 가지만 쓴 경우

단원 평가 기본
•148~151쪽•

01 ⑤   **02** ③   **03** 예 영토를 크게 넓혀 한강 유역을 차지하였습니다.   **04** ③
05 ②   **06** (경주) 첨성대   **07** ⑤
08 ②   **09** 서연   **10** ⑤   **11** ㉣ → ㉢ → ㉡ → ㉠   **12** 강화도   **13** ③   **14** (1) 합천 해인사 장경판전 (2) 예 부처의 힘으로 몽골의 침입을 막아 내기 위해서입니다.   **15** ③
16 ③   **17** ⑤   **18** ④   **19** 예 조선이 다시 전쟁에 휘말리는 것을 막기 위해서입니다.
20 ③

02 신라 진흥왕은 한강 유역을 차지하고 대가야를 정복하는 등 영토를 넓혀 6세기에 전성기를 이끌었습니다.

03 삼국은 전성기에 영토를 크게 넓히고, 한강 유역을 차지하였습니다.

채점 기준	
상	영토를 크게 넓혀 한강 유역을 차지하였다고 쓴 경우
중	영토 확장 또는 한강 유역 차지 중 한 가지만 쓴 경우

04 김춘추는 백제의 공격으로 위기에 빠진 신라를 구하기 위해 고구려에 도움을 요청하였으나 거절당하였습니다. 이후 당으로 건너가 당과 연합을 맺는 데 성공하였습니다.

05 신라의 삼국 통일 과정은 '㉠ 신라와 당의 연합 → ㉢ 백제와 고구려 멸망 → ㉣ 신라와 당의 전쟁 → ㉡ 신라의 삼국 통일'의 순서로 전개되었습니다.

07 고구려 출신 대조영은 고구려 유민과 일부 말갈족을 이끌고 동모산 근처에 발해를 세웠습니다.

09 서연 - 태조 왕건은 절을 짓고 불교 행사를 여는 등 불교를 장려하였습니다.

10 거란의 1차 침입 때 거란은 송을 공격하기 전에 고려를 자기편으로 만들기 위해 고려에 침입하였습니다.

11 거란의 침입과 극복 과정은 '㉣ 고려의 강동 6주 획득 → ㉢ 양규의 활약 → ㉡ 강감찬의 귀주 대첩 → ㉠ 천리장성 축조'의 순서로 전개되었습니다.

12 고려는 몽골의 침입 이후 도읍을 강화도로 옮기고 몽골과 싸울 준비를 하였습니다.

14	채점 기준
상	(1)에 합천 해인사 장경판전을 쓰고, (2)에 부처의 힘으로 몽골의 침입을 막아 내기 위해서라고 쓴 경우
중	(1)에 합천 해인사 장경판전을 쓰고, (2)에 몽골의 침입을 막아 내기 위해서라고만 쓴 경우
하	(1)에 합천 해인사 장경판전만 쓴 경우

17 ㉠은 해의 그림자를 관측하여 시간을 재는 해시계인 앙부일구, ㉡은 비가 내린 양을 측정하는 측우기에 대한 설명입니다.

18 의병은 임진왜란 때 전국 각지에서 일어나 익숙한 지리를 활용하여 일본군에 큰 피해를 주었습니다.

19	채점 기준
상	조선이 다시 전쟁에 휘말리는 것을 막기 위해서라고 쓴 경우
중	조선을 지키기 위해서라고만 쓴 경우

20 병자호란의 결과 조선과 청이 신하와 임금의 관계를 맺었으며, 조선의 왕자, 신하 등이 청에 인질로 끌려갔습니다.

단원평가 실전 ●152~155쪽●

01 ② **02** 예 고조선이 농업을 중요하게 생각하였음을 알 수 있습니다. **03** ㉠ 주몽, ㉡ 백제
04 ②, ④ **05** ③ **06** ① **07** ㉠, ㉡
08 ① **09** ②, ⑤ **10** 귀주 대첩
11 ㉡ → ㉠ → ㉢ → ㉣ **12** ④ **13** ④
14 한양 **15** 예 유교 사상에 따라 위치와 이름이 정해졌습니다. **16** ㉡, ㉢ **17** ①
18 예 법적으로 양인과 천인으로 나뉘었으나, 실제로는 양반, 중인, 상민, 천민으로 구분되었습니다.
19 ① **20** ㉢ → ㉠ → ㉣ → ㉡

02	채점 기준
상	고조선이 농업을 중요하게 생각하였음을 알 수 있다고 쓴 경우
중	고조선에서 농업을 하였다는 것을 알 수 있다고만 쓴 경우

03 주몽의 아들 온조는 한강 유역에서 백제를 건국하였습니다.

04 고구려는 광개토 대왕 때 요동 지역을 차지하고, 신라를 도와 신라에 침입한 왜를 물리쳤습니다. ①은 신라 진흥왕, ③, ⑤는 고구려 장수왕과 관련된 설명입니다.

05 가야 사람들은 질 좋고 풍부한 철을 바탕으로 철로 만든 갑옷 등의 무기와 덩이쇠 등을 만들었습니다.

07 ㉢ 발해는 스스로 고구려를 계승한 국가임을 내세웠습니다. ㉣은 신라에 대한 설명입니다.

08 고려의 후삼국 통일 과정은 '왕건의 고려 건국 → 후백제의 견훤이 왕위 다툼을 피해 고려에 넘어왔음. → 신라의 경순왕이 고려에 나라를 넘겨주었음. → 후삼국 통일'의 순서로 전개되었습니다.

09 거란의 1차 침입 때 서희가 거란의 장수 소손녕과 외교 담판을 벌여 송과의 관계를 끊기로 약속하고 압록강 동쪽의 강동 6주를 얻었습니다.

11 몽골의 침입과 고려의 대응 과정은 'ⓛ 몽골 사신의 사망 → ㉠ 강화 천도 → ㉢ 개경 환도 → ㉣ 삼별초의 저항'의 순서로 전개되었습니다.

12 고려청자는 엷고 푸른 색을 띠는 청자로, 상감 기법, 푸른빛을 내는 기법 등 뛰어난 기술이 돋보이는 고려의 문화유산입니다.

13 『직지심체요절』은 현재 남아 있는 금속 활자로 인쇄된 책 중 가장 오래된 것입니다. ①『직지심체요절』은 금속 활자로 인쇄된 책입니다. ②, ⑤는 팔만대장경, ③은 황룡사 9층 목탑과 초조대장경 등에 대한 설명입니다.

15 정도전 등은 유교 사상에 따라 숭례문, 종묘 등 한양의 주요 건물의 위치와 이름을 정하였습니다.

채점 기준	
상	유교 사상에 따라 위치와 이름이 정해졌다고 쓴 경우
중	유교 사상에 따라 만들어졌다고 쓴 경우
하	한양에 위치한 건물이라고만 쓴 경우

16 ㉠ 중립 외교를 펼친 것은 광해군입니다. ㉣ 세계 최초로 금속 활자를 발명한 것은 고려 시대입니다.

17 ㉠은 세종 대에 편찬된 『농사직설』, ㉡은 백성들이 일상생활에서 유교 윤리를 실천할 수 있도록 한 『삼강행실도』에 대한 설명입니다.

채점 기준	
상	법적으로 양인과 천인으로 나뉘었으나, 실제로는 양반, 중인, 상민, 천민으로 구분되었다고 쓴 경우
중	법적으로 양인과 천인으로 구분되었다고만 쓴 경우
하	법적인 구분과 실제적인 구분이 달랐다고만 쓴 경우

19 1592년 일본군이 명으로 가는 길을 내어 달라는 구실로 조선에 쳐들어오면서 시작된 전쟁은 임진왜란입니다. ① 고려의 승려 김윤후는 처인성과 충주성에서 몽골군을 크게 물리쳤습니다.

20 병자호란의 과정은 'ⓒ 청이 조선에 임금과 신하의 관계 요구 → ㉠ 인조와 신하들이 남한산성으로 피신 → ㉣ 신하들이 청과 싸우자는 입장과 화해하자는 입장으로 대립 → ㉡ 인조의 항복'의 순서로 전개되었습니다.

② 사회의 새로운 변화와 오늘날의 우리

❶ 새로운 사회를 향한 움직임

핵심 자료 ●157쪽●

1-1 ○	1-2 탈놀이	1-3 풍속화
2-1 일본	2-2 ○	2-3 ✕
3-1 전봉준	3-2 ✕	

확인 평가 ●158~159쪽●

01 ③   02 예 정치적, 군사적, 상업적 기능을 갖춘 중심지로 만들기 위해서입니다.   03 ⑴ ㉡ ⑵ ㉠   04 서민 문화   05 ①   06 ①   07 ①   08 강화도 조약   09 예 조선이 외국과 맺은 최초의 근대적 조약이지만, 불평등한 조약이었습니다.   10 ①   11 ④   12 ④

01 ③ 규장각을 설치하여 젊고 능력 있는 학자들이 나랏일과 관련한 학문을 연구할 수 있도록 한 것은 정조입니다.

02

채점 기준	
상	정치적, 군사적, 상업적 기능을 갖춘 중심지로 만들기 위해서라고 쓴 경우
중	새로운 중심지를 만들기 위해서라고만 쓴 경우

03 김정호는 우리나라의 산, 강, 도로 등을 정밀하게 표현한 「대동여지도」를 만들었습니다. 유득공은 발해의 역사를 연구하여 발해가 고구려를 계승한 나라임을 밝혔습니다.

05 제시된 풍속화는 김홍도의 「서당도」입니다. 김홍도는 조선 후기의 대표적인 풍속화가로, 당시 사람들의 생활 모습을 재미있고 생동감 있게 표현하였습니다.

06 ① 탕평비를 세운 것은 영조입니다.

09 강화도 조약은 조선이 외국과 맺은 최초의 근대적 조약이었지만, 조선에 불평등한 내용을 담고 있다는 문제점이 있었습니다.

채점 기준	
상	'최초의 근대적 조약'과 '불평등한 조약'을 포함하여 강화도 조약의 성격을 한 문장으로 알맞게 쓴 경우
중	'최초의 근대적 조약'과 '불평등한 조약' 중 한 가지만 쓴 경우

10 갑신정변은 새로운 정부를 구성하여 근대적 개혁을 추진하고자 한 김옥균 등의 급진 개화파가 우정총국 개국 축하 잔치를 기회로 정변을 일으킨 사건입니다.

11 전봉준은 동학 농민 운동을 이끈 지도자로, 동학 농민 운동이 실패한 이후 체포되어 처형되었습니다.

12 고부 군수의 횡포에 맞서 일어난 동학 농민 운동은 동학 농민군이 우금치 전투에서 패배하면서 끝났습니다.

❷ 일제의 침략과 광복을 위한 노력

핵심 자료 ●161쪽●

1-1 을사늑약 1-2 ○ 2-1 조선 총독부
2-2 ○ 2-3 토지 조사 사업
3-1 안창호 3-2 신흥 강습소

확인 평가 ●162~163쪽●

01 을미사변 02 ㉠, ㉢ 03 ② 04 예 을사늑약이 무효임을 전 세계에 알리기 위해서였습니다.
05 ④ 06 가영 07 (1) ㉠ (2) ㉡
08 ④ 09 ③, ⑤ 10 예 국내에서 학생들을 중심으로 일어난 독립운동입니다. 11 ⑤
12 신채호

01 고종과 명성 황후가 러시아의 힘을 빌려 일본의 간섭에서 벗어나려고 하자, 일본은 을미사변을 저질렀습니다.

02 독립 협회는 독립문을 세워 자주독립의 의지를 드러냈으며, 만민 공동회를 개최하였습니다. ㉡은 흥선 대원군, ㉣은 고종이 한 일입니다.

03 ②『독립신문』은 서재필이 정부의 지원을 받아 창간한 신문입니다.

04

채점 기준	
상	을사늑약이 무효임을 전 세계에 알리기 위해서라고 쓴 경우
중	을사늑약이 강제로 체결되었다는 것을 알리기 위해서라고만 쓴 경우

05 항일 의병 운동은 을미사변과 단발령, 을사늑약 체결, 대한 제국의 군대 해산에 대한 반발로 일어났습니다.

08 3·1 운동은 1919년 3월 1일 서울에서 시작되어 여러 계층이 참여하는 전 민족적인 운동으로 발전하였습니다.

09 3·1 운동 이후 중국 상하이에서 수립된 대한민국 임시 정부는 비밀 연락망을 통해 국내외의 소식을 주고받았으며, 흩어져 있던 독립군을 모아 한국광복군을 창설하였습니다.

10 3·1 운동 이후 국내에서는 6·10 만세 운동과 광주 학생 항일 운동 등 학생들이 중심이 된 독립운동이 일어났습니다.

채점 기준	
상	국내에서 학생들을 중심으로 일어난 독립운동이라고 쓴 경우
중	국내에서 일어난 독립운동이라고만 쓴 경우

12 신채호는 일제의 역사 왜곡에 맞서 우리 역사를 연구하였습니다.

❸ 대한민국 정부의 수립과 6·25 전쟁

핵심 자료 ●165쪽●

1-1 김구 1-2 이승만 2-1 ○
2-2 제헌 헌법 3-1 ○ 3-2 정전 협정

확인 평가 ●166~167쪽●

01 ㉠ 여운형, ㉡ 김구 02 ③ 03 ④
04 미소 공동 위원회 05 ① 06 예 나라 이름을 '대한민국'으로 정하였습니다. 제헌 헌법을 공포하였습니다. 07 국민 08 ①
09 ① 10 ㉠ → ㉣ → ㉡ → ㉢ 11 ④

01 광복 이후 국내에서는 여운형을 중심으로 건국을 준비하는 단체가 만들어졌고, 이승만과 김구 등 해외에서 활동하던 독립운동가들이 귀국하였습니다.

03 모스크바 3국 외상 회의에서는 한반도에 임시 민주 정부를 수립하고, 최대 5년 동안 신탁 통치를 실시하기로 결정하였습니다.

05 국제 연합(UN)이 남한에서만 총선거를 하기로 결정하자, 김구는 남한 단독 정부 수립에 반대하였습니다.

06 5·10 총선거에 따라 구성된 제헌 국회는 나라 이름을 '대한민국'이라고 정하고, 제헌 헌법을 제정·공포하였습니다.

채점 기준	
상	제헌 국회에서 한 일을 두 가지 모두 알맞게 쓴 경우
중	제헌 국회에서 한 일을 한 가지만 쓴 경우

07 우리나라의 제헌 헌법은 대한민국이 대한민국 임시 정부를 계승하였고, 나라의 최고 권력인 주권이 국민에게 있음을 명시하고 있습니다.

08 '① 5·10 총선거 → ② 제헌 국회 구성 → ③ 제헌 헌법 공포 → ④ 이승만 대통령 선출 → ⑤ 대한민국 정부 수립'의 과정을 거쳐 대한민국 정부가 수립되었습니다.

10 6·25 전쟁은 '㉠ 북한군의 남침 → ㉣ 국군과 국제 연합군의 반격 → ㉢ 중국군의 개입 → ㉢ 정전 협정 체결'의 순서로 전개되었습니다.

11 ④ 6·25 전쟁으로 전쟁 중에 가족과 헤어져 만나지 못하는 이산가족과 부모를 잃은 전쟁고아가 많이 생겨났습니다.

단원평가 **기본** ●168~171쪽●

01 ⑤　　　02 ④　　　03 실학　　　04 예 농업
과 상업이 발달하여 경제적 여유가 생긴 사람들이
늘어났기 때문입니다.　05 ②, ③　　06 ③, ⑤
07 ⑤　　　08 ②　　　09 ②　　　10 예 하얼빈
역에서 이토 히로부미를 처단하였습니다.
11 조선 총독부　　　12 ④　　　13 ㉠, ㉢, ㉣
14 ②, ③　　　15 ①　　　16 ⑴ 모스크바 3국 외상
회의　⑵ 예 한반도에 임시 민주 정부 수립, 미소 공
동 위원회 구성, 최대 5년간 신탁 통치 실시를 결정
하였습니다.　17 ④　　　18 ㉠ → ㉢ → ㉡ → ㉣
19 ④　　　20 이산가족

01 영조는 붕당에 관계없이 능력에 따라 인재를 뽑는 탕평책을 실시하였으며, 성균관 앞에 탕평비를 세워 탕평책의 내용을 널리 알렸습니다.

02 ④ 청계천을 정비한 것은 영조가 추진한 정책입니다.

04

채점 기준	
상	농업과 상업이 발달하여 경제적 여유가 생긴 사람들이 늘어났기 때문이라고 쓴 경우
중	농업과 상업이 발달하였기 때문이라고만 쓴 경우

05 흥선 대원군은 양반에게도 군포를 내게 하고, 서원을 정리하여 일부만 남기도록 하였습니다. ①은 광해군, ④는 영조, ⑤는 세종이 추진한 정책입니다.

06 병인양요와 신미양요는 프랑스와 미국이 통상을 요구하며 강화도를 침략한 사건으로, 흥선 대원군은 두 차례의 양요를 겪은 이후 척화비를 세웠습니다.

07 동학 농민 운동은 안으로는 양반 중심의 신분 질서를 개혁하고, 밖으로는 외세의 침략을 물리쳐 나라를 지키고자 하였습니다.

09 을사늑약이 체결된 이후 항일 의병 운동이 일어났으며, 고종은 헤이그 특사를 파견하였습니다. ②는 을사늑약 체결 이전의 모습입니다.

10

채점 기준	
상	하얼빈역에서 이토 히로부미를 처단하였다고 쓴 경우
중	일본인을 처단하였다고만 쓴 경우

12 ④ 3·1 운동은 우리 민족의 독립 의지를 세계에 알렸으나, 3·1 운동 이후에도 우리나라는 일제의 지배를 받았습니다.

13 대한민국 임시 정부는 독립운동 자금을 모으고, 국내외를 잇는 비밀 연락망을 조직하여 독립운동을 체계적으로 지휘하고자 하였습니다. 한편, 김구는 대한민국 임시 정부의 활동에 활기를 불어넣기 위해 한인 애국단을 조직하여 의거 활동을 벌였습니다.

14 만주의 독립군은 봉오동 전투, 청산리 대첩 등에서 일본군을 크게 무찔렀습니다.

15 일본이 연합국에 항복하면서 우리나라는 광복을 맞이하였습니다. ① 광복 이후 한반도에 남아 있던 일본군의 무장 해제를 위해 소련군과 미군이 우리나라에 들어오게 되었습니다.

16

채점 기준	
상	⑴에 모스크바 3국 외상 회의를 쓰고, ⑵에 모스크바 3국 회의에서 결정된 내용 두 가지를 모두 알맞게 쓴 경우
중	⑴에 모스크바 3국 외상 회의를 쓰고, ⑵에 모스크바 3국 회의에서 결정된 내용 중 한 가지만 쓴 경우
하	⑴에 모스크바 3국 외상 회의만 쓴 경우

17 이승만은 남한만이라도 빨리 정부를 세워야 한다고 주장하였고, 김구는 남한만의 총선거에 반대하여 평양에서 북한 지도자를 만나 통일 정부 수립을 논의하였습니다.

19 1950년 6월 25일 북한이 남침하여 서울을 함락하였으나, 국군과 국제 연합군은 인천 상륙 작전에 성공하여 서울을 되찾았습니다.

단원평가 실전 ●172~175쪽●

01 ③, ④　　02 예 학자들에게 학문 및 정책을 연구하도록 하기 위해 규장각을 설치하였습니다.
03 ④　　04 탈놀이　　05 ①　　06 예 서양과 교류하지 않겠다는 의지를 보여 주기 위해서입니다.
07 ㄴ, ㄷ, ㄹ　　　　08 아관 파천
09 ④　　10 ③　　11 ②　　12 예 다양한 계층이 참여한 전 민족적인 운동이었습니다.
13 조선어 학회　　14 ④　　15 ㄴ, ㄹ
16 ⑤　　　17 ①, ⑤　　18 국제 연합(UN)
19 ②　　20 유정

01 영조는 청계천 정비, 신문고 재설치 등의 정책을 추진하였습니다. ①은 흥선 대원군, ②, ⑤는 정조가 추진한 정책입니다.

02

채점 기준	
상	학자들에게 학문 및 정책을 연구하도록 하기 위해서라고 쓴 경우
중	학자들을 육성하기 위해서라고만 쓴 경우

03 실학자들은 토지 제도 개혁, 청의 문물 수용, 상공업 발전 등을 주장하였습니다.

05 ① 세도 정치 시기에는 왕실과 혼인 관계를 맺은 가문들이 권력을 독점하면서 왕권이 약화되었습니다.

06 흥선 대원군은 두 차례의 양요를 겪은 이후 서양과 교류하지 않겠다는 의지를 담아 전국에 척화비를 세웠습니다.

채점 기준	
상	서양과 교류하지 않겠다는 의지를 보여 주기 위해서라고 쓴 경우
중	서양에 대한 경계심이 높아졌기 때문이라고만 쓴 경우

07 강화도 조약에는 일본인이 조선의 해안을 자유롭게 측량할 수 있고, 일본인이 조선에서 죄를 지어도 조선의 법으로 처벌할 수 없는 등 불평등한 내용이 담겨 있었습니다.

09 일본은 을사늑약을 강제로 체결하여 대한 제국의 외교권을 빼앗았습니다.

10 항일 의병 운동은 을미사변과 단발령, 을사늑약, 대한 제국 군대 해산에 반발하여 순차적으로 일어났습니다.

12 3·1 운동에는 학생, 상인, 노동자, 농민 등 다양한 계층이 참여하였습니다.

채점 기준	
상	다양한 계층이 참여한 전 민족적인 운동이었다고 쓴 경우
중	전 민족적인 운동이었다고만 쓴 경우

13 조선어 학회는 「한글 맞춤법 통일안」을 발표하였고, 우리말 『큰사전』 편찬을 위해 노력하는 등의 활동을 하였습니다.

14 김구, 김규식, 이승만은 모두 해외에 머물고 있다가 조국의 광복 소식을 듣고 귀국하였습니다.

15 한반도의 임시 정부 수립과 신탁 통치 문제 등을 논의하기 위해 미소 공동 위원회가 개최되었습니다.

16 국제 연합(UN)은 남북한 총선거로 한반도에 통일된 정부를 수립하기로 결정하였으나, 소련과 북한이 유엔 한국 임시 위원단의 입국을 거부하며 국제 연합의 결정에 반대하면서 선거가 가능한 남한에서만의 총선거가 결정되었습니다.

17 5·10 총선거를 통해 구성된 제헌 국회는 나라 이름을 '대한민국'으로 정하고, 제헌 헌법을 공포하였습니다.

18 국제 연합(UN)은 16개국이 참여한 국제 연합군을 파병하고 물자를 지원하는 등 6·25 전쟁 과정에서 우리나라에 도움을 주었습니다.

19 인천 상륙 작전으로 국군과 국제 연합군이 압록강 근처까지 진격하였으나, 중국군이 북한을 돕기 위해 전쟁에 개입하면서 서울을 빼앗기고 다시 후퇴하게 되었습니다.

20 6·25 전쟁으로 전 국토가 황폐해졌으며, 수많은 인명 피해가 발생하였고, 이산가족과 전쟁고아가 생겨났습니다.

과학

1 재미있는 나의 탐구

01 탐구 문제는 탐구 내용이 잘 드러나야 하고, 우리 스스로 탐구할 수 있어야 하며, 필요한 준비물을 쉽게 구할 수 있어야 합니다.

02 청진기 연결관의 길이에 따른 소리의 크기를 탐구 문제로 정해야 합니다.

03 진동판의 재료 외의 조건은 모두 같게 합니다.

04 탐구 계획은 구체적이고 자세하게 세우며, 보완할 점이 있다면 그에 맞게 탐구 계획을 수정합니다.

05

채점 기준	
상	서현을 쓰고, 모둠원들이 역할 분담을 적절하게 해야 한다고 쓴 경우
하	서현만 쓴 경우

06 탐구 결과 진동판의 재료로 비닐 랩을 사용했을 때 소리의 세기가 가장 큽니다.

07 진동판의 재료만 다르게 하고, 그 외의 조건은 모두 같게 했습니다. 탐구 결과는 사실대로 빠짐없이 기록하고, 예상과 다르더라도 고치지 않습니다.

08 진동판에 비닐 랩을 사용하였을 때, 소리의 세기가 가장 크므로 두께가 얇고, 원래 모습을 잘 유지하는 재료의 소리가 크다는 것을 알 수 있습니다.

09 탐구 결과를 발표하는 방법에는 시청각 설명, 포스터 전시, 시연, 동영상 발표 등이 있습니다.

10 가장 먼저 탐구 문제를 정하고, 탐구 문제를 해결할 계획을 세운 뒤, 탐구 계획에 따라 탐구를 실행하고, 탐구 결과를 정리하여 발표합니다.

2 생물과 환경

01 학교 화단, 연못처럼 규모가 작은 생태계도 있고 숲, 하천, 갯벌, 바다처럼 규모가 큰 생태계도 있습니다.

02 비생물 요소는 햇빛, 물, 흙처럼 살아 있지 않은 것입니다.

03

채점 기준	
상	식물이 햇빛을 받아 양분을 만들어 자란다고 쓴 경우
중	식물은 햇빛을 받아 자란다고만 쓴 경우

04 가을이 되면 온도가 낮아져 식물 잎의 색깔이 변하고 낙엽이 집니다.

05 소나무는 생산자로 햇빛, 물 등을 이용해 필요한 양분을 스스로 만드는 생물이고, 오리는 소비자로 다른 생물을 먹이로 하여 양분을 얻는 생물입니다. 곰팡이는 분해자로 죽은 생물이나 배설물을 분해해 양분을 얻는 생물입니다.

06 먹이 그물은 생태계에서 여러 개의 먹이 사슬이 얽혀 그물처럼 연결된 것입니다.

07 매는 개구리 대신 다른 먹이를 먹고 살 수 있습니다.

08 먹이 사슬은 생물의 먹고 먹히는 관계가 사슬처럼 연결된 것이고, 먹이 사슬과 먹이 그물은 모두 생물 사이의 먹고 먹히는 관계를 보여 줍니다.

09

채점 기준	
상	생태계를 구성하는 생물의 종류와 수 또는 양이 균형을 이루며 안정적인 상태를 유지한다고 쓴 경우
중	생태계를 구성하는 생물의 종류가 유지된다고만 쓴 경우

10 가뭄, 홍수, 태풍, 지진, 산불 등은 생태계 평형이 깨지는 원인 중 자연적인 요인입니다.

11 생물의 먹고 먹히는 관계는 생태계 평형이 깨지는 원인이 아닙니다.

12 사슴을 잡아먹는 늑대가 사라져 사슴의 수는 빠르게 늘어났고, 사슴의 먹이가 되는 강가의 풀과 나무의 양은 줄어들었습니다.

13 늑대를 다시 데려오면 늑대가 사슴을 잡아먹어 사슴의 수가 줄어들고 강가의 풀과 나무의 양은 늘어나므로 생태계 평형이 회복됩니다.

14 햇빛과 물을 준 콩나물(㉠)이 가장 잘 자랍니다.

15 햇빛이 잘 드는 곳에서 물을 준 콩나물이 가장 잘 자랐습니다.

채점 기준	
상	콩나물이 자라는 데 햇빛과 물이 영향을 준다고 쓴 경우
중	햇빛과 물의 영향 중 한 가지만 쓴 경우

16 대벌레의 가늘고 길쭉한 생김새는 주변 환경과 비슷해 몸을 숨기기에 유리합니다.

17 사막에서 사는 사막여우는 모래색 털이 모래가 많은 서식지 환경과 비슷해 몸을 숨기기 쉽습니다. 또, 귀가 몸통과 머리에 비해 커서 몸속의 열이 잘 배출되어 더운 환경에서 살아남기에 유리합니다.

18 대기 오염은 공기가 오염되는 것이고, 수질 오염은 물이 오염되는 것이며, 토양 오염은 땅이 오염되는 것입니다.

19 환경이 오염되어 깨진 생태계 평형을 다시 회복하려면 오랜 시간과 많은 노력이 필요합니다.

20 생태계를 보전하기 위해 일회용품 사용을 줄여야 합니다.

단원평가 실전 ●188~191쪽●

01 ㉠ 생물, ㉡ 비생물 **02** ① **03** ①
04 ② **05** ④ **06 예** 먹이 그물에서는 어느 한 종류의 먹이가 사라지더라도 다른 먹이를 먹고 살 수 있기 때문입니다. **07** 예나
08 예 사슴의 수는 늘어나고, 강가의 풀과 나무의 양은 줄어들 것입니다. **09** 평형 **10** ㉡, ㉢
11 ① **12** ①, ⑤ **13** 생김새 **14** ④
15 ㉠ **16** ㉠ **17 예** 모래색 털이 모래가 많은 서식지 환경과 비슷해 몸을 숨기기 쉽기 때문입니다. **18** ③ **19** ① **20** ④

01 생태계 구성 요소 중 살아 있는 것은 생물 요소이고, 살아 있지 않은 것은 비생물 요소입니다.

02 흙, 온도, 공기, 햇빛, 물은 비생물 요소이고, 세균, 매, 버섯, 노루, 곰팡이는 생물 요소입니다.

03 공기는 생물이 숨을 쉴 수 있게 해 줍니다.

04 토끼와 같이 다른 생물을 먹이로 하여 양분을 얻는 생물을 소비자라고 합니다.

05 개구리는 메뚜기를 먹고, 뱀은 개구리를 먹습니다. 메뚜기 수가 변하면 벼, 개구리, 뱀의 수도 변합니다.

06

채점 기준	
상	먹이 그물은 어느 한 종류의 먹이가 사라지더라도 다른 먹이를 먹고 살 수 있기 때문이라고 쓴 경우
중	다른 먹이를 먹고 살 수 있다고만 쓴 경우

07 먹이 그물이 먹이 사슬보다 생물이 살아가기에 더 유리합니다.

08

채점 기준	
상	사슴의 수와 강가의 풀과 나무의 양의 변화를 옳게 쓴 경우
중	사슴의 수와 강가의 풀과 나무의 양의 변화 중 하나만 옳게 쓴 경우

09 늑대가 사라진 뒤 국립 공원 생태계의 평형이 깨졌고, 늑대가 다시 나타난 뒤 국립 공원 생태계는 다시 평형을 찾았습니다.

10 생태계 평형을 회복하려면 오랜 시간과 많은 노력이 필요하고, 원래 상태로 돌아가지 못하기도 합니다.

11 ㉠ 콩나물은 떡잎 아래 몸통이 길게 자라고 ㉡ 콩나물은 떡잎 아래 몸통이 매우 가늘어지고 시듭니다. ㉠과 ㉡ 콩나물은 모두 햇빛을 받지 않아 떡잎이 그대로 노란색입니다.

12 햇빛을 받아 콩나물 떡잎이 연두색으로 변하고, 물을 주지 않아 떡잎 아래 몸통이 가늘어지고 시듭니다.

13 생물이 특정한 서식지에서 오랜 기간에 걸쳐 살아남기에 유리한 생김새와 생활 방식을 가지는 것을 적응이라고 합니다.

14 주변 환경과 몸 색깔이 다른 토끼는 환경에 적응된 예로 볼 수 없습니다.

15 공벌레가 몸을 오므리는 행동은 적의 공격으로부터 몸을 보호하기에 유리합니다.

16 털 색깔이 모래색과 비슷한 사막여우가 살아남기에 유리합니다.

17

	채점 기준
상	모래색 털이 모래가 많은 서식지 환경과 비슷해 몸을 숨기기 쉽다고 쓴 경우
하	모래색 털이기 때문이라고만 쓴 경우

18 오염된 환경은 회복되기 어렵습니다.

19 수질 오염으로 물을 마실 수 없습니다.

20 쓰레기 매립지의 생태계를 복원하기 위해서는 쓰레기 배출량을 줄여야 합니다.

❸ 날씨와 우리 생활

핵심 자료 ●────────●193쪽●

1-1 ×	1-2 76	1-3 낮아집니다
2-1 ×	2-2 ○	2-3 커져
3-1 고기압 / 저기압		3-2 ○
3-3 ×		

단원평가 기본 ────────●194~197쪽●

01 ②	02 ㉠ 건구 온도계, ㉡ 습구 온도계
03 ③	04 ③ 05 (1) 높기 (2) 예 제습

기를 이용하여 습도를 낮춥니다. 등 06 ③

07 ㉠	08 ⑤	09 ㉢, ㉣	10 비

11 ㉠ 비, ㉡ 비, ㉢ 눈 12 ③ 13 ㉠, 예 공기의 온도가 낮아지면 같은 크기의 공간에 있는 공기의 양이 많아져서 무거워지기 때문입니다.

14 ㉠, ㉢	15 ①	16 ①	17 ㉠, ㉢
18 ㉢	19 ①	20 ③	

01 공기 중에 수증기가 포함된 정도는 습도입니다.

02 ㉠은 건구 온도계, ㉡은 습구 온도계입니다.

03 건구 온도가 21 ℃, 건구 온도와 습구 온도의 차는 3 ℃입니다. 따라서 현재 습도는 75 %입니다.

04 습도가 낮으면 피부가 건조해지고 목이 따가워지며, 산불이 발생하기 쉽습니다.

05

	채점 기준
상	(1)에 높기라고 쓰고, (2)에 습도를 낮추는 방법을 옳게 쓴 경우
하	(1)에 높기만 쓴 경우

06 얼린 음료수 캔 때문에 주변의 온도가 낮아져 집기병 안에 있는 수증기가 응결하여 뿌옇게 흐려집니다.

07 집기병 안이 뿌옇게 흐려지는 현상은 공기 중의 수증기가 응결하여 작은 물방울로 지표면 근처에 떠 있는 안개와 비슷합니다.

08 이슬, 안개, 구름은 모두 공기 중의 수증기가 응결하여 만들어집니다.

09 페트리 접시를 여러 방향으로 기울이면 물방울이 서로 합쳐지면서 크기가 커지고, 커진 물방울이 아래로 떨어집니다.

10 구름을 이루는 작은 물방울이 서로 합쳐지면서 크기가 커져 무거워지면 아래로 떨어져 비가 됩니다.

11 구름을 이루는 작은 물방울이 서로 합쳐져서 무거워지면 아래로 떨어져 비가 되고, 구름 속 얼음 알갱이가 아래로 떨어지다가 녹아서 비가 되기도 합니다. 얼음 알갱이가 녹지 않고 그대로 떨어지면 눈이 됩니다.

12 따뜻한 공기는 차가운 공기보다 기압이 낮습니다.

13

	채점 기준
상	⊙을 쓰고, 공기의 온도가 낮아지면 같은 크기의 공간에 있는 공기의 양이 많아져서 무거워지기 때문이라고 쓴 경우
하	⊙만 쓴 경우

14 물 위의 공기는 모래 위의 공기보다 무겁고 온도가 낮습니다.

15 물 위는 고기압이 되고 모래 위는 저기압이 되어 공기가 물 위에서 모래 위로 이동합니다.

16 맑은 날 낮에는 바다에서 육지로 바람이 붑니다.

17 여름에는 남동쪽, 겨울에는 북서쪽에 있는 공기 덩어리의 영향을 받습니다.

18 ⊙은 겨울, ⓒ은 초여름, ⓒ은 봄과 가을, ㉣은 여름에 우리나라의 날씨에 영향을 줍니다.

19 북쪽에 있는 ⊙과 ⓒ은 차가운 성질, 남쪽에 있는 ⓒ과 ㉣은 따뜻한 성질을 가진 공기 덩어리입니다.

20 ⓒ은 차갑고 습한 성질이 있어 초여름에 장마가 발생하는 데 영향을 줍니다.

단원평가 실전
●198~201쪽●

01 ②	**02** 호연	**03** ⑤	**04** ①
05 ④	**06** 이슬	**07** ⊙ 수증기, ⓒ 응결	
08 민율	**09** ⓒ, ㉣	**10** ⑩ 구름을 이루는 얼음	

알갱이의 크기가 커져 무거워지면 아래로 떨어지는데, 이때 녹지 않고 그대로 떨어지면 눈이 됩니다.
11 ⊙ 고기압, ⓒ 저기압 **12** ⊙, ㉣ **13** ⑤
14 ③ **15** ⊙ 모래, ⓒ 물 **16** 모래, ⑩
모래 위의 공기가 물 위의 공기보다 온도가 높아져 물 위는 고기압이 되고, 모래 위는 저기압이 되기 때문입니다. **17** ⑩ 여름에는 남동쪽의 덥고 습한 공기 덩어리의 영향을 받기 때문입니다. **18** (다), (라)
19 예린 **20** ⓒ, ⓒ

01 건구와 습구 온도의 차이가 클수록 습도가 낮습니다.

02 건구 온도와 습구 온도를 모두 알고 있어야 습도표에서 습도를 구할 수 있습니다.

03 습도가 높으면 곰팡이가 잘 생깁니다.

04 습도가 높을 때 과자가 빨리 눅눅해지고 음식물이 쉽게 상하므로, 제습기를 사용하여 습도를 낮춥니다.

05 주변 온도가 낮아져 집기병 안의 수증기가 응결하여 뿌옇게 흐려지는 것은 안개와 비슷합니다.

06 열린 음료수 캔의 표면에 수증기가 응결하여 물방울이 맺히는 현상은 이슬이 만들어지는 것과 비슷합니다.

07 이슬, 안개, 구름은 모두 공기 중의 수증기가 응결해 나타나는 현상입니다.

08 안개는 지표면 근처에 떠 있습니다. 하늘 높이 떠 있는 것은 구름입니다.

09 비가 내리다가 지표면 근처에서 얼면 어는 비 또는 진눈깨비가 됩니다. 눈은 구름을 이루는 얼음 알갱이가 녹지 않고 그대로 떨어진 것입니다.

10

	채점 기준
상	구름을 이루는 얼음 알갱이가 무거워져 녹지 않고 그대로 떨어지면 눈이 된다고 쓴 경우
중	얼음 알갱이가 떨어지면 눈이 된다고만 쓴 경우

12 주변의 공기의 무게와 비교하여 고기압과 저기압으로 구분하며, 같은 부피일 때 차가운 공기가 따뜻한 공기보다 무거워 기압이 높습니다.

13 온도가 높아지면 같은 크기의 공간에 있는 공기의 양이 적어져서 가벼워집니다.

14 데워진 물과 모래 위의 기압 차이로 바람이 발생하고, 향 연기의 움직임을 통해 바람이 부는 방향을 확인하기 위한 실험입니다.

15 물과 모래를 같은 시간 동안 전등으로 가열하면 모래의 온도가 물의 온도보다 높아집니다.

16

	채점 기준
상	모래를 쓰고, 향 연기가 모래 쪽으로 움직인 까닭을 정확히 쓴 경우
하	모래만 쓴 경우

17

	채점 기준
상	여름에는 남동쪽의 덥고 습한 공기 덩어리의 영향을 받기 때문이라고 쓴 경우
중	덥고 습한 공기 덩어리의 영향이라고만 쓴 경우

18 바다를 덮고 있는 공기 덩어리는 습한 성질이 있습니다.

19 (가)는 여름 날씨에 영향을 주지 않습니다. 털모자와 털외투를 입는 겨울에는 차갑고 건조한 공기 덩어리인 (가)의 영향을 받습니다.

20 (가)는 북서쪽 대륙을 덮고 있는 공기 덩어리로, 우리나라의 겨울 날씨에 영향을 줍니다.

④ 물체의 운동

핵심 자료
• 203쪽 •

1-1 거리   1-2 ×   1-3 ○
2-1 40 km/h   2-2 깁니다   2-3 ×
3-1 교통안전 수칙
3-2 어렵고 / 큽니다   3-3 ○

단원평가 기본
• 204~207쪽 •

01 위치   **02** ③   **03** 세찬   **04** ①, ④
05 ㉡, ㉣   **06** 말   **07** 비행기, ㉎ 같은 시간 동안 이동한 거리가 길수록 빠른 물체입니다. 따라서 이동 거리가 가장 긴 비행기가 가장 빠릅니다.
08 ㉠ 이동 거리, ㉡ 걸린 시간   **09** ㉠, ㉣
10 ④   **11** ④   **12** (1) 45 (2) 50 (3) 80
13 기차   **14** 정국, 지민
15 태형, ㉎ 1 분 동안 240 m를 이동한 속력을 구하면 240 m/60 s = 4 m/s 입니다. 태형의 속력이 80 m/20 s = 4 m/s 이므로 태형의 속력과 같습니다.
16 속력   **17** ②   **18** ②   **19** 수연, ㉎ 인도에서는 공을 공 주머니에 넣고 들고 가야 합니다.
20 ④

01 시간이 지남에 따라 물체의 위치가 변할 때 물체가 운동한다고 합니다.

02 시간이 지님에 따라 위치가 변한 새와 사람은 운동을 했습니다.

03 사람은 1 초 동안 3 m - 1 m = 2 m 이동했습니다.

04 비행기가 이륙할 때는 점점 빨라지고, 착륙할 때는 점점 느려지는 운동을 합니다. 버스는 정거장에 들어올 때에는 느려지고, 출발할 때에는 빨라지는 운동을 합니다.

05 같은 거리를 이동하는 데 걸린 시간이 짧은 물체가 걸린 시간이 긴 물체보다 더 빠릅니다.

06 같은 시간 동안 긴 거리를 이동한 물체가 짧은 거리를 이동한 물체보다 빠르므로 치타, 타조, 말, 강아지 순서로 빠릅니다.

07

	채점 기준
상	비행기를 쓰고, 같은 시간 동안 이동한 거리가 길수록 빠른 물체이기 때문이라고 쓴 경우
하	비행기만 쓴 경우

08 속력은 이동 거리를 걸린 시간으로 나누어 구합니다.

09 속력이 크면 같은 시간 동안 긴 거리를 이동하고, 같은 거리를 이동하는 데 걸린 시간이 짧습니다.

10 30 km/h는 1 시간 동안 30 km를 이동한다는 것을 말합니다.

11 속력으로 빠르기를 비교하는 운동 경기에는 수영, 100 m 달리기, 조정, 마라톤, 스키, 봅슬레이, 스피드 스케이팅 등이 있습니다.

12 버스의 속력은 45 km/1 h = 45 km/h, 배의 속력은 150 km/3 h = 50 km/h, 기차의 속력은 320 km/4 h = 80 km/h입니다.

13 속력이 클수록 같은 시간 동안 이동한 거리가 길어집니다.

14 정국의 속력은 100 m/20 s = 5 m/s , 태형의 속력은 80 m/20 s = 4 m/s, 지민의 속력은 150 m/30 s = 5 m/s, 남준의 속력은 60 m/10 s = 6 m/s 이므로, 속력이 같은 친구는 정국과 지민입니다.

15

	채점 기준
상	태형을 쓰고, 속력을 구하는 계산식을 옳게 쓴 경우
하	태형만 쓴 경우

16 안전띠, 과속 방지 턱, 에어백, 어린이 보호 구역 표지판은 자동차의 속력이 클 때 발생하는 피해를 줄이기 위한 것입니다.

17 에어백은 충돌 사고가 났을 때 탑승자의 몸에 가해지는 충격을 줄여서 몸을 보호하는 안전장치입니다.

18 어린이 보호 구역 표지판은 자동차가 정해진 속력으로 다닐 것을 안내하여 사고를 예방합니다.

19 인도에서 공을 차면서 가다가 공이 차도로 굴러가면 큰 속력으로 달리던 자동차 운전자가 놀라 위험할 수 있습니다.

채점 기준	
상	수연을 쓰고, 인도에서 공을 공 주머니에 넣고 들고 가야 한다고 쓴 경우
하	수연만 쓴 경우

20 횡단보도는 초록불일 때 건너고, 버스는 인도에서 기다립니다. 차도에 차가 다니지 않더라도 횡단보도를 이용하여 건너며, 횡단보도를 건널 때에는 좌우를 살피고 건넙니다.

단원평가 실전 ●208~211쪽●

01 ㉢, ㉣   **02** 사람   **03** ③   **04** ④
05 ①   **06** 비행 고깔의 이동 거리
07 ㉠, ⑩ 같은 거리를 이동하는 데 걸린 시간이 짧을수록 빠른 물체이기 때문입니다.   **08** ㉠, ㉡
09 ②   **10** ⑤   **11** 루리 → 수린 → 로운 → 윤솔   **12** ④   **13** ㉣ → ㉡ → ㉠ → ㉢
14 40 km/h **15** ⑩ 자동차의 속력이 40 km/h로 제한 속력인 50 km/h보다 느리므로 과속을 하지 않았습니다.   **16** ㉡, ㉣   **17** ⑩ ㉡의 학생은 횡단보도를 건널 때 스마트 기기를 보지 않고 좌우를 살피면서 건너야 합니다. ㉣의 학생은 횡단보도가 아닌 곳에서 차도를 건너지 말고 안전하게 횡단보도로 차도를 건너야 합니다.   **18** ④   **19** ㉠ 안전띠, ㉡ 에어백   **20** ④

01 시간이 지남에 따라 물체의 위치가 변할 때 물체가 운동한다고 합니다.

02 사람은 1초 동안 위치가 변하지 않았으므로 운동하지 않았습니다.

03 1초 동안 자전거는 2 m를 이동했고 사람은 이동하지 않았으며, 고양이는 1 m 이동했습니다.

04 케이블카는 빠르기가 일정한 운동을 하는 물체이고, 나머지는 빠르기가 변하는 운동을 하는 물체입니다.

05 이동한 거리가 다른 경우 속력을 구해 빠르기를 비교해야 합니다.

06 비행 고깔의 빠르기를 비교하기 위해서는 비행 고깔의 이동 거리를 같게 한 후 비행 고깔이 이동하는 데 걸린 시간을 측정해야 합니다.

채점 기준	
상	㉠을 쓰고, 같은 거리를 이동하는 데 걸린 시간이 짧을수록 빠른 물체이기 때문이라고 쓴 경우
하	㉠만 쓴 경우

08 스피드 스케이팅은 같은 거리를 이동하는 데 걸린 시간을 측정해 빠르기를 비교하는 운동 경기입니다.

09 아이스하키는 제한 시간 내에 점수를 많이 얻는 팀이 이기는 경기입니다.

10 같은 시간 동안 이동한 거리가 길수록 빠른 동물입니다.

11 같은 거리 100 m를 이동할 때 걸린 시간이 짧을수록 속력이 빠릅니다.

12 위 교통수단 속력은 배가 50 km/h, 자동차가 60 km/h, 자전거가 60 km/2 h = 30 km/h, 지하철이 80 km/h입니다.

13 지하철, 자동차, 배, 자전거 순으로 빠릅니다.

14 자동차의 속력= 80 km ÷ 2 h = 40 km/h입니다.

15

채점 기준	
상	자동차의 속력이 40 km/h로 제한 속력인 50 km/h보다 느리므로 과속을 하지 않았다고 쓴 경우
하	과속을 하지 않았다고만 쓴 경우

16 스마트 기기를 보면서 횡단보도를 건너면 큰 속력으로 다가오는 자동차를 보지 못해 위험합니다. 횡단보도가 아닌 곳에서 차도를 건너면 큰 속력으로 다가오는 자동차에 부딪힐 위험이 있습니다.

17

채점 기준	
상	두 가지 경우의 교통안전 수칙을 모두 옳게 고쳐 쓴 경우
중	둘 중에 한 가지만 옳게 고쳐 쓴 경우

18 도로 옆 인도를 지날 때에는 공놀이를 하지 않고, 공을 공 주머니에 넣어 들고 갑니다.

19 안전띠는 차가 충돌할 때 탑승자의 몸을 고정해 충격을 줄여주고, 에어백은 자동차가 충돌할 때 자동차에 탄 사람이 크게 다치는 것을 방지합니다.

20 어린이 보호 구역 표지판은 자동차가 정해진 속력으로 다닐 것을 안내하여 사고를 예방합니다.

5 산과 염기

01 유리 세정제는 푸른색이고, 묽은 염산은 흔들었을 때 거품이 5 초 이상 유지되지 않습니다.

02 유리 세정제는 푸른색이고 투명하며 냄새가 나고, 흔들었을 때 거품이 5 초 이상 유지됩니다.

03 식초, 유리 세정제, 묽은 염산, 묽은 수산화 나트륨 용액은 투명하고, 빨랫비누 물은 불투명합니다.

04 어떤 용액에 넣었을 때 그 용액의 성질에 따라 색깔이 변하는 물질을 지시약이라고 합니다.

05 염기성 용액인 유리 세정제에 붉은 양배추 지시약을 떨어뜨리면 색깔이 푸른색 계열로 변합니다.

06 푸른색 리트머스 종이가 붉은색으로 변하는 용액은 산성 용액인 식초, 사이다입니다.

07 산성 용액은 페놀프탈레인 용액에 변화가 없고, 푸른색 리트머스 종이를 붉은색으로 변하게 합니다.

08 푸른색 리트머스 종이는 산성 용액에서는 붉게 변하고, 염기성 용액에서는 변화가 없습니다.

09 페놀프탈레인 용액은 산성 용액과 만나면 변화가 없고, 염기성 용액과 만나면 붉은색으로 변합니다.

10 페놀프탈레인 용액을 산성 용액인 요구르트에 떨어뜨리면 색깔 변화가 없고, 염기성 용액인 석회수에 떨어뜨리면 붉은색으로 변합니다.

채점 기준	
상	페놀프탈레인 용액이 산성 용액과 염기성 용액을 만났을 때 색깔 변화를 모두 쓴 경우
중	페놀프탈레인 용액이 산성 용액과 염기성 용액을 만났을 때 색깔 변화 중 하나만 쓴 경우

11 붉은 양배추 지시약을 산성 용액에 떨어뜨렸을 때는 붉은색 계열로 변하고, 염기성 용액에 떨어뜨렸을 때는 푸른색 또는 노란색 계열로 변합니다.

12 ㉠은 산성 용액이므로 산성 용액인 레몬즙을 대신 사용할 수 있습니다.

13 사이다는 산성 용액이므로 붉은색으로 변합니다.

14 삶은 달걀흰자를 녹이지 못하는 용액 ㉠은 산성으로, 푸른색 리트머스 종이를 붉은색으로 변하게 합니다.

15 산성 용액에 달걀 껍데기를 넣으면 기포가 발생하면서 바깥쪽이 녹습니다.

채점 기준	
상	기포가 발생하면서 달걀 껍데기의 바깥쪽이 녹는다고 쓴 경우
하	달걀 껍데기가 녹는다고만 쓴 경우

16 묽은 염산은 대리암 조각과 달걀 껍데기를 녹이지만, 두부와 삶은 달걀흰자는 녹이지 못합니다.

17

채점 기준	
상	묽은 수산화 나트륨 용액을 넣을수록 산성이 약해지다가 염기성으로 변한다고 쓴 경우
하	염기성으로 변한다고만 쓴 경우

18 노란색 계열인 염기성 용액에 산성 용액인 탄산수를 넣어 주면 붉은색 계열로 변합니다.

19 염기성인 표백제로 산성인 욕실의 때를 닦고, 염기성인 비린내가 나는 생선에 산성 용액인 레몬즙을 뿌려 비린내를 없앱니다. 하수구를 뚫을 때는 염기성 용액인 하수구 세척액을 이용합니다.

20 산성인 식초로 염기성인 생선 비린내를 약하게 하고, 산성인 변기용 세제로 변기의 때와 냄새를 없앱니다.

01 ㉠, ㉡   02 ①   03 ③   04 ③
05 ⑩ 무색이고 투명한 용액은 쉽게 구분되지 않아 분류하기 어렵습니다.   06 ⑤   07 ②, ⑤
08 붉은색, ⑩ 붉은 양배추 지시약의 색깔이 노란색 계열로 변한 용액은 염기성 용액이기 때문입니다.
09 ③   10 ⑤   11 ㉠ 산성 용액, ㉡ 염기성 용액   12 ④   13 ㉂, ㉃   14 ⑤
15 ⑩ 대리암은 산성을 띤 빗물에 훼손되거나, 새의 배설물 같은 산성 물질이 닿으면 녹을 수 있기 때문입니다.   16 ㉠ 산성, ㉡ 염기성   17 ㉢, ㉣
18 ①   19 염기성   20 ㉠, ㉣

01 식초는 연한 노란색, 레몬즙은 노란색이며, 두 용액 모두 냄새가 납니다.

02 빨랫비누 물은 불투명하고, 유리 세정제는 냄새가 납니다. 묽은 수산화 나트륨 용액은 냄새가 나지 않으며, 묽은 염산은 흔들었을 때 거품이 5 초 이상 유지되지 않습니다.

03 석회수는 냄새가 나지 않습니다.

04 레몬즙과 유리 세정제는 색깔이 있고, 나머지 용액은 색깔이 없습니다.

05 눈으로만 관찰하여 용액을 분류하면 무색이고 투명한 용액들은 구분하기 어렵습니다.

채점 기준	
상	무색이고 투명한 용액은 쉽게 구분되지 않아 분류하기 어렵다고 쓴 경우
하	눈으로만 관찰하면 분류하기 어렵다고만 쓴 경우

06 붉은색 리트머스 종이가 푸른색으로 변했으므로 염기성 용액인 빨랫비누 물에 넣은 것입니다. 식초, 레몬즙, 요구르트, 묽은 염산은 산성 용액입니다.

07 석회수, 빨랫비누 물은 염기성 용액입니다. 염기성 용액은 페놀프탈레인 용액을 붉게 변하게 하고, 붉은색 리트머스 종이를 푸른색으로 변하게 합니다.

08 염기성 용액에 페놀프탈레인 용액을 떨어뜨리면 붉은색으로 변합니다.

채점 기준	
상	붉은색을 쓰고, 붉은 양배추 지시약의 색깔이 노란색 계열일 때 염기성 용액이라고 쓴 경우
하	붉은색만 쓴 경우

09 붉은 양배추에 들어 있는 물질이 용액의 성질에 따라 다른 색깔을 나타냅니다.

10 식초는 산성, 석회수는 염기성 용액입니다. 산성 용액은 붉은 양배추 지시약의 색깔을 붉은색 계열로 변하게 하고, 염기성 용액은 붉은 양배추 지시약의 색깔을 푸른색 또는 노란색 계열로 변하게 합니다.

11 붉은 양배추 지시약을 요구르트에 떨어뜨렸을 때 붉은색으로 변하므로 산성 용액이고, 물에 녹인 치약에 떨어뜨렸을 때 푸른색으로 변하므로 염기성 용액입니다.

12 산성 용액은 페놀프탈레인 용액의 색깔을 변하게 하지 않고, 염기성 용액은 페놀프탈레인 용액의 색깔을 붉은색으로 변하게 합니다.

13 묽은 수산화 나트륨 용액에 삶은 달걀흰자나 두부를 넣으면 녹아서 흐물흐물해집니다.

14 달걀 껍데기는 산성 용액인 묽은 염산에서 기포가 발생합니다.

15 대리암은 산성 용액에 녹습니다.

채점 기준	
상	대리암이 산성을 띤 빗물에 훼손되거나 새의 배설물에 녹는다고 쓴 경우
하	대리암이 비에 녹기 때문이라고만 쓴 경우

16 붉은 양배추 지시약의 색깔은 산성 용액에서 붉은색 계열, 염기성 용액에서 푸른색 또는 노란색 계열로 변합니다.

17 붉은 양배추 지시약을 넣었을 때 붉은색 계열로 변한 것은 산성 용액이고, 노란색이나 푸른색 계열로 변한 것은 염기성 용액입니다. 묽은 염산을 넣을수록 지시약의 색깔이 붉은색 계열로 변하므로 산성 용액으로 변한 것을 알 수 있습니다.

18 산성 용액에 염기성 용액을 넣을수록 산성이 약해지다가 염기성 용액으로 변하고, 염기성 용액에 산성 용액을 넣을수록 염기성이 약해지다가 산성 용액으로 변합니다.

19 산성인 레몬즙을 뿌려 비린내를 없앴으므로, 생선의 비린내는 염기성입니다.

20 ㉡, ㉢은 산성 용액을 이용한 예이고, ㉠, ㉣은 염기성 용액을 이용한 예입니다.

하루 한장 문해력 향상 프로젝트

하루한장 어휘

구   성 1~6학년 단계별 [6책]

콘셉트 문해력의 기초를 다지는 초등 필수 어휘 학습서

키워드 필수 어휘 익히기

하루한장 독해

구   성 1~6학년 단계별 [6책]

콘셉트 교과서와 연계된 읽기 목표를 바탕으로 기본 문해력을 다지는
         독해 기본서

키워드 기본 문해력 다지기

하루한장 독해+ 플러스

구   성 1~6학년 단계별 [6책]

콘셉트 본격적인 독해 훈련으로 실전 문해력을 높이는 독해 실전서

키워드 실전 문해력 높이기

하루한장 독해 비문학 독해

구   성 1~6학년 단계별 [사회편 6책, 과학편 6책]

콘셉트 사회·과학 교과 연계 읽기로 교과 공부력과
         문해력을 확장하는 독해 심화서

키워드 비문학 독해력 강화하기

www.mirae-n.com

학습하다가 이해되지 않는 부분이나 정오표 등의 궁금한 사항이 있나요?
미래엔 홈페이지에서 해결해 드립니다.

교재 내용 문의
나의 교재 문의 | 수학 과외쌤 | 자주하는 질문 | 기타 문의

교재 자료 및 정답
동영상 강의 | 쌍둥이 문제 | 정답과 해설 | 정오표

 함께해요!
바른 공부법 캠페인

궁금해요!
교재 질문 & 학습 고민 타파

 공부해요!
미래엔 에듀 초·중등 교재

참여해요!
선물이 마구 쏟아지는 이벤트

		초등학교
학년	반	이름

초등학교에서 탄탄하게 닦아 놓은
공부력이 중·고등 학습의 실력을 가릅니다.

하루한장 쏙셈

쏙셈 시작편
초등학교 입학 전 연산 시작하기
[2책] 수 세기, 셈하기

쏙셈
교과서에 따른 수·연산·도형·측정까지 계산력 향상하기
[12책] 1~6학년 학기별

쏙셈+플러스
문장제 문제부터 창의·사고력 문제까지 수학 역량 키우기
[12책] 1~6학년 학기별

쏙셈 분수·소수
3~6학년 분수·소수의 개념과 연산 원리를 집중 훈련하기
[분수 2책, 소수 2책] 3~6학년 학년군별

하루한장 한자

그림 연상 한자로 교과서 어휘를 익히고 급수 시험까지 대비하기
[4책] 1~2학년 학기별

하루한장 한국사

큰별★쌤 최태성의 한국사
최태성 선생님의 재미있는 강의와 시각 자료로
역사의 흐름과 사건을 이해하기
[3책] 3~6학년 시대별

하루한장 ENGLISH BITE

ENGLISH BITE 알파벳 쓰기
알파벳을 보고 듣고 따라쓰며 읽기·쓰기 한 번에 끝내기
[1책]

ENGLISH BITE 파닉스
자음과 모음 결합 과정의 발음 규칙 학습으로
영어 단어 읽기 완성
[2책] 자음과 모음, 이중자음과 이중모음

ENGLISH BITE 사이트 워드
192개 사이트 워드 학습으로 리딩 자신감 키우기
[2책] 단계별

ENGLISH BITE 영문법
문법 개념 확인 영상과 함께 영문법 기초 실력 다지기
[Starter 2책 , Basic 2책] 3~6학년 단계별

ENGLISH BITE 영단어
초등 영어 교육과정의 학년별 필수 영단어를
다양한 활동으로 익히기
[4책] 3~6학년 단계별

초등 교과서 발행사 미래엔의
교재로 초등 시기에 길러야 하는
공부력을 강화해 주세요.

"문제 해결의 길잡이"와 함께 문제 해결 전략을 익히며 수학 사고력을 향상시켜요!

초등 수학 상위권 진입을 위한
"문제 해결의 길잡이" 비법 전략 4가지

비법 전략 1 문제 분석을 통한 **수학 독해력 향상**

문제에서 구하고자 하는 것과 주어진 조건을 찾아내는 훈련으로 수학 독해력을 키웁니다.

비법 전략 2 해결 전략 집중 학습으로 **수학적 사고력 향상**

문해길에서 제시하는 8가지 문제 해결 전략을 익히고 적용하는 과정을 집중 연습함으로써 수학적 사고력을 키웁니다.

비법 전략 3 문장제 유형 정복으로 **고난도 수학 자신감 향상**

문장제 및 서술형 유형을 풀이하는 연습을 반복적으로 함으로써 어려운 문제도 흔들림 없이 해결하는 자신감을 키웁니다.

비법 전략 4 스스로 학습이 가능한 **문제 풀이 동영상 제공**

해결 전략에 따라 단계별로 문제를 풀이하는 동영상 제공으로 자기 주도 학습 능력을 키웁니다.